DEAMP

Diplôme d'État d'aide médico-psychologique

Chez le même éditeur

• ***Dans la collection « Prépa social »***

ENTRAÎNEMENT FLASH. ÉPREUVE DE RÉSUMÉ DE TEXTE, par F. ROUARD et B. PELUAU. 2e édition, 2003, 96 pages.
CONCOURS D'ENTRÉE. SUJETS CORRIGÉS. ASSISTANTS DE SERVICE SOCIAL, ÉDUCATEURS : ES/EJE, par J. GASSIER et O. PERCHE, 4e édition, 2005, 192 pages.
SUJETS CORRIGÉS. EXAMEN D'ENTRÉE AIDES MÉDICO-PSYCHOLOGIQUES, par J. GASSIER et P. REFALO, 2001, 160 pages.
ENTRAÎNEMENT FLASH. ÉPREUVE ORALE. CONCOURS SOCIAUX, par O. PERCHE, 2006, 96 pages.
ENTRAÎNEMENT QCM CULTURE GÉNÉRALE POUR LES CONCOURS SOCIAUX, par O. PERCHE, 2006, 160 pages.

• ***Dans la collection « Prépa Santé »***

ENTRAÎNEMENT TESTS PSYCHOTECHNIQUES ET ENTRETIEN, par J. GASSIER et N. MULLER, 2e édition, 2003, 224 pages.
ENTRAÎNEMENT FLASH TESTS PSYCHOTECHNIQUES. 1. Aptitude verbale, par M. GRENIER-LEAL, 4e édition, 2006.
ENTRAÎNEMENT FLASH TESTS PSYCHOTECHNIQUES. 2. Logique, organisation, aptitude numérique par M.-F. BARANES, 4e édition, 2006, 96 pages.
ENTRAÎNEMENT FLASH TESTS PSYCHOTECHNIQUES. 3. Carrés logiques, par G. BROYER, A. COUSINA et J. GASSIER, 2e édition, 2006, 80 pages.

• ***Dans la collection « Guide prépa »***

LES TESTS PSYCHOTECHNIQUES AUX CONCOURS PARAMÉDICAUX, par G. BROYER, A. COUSINA et J. GASSIER, 2e édition, 2005, 224 pages.
GRANDS THÈMES SANITAIRES ET SOCIAUX, M.-C. DENOYER, 5e édition, 2005, 320 pages.
SECRÉTAIRES MÉDICALES ET MÉDICO-SOCIALE, par P. REFALO, R. REMONDIÈRE, L. RIPOCHE, 2e édition, 2004, 320 pages.
CONCOURS D'ENTRÉE ÉDUCATEURS DE LA PROTECTION JUDICIAIRE DE LA JEUNESSE (PJJ), par P. REFALO, R. REMONDIÈRE, N. FRAZIER-BOUZOUAOUI, 2e édition, 2006, 248 pages.
CONCOURS D'ENTRÉE TRAVAILLEURS SOCIAUX, O. PERCHE, 2e édition, 2007, 238 pages.

• ***Dans la collection « AS/AP »***

GUIDE AP. AUXILIAIRE DE PUÉRICULTURE. Modules 1 à 8 du DPAP, par J. GASSIER. 2007, 5e édition, 592 pages.
GUIDE AS. AIDE-SOIGNANT. Modules 1 à 8 du DPAS, par J. GASSIER, K. LE NEURES, E. PERUZZA. 2009, 592 pages.
MÉMO-FICHES AP. Modules 1 à 8, par J. GASSIER. 2008, 320 pages.
MÉMO-FICHES AS. Modules 1 à 8, par J. Gassier. 2008, 288 pages.
MÉMO-FICHES CONCOURS AS/AP. Thèmes sanitaires et sociaux, par J. GASSIER. 2008, 4e édition, 320 pages.
MÉMO-FICHES CONCOURS AS/AP. Épreuves écrites. Biologie, mathématiques, culture générale, tests d'aptitude, par J. GASSIER. 2008, 4e édition, 320 pages.

• ***Hors collection***

LE GUIDE DE LA PUÉRICULTRICE, par J. GASSIER, C. DE SAINT-SAUVEUR. 2008, 3e édition, 1192 pages.
DEAVS, par J. GASSIER, C. CORDON, 2008, 448 pages.

DEAMP
Diplôme d'État d'aide médico-psychologique

Jacqueline GASSIER
Puéricultrice DE
Professeur de Sciences
et techniques médico-sociales (STMS)

Corine CORDON
Professeur de Sciences
et techniques
médico-sociales (STMS)

Bruno BOYANOV
Médecin responsable
des formations
AVS-Phénix, Bris

NON SOLUS
ELSEVIER
MASSON

Nous remercions Zinovi Gombessa, kinesithérapeute, formateur AMP, pour ses précieux conseils.

ISBN : 978-2-294-70670-7

ELSEVIER MASSON SAS – 62, rue Camille Desmoulins – 92442 Issy-les-Moulineaux Cedex

sommaire

Domaine de formation 1 : Connaissance de la personne

Domaine de formation 3 : Animation dans la vie sociale et relationnelle

Annexe : Ergonomie

Domaine de formation 1

Connaissance de la personne

Chapitre 1

Le développement de la personne tout au long de la vie

1. L'anatomie et la physiologie des grandes fonctions

1 L'appareil respiratoire

L'appareil respiratoire (*cf.* Figure 1.1) permet la respiration. Celle-ci procure à l'organisme l'oxygène vital et permet le rejet du gaz carbonique (dioxyde de carbone). Cet appareil est composé des voies respiratoires et des poumons.

A. Les voies respiratoires

Ces voies respiratoires présentent des caractères communs qui ont pour but d'humidifier, de réchauffer et de nettoyer l'air inspiré :

- la *muqueuse* sécrète un mucus qui agglutine et détruit certains micro-organismes et humidifie l'air ;
- les *vaisseaux sanguins* réchauffent l'air ;
- les *cils vibratiles* arrêtent les poussières et les font remonter à la surface.

B. Les poumons

Les poumons sont deux organes spongieux, logés dans le thorax et protégés par les côtes.

- Ils sont enveloppés de la *plèvre* (membrane à deux feuillets) qui solidarise les poumons à la cage thoracique.
- Un riche réseau sanguin se ramifie dans les poumons :
  - une *artériole pulmonaire* suit la bronchiole, elle apporte le CO_2 (dioxyde de carbone) aux poumons ;
  - *une veinule pulmonaire* circule à la périphérie du lobule. Elle ramène l'oxygène vers le cœur.

C. Le mécanisme de la respiration

Un mouvement respiratoire est l'ensemble d'une inspiration – ou absorption d'air – et d'une expiration – ou rejet d'air.

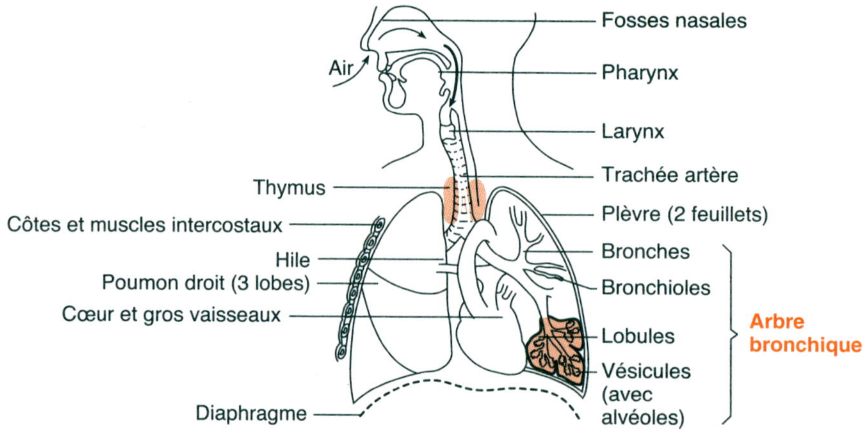

Fig. 1.1 – L'appareil respiratoire.

Les côtes, les muscles élévateurs des côtes et le diaphragme participent à ce mouvement ; le poumon suit grâce à la plèvre. La respiration est réglée par le système nerveux central. Lors d'une inspiration et d'une expiration normales, le « volume courant » est le volume d'air qui pénètre dans les poumons.

D. Le mécanisme des échanges gazeux

Au cours de la respiration (*cf. Figure 1.2*), il y a :

- absorption d'oxygène (O_2) ;
- rejet de gaz carbonique (CO_2) et de vapeur d'eau.

C'est l'*hémoglobine* (pigment des globules rouges du sang) qui va jouer le rôle de véhicule de l'O_2 (sous forme d'oxyhémoglobine) et du CO_2[1] (sous forme de carbhémoglobine) entre le cœur, les organes et les poumons.

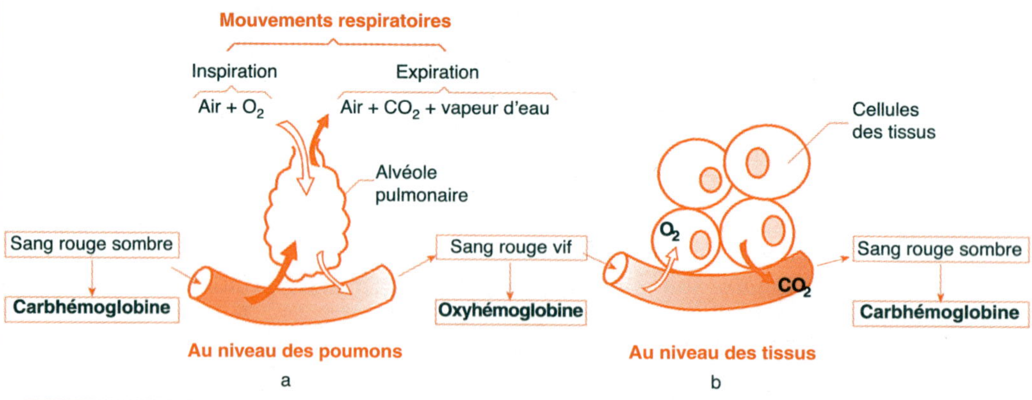

Fig. 1.2 – a) Les échanges gazeux au niveau des poumons ; b) Les échanges gazeux au niveau des organes.

1. On compare l'hémoglobine à un petit taxi qui transporterait toujours les deux mêmes passagers. Il change de couleur selon le passager qu'il transporte (rouge foncé avec le CO_2 ou rouge vermeil avec l'O_2).

2 L'appareil cardiovasculaire

L'appareil cardiovasculaire comprend un organe propulseur du sang, *le cœur*, et un appareil conducteur du sang, *les vaisseaux sanguins*.

A. Le cœur

Le cœur (*cf*. Figure 1.3) est situé dans la cage thoracique, entre les deux poumons, au-dessus du diaphragme.

a. L'anatomie

C'est un muscle creux, de la grosseur d'un poing :

- il est divisé en quatre cavités : 2 oreillettes et 2 ventricules ;
- de gros vaisseaux sont branchés sur le cœur et assurent la distribution du sang à tout l'organisme.

b. La physiologie

La contraction cardiaque se décompose en trois temps pour un battement :

- contraction des oreillettes ou systole auriculaire ;
- contraction des ventricules ou systole ventriculaire ;
- phase de repos ou diastole.

Il y a en moyenne 70 battements/min pour l'adulte, et 140 pour le nourrisson. On perçoit les battements du cœur à l'auscultation ou en prenant le pouls.

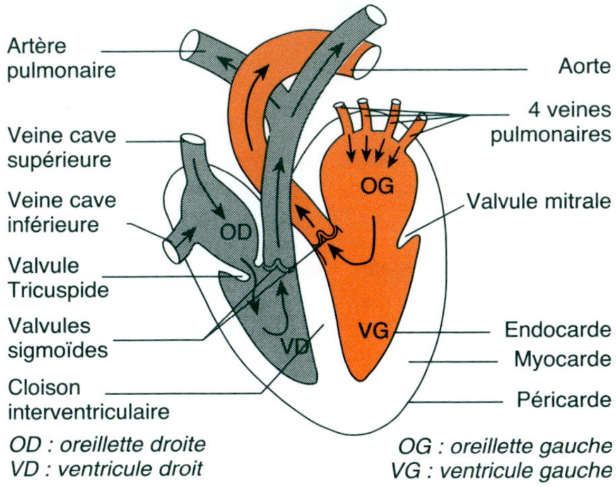

Fig. 1.3 – Le cœur (coupe).

B. La circulation sanguine

Il y a deux formes de circulation sanguine : la petite circulation et la grande circulation.

a. La petite circulation ou circulation pulmonaire

La petite circulation (*cf.* Figure 1.4) correspond au circuit du sang :

- *du cœur aux poumons* : le sang chargé en carbhémoglobine quitte le cœur par l'artère pulmonaire et se rend aux poumons ;
- *des poumons au cœur* : le sang s'oxygène au niveau des poumons et il revient au cœur chargé en oxyhémoglobine par les veines pulmonaires.

b. La grande circulation

La grande circulation (*cf.* Figure 1.4) correspond au circuit du sang :

- *du cœur aux organes* : le sang chargé en oxyhémoglobine part du ventricule gauche par l'aorte. Il est distribué à tous les organes par l'intermédiaire des nombreuses ramifications des artères : artérioles, capillaries ;
- *des organes au cœur :* le sang revient chargé en carbhémoglobine au cœur par les veines caves supérieures et inférieures.

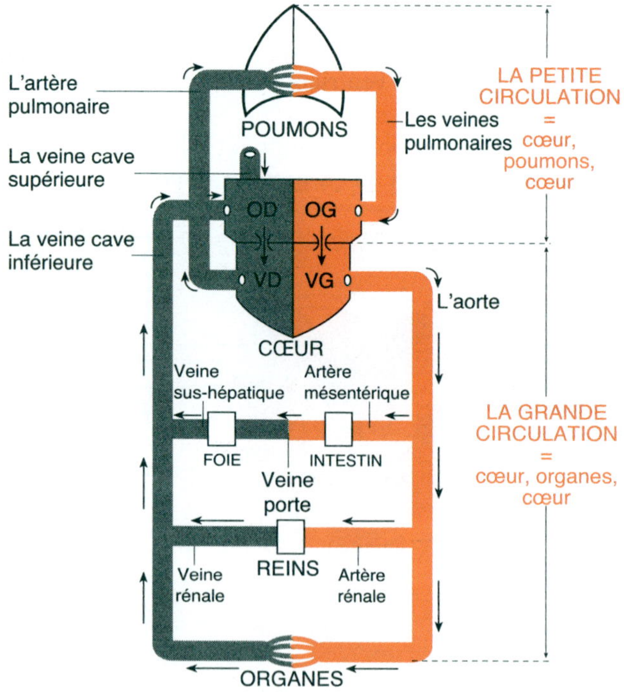

Fig. 1.4 – La circulation sanguine.

C. Le sang

Le sang est un liquide rouge, épais, visqueux et salé qui circule dans les vaisseaux sanguins (*cf.* Figure 1.5).

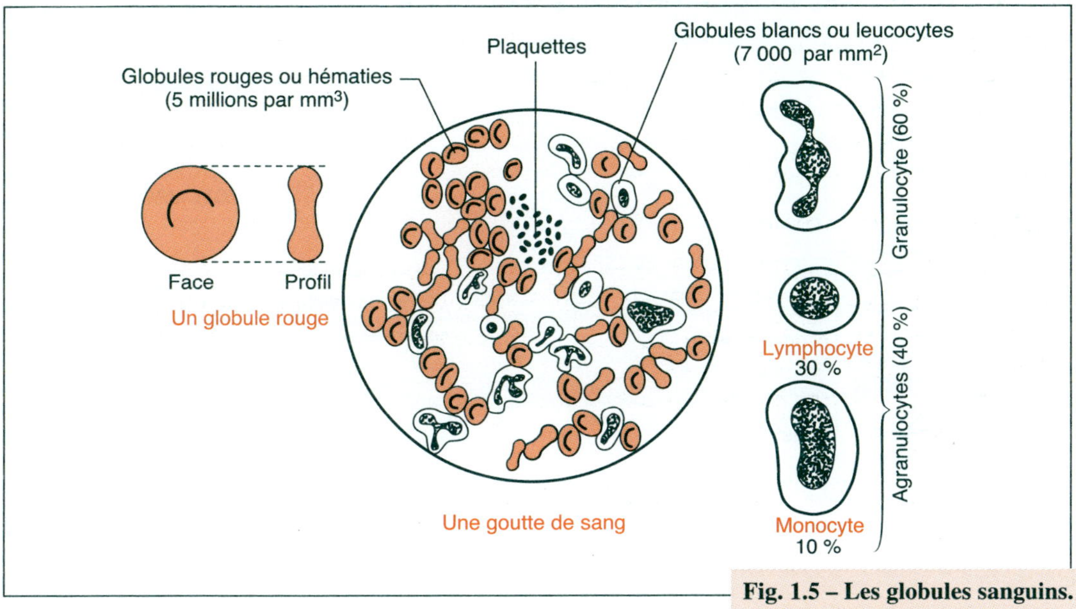

Fig. 1.5 – Les globules sanguins.

a. Les cellules

Le sang contient :

- des *globules rouges* qui assurent le transport de l'O_2 et du CO_2 ;
- des *globules blancs* qui interviennent dans la défense de l'organisme ;
- des *plaquettes* qui jouent un rôle dans la coagulation.

b. Le plasma

Le liquide du sang est le *plasma*. Il véhicule :

- des substances nutritives ;
- des déchets (urée, acide urique) ;
- des substances actives (vitamines, hormones, anticorps) ;
- des facteurs de coagulation dont le fibrinogène.

3 L'appareil digestif

L'appareil digestif (*cf.* Figure 1.6) assure le transport et la digestion des aliments. Il commence par la bouche et se termine à l'anus. Cet appareil est composé de différents organes ayant chacun un rôle bien spécifique à jouer.

A. L'anatomie des différents organes

L'appareil digestif est composé de sept organes ayant chacun des caractéristiques spécifiques (*cf.* Tableau 1.1).

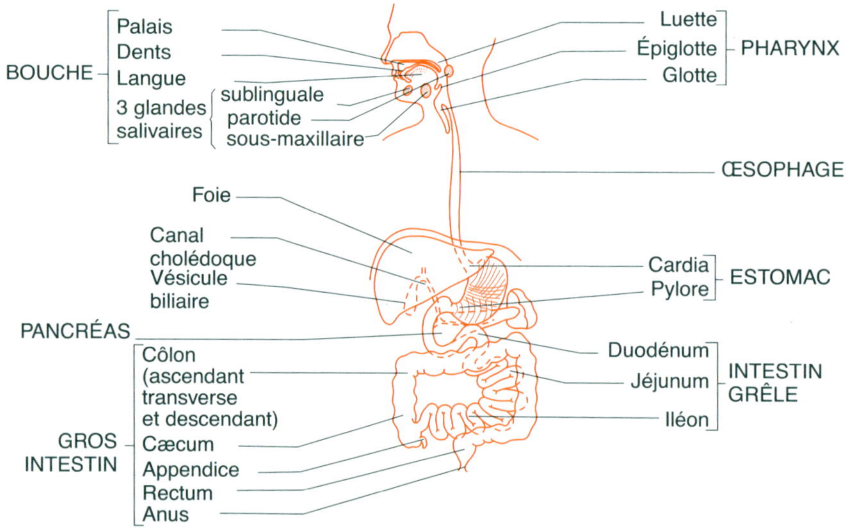

Fig. 1.6 – L'appareil digestif.

Tableau 1.1 – Anatomie des organes digestifs.

Organes	Caractéristiques
1. La bouche	Elle comprend la langue, le voile du palais, les dents.
2. Le pharynx	C'est le carrefour aérodigestif.
3. L'œsophage	C'est un long tube qui débouche dans l'estomac.
4. L'estomac	C'est une poche située sous le diaphragme, d'une capacité, chez l'homme, de 2 litres.
5. L'intestin grêle	Sa paroi interne présente de nombreux replis hérissés de villosités en doigts de gant.
6. Le gros intestin	Il comprend le cæcum, le côlon, le rectum.
7. Les glandes annexes	Foie et pancréas déversent leurs sécrétions dans le tube digestif.

B. La physiologie de l'appareil digestif

On considère deux formes de digestion : la digestion mécanique et la digestion chimique.

a. La digestion mécanique

Elle a pour effet de *fragmenter* les aliments ingérés en particules de plus en plus fines, facilitant la digestion chimique. Elle fait notamment intervenir les dents lors de la mastication.

b. La digestion chimique

C'est l'imprégnation des aliments par les sucs digestifs. Ceux-ci vont transformer les aliments en *« substances assimilables »* pour l'organisme (*Ex.* : le glucose, les acides gras… appelés nutriments).

4 L'appareil urinaire

L'appareil urinaire a pour rôle de débarrasser l'organisme des déchets de la vie cellulaire. Il partage cette fonction avec les poumons et les glandes sudoripares.

A. L'anatomie des reins

Situés dans l'abdomen, les reins sont des petits organes ayant la forme d'un haricot. Ils sont richement irrigués par l'artère et la veine rénale.
Deux conduits à paroi élastique, les *uretères*, véhiculent l'urine des reins vers la vessie.
La vessie est une poche élastique qui se laisse distendre par l'urine. Lorsqu'elle est pleine, elle évacue l'urine à l'extérieur par l'*urètre,* normalement fermé par un sphincter (*cf.* Figure 1.7).

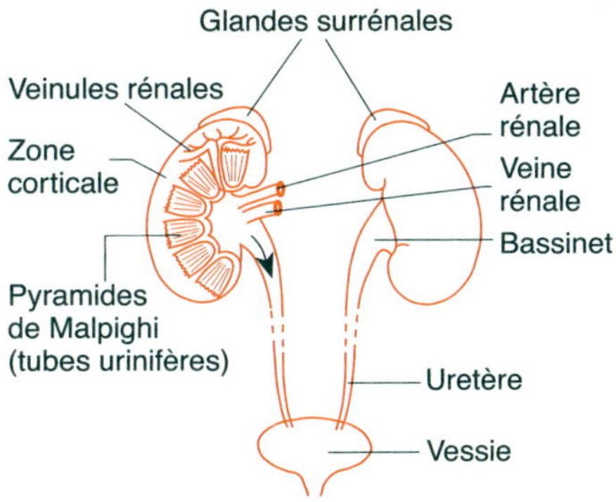

Fig. 1.7 – Les reins.

B. La composition de l'urine

Liquide jaune clair stérile, l'urine a pour rôle d'évacuer les déchets de l'organisme. Sa définition, solution salée d'urée, résume assez bien sa composition :

- *solution* : eau (pour 1 L d'urine, il y a 950 mL d'eau) ;
- *salée* : l'urine contient du chlorure de sodium en excès dans le sang ;
- *urée* : l'urée et l'acide urique sont des déchets provenant de la dégradation des protides.

L'urine contient aussi des pigments biliaires qui lui donnent sa couleur.

C. La physiologie des reins

Le fonctionnement des reins est complexe, ils jouent un rôle de *filtre* qui fait un choix sélectif :

- les reins gardent les substances nutritives indispensables à l'organisme : protides (albumine), glucides, lipides ;
- les reins laissent passer d'autres éléments :
  - l'*eau* (en excès) : si nous buvons beaucoup, nous urinons beaucoup,
  - l'*urée et l'acide urique* (déchets), très toxiques pour l'organisme,
  - le *sel et quelques autres minéraux* (en excès).

En conclusion, les reins permettent de maintenir une composition constante du sang. Tout trouble du fonctionnement des reins entraîne de graves perturbations de l'organisme.

5 Le système nerveux

Le système nerveux comprend l'encéphale (organe noble situé dans la boîte crânienne), la moelle épinière et les nerfs (*cf.* Figure 1.8).

A. L'anatomie des organes

a. L'encéphale

Cet organe, protégé par la boîte crânienne, comprend :
- deux hémisphères symétriques présentant de nombreuses circonvolutions ;
- le cervelet ;
- le bulbe rachidien.

Des nerfs crâniens partent de l'encéphale, ils innervent la tête et les organes des sens (œil, oreille, nez, langue).

b. La moelle épinière

C'est un long cordon blanc logé dans le canal rachidien qui parcourt la colonne vertébrale. De nombreux nerfs rachidiens partent de la moelle épinière. Ils innervent les membres et différentes parties du corps.

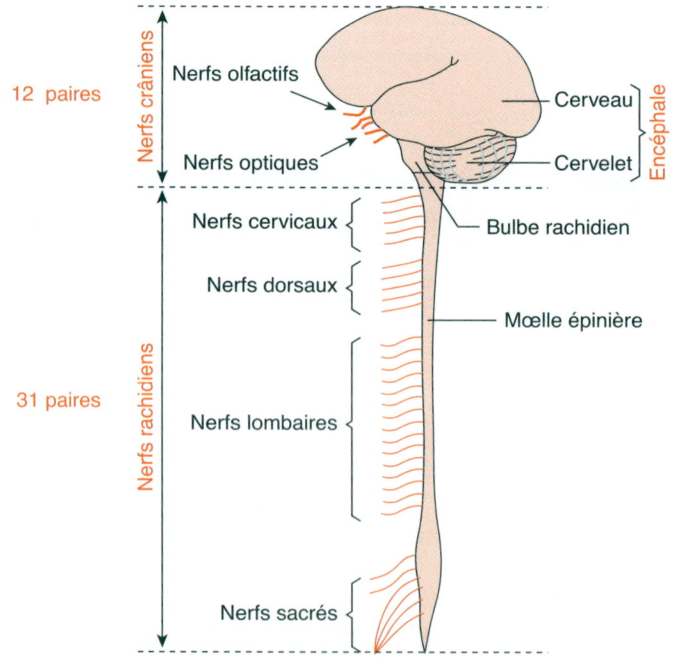

Fig. 1.8 – Le système nerveux.

c. Le tissu nerveux et les nerfs

Le tissu nerveux est formé d'un ensemble de cellules nerveuses ou neurones. Les caractéristiques du tissu nerveux sont les suivantes :

- le neurone est constitué :
  - d'un *corps*, souvent de forme étoilée, avec un gros noyau,
  - d'un long *prolongement*, appelé axone, qui le relie à d'autres cellules nerveuses ;
- les corps cellulaires forment la *substance grise* qui joue le rôle de « centre nerveux » ;
- les axones forment la *substance blanche* qui joue le rôle de conduction de l'influx nerveux ;
- un nerf est l'ensemble de plusieurs axones réunis par une enveloppe (ou gaine). Ils sont classés selon leur fonction :
  - les *nerfs sensitifs* communiquent aux centres nerveux les informations venues des organes des sens (*Ex.* : nerf optique),
  - les *nerfs moteurs* communiquent aux muscles les ordres venus des centres nerveux (*Ex.* : nerf fémoral),
  - les *nerfs mixtes* (nerfs rachidiens) renferment à la fois des fibres motrices et sensitives.

B. La physiologie

Différents excitants nerveux agissent sur les nerfs, provoquant un « influx nerveux ».

a. Les excitants nerveux

Les excitants peuvent venir de l'extérieur comme du milieu intérieur.
Plusieurs excitants agissent sur les nerfs :

- les excitants *mécaniques* (piqûres, pincements, bruits) ;
- les excitants *chimiques* (acides) ;
- les excitants *électriques* (lumière vive, décharge électrique) ;
- les excitants *thermiques* (chaleur, froid) ;
- les excitants sonores.

b. L'influx nerveux

Lorsqu'un excitant agit sur un nerf, il provoque un « influx nerveux ». *Ex. :* influx visuel, auditif, etc.
L'influx nerveux va circuler dans les nerfs :

- de la peau vers la moelle (*trajet sensitif*) ;
- de la moelle vers les muscles (*trajet moteur*) (*cf.* Figure 1.9).

L'influx nerveux semble ainsi revenir sur lui-même, d'où le nom de « *réflexe* » donné au phénomène.

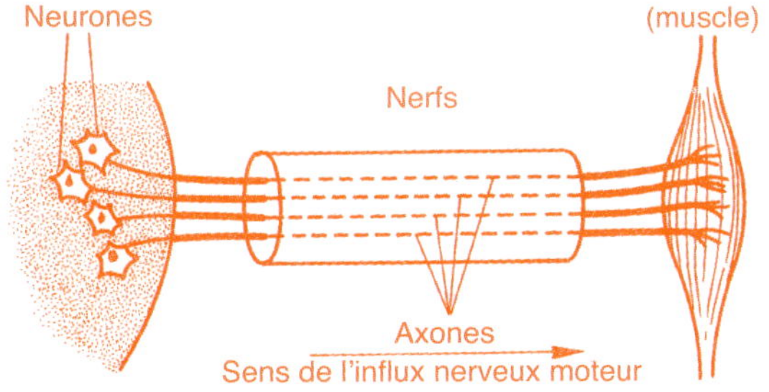

Fig. 1.9 – Le neurone et la fibre nerveuse.

C. Le rôle du cerveau

Le cerveau (ou encéphale) est le centre de la sensibilité consciente, de la motricité volontaire et de l'intelligence, et le cervelet est le coordinateur de nos diverses activités.

a. L'encéphale, centre du commandement

Il commande les éléments suivants.

▶ Le contrôle nerveux

L'encéphale est le centre nerveux supérieur. Il commande les autres centres nerveux.

▶ La sensibilité consciente

L'homme voit, entend, éprouve des sensations, perçoit des odeurs. On a pu localiser l'emplacement des récepteurs sur les hémisphères cérébraux :

- le centre *visuel* (partie occipitale) ;
- le centre *auditif* (partie temporale) ;
- le centre *tactile* (partie pariétale) (*cf.* Figure 1.10).

> **Exemple :** ***le contrôle nerveux***
>
> Notre pied est piqué par une ronce. Par réflexe, nous retirons le pied, mais, malgré la douleur, nous pouvons, si nous le voulons, maintenir notre pied au contact de l'« *excitant mécanique* » qu'est la ronce. Ainsi, les hémisphères cérébraux empêchent l'activité réflexe de la moelle épinière.

▶ La motricité volontaire

L'homme fait des mouvements lorsqu'il le décide. On a pu localiser le centre moteur sur la partie frontale des hémisphères cérébraux.

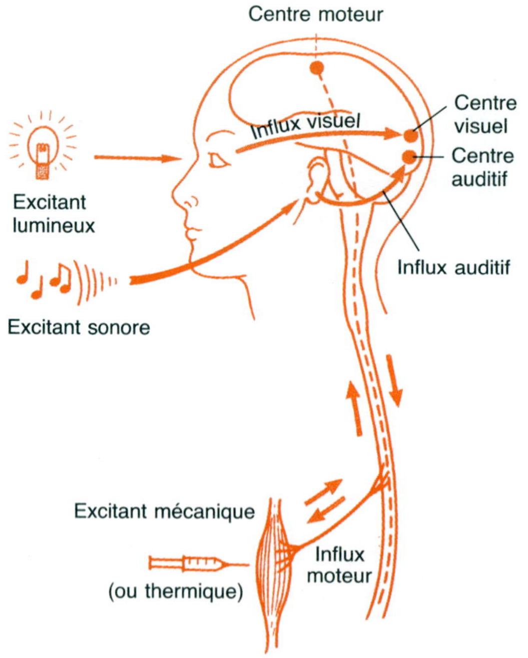

Fig. 1.10 – La sensibilité consciente (trajet de l'influx nerveux).

▶ Les facultés intellectuelles et morales

L'intelligence, la volonté, et toutes les qualités humaines sont localisées dans l'encéphale. Toute lésion de l'écorce cérébrale diminue ou supprime ces facultés.

b. Le cervelet, centre coordinateur

Il coordonne les activités suivantes.

▶ L'activité réflexe

Le cervelet assure l'équilibre du corps :

- en mouvement (la marche) ;
- au repos (équilibre debout).

▶ Les mouvements volontaires

Le cervelet aide à la précision des gestes, à leur rapidité, à leur efficacité.

> **Exemple :** ***le rôle du cervelet***
> Un individu présentant des lésions du cervelet n'arrive pas à toucher son nez à l'aide de l'index (le doigt touche la joue !). Il ne réussit pas à coordonner ses gestes avec précision pour aboutir au résultat escompté. Il ne peut non plus accomplir des mouvements de *pronation-supination* (jeux de marionnettes avec les mains).

6 La peau

La peau a pour rôle de protéger le corps et de le débarrasser des déchets de la vie cellulaire (la sueur). Elle a un rôle important dans la thermorégulation.

A. L'anatomie de la peau

La peau est composée de trois parties : l'épiderme, le derme et l'hypoderme, et elle comprend aussi des annexes (*cf.* Figure 1.11).

a. L'épiderme

Il est divisé en deux couches :

- *une couche superficielle* (dite cornée) formée de cellules mortes remplies de kératine. Elle se desquame à la surface sous forme de pellicules ;
- *une couche basale* (dite germinative) formée de tissu épithélial. Elle renferme dans la partie la plus basse les cellules mélanoblastes qui sécrètent la mélanine.

b. Le derme

Il est divisé en deux couches :

- *une couche superficielle* qui contient des vaisseaux sanguins ;
- *une couche moyenne* faite de fibres conjonctives élastiques baignant dans une substance gélatineuse, le collagène ;

c. L'hypoderme

Il est fait de cellules adipeuses (cellules grasses).

d. Les annexes de la peau

Parmi celles-ci, citons :

- les glandes sudoripares, qui sécrètent la *sueur* ;
- les glandes sébacées, qui sécrètent le *sébum* ;
- les poils ;
- les nerfs qui transmettent toutes les sensations au centre nerveux (les corpuscules nerveux, situés à des niveaux différents, se réunissent pour former le *nerf sensitif* qui va au centre nerveux).

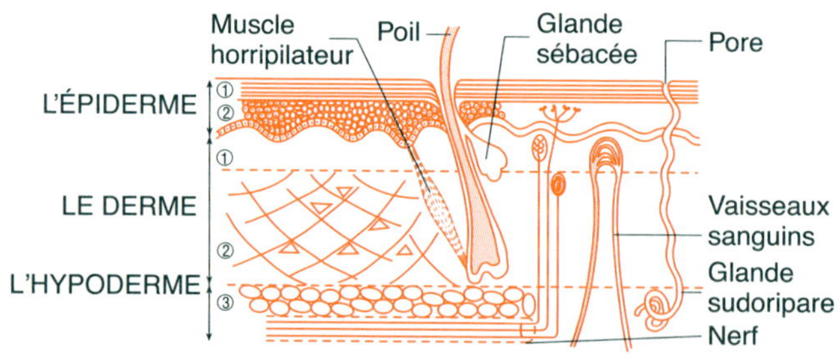

Fig. 1.11 – Le schéma de la peau.

B. Les différentes fonctions de la peau

La peau joue un rôle important dans l'organisme. Ses principales fonctions sont les suivantes.

a. Le toucher

La peau perçoit trois formes de sensations :

- *tactiles* (contact) ;
- *thermiques* (chaleur-froid) ;
- *douloureuses* (pincements, piqûres…).

b. La protection des agressions

Elle est de trois ordres :

- *extérieure* : la peau protège des chocs, des frottements, etc. ;
- *microbienne* : grâce au tissu épithélial et au pH acide ;
- *solaire* : grâce aux cellules mélanoblastes qui provoquent la pigmentation (ou hâle), la peau se protège du soleil (jusqu'à un certain point).

c. Les échanges

La peau respire, elle absorbe de l'O_2 et rejette du CO_2.

d. L'excrétion des déchets

La peau évacue les déchets, en particulier la *sueur* (que l'on compare à de l'urine très diluée)[1].

e. La production de vitamine D

Sous l'effet des rayons solaires, le cholestérol de la peau se transforme en vitamine D qui a un rôle antirachitique indispensable à la croissance de l'enfant.

1. La sueur (comme l'urine) est composée de déchets uréiques plus ou moins dilués.

f. La thermorégulation

La peau permet le maintien de la température du corps autour de 37 °C, lutte contre la chaleur notamment par la sudation et la vasodilatation, lutte contre le froid par les frissons et la vasoconstriction.

7 L'œil et la vision

Grâce à l'œil, nous percevons la lumière, les formes, la distance et la couleur des objets. C'est à la fois un appareil sensible et un appareil photographique producteur d'images.

A. L'anatomie de l'œil

L'œil est composé de deux parties : les annexes et le globe oculaire, dont les fonctions sont très différentes (*cf.* Figure 1.12).

a. Les annexes

Elles sont :

- *protectrices* :
  - l'orbite (cavité osseuse),
  - les paupières (ourlées des cils) ;
- *motrices* : six muscles, par leurs contractions, orientent l'œil dans les quatre directions ;
- *sécrétrices* : les glandes lacrymales sécrètent les larmes qui s'écoulent dans les fosses nasales par le canal lacrymal. Les larmes humidifient et désinfectent l'œil (elles contiennent une substance microbicide).

b. Le globe oculaire

Il est formé des parties suivantes.

▶ Les membranes

De l'extérieur vers l'intérieur :

- *la sclérotique*, blanche, dure et résistante, assure la *protection* du globe oculaire. En avant de l'œil, elle devient la cornée transparente ;
- *la choroïde*, mince et noire, transforme la cavité oculaire en « chambre noire » :
  - très riche en vaisseaux sanguins, elle est *nourricière* pour l'œil,
  - elle se verticalise à l'avant pour former *l'iris* (qui ressemble au diaphragme d'un appareil photographique, dont l'ouverture, variable, s'appelle la *pupille*[1]) ;
- *la rétine*, mince et fragile, s'applique contre la choroïde. C'est l'organe nerveux de l'œil. Elle contient :
  - *les cônes et les bâtonnets*, cellules sensibles à la luminosité et à la couleur (les cônes sont spécialisés dans la vision diurne et les bâtonnets dans la vision nocturne),
  - *la tache jaune*, partie très sensible,
  - *le nerf optique* qui part du fond de la rétine et va au cerveau (le départ du nerf optique constitue le point aveugle dépourvu de cellules sensibles).

1. La pupille est noire car c'est une ouverture qui permet de voir la choroïde (chambre noire) au travers des milieux transparents.

▶ Les milieux transparents

De l'extérieur vers l'intérieur :

- la *conjonctive,* membrane très fine ;
- la *cornée ;*
- l'*humeur aqueuse*, liquide clair et fluide comme de l'eau ;
- le *cristallin*, lentille biconvexe qui comprend un noyau dur entouré de lamelles élastiques (on compare sa structure à la structure d'un oignon). Avec l'âge, son élasticité diminue ;
- *l'humeur vitrée*, liquide épais et gélatineux qui maintient la forme du globe oculaire et se renouvelle perpétuellement.

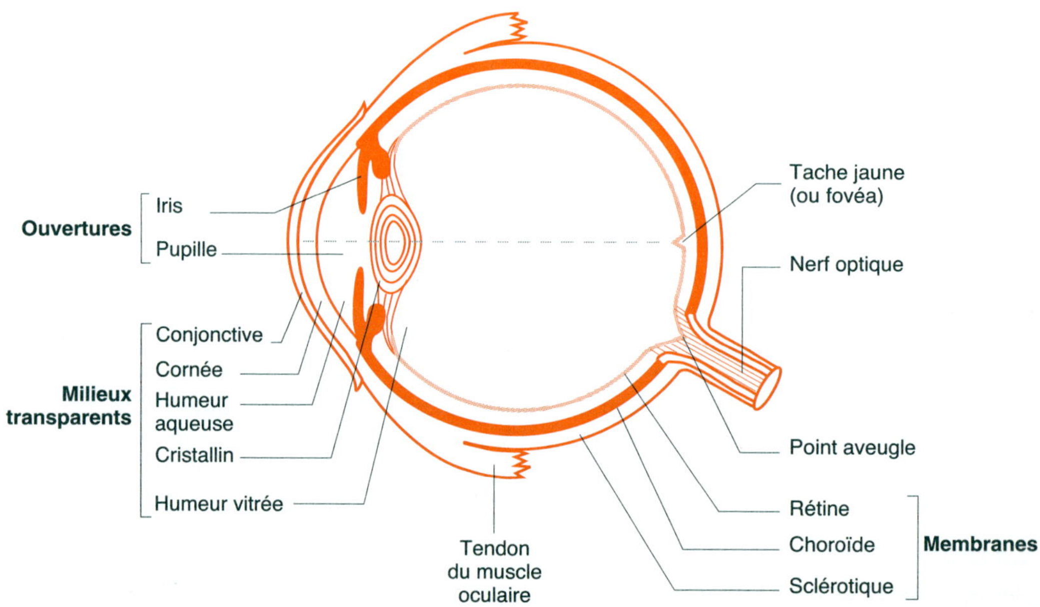

Fig. 1.12 – La coupe de l'œil.

B. La physiologie de l'œil

L'œil se compare à un appareil photographique et à un appareil sensible.

a. L'appareil photographique

▶ La comparaison

- Le globe oculaire représente la chambre noire.
- La rétine représente la plaque sensible.
- Les milieux transparents sont l'objectif.
- L'iris est le diaphragme.
- Le cristallin permet la mise au point nette sur le sujet regardé (grâce à l'accommodation).

▶ Le principe de fonctionnement

- L'image d'un objet éloigné vient se former renversée au centre de la rétine (au niveau de la tache jaune).
- Si *l'objet se rapproche*, l'image se forme en arrière de la rétine, elle devient floue.

Alors, le phénomène d'accommodation intervient, il adapte l'œil à la vision de près. Pour cela, le cristallin se bombe d'autant plus que l'objet se rapproche (on dit qu'il devient *convergent*). Cette modification de l'œil est d'origine *réflexe* (due à l'action des muscles ciliaires).

b. L'appareil sensible

Les *cônes* et les *bâtonnets* de la rétine sont sensibles à la lumière. Ils produisent un *influx nerveux* qui, par l'intermédiaire du *nerf optique*, aboutit au centre visuel du cerveau, où se produit la sensation visuelle.
La sensation visuelle nous informe sur :

- la forme ;
- le relief ;
- la couleur ;
- la distance de l'objet regardé.

Cette sensation visuelle persiste 1/50 de seconde.

8 L'oreille et l'ouïe

Les oreilles, situées de chaque côté du visage, constituent l'un des cinq organes des sens. Elles assurent l'ouïe, ou sens de l'audition. Seule une partie de l'oreille est visible extérieurement, les 2/3 de l'oreille sont inclus dans le rocher (partie inférieure de l'os temporal).

A. L'anatomie

L'oreille est composée de trois parties : l'oreille externe, moyenne et interne (*cf.* Figure 1.13).

a. L'oreille externe

- Elle est formée du pavillon cartilagineux et du conduit auditif, fermé dans sa partie profonde par le *tympan* (membrane fine, bien tendue).
- Les parois de l'oreille externe contiennent des poils et des glandes sébacées volumineuses, qui sécrètent une matière grasse et marron : le *cérumen*. Son rôle est de protéger l'oreille contre les poussières et les insectes.

b. L'oreille moyenne

- C'est une cavité dans laquelle sont logés trois petits osselets, appelés, d'après leur forme, le *marteau,* l'*enclume et* l'*étrier*.
- Cette cavité est fermée d'un côté, par le tympan, de l'autre par deux fenêtres : la *fenêtre ovale* et la *fenêtre ronde*.
- Elle communique avec la gorge par la *trompe d'Eustache*.

c. L'oreille interne

Elle a une structure fort complexe et comprend deux parties essentielles :

- *le labyrinthe osseux*. Il s'agit d'une cavité creusée dans l'os temporal contenant les canaux semi-circulaires, le vestibule et le limaçon. Dans ce labyrinthe circule un liquide : le *périlymphe* ;
- *le labyrinthe membraneux*. Il s'agit d'une cavité, logée à l'intérieur du labyrinthe osseux et adoptant la même forme. Il contient les cellules sensorielles ciliées reliées au nerf auditif. Dans ce labyrinthe circule un liquide : l'*endolymphe*.

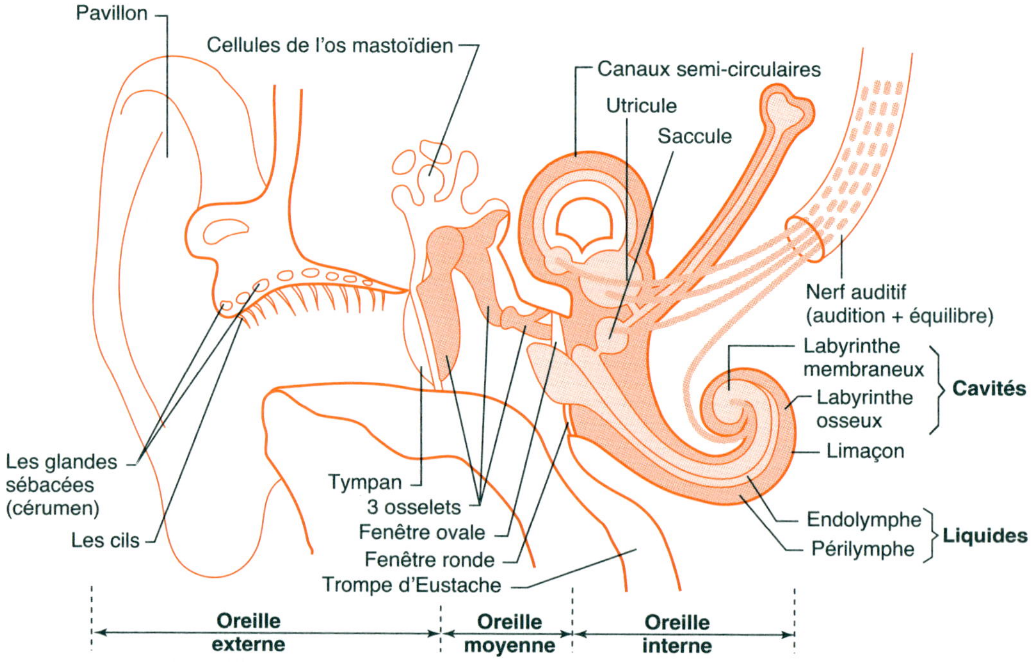

Fig. 1.13 – L'anatomie de l'oreille.

B. La physiologie

L'oreille assure deux fonctions importantes. Elle est à la fois le centre de l'*audition* et celui de l'*équilibre*.

a. Le centre de l'audition

L'oreille nous permet de percevoir les *sons*. Chaque fois qu'il y a du bruit, l'air transmet des séries de vibrations (que l'on compare à des ondes concentriques à la surface de l'eau : ces ondes s'élargissent de plus en plus à partir du point qui a reçu le choc initial). Les ondes sonores vont se propager de trois manières au sein de l'oreille :

- *vibrations dans l'air* : les vibrations sonores captées dans l'air, par le pavillon, gagnent le *tympan* ;
- *vibrations mécaniques* : les vibrations sonores gagnent ensuite la chaîne des *osselets* (les mouvements du tympan et des osselets sont réglés par de petits muscles), puis la *fenêtre ovale* ;
- *vibrations dans l'eau* : les vibrations sonores gagnent ensuite les milieux *liquides* : périlymphe puis endolymphe. Les cellules ciliées sont excitées par les ondes vibratoires des liquides. Elles créent un *influx nerveux* qui est transmis au cerveau par l'intermédiaire du nerf de l'audition.

C'est au niveau de la « zone auditive » de l'écorce cérébrale que l'excitation nerveuse est transformée en sensation auditive.

En résumé, *l'audition passe par quatre étapes* :

- l'oreille externe *capte* les sons ;
- l'oreille moyenne les *transmet* ;

- l'oreille interne les *transforme* en influx nerveux ;
- le cerveau procure une *sensation auditive*.

b. Le centre de l'équilibre

Les canaux *semi-circulaires* et le *vestibule* (situés dans l'oreille interne) contiennent des fibres nerveuses qui informent à chaque instant le *cervelet* (centre nerveux de l'équilibration) des positions de notre corps. Ces informations sont transmises par le nerf vestibulaire ou nerf de l'équilibre[1].
La destruction, ou la lésion accidentelle, des canaux semi-circulaires et du vestibule, entraîne de graves troubles de l'équilibre : le sujet titube puis tombe ou bien encore ne peut plus se déplacer seul !

2. Le développement et les moments-clés de la construction de l'identité d'un individu aux différentes étapes de la vie

La personne évolue au cours de différentes périodes de sa vie appelées moments-clés : la naissance, l'enfance, l'adolescence, l'âge adulte, le vieillissement. Au cours de ces étapes, elle structure son identité et sa personnalité.

1 La naissance

Il est important que la future mère soit bien accueillie dès son arrivée à la maternité. La sage-femme s'informera sur la méthode de préparation à l'accouchement suivie par la future mère, afin de pouvoir lui apporter une aide efficace.
En salle de naissance, elle veillera à la qualité de l'accueil du nouveau-né en favorisant les relations précoces parents-enfants dont dépend le climat psychologique du « début de la vie ».

A. L'accouchement

L'accouchement est la mise au monde d'un enfant. Il se produit normalement à la fin du 9e mois de grossesse[2].

1. Le nerf de l'équilibre (nerf vestibulaire) et le nerf de l'audition (nerf cochléaire) se rejoignent et forment le nerf *auditif* qui va vers les centres nerveux supérieurs.
2. 40e semaine d'arrêt des règles (aménorrhée).

a. Les différentes phases de l'accouchement

L'accouchement se déroule en trois phases caractéristiques.

▶ La phase des contractions utérines

La durée de l'accouchement (*le travail*) est d'environ dix heures chez la primipare et cinq chez la multipare. Il est marqué par l'apparition des contractions utérines se répétant à intervalles réguliers (toutes les dix minutes environ). Ces contractions sont involontaires (d'origine réflexe). Elles provoquent :

- *l'effacement du col* : c'est la diminution de sa longueur ;
- *la dilatation du col* : c'est son ouverture progressive (jusqu'à 10 cm) ;
- *la rupture de la poche des eaux* : la poche des eaux peut se rompre spontanément au moment d'une contraction ; le plus souvent, elle est rompue artificiellement par la sage-femme ;
- *la descente du fœtus :* sous l'action des contractions utérines, l'enfant descend progressivement. Pour franchir facilement le bassin, il doit bien orienter sa tête et la fléchir.

▶ La phase de l'expulsion de l'enfant

La durée de l'expulsion est de 20 à 30 minutes (environ) (*cf.* Figure 1.14).

- *Dans un premier temps* : la tête de l'enfant descend. L'occiput apparaît à la vulve et disparaît entre les contractions.
- *Dans un deuxième temps* : la tête de l'enfant va se défléchir progressivement, laissant apparaître : le front, le nez, la bouche, le menton. Puis, apparaissent les épaules. Ensuite sont dégagés le tronc, le siège et les membres inférieurs.

▶ La phase de la délivrance

Après la naissance de l'enfant, la maman ressent encore de petites contractions ayant pour effet de décoller le placenta. Lorsque le placenta est expulsé, il entraîne avec lui les membranes et une perte de sang pouvant aller jusqu'à 500 mL.
Après l'expulsion du placenta, les vaisseaux sanguins se resserrent, l'utérus se rétracte « en boule » sur lui-même (formant le « globe de sécurité »).

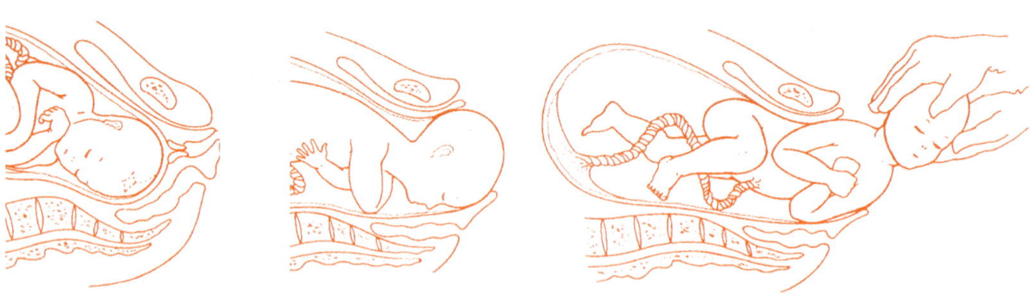

a) Col long et fermé — *b) Col effacé, complètement dilaté. La tête apparaît à la vulve* — *c) Dégagement des épaules.*

Fig. 1.14 – La naissance de l'enfant (*Guide AP*, par J. Gassier. Éd. Masson).

b. La surveillance de l'accouchement

La surveillance de l'accouchement est fondamentale, elle peut-être clinique et/ou électronique. La surveillance électronique de l'accouchement se fait par le *monitoring*. C'est un appareil à ultrasons permettant d'enregistrer simultanément les contractions utérines et le rythme cardiaque fœtal. La souffrance fœtale se traduit par une modification du rythme cardiaque du fœtus et par la présence de méconium dans le liquide amniotique.

c. La surveillance des suites de couches

La période de suite de couches est la période s'étendant de l'accouchement à la date de retour des règles (dit retour de couches), deux mois environ après l'accouchement. Trois phénomènes caractérisent cette période.

▶ Les pertes

La rétraction de l'utérus à sa forme initiale s'accompagne de « pertes » :

- elles sont d'abord sanglantes, puis deviennent *séro-sanglantes* et enfin *séreuses* ;
- elles ont une odeur fade (toute fétidité traduit une infection et doit être signalée) ;
- elles disparaissent en 3 ou 4 semaines environ.

▶ La lactation

La sécrétion lactée se produit vers le 2e ou 3e jour après l'accouchement. Les seins sont alors gonflés, durs, parfois douloureux. Une légère hyperthermie est fréquente.

▶ L'involution utérine

Avec retour à la normale de la taille de l'utérus accompagné de contractions douloureuses les premiers jours.

Remarque : le retour des règles se fait environ 2 mois après l'accouchement, plus tardivement chez la femme qui allaite. Une ovulation est cependant possible et un moyen contraceptif est à envisager.

B. L'accueil de l'enfant

L'accueil de l'enfant se fait dans une atmosphère calme et paisible. Le personnel de santé observe immédiatement l'aspect du nouveau-né et évalue ses premières réactions physiologiques.

a. Les caractéristiques du nouveau-né

Le nouveau-né à terme présente certaines caractéristiques spécifiques, que le personnel de santé doit connaître pour assurer une surveillance efficace.

▶ Le poids et la taille

- Le nouveau-né à terme pèse en moyenne 3,250 kg et mesure 50 cm.
- Le périmètre crânien est de 30 à 35 cm.
- Le périmètre thoracique est d'environ 33 cm.

▶ Les fontanelles

À la naissance, les os du crâne ne sont pas entièrement soudés. Ils sont séparés par des espaces membraneux appelés fontanelles (*cf.* Figure 1.15), il y en a deux :

- *la fontanelle antérieure* (ou « *grande fontanelle* ») à l'avant du crâne, elle se ferme entre 12 et 18 mois ;
- *la fontanelle postérieure* (ou « *petite fontanelle* ») à l'arrière du crâne, elle se ferme vers 2 à 3 mois.

Les fontanelles facilitent :

- la croissance du cerveau ;
- l'accouchement (le chevauchement des os du crâne diminue le volume de la tête fœtale) ;

- certains diagnostics ; *Ex.* :
  - une fontanelle bombée est un signe de méningite,
  - une fontanelle déprimée est un signe de déshydratation.

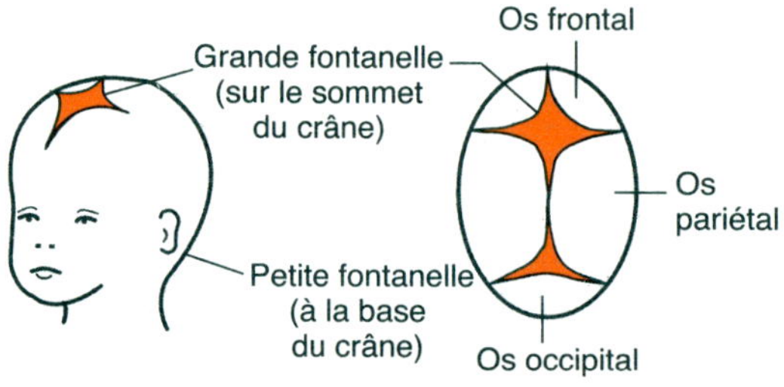

Fig. 1.15 – Les fontanelles du nourrisson (*Guide AP*, par J. Gassier. Éd. Masson).

La mammite

Un gonflement mammaire (mammite) associé parfois à un écoulement blanchâtre peut être observé chez les deux sexes (fille et garçon).

Les hormones maternelles sont la cause de ce phénomène. Il faut surtout éviter de presser les seins pour extraire le liquide.

L'ictère physiologique

Définition : *« L'ictère est une coloration jaune des téguments due à la présence d'un taux important de bilirubine dans le sang »*.

Très fréquent chez les bébés après la naissance, c'est un ictère tardif qui apparaît vers le 3e jour de la vie et disparaît spontanément vers le 10e jour.

L'ictère est dû à la destruction massive de globules rouges et à l'immaturité du foie du nouveau-né. Généralement, la guérison est spontanée. Quelquefois, le médecin instaure un traitement symptomatique : la photothérapie (le bébé est placé sous une lampe spéciale, dans une couveuse, quelques heures par jour) (*cf.* Figure 1.16).

C'est un traitement physique. La lumière de la couveuse (de couleur bleue) dissout la bilirubine. Il faut protéger efficacement les yeux du nouveau-né.

Fig. 1.16 – La photothérapie (*Guide AP*, par J. Gassier. Éd. Masson).

b. Les évaluations de l'état de santé du nouveau-né

Certains soins, réalisés en salle de naissance, sont du ressort exclusif de la sage-femme ou du médecin, il s'agit d'évaluer l'état de santé du nouveau-né. D'autres peuvent être attribués à l'auxiliaire de puériculture ou l'aide-soignante, il s'agit des premiers soins d'hygiène et de confort du nouveau-né.

▶ Le test d'APGAR

C'est l'évaluation de l'adaptation de l'enfant à la vie extra-utérine. Chaque paramètre étant noté de 0 à 2, les points totalisés sur 10 donnent le score d'APGAR. Cet examen (réalisé par la sage-femme) se pratique aux 1re, 5e, et 10e minutes de vie.

Tableau 1.2 – Le test d'APGAR.

Critères[a]		NOTATION		
		0	1	2
A	Coloration de la peau	Enfant blanc ou cyanosé	Cyanose des extrémités	Enfant rosé
P	Rythme cardiaque	0	< 100	> 100
G	Réactivité	Aucune	Grimaces	Cris vifs
A	Tonus	Hypotonie globale	Flexion des membres	Mouvements actifs
R	Cri	Absence de mouvements respiratoires	Cri faible	Cri vigoureux

a. Un point de repère pour retenir les critères à évaluer : A (aspect), P (pouls), G (grimaces), A (activité), R (respiration), et vous avez le mot : APGAR.

Résultat du score d'APGAR :
- *score de 8 à 10* : bonne adaptation de l'enfant à la vie extra-utérine ;
- *score < 7* : traitement indispensable ;
- *score < 3* : réanimation d'urgence.

▶ La désobstruction rhinopharyngée

L'aspiration rhinopharyngée permet de dégager les voies respiratoires supérieures pouvant être encombrées par du liquide amniotique et provoquer une détresse respiratoire. Le médecin l'effectue en introduisant une sonde souple par le nez, jusque dans le pharynx.

▶ Les réflexes archaïques et le tonus musculaire

Le médecin évalue l'état neurologique du nouveau-né sur la présence des réflexes archaïques et sur la qualité du tonus musculaire :
- *les réflexes archaïques* sont une série d'actions motrices involontaires présentes dès la naissance et qui disparaissent (pour la plupart) au 2e mois de la vie[1] ;
- *le tonus musculaire* est l'état de légère contraction, dans lequel se trouve le muscle. Cet état de tension est normal chez le nouveau-né (la posture bras et jambes repliés est caractéristique d'une hypertonicité).

▶ La régulation thermique

La régulation thermique est imparfaite durant les premières semaines de vie. L'enfant prend la température du lieu (*Ex.* : l'excès de chauffage de la pièce, trop de vêtements ou trop de couvertures dans son lit peuvent provoquer une hyperthermie). La température corporelle du nouveau-né doit être surveillée régulièrement et être notée.

c. Les premiers soins au nouveau-né à la maternité

Ils sont souvent attribués à l'auxiliaire de puériculture ou à l'aide-soignante.

---

1. *Le réflexe de Moro* : lors d'un bruit fort, le bébé ouvre brusquement les bras en croix. Autres : le réflexe de succion, le réflexe de marche automatique, le réflexe de redressement statique...

▶ Le bain du nouveau-né

Il se fait chaque matin en *nursery*, le plus souvent en présence de la maman à qui le personnel de soins donne les premiers conseils d'hygiène et de sécurité.

▶ La prise des mensurations

Il s'agit de mesurer le poids, la taille, le périmètre crânien et le périmètre thoracique. Ces données servent de point de repère pour la surveillance de l'enfant.

▶ La transmission à l'équipe de soins

Tous les soins effectués au nouveau-né (bain, change…) ainsi que le poids, la température, l'émission de méconium et d'urine, sont notés sur le cahier de transmissions.

La transmission écrite et orale sert à établir un « suivi » dans la surveillance et à adapter les soins en fonction des besoins spécifiques de l'enfant.

d. Le rôle du personnel de santé à la maternité

Le personnel de santé a pour mission essentielle de surveiller le nouveau-né, de veiller à son bien-être et de conseiller ses parents en vue de la sortie de la maternité.

Le personnel de santé doit considérer le bébé comme une personne ayant des besoins spécifiques. Il doit être attentif à chaque nouveau-né, personnaliser les soins et veiller particulièrement à :

- *favoriser les contacts mère-nouveau-né* : d'où l'intérêt de laisser bébé dans la chambre de sa mère en maternité. Ainsi, elle pourra parler au bébé et le caresser. Ces premiers contacts participent au « bien-être » de l'enfant ;
- *respecter le rythme de vie du bébé* : il faut savoir que la façon de coucher un bébé ou de le tenir devient pour lui un premier « point de repère ». De ce fait, la régularité de la personne et la régularité des soins sont capitales.

▶ Les conseils pour les « soins » d'hygiène au cours du séjour en maternité

Un des rôles essentiels du personnel de santé en maternité est de donner aux mères des informations concernant les soins d'hygiène au nouveau-né.

Les conseils peuvent être donnés de façon *collective* ou *individuelle*.

Exemple n° 1

Des réunions d'information sont organisées par les puéricultrices. Les conseils sont donnés sous forme de démonstration et de films vidéo à un groupe de mamans.

Exemple n° 2

L'auxiliaire de puériculture peut donner le bain le matin au nouveau-né et informer la maman sur les points importants : comment tenir le bébé pour le porter dans le bain (geste de sécurité), etc.

▶ Les conseils pour les soins au bébé après la sortie de la maternité

- **Conseils pour la sécurité** : rappeler aux mères de ne jamais laisser un bébé seul sur la table de change ou dans le bain.
- **Conseils pour l'alimentation** : rappeler aux mères la technique de la tétée, de la préparation hygiénique des biberons, la façon de les nettoyer et de les stériliser, les horaires des tétées, l'intérêt du rot pour le bébé après la tétée (*cf.* ci-après rôle de l'AMP lors de la tétée du nouveau-né).
- **Conseils pour le confort** : le personnel peut informer la maman sur la façon de :
  - porter et coucher le bébé,
  - respecter le rythme de sommeil.

- **Conseils pour le suivi médical** : le personnel peut indiquer aux parents :
  - le rythme des consultations du nourrisson, le calendrier vaccinal…,
  - l'existence d'une puéricultrice de secteur (qui peut lui rendre visite à la sortie de la maternité),
  - l'importance du carnet de santé.
- **Conseils administratifs** : le personnel peut signaler les modes de garde de l'enfant (*Ex. :* adresses des modes de garde, conditions à remplir, délais à respecter, etc.).

Le rôle de l'AMP[1]

– Se renseigner sur le déroulement de la naissance.
– Vérifier l'installation de la mère et de l'enfant.
– Surveiller la prise alimentaire : elle s'apprécie par l'observation de la courbe de poids et des selles.
– Surveiller le poids du bébé : à partir du 10e jour, la courbe de poids doit être régulièrement croissante, à raison de 25 gr par jour (environ) au cours du premier trimestre.
– Surveiller l'aspect des selles :
• elles sont nombreuses chez l'enfant nourri au sein : 5 à 6 selles par jour, semi-liquides, de couleur jaune d'or, d'odeur aigre,
• elles sont moins nombreuses chez l'enfant nourri au lait artificiel : 3 à 4 selles par jour, plus fermes, plus nauséabondes.

2 L'enfance

Le développement psychomoteur concerne l'ensemble des progrès accomplis tant sur le plan *psychique* (c'est-à-dire : intelligence, langage, affectivité, sociabilité) que sur le plan *moteur* (c'est-à-dire : mouvements du corps et des membres). Ces deux phénomènes évoluent parallèlement et rapidement dans la petite enfance.

A. Les conditions d'un bon développement psychomoteur chez l'enfant

Un bon développement psychomoteur dépend en majeure partie de plusieurs facteurs.

a. Les stimulations de l'entourage humain

L'environnement humain peut *influencer* le rythme du développement de l'enfant (le freiner ou le stimuler). Cependant, malgré la qualité de l'environnement, chaque enfant a un *rythme* de développement qui lui est *propre*.

1. Actuellement, l'AMP ne travaille pas en service de maternité. Nous donnons ici, à titre indicatif, le rôle qu'elle peut être amenée à jouer lors d'un stage.

Exemple

À 1 an, *Zoé* marche seule et *Margot* marche uniquement à 4 pattes ; à 2 ans, *Zora* parle bien et *Clara* ne dit que quelques monosyllabes…

L'adulte ne devra donc jamais faire de comparaison entre des enfants du même âge, devra respecter le rythme normal du développement de l'enfant et éviter toutes les surstimulations (qui sont inutiles).

b. Les stimulations de l'environnement

Grâce au jeu, l'enfant s'éveille au monde. Découvrir, expérimenter, créer, toucher sont des actes fondamentaux pour l'enfant.

Au cours du développement, il existe des *périodes sensibles* où l'enfant est *prêt* pour acquérir de nouvelles compétences. Il faut donc profiter de ces périodes pour lui donner la possibilité d'apprendre : soit par l'expérience, soit par l'enseignement.

Exemples

– Vers 7-8 mois l'enfant aime manipuler les objets ; c'est l'âge où on peut lui proposer des cubes à prendre, à jeter…

– Vers 24 mois, l'enfant aime bouger, courir, sauter ; c'est l'âge où l'on peut lui proposer des jeux de plein air.

Pour être fructueux, un apprentissage ne doit être ni trop précoce, ni trop tardif, mais se rapprocher le plus possible de la « *période sensible* » (où l'enfant « aime faire » car il « *peut faire* »). C'est une période féconde, les propositions faites à l'enfant prennent alors sens pour lui.

c. La maturation cérébrale

La maturation cérébrale est indispensable à la progression du développement. Elle se fait selon des axes précis, dans un ordre donné.

▶ Les axes du développement

Ce développement du contrôle musculaire s'achemine selon les axes suivants :

- *de la tête aux pieds* ;
- *du centre du corps à la périphérie.*

Cette évolution explique que l'enfant peut soulever sa tête avant de parvenir à s'asseoir et qu'il contrôle ses bras, puis sa main, puis ses doigts.

▶ Les stades du développement

Un stade de développement est l'ensemble des compétences d'un enfant à un âge donné. C'est aussi la préparation des compétences de l'âge suivant.

Le développement de l'enfant se fait par *stade*s (ou étapes) se succédant toujours dans le même *ordre*, indépendamment de l'environnement humain.

Exemple

L'enfant marche à quatre pattes, puis se met debout et marche seul. Il attrape un objet involontairement, puis acquiert la préhension volontaire.

▶ Les paliers du développement

Le développement de l'enfant ne suit pas une ligne ascendante continue, mais il se fait par *paliers* successifs (de durée variable selon les enfants) avec parfois des périodes de régressions non alarmantes. À chaque palier, le développement semble être stationnaire. En fait, le palier sert de tremplin pour acquérir une nouvelle maturité.

Exemple

Après 6 mois, l'enfant (couché sur le ventre) ne se contente plus de faire le « *phoque* », mais (à son rythme) il va acquérir la capacité de « *rouler* » sur lui-même, dans un sens, puis dans l'autre, puis dans les deux sens. Si son rythme est lent, le palier sera plus long entre l'acquisition de deux capacités différentes.

B. L'évolution du développement moteur chez l'enfant

L'évolution de la motricité chez l'enfant se fait par stades ou étapes. Les grandes étapes du développement moteur de l'enfant sont présentées sous forme de bande dessinée. Des « études de situation », évoquant le développement affectif, social et cognitif de l'enfant, y sont associées.

Cette présentation illustre la globalité du développement (qui est abordée dans les pages suivantes) et la façon dont un comportement en entraîne un autre d'une période à l'autre.

Avertissement au lecteur :

Les âges indiqués sur la BD ne représentent qu'une moyenne statistique : il faut toujours éviter de faire des comparaisons entre deux enfants du même âge, chacun ayant un rythme de développement qui lui est propre et que nous devons respecter.

C. L'évolution du développement sensoriel

a. L'évolution de l'audition

L'enfant réagit aux bruits. Dès sa naissance, il entend très bien, mais ne peut pas encore localiser le bruit. Cette capacité sera acquise vers l'âge de 2 mois à 3 mois (*cf.* Tableau 1.3).

b. L'évolution de la vision

La vision de l'enfant évolue considérablement entre la naissance et l'âge de 3 mois (*cf.* Tableau 1.3).

➜ *Étude de cas*

Angéla (3 semaines) et Silvio (3 mois)

– *Angéla* est dans son berceau... Elle vient de se rendormir après une longue séance de pleurs. Sa maman l'a changée, l'a bercée un moment. *Angéla* s'est peu à peu calmée. Elle a d'abord regardé vaguement la fenêtre de sa chambre où filtrait un rayon de soleil, puis elle s'est endormie.

– *Silvio* tourne la tête en direction de la porte d'entrée car sa sœur *Lola* l'appelle... Elle revient de l'école et va jouer avec lui !

Tableau 1.3 – Les signes indicateurs de la vision et de l'audition.

Dessins	Âges	Vision	Audition
	1 mois 2 mois	Le nourrisson peut *suivre des yeux* un objet proche de lui, de grosse taille, qui se déplace sur une ligne médiane jusqu'à un angle de 90 °, puis de 180 °.	Le nourrisson *identifie* les bruits familiers (en particulier les voix de ses parents, les préparatifs des biberons).
	3 mois	Le nourrisson peut *tourner la tête* pour suivre des yeux des objets plus éloignés. Il est captivé par ses petites mains ! C'est l'âge du « *regard de la main* » (1re étape de la découverte de son corps).	Le nourrisson *localise* le bruit et il tourne la tête en direction de celui-ci : lorsqu'une porte claque, lorsqu'on l'appelle.

D. L'évolution de la préhension manuelle

La préhension manuelle évolue considérablement de la naissance à l'âge de 2 à 3 ans (*cf.* Tableau 1.4).

Tableau 1.4 – Stades de l'évolution de la préhension manuelle.

1re année	
Avant 5 mois : L'enfant a une *préhension réflexe* : c'est une préhension involontaire au contact d'un objet placé dans la main.	
Après 5 mois : L'enfant acquiert la *préhension volontaire* : – elle est d'abord palmaire et imprécise vers 5-6 mois ; – puis elle devient précise vers 9 mois, c'est la préhension en « *pince* » : l'objet est saisi entre le pouce et l'index.	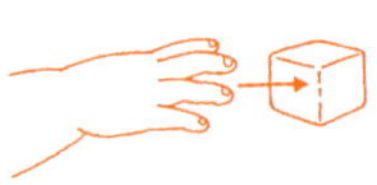 
2e année	
L'enfant acquiert le *relâchement fin et précis. Ex.* : il peut introduire des pastilles dans le goulot d'une bouteille.	
3e année	
L'enfant peut *manipuler avec une grande précision. Ex.* : il tient bien sa cuillère.	

E. L'évolution du développement affectif et social et du langage

Progressivement, l'enfant va enrichir ses échanges avec l'environnement. Ainsi vont se modifier :

- *ses relations avec ses parents* : l'enfant va les différencier très tôt et apprendre à mieux les connaître ;
- *ses relations avec les autres personnes* : l'enfant va découvrir et apprivoiser petit à petit les autres personnes de son environnement : ses frères d'abord, puis ses petits camarades (de crèche et d'école).

a. Le développement affectif et social la première année

Dès la naissance, l'enfant possède différents outils de communication. Il les utilise progressivement dans ses échanges avec autrui. Très rapidement, il est partenaire interactif.

▶ Les moyens relationnels avant l'usage du langage significatif

Avant l'apparition du langage, l'enfant entre en contact avec l'autre par différents moyens relationnels (*cf.* Tableau 1.5).

Tableau 1.5 – Les moyens relationnels avant l'usage du langage significatif.

	Exemples
Le sourire	– *Avant 2-3 mois :* *Le nouveau-né a des petits sourires réflexes* spontanés souvent observés au cours des moments de somnolence. – *À partir du 2e-3e mois :* *Apparaît le sourire « social »* : l'enfant sourit en réponse aux sourires de ses parents.
Les pleurs	– *Avant 6 mois* : Les pleurs peuvent signifier différents malaises (*Ex.* : un état d'inconfort dû à une couche souillée ou à la faim, la douleur, la chaleur, le froid). – *Du 6e au 9e mois* : L'enfant manifeste souvent : - *la crise d'angoisse* car il différencie sa mère des autres personnes (il pleure quand elle le quitte ou face à un visage étranger) ; - *de nouvelles expressions émotionnelles* : il rit aux éclats, il verse de grosses larmes, il crie, s'agite. Le fait de répondre adéquatement aux pleurs de l'enfant lui permet d'évoluer vers des signaux plus précis et plus variés.
Les expressions faciales (regard, mimiques)	*Dès les 1er mois*, le nouveau-né regarde intensément l'adulte qui s'occupe de lui et il est capable de mimiques variées (il réagit par des expressions du visage). La non-réponse de l'adulte aux signaux du bébé peut avoir de graves conséquences sur son développement.
Les gestes et les postures	*Avant l'apparition du langage :* Les enfants utilisent certaines expressions corporelles pour nous signifier leurs désirs et leurs états d'âme. *Ex.* : pour signifier un refus, l'enfant détourne la tête ou ferme la bouche ; pour être pris dans les bras il utilise le langage du corps.
Le langage	– *Avant 6 mois* : L'enfant émet des vocalises (ou gazouillis) ; sons riches en voyelles (*Ex.* : « e », « eu »). – *Vers 5-6 mois :* C'est l'âge des lallations (ou babillages), sons riches en consonnes (*Ex.* : « R...re », « G...re », « K...re », « P...re », « B...re », etc.). – *De 6 mois à 1 an :* - l'enfant utilise d'abord des monosyllabes (*Ex.* : « Ma », « Pa », « Da »...) ; - l'enfant utilise ensuite les doubles ou triples syllabes (*Ex.* : « Ma...Ma »). Sons non significatifs et répétés à la suite. – *Vers 1 an :* Il dit « Papa » (mot significatif !). Le fait de parler à l'enfant, de lui répondre l'aide à emmagasiner des mots et lui permet d'évoluer vers des modes d'expression de plus en plus précis.

▶ Le premier « groupe familial et social » de l'enfant

L'enfant devient un individu social. Ses relations avec autrui vont, comme le reste, évoluer progressivement avec les années.

Les relations avec la mère (l'image maternelle)

Le jeune enfant a tendance à avoir une relation très fusionnelle avec sa mère, mais il va apprendre à s'en détacher progressivement :

- *de la naissance à 5 mois* : période de symbiose. Le jeune nourrisson vit dans un état de fusion avec sa mère ;

- *de 6 mois à 8 mois* : période de différenciation. Le bébé commence à se détacher de sa mère. Il la regarde, la touche, et, vers 8 mois, il peut différencier sa mère des autres personnes (c'est l'âge de la crise d'angoisse) ;
- *vers 14 mois* : période d'exploration et début de l'autonomie. C'est l'âge des premiers mots et des premiers pas de l'enfant.

Les relations avec le père (l'image paternelle)
Une image paternelle peut émerger de la conscience de l'enfant et se différencier progressivement de l'image maternelle.
Certains pères sont très attentifs à l'enfant ; ils le regardent, lui parlent, lui donnent le biberon. Dans ce cas, l'enfant reconnaît vite son père et a les mêmes réactions avec lui qu'avec sa mère.

Les relations avec d'autres adultes
Pour que l'enfant puisse établir un rapport avec d'autres adultes, il faut que ces adultes établissent d'abord un rapport avec l'enfant.
Il faut toujours prévoir une période d'intégration : période pendant laquelle l'enfant pourra établir des liens avec autrui en la présence.

Le rôle de l'AMP auprès de l'enfant les 2 premières années

Auprès de l'enfant de 5 à 8 mois

▶ *D'une manière générale :*
– proposer à l'enfant des jouets variés ;
– lui faire accepter l'alimentation diversifiée avec tact et douceur ;
– apaiser ses craintes (c'est la période de la « *crise anxieuse* ») ;
– laisser l'enfant disposer à son gré de « *l'objet transitionnel* » qu'il a choisi (le doudou) ;
– permettre à l'enfant de décharger ses émotions, lui offrir une présence attentive et affectueuse.

▶ *Pour favoriser le langage :*
– respecter les jeux vocaux de l'enfant ;
– jouer avec lui à « échanger des sons » ;
– proposer à l'enfant des sources sonores de qualité (musique douce, grelots...).

Auprès de l'enfant de 9 à 12 mois

▶ *D'une manière générale :*
– accepter la vitalité de l'enfant ;
– prévenir tous les risques d'accident ;
– être tolérant, mais aussi savoir fixer certaines limites ;
– éviter les déplacements fréquents de mobilier, d'objets... (surtout dans la chambre de l'enfant), car il est sensible à l'ordre des objets qui sont ses premiers repères.

▶ *Pour favoriser le langage :*
– parler souvent à l'enfant ;
– associer les mots aux gestes ;
– nommer les différentes parties du corps ;
– parler d'un ton calme et expressif, avec une tonalité normale.

Auprès de l'enfant de 1 à 2 ans

▶ *Pour favoriser l'autonomie :*
– offrir à l'enfant un espace suffisamment protégé pour limiter les interdits ;
– le sécuriser : maintenir un lien par la voix lorsque vous travaillerez hors de sa vue ;

– l'aider à identifier ses nouveaux besoins en les formulant à sa place (« Tu pleures parce que… »).

▶ *Pour réduire l'agressivité entre enfants*

Mettre des mots sur les sentiments de l'enfant (*Ex.* : « Tu n'es pas content parce que… »).

▶ *Pour aider l'enfant à développer son langage :*

– nommer les objets et verbaliser les actions ;
– ne pas être trop exigeant ;
– montrer à l'enfant qu'on le comprend ;
– ne pas parler un langage « bébé » ;
– ne pas se moquer de sa façon de parler.

Les rapports de l'enfant avec un adulte non familier seront de qualité et d'intensité variable suivant que cet adulte sera plus ou moins gratifiant à son égard.

b. Le développement affectif et social la 2e année

▶ Le développement

- *Vers 15 à 18 mois*, l'enfant acquiert plus *d'autonomie* (c'est la marche qui le lui permet).
- *Vers 24 mois*, il se montre *égocentrique* (il se croit le centre du monde), il traverse des phases « d'agressivité » (il mord, tire les cheveux).

▶ Le langage

- *À partir de 1 an*, l'enfant utilise le « *mot phrase* » : c'est un mot significatif qui résume toute une phrase (*Ex.* : papa ou lolo).
- *De 15 à 24 mois*, l'enfant utilise le « *langage global* » significatif (*Ex.* : papa pati, bébé bobo).

c. Le développement affectif et social la 3e année

▶ Le développement

- L'enfant *affirme sa personnalité* :
  – il se sent distinct d'autrui,
  – il veut faire seul.
- L'enfant « *s'ouvre aux autres* » :
  – il joue avec ses semblables,
  – il cherche l'approbation de l'adulte.

▶ Le langage

- *De 2 à 3 ans*, c'est *l'explosion du vocabulaire*. L'enfant utilise le « verbe » (*Ex. :* poupée Lily couchée).
- *À 3 ans*, il *maîtrise le langage*. Le vocabulaire est riche, concret (*Ex. :* la poupée Lily est couchée).

➔ *Étude de cas*

Jules (3 ans)

Jules raconte à sa maman qu'il a vu hier des vaches dans le pré de la ferme, que les vaches étaient gardées par des *cow-boys*, puis il ajoute, devant l'air ahuri de sa mère : « *C'est pour de rire !* ». Puis, *Jules* ajoute : « *Dis maman, c'est quand que j'irai chez grand-mère ? Demain ? C'est près… demain ?* »

Le rôle de l'AMP auprès de l'enfant de 2 à 3 ans

▶ Pour aider l'enfant à s'affirmer, l'AMP veillera à :
– ne pas engager de lutte avec l'enfant à propos du NON (il suffit souvent de détourner son attention) ;
– reconnaître l'enfant comme « une personne » :
• lui demander son avis,
• lui expliquer les interdits… ;
– lui proposer des jeux collectifs (le valoriser, le féliciter de ses performances lors des jeux).

▶ Pour aider l'enfant à développer son langage, l'AMP doit :
– lui raconter des histoires et lire avec lui des livres d'images ;
– lui faire commenter des photos, des diapositives ;
– répondre à ses questions ;
– tolérer ses erreurs de langage.

▶ Pour réduire l'agressivité entre enfants, l'AMP doit veiller à :
– apprendre à l'enfant les règles de l'échange : à accepter, à reconnaître l'autre ;
– apprendre à l'enfant à mettre des mots sur les sentiments (*Ex.* : « Tu n'es pas content parce que… »).

d. Le développement affectif et social de 3 à 6 ans

L'enfant a besoin d'aimer et d'être aimé de ses parents et des autres, d'être rassuré sur lui-même et sur sa place.

▶ Les lieux d'expression de l'enfant

On observe l'enfant dans différents milieux.

- *À l'école maternelle :* l'enfant fait connaissance avec un nouveau milieu social auquel il cherche à s'adapter.
- *Dans un groupe d'enfants à l'école :*
  – l'enfant aime *se mesurer* à autrui,
  – il devient *persévérant* dans ses jeux,
  – il aime *se défouler* dans des jeux agressifs.

▶ Les modes d'expression de l'enfant

Le jeu est le mode d'expression favori de l'enfant. Il y en a deux qu'il affectionne particulièrement.

- *Le jeu de rôle*

C'est l'âge où l'enfant aime les *jeux de rôle réglementés* : chacun doit bien jouer le rôle qui lui est assigné, sans tricher, sans se dérober. Les jeux de rôles sont des jeux symboliques copiés sur la vie des adultes. Les déguisements y sont de plus en plus associés.

- *Le jeu-travail*

À cet âge, le jeu est pour l'enfant non seulement un plaisir mais il devient *utilitaire* ; c'est le *jeu-travail* (il veut achever la tâche entreprise). L'enfant a tendance à *se valoriser* au moyen du jeu en donnant des ordres au camarade qui joue avec lui. Les jeux de rôle ont des règles où l'on distribue les « rôles » à remplir. Ils stimulent la compétition.

▶ Les types de comportement de l'enfant dans le « groupe »

L'analyse des échanges entre les enfants dans le groupe a mis en évidence des comportements qui sont de véritables moyens de « communication préverbale ». Le but de ces comportements est de créer des liens, ou, au contraire, de provoquer une rupture de liens, une fuite ou une agression.

Le professeur *Montagner* a dégagé quatre types de comportements chez l'enfant de 3 à 6 ans :

- *le leader* est un enfant qui a une personnalité riche et attractive. C'est un meneur. Les autres enfants le suivent, l'imitent et forment des groupes « durables » autour de lui ;
- *le dominant agressif* a un comportement de menace. Il a tendance à mordre, frapper, tirer les cheveux. Il obtient ce qu'il désire par la force ou la menace ;
- *le dominé agressif* a un comportement passif : il évite la compétition, imite beaucoup les autres enfants. Il a peu d'échanges avec eux. Il les agresse souvent, sans arriver à les dominer. Alors, il s'isole du groupe ;
- *le dominé craintif* a un caractère de leader mais il est inhibé par sa timidité.

Le professeur *Montagner* a constaté que les parents (et plus particulièrement la mère) ont une influence sur le développement de la personnalité de l'enfant qui, jusqu'à l'âge de 6 ans, peut évoluer, se modifier. Après 6 ans, la personnalité tend à se renforcer.

Le rôle de l'AMP auprès d'enfants de 3 à 6 ans

L'AMP veillera à :

– proposer à l'enfant divers jeux adaptés à ses goûts, à son âge, à ses besoins :

• les *jeux collectifs* dont les règles favorisent la socialisation,

• les *exercices rythmés* qui favorisent la perception du corps,

• les *activités manuelles* qui favorisent l'habileté et l'expression créative,

• les *jeux utilitaires* (ou jeux-travail) avec un but annoncé au départ ;

– canaliser l'agressivité dans des activités sportives et accepter la décharge agressive dans les jeux ;

– prêter attention aux « jeux de rôles » qui traduisent les préoccupations et les besoins affectifs de l'enfant ;

– dialoguer avec l'enfant, l'écouter, le valoriser, tout en sachant lui imposer des limites ;

– repérer ses difficultés sociales et scolaires et transmettre ses observations afin de résoudre les problèmes.

e. Le développement affectif et social de 6 ans à l'adolescence

Au cours de la moyenne enfance, qui s'étend de l'âge de 6 ans à 12-13 ans, le vécu affectif et social de l'enfant prend racine.

L'affectivité se développe au sein de deux groupes différents mais complémentaires, le groupe familial et le groupe social.

▶ L'évolution de l'enfant dans le groupe familial

La famille sécurise l'enfant et joue un rôle fondamental dans son évolution. Elle peut l'aider à épanouir sa personnalité, à prendre confiance en lui… La famille devrait favoriser l'équilibre de l'enfant et l'aider à mieux affronter la vie dans le groupe social.

▶ L'évolution de l'enfant dans le groupe social

L'enfant va faire l'apprentissage de la vie sociale, faite de règles, de compétitions, de rivalités et aussi de conflits, d'agressivité…

- **L'école** : l'enfant éprouve des sentiments collectifs :
  - un esprit de « *corps social* » se développe : on fait corps contre un professeur, contre un nouveau venu, etc. On fait preuve d'intolérance contre les défavorisés, les timides ;

– des sympathies et des antipathies voient le jour, on observe des groupes de jeunes entraînés par un « meneur » (ou leader). Il a ses vassaux et ses rivaux ; des heurts éclatent, la violence se manifeste souvent. Mais la vie de groupe est indispensable au développement de l'enfant de cet âge.

- **Les clubs sportifs** : l'enfant forme son caractère au contact de groupes sportifs (ou autres). Le sport d'équipe fortifie le corps et l'esprit, développe l'émulation et la coopération (qui sont la loi de cet âge). Le sport (bien encadré) est la meilleure prévention de la violence chez les jeunes car il canalise l'agressivité.

→ *Étude de cas*

Géo (8 ans), Franck (9 ans) et Carla (10 ans)

Géo, *Franck* et *Carla* jouent à chat perché. *Marcos,* un copain d'école, arrive à leur insu et souhaite s'associer à leur jeu. « *Oh, le petit rouquin !* », dit *Géo,* et *Carla* ajoute : « *Mais c'est encore Rourou qui est là !* ». *Marcos* se sent mal à l'aise ; il repart attristé. Il n'est pas pressé de rentrer chez lui et il s'assoit sur un muret près d'une cour d'immeuble. Là, il regarde de loin un groupe d'enfants jouer ensemble, il aimerait bien les aborder.

Le rôle de l'AMP auprès d'enfants de 6 à 12 ans

Le rôle de l'AMP consiste à favoriser le dialogue et les capacités d'expression du jeune enfant. Il doit également aider l'enfant à canaliser certains de ses comportements, en particulier ses comportements agressifs, afin de lui permettre de mieux s'intégrer au groupe.

L'AMP veillera à :

– soutenir l'enfant de son affection, de son estime ;

– donner à l'enfant des responsabilités selon ses capacités (jardinage, garde et soins à un animal domestique) ;

– ce que l'enfant s'adapte bien dans un club ;

– dépister l'enfant « exclu » et le signaler rapidement à sa (son) responsable ;

– dépister « l'hypo scolarisation » (l'inadapté scolaire souffre, il faut le signaler rapidement) ;

– ce que les mass medias (télévision, Internet...) ne nuisent pas à l'équilibre physique et mental de l'enfant ;

– toujours respecter l'enfant dans les dialogues avec lui. Éviter les conflits, favoriser la concertation, la négociation, la compréhension, les explications.

F. L'évolution globale du développement psychomoteur

Ces études de situations présentent à titre d'exemple des moments-clés de la vie de l'enfant au cours desquels on peut observer divers aspects de son développement psychique, moteur, social, affectif et intellectuel en rapport avec son âge.

Les aspects essentiels de l'évolution motrice de l'enfant du deuxième mois jusqu'à sa 3e année sont présentés dans la colonne de droite du tableau 6. Afin de prendre en compte les variations de rythme de développement, nous parlons d'âge approximatif (en utilisant le mot « *vers* »).

Tableau 1.6 – Études de situations illustrant le développement de la motricité de l'enfant et le rôle du professionnel qui s'occupe de lui.

Études de situations	Développement de la motricité[a]
Nolwen (vers 2 mois) *Nolwen* pleure dans son berceau après un long épisode de sommeil ; *Zora* (la professionnelle) se penche au-dessus d'elle pour lui dire bonjour et pour la distraire avant l'heure de la tétée, lui présente son petit univers : sa chambre. Elle lui dit ; « *Regarde le beau jouet bleu-rouge-vert qui tourne au plafond… il tourne lentement pour toi !* » L'enfant est captivé par ce mobile fixé au-dessus de son lit. Non seulement il a de jolies couleurs mais il est musical.	**Vers 2 mois** La tête du bébé est tournée sur le côté, il peut la soulever de temps en temps. Ses membres sont **fléchis**. 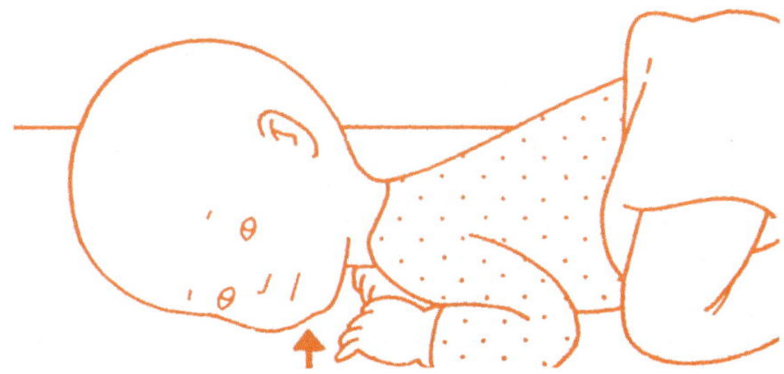
Jules (vers 4 mois) *Jules* vient de se réveiller calmement, il sourit en regardant ses petites mains s'agiter devant lui, son regard va de l'une à l'autre… *Jules* est comme saisi d'admiration devant cette chose nouvelle qu'il ne connaissait pas. Il gazouille. *Tania* (la professionnelle) met à profit le moment de la toilette pour l'aider à connaître non seulement son corps, mais aussi son environnement proche. Pour observer, Jules se met sur ses avant-bras et redresse vigoureusement le buste et la tête.	**Vers 4 mois** Le bébé peut **soulever la tête** et le tronc du plan du lit pour se poser sur ses avant-bras. 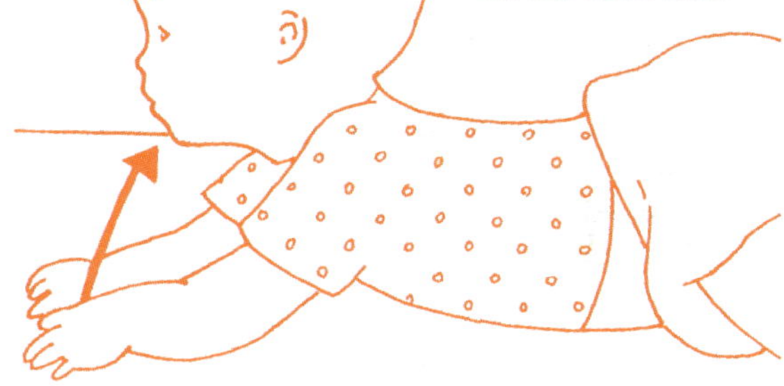
Émilie (vers 6 mois) Il est 10 h du matin, *Émilie*, après avoir sucé ses mains un court moment, décide de réveiller toute la maisonnée. Ses cris sont stridents. *Davinia* (la professionnelle) lui donne le biberon pour la calmer, mais au moment de la recoucher, *Émilie* se contorsionne et manifeste énergiquement son refus. Bien sûr, *Davinia* n'a pas compris que le petit lit n'intéresse plus beaucoup *Émilie*, il devient un peu étroit pour ses nouveaux exploits. Lorsqu'elle est couchée sur le ventre, Émilie sait se tourner dans tous les sens. Cet exercice l'amuse beaucoup !	**Vers 6 mois** Le bébé peut rouler du **dos sur le ventre** et vice versa. 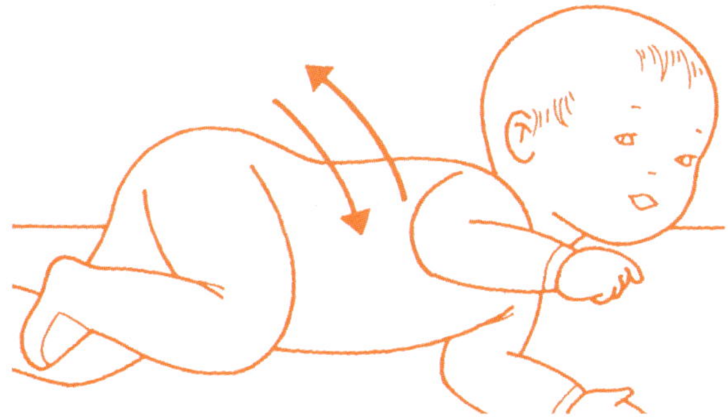

Tableau 1.6 – Études de situations illustrant le développement de la motricité de l'enfant et le rôle du professionnel qui s'occupe de lui. (suite)

Études de situations	Développement de la motricité[a]
Maxime (vers 8 mois) *Maxime* est un bébé jovial, actif, mais qui a pris l'habitude depuis quelques semaines de solliciter beaucoup l'attention de sa mère. Il pèse 7,200 kg, il a une incisive qui vient de sortir, et sa mâchoire inférieure lui procure quelques petits désagréments. *Maxime* s'est réveillé plusieurs fois cette nuit. Son sommeil a été agité. À présent assis sur le tapis de sol, il pleurniche après le départ de sa mère. *Élodie* (la professionnelle) lui propose de jouer avec lui. Elle lui donne le petit canard jaune. Il s'en empare, le lâche brutalement sur le sol, le perd… puis se met à pleurer ! Élodie est là pour le lui restituer et le jeu s'anime. À présent, Maxime rit aux éclats.	**Vers 8 mois** il tient **assis seul** ! 
Noha (vers 9 mois) *Noha* est coincé entre deux meubles et crie désespérément afin que l'on vienne le récupérer… Les progrès de sa motricité l'incitent à des tentatives nouvelles qui, bien sûr, n'ont pas toujours des résultats heureux ! *Noha* a besoin d'espace. *Noémie* (la professionnelle) stimule l'enfant dans ses nouvelles tentatives, sécurise l'espace environnant et le surveille attentivement.	**Vers 9 mois** 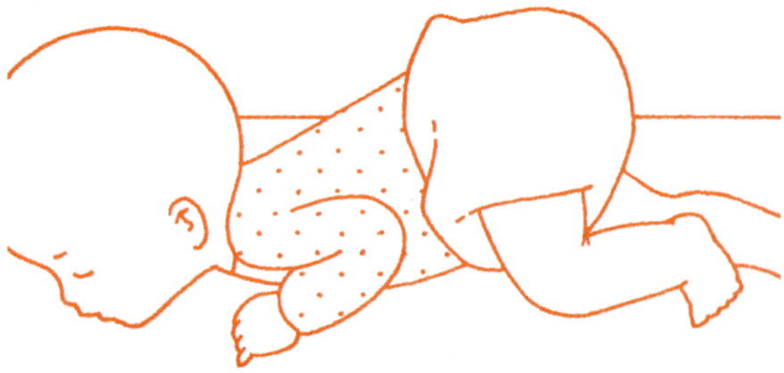 L'enfant **rampe** au ras du sol
Emma (vers 10 mois) *Emma* ne peut rester un instant tranquille. À quatre pattes, elle circule dans tous les sens… Elle veut tout voir, tout savoir. Parfois, elle essaye de se mettre debout, mais elle tombe souvent. *Saïa* (la professionnelle) est là pour la rassurer dans ses échecs et la stimuler dans ses nouveaux exploits.	**Vers 10 mois** L'enfant avance à **4 pattes**. 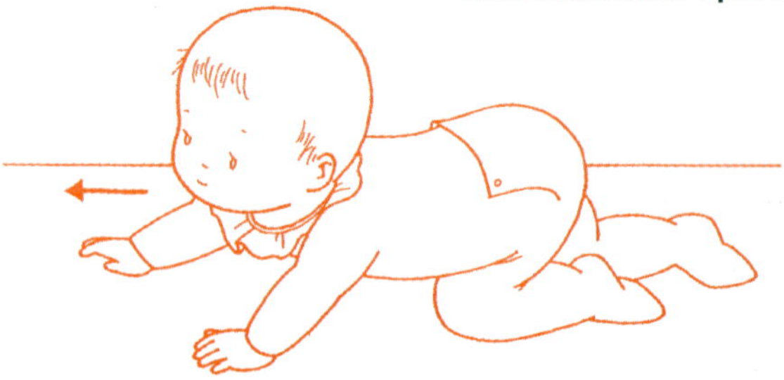

Tableau 1.6 – Études de situations illustrant le développement de la motricité de l'enfant et le rôle du professionnel qui s'occupe de lui. (suite)

Études de situations	Développement de la motricité[a]
Sophia (vers 15 mois) *Sophia* est une fillette pleine de vivacité, elle marche correctement, pèse 12 kg, et arrive à se faire comprendre par des « mots-phrases » simples, souvent accompagnés de gestes. Quand *Sophia* trottine dans la maison, souvent elle se heurte aux meubles et tombe, mais elle ne pleure pas. La corbeille à papier de papa reste son jeu préféré, elle la vide régulièrement de son contenu pour la mettre sur sa tête ! *Iris* (la professionnelle) comprend tout l'intérêt de ce jeu pour l'enfant (contenu/contenant). Elle valorise son exploit puis remplace vite la corbeille par une boîte en carton remplie de jouets !	**Vers 15 mois**  L'enfant **marche seul** (jambes écartées) au début.
Édouard (vers 18 mois) Le jardin tout entier paraît à présent trop étroit pour les ambitions vagabondes d'*Édouard*. Il veut le parcourir dans tous les sens… Il court, il saute. Il découvre trois blocs de pierre et demande de l'aide pour y grimper. Il voudrait faire durer ce plaisir, mais l'heure du goûter arrive. *Jasmine* (la professionnelle) lui demande de s'installer dans la cuisine. Il a faim, il y va rapidement ! Elle l'accompagne et lui dit qu'après le goûter, ils retourneront ensemble dans le jardin.	**Vers 18 mois**  L'enfant peut **courir**

a. Les illustrations sont extraites du *Guide AP*, J. Gassier. Masson.

3 L'adolescence

L'adolescence est une période transitoire entre la grande enfance et l'âge adulte.

- Elle se caractérise par des transformations importantes, d'ordre à la fois *physique, psychologique, intellectuel et social.*
- Elle débute vers l'âge de 12 ans environ chez la fille et de 14 ans chez le garçon.
- Elle s'achève aux alentours de 18-20 ans.

A. Les transformations physiques et physiologiques

Le processus pubertaire constitue l'avènement fondamental de cette période : la puberté se caractérise par une mise en route de l'activité ovarienne chez la fille, et testiculaire chez le garçon. Elle est sous la dépendance de la glande hypophyse (située dans le cerveau). La puberté est marquée par le développement :

- *chez la fille* :
  - des seins et de la pilosité (axillaire et pubère),
  - des organes génitaux et de l'apparition du cycle menstruel ;
- *chez le garçon* :
  - de la pilosité (plus étendue que chez la fille),
  - des organes génitaux,
  - de la modification de la voix.

B. Les transformations intellectuelles

L'adolescent prend goût aux discussions interminables, aux raisonnements dans l'absolu. Ce bouillonnement intellectuel s'accompagne de périodes de « rêveries ». C'est l'âge des « conduites imaginaires » qui servent d'échappatoires au réel. C'est aussi la période des grandes illusions, des émois amoureux.

C. Les transformations psychologiques

a. L'image du corps

L'adolescent doit s'adapter aux transformations physiques rapides qui s'opèrent pour lui. Il doit apprendre à s'aimer dans ce « nouveau corps ». D'où l'intérêt qu'il porte à son apparence (son « look ») et les heures qu'il passe devant la glace.

b. Les pulsions sexuelles

L'adolescent doit résister aux pulsions sexuelles qui l'envahissent et doit, en même temps, les accepter comme faisant partie de lui-même. Devant la difficulté de cette tâche, il se réfugie souvent dans :

- « l'intellectualisme » (qui nie les besoins du corps) ;
- « l'ascétisme » (qui prive le corps de tout désir).

c. Le détachement des parents

L'adolescent doit apprendre à devenir autonome. La séparation des parents s'accompagne souvent de comportements contradictoires où le besoin de revendiquer son indépendance alterne avec une quête d'amour et de protection déconcertante pour les parents.

d. La recherche d'identité

L'adolescence est une période où s'édifie la personnalité. Les jeunes gens rejettent les « images parentales » et recherchent leur propre identité. Pour cela, il faut trouver de nouveaux modèles auxquels ils pourront s'identifier.

Pour affirmer leur personnalité, les jeunes s'opposeront constamment à l'entourage familial (jusqu'à commettre parfois des actes délictueux).

D. La vie sociale de l'adolescent

Plusieurs milieux jouent un rôle important dans la vie sociale d'un adolescent.

a. La famille

Les parents acceptent difficilement les changements de leur enfant et les modifications de ses besoins :

- ils doivent lui donner plus d'autonomie, sans toutefois lui laisser faire n'importe quoi ;
- ils doivent veiller à ne pas rompre le dialogue avec le jeune, et ce, malgré les conflits qui les opposent continuellement.

b. L'école

L'école n'échappe pas au regard critique de l'adolescent. Les problèmes de l'enseignement, de la discipline, la difficulté de trouver des débouchés, créent un climat de contestation, de découragement parfois, et sont souvent source d'angoisse.

c. Le groupe de jeunes

L'adolescent aime faire partie d'un « groupe » de jeunes. Cette appartenance satisfait son besoin d'identification et d'expression. Au sein d'un groupe s'élaborent de nouvelles normes culturelles (tenues vestimentaires, comportements, langage, intérêts divers, etc.). Le groupe peut avoir sur lui un impact positif ou négatif.

E. La vie sexuelle de l'adolescent

a. Les relations sexuelles

La découverte de la vie sexuelle est souvent génératrice d'angoisse chez l'adolescent. Il a besoin d'être rassuré sur :

- sa capacité d'aimer et d'être aimé ;
- la normalité de son développement génital ;
- son « savoir-faire » sexuel.

b. La contraception

Les adolescents utilisent peu (ou mal) les moyens modernes de contraception. Parmi les raisons, citons : l'imprévisibilité des rapports sexuels, le désir de prouver sa fertilité, l'envie de prendre des risques, mais aussi un manque d'information.

Par ailleurs, la peur du sida ne semble pas développer chez les jeunes l'usage du préservatif, et il faut le regretter ; une meilleure information reste à faire dans ce domaine.

c. La procréation

Pour l'adolescente, désirer un enfant, c'est le plus souvent :

- vouloir posséder quelque chose à soi, quelqu'un que l'on puisse aimer, qui permette de réparer les manques affectifs subis pendant l'enfance ;
- chercher à se valoriser au moyen de la grossesse, à être socialement reconnue, à recevoir des marques d'estime et d'intérêt.

F. Les facteurs de risque

L'adolescent qui part à la conquête du monde se heurte à de très nombreuses difficultés. « *Le passage à l'acte* » permet à l'adolescent de s'affirmer et de transgresser le monde des adultes. Tout peut arriver, il est capable de « faire n'importe quoi » ! Les statistiques sur la

toxicomanie révèlent que l'adolescent utilise aussi bien des drogues licites (alcool, tabac, médicaments) que des drogues illicites (stupéfiants).
La vigilance des parents et des professionnels doit être particulièrement soutenue pour éviter le pire et apprécier les facteurs de risque.

a. Les signaux d'alarme

Parmi les troubles du comportement, l'isolement relationnel, le don d'objets (auxquels le jeune est particulièrement attaché), ou encore la tenue de propos plus ou moins explicites (y compris dans les devoirs de français), sont autant de signes sous-jacents. De même, les fugues ou encore des conduites alimentaires pathologiques (du type anorexie ou boulimie), les troubles du sommeil (caractérisés par l'insomnie ou le réveil matinal précoce), dissimulent bien souvent un malaise profond qu'il conviendrait d'identifier lors d'une consultation chez le médecin généraliste.

G. Le rôle de l'adulte (parents ou professionnels) : être à l'écoute

Chez les 15 à 24 ans, le suicide est la deuxième cause de mortalité, après les accidents de la circulation. Chaque année, plus de 40 000 jeunes tentent de mettre fin à leurs jours. La prévention consiste à prendre en compte tous les *signaux d'alarme* cités précédemment et à consulter un médecin généraliste, l'infirmière scolaire ou l'assistante sociale scolaire dans les meilleurs délais. Une écoute attentive de troubles encore diffus et anodins pourrait aider l'adolescent à verbaliser ses difficultés. D'autant que l'on sait aujourd'hui que si le message exprimé lors du premier passage à l'acte n'a pas été suffisamment perçu ni traité, les récidives sont promptes et graves.

4 L'adulte

Défini physiologiquement par la fin de la croissance (du latin *adultus*, « qui a grandi »), l'âge adulte est un état apparent de maturité et de stabilité physique, intellectuelle et affective.

A. Les événements « affectifs » de l'âge adulte

Tout événement est vécu subjectivement, en fonction de la personnalité du sujet et de son histoire antérieure.

a. Le choix du conjoint

On ne peut parler véritablement de choix. Les expériences vécues dans la famille, les relations (mêmes inconscientes) avec les parents, l'éducation reçue, le groupe social auquel on appartient, déterminent plus ou moins nettement les critères selon lesquels le partenaire sera élu. Ces influences peuvent être directes, comme une ressemblance physique ou comportementale, mais aussi indirectes, se manifestant en opposition au parent du sexe opposé.
Dans les premiers temps de la vie du couple, le partenaire est idéalisé. Les éléments gênants sont projetés sur des personnes extérieures. La phase suivante, où l'autre cesse d'être idéalisé et où les conflits peuvent apparaitre, signe une évolution et donc une certaine maturité des partenaires.

b. La séparation ou le divorce

La séparation, légale ou non, peut être provoquée par un rythme d'évolution, de maturation différente. L'issue d'un conflit dans un couple est fonction de la capacité de chacun à communiquer, à opérer un changement dans ses manières de fonctionner, à accepter une désillusion sans se sentir anéanti, à reconnaître que la faiblesse de l'autre n'est insupportable que du fait de ce qu'elle « réveille » en nous.
La présence d'enfants doit nécessiter la recherche de la solution la moins traumatisante pour eux. Les enfants ont besoin de sécurité affective et les parents doivent leur garantir leur affection quoiqu'il arrive. L'enfant n'a pas à choisir entre les deux.

c. La parentalité

L'accession à la paternité ou à la maternité est un moment-clé dans la maturation de l'individu.

▶ Les apects

- *Pour la femme :* avoir un enfant revient à prendre position par rapport à sa propre mère, soit pour faire aussi bien qu'elle, soit pour faire mieux si celle-ci n'a pas été suffisamment bonne. Les relations entre une femme et sa mère sont faites d'ambivalence. Elles sont à la fois positives et négatives :
  - *la grossesse* peut être le révélateur de cette ambivalence, faite de conflits anciens, et devenir source d'insécurité, de culpabilité, entraînant diverses perturbations psychologiques ou physiques. Les vomissements du premier trimestre, d'origine hormonale, ont une intensité variable d'une femme à l'autre. Ils sont en rapport avec le vécu de la grossesse, l'anxiété de la future mère,
  - de même pour *l'état dépressif* qui suit souvent l'accouchement, son ampleur dépendra aussi de la façon dont la jeune mère accepte cette première séparation d'avec son enfant que constitue la naissance,
  - pour d'autres femmes, la possibilité d'être enceinte est plus importante que la venue de l'enfant. Elles se rassurent ainsi sur leur capacité d'être fertiles. Ceci peut expliquer certains « accidents » de contraception.
- *Pour le couple :* le projet d'enfant répond au désir de chacun des partenaires d'avoir un enfant. Ce désir n'est pas indépendant de la façon dont chaque partenaire a été désiré, accueilli par ses propres parents.

▶ Les effets pour le couple

La maternité et la paternité provoquent une *maturation brutale* de l'homme et de la femme en les mettant en face de responsabilités nouvelles dont ils doivent s'accommoder.
La venue d'un enfant est l'occasion d'une *modification des rapports* dans le couple. Certaines mères négligent leur rôle d'épouse, certains pères ressentent de la jalousie vis-à-vis de l'enfant qui accapare leur femme. Les parents doivent donc savoir s'adapter à leur nouveau rôle pour continuer à exister en même temps comme couple et comme parents.
Devenir parent, c'est aussi s'inscrire dans un processus généalogique : c'est franchir une génération.

B. Les événements « sociaux » de l'âge adulte

a. L'emploi

L'entrée dans la vie active se fait de plus en plus tard pour des raisons économiques (chômage) ou sociales (allongement de la scolarité). Le fait d'accéder à un emploi est le plus souvent bénéfique à l'individu, puisqu'il lui donne un rôle social, mais les contraintes et les responsabilités afférentes peuvent être source d'angoisse et déstabiliser un sujet.

b. Le chômage

Le chômage, surtout de longue durée, est une période de grande fragilité. L'individu se sent inutile, dévalorisé dans une société qui vante le travail et la réussite sociale, et il a le sentiment de ne plus être capable d'assumer ses responsabilités familiales.

L'organisation psychique du sujet, ses expériences antérieures détermineront les moyens qu'il utilisera pour faire face à cette situation. S'il ne trouve pas en lui et autour de lui des appuis suffisamment solides, il peut se sentir rejeté et incapable de réagir.

→ *Études de cas* (réflexion)

Les phrases suivantes évoquent des situations difficiles vécues par l'adulte. Elles peuvent être un point de départ pour une réflexion personnelle, en utilisant ce qui a été dit dans ce chapitre.

• *Théo* dit : « *J'ai peur pour l'avenir de mes enfants. Que vont-ils devenir avec le chômage actuel ? Quelle sera leur vie dans une société de violence, avec la drogue ?* »

• *Marie* dit : « *Si je quitte mon emploi pour me consacrer à l'éducation de mes enfants, je vais régresser dans ma capacité professionnelle et je ne retrouverai plus d'emploi...* »

• *Sonia* dit : « *J'ai trois enfants, mon mari m'a quittée, je me retrouve seule, sans travail, sans formation. Que vais-je devenir ?* »

• *Ben* dit : « *Nous renonçons à avoir un autre enfant. Cela bousculerait nos habitudes de vie. Notre logement serait trop petit, et la voiture... Il faudrait se priver de vacances... On est bien comme ça !* »

• *Léna* dit : « *Nous sommes au bout du rouleau, plus de couverture sociale, les huissiers sont à la porte tous les jours, nous n'avons plus de quoi manger, et tout le monde l'ignore.* »

5 Le vieillissement

Les personnes âgées sont en nombre important dans nos sociétés européennes ; ceci grâce à l'allongement de l'espérance de vie.

Le développement des soins médicaux, l'amélioration des conditions de vie et d'habitat, la mise en place de politiques de prévention (vaccinations, sécurité au travail, prévention routière, dépistage précoce des maladies, etc.) ont permis de faire chuter notablement la morbidité et la mortalité chez les plus de 60 ans. Au cours d'une vie, le temps de la vieillesse tient donc une place importante.

Exemple :

Une personne de 94 ans qui a commencé à travailler à 20 ans aura passé autant d'années à la retraite (37 ans) qu'au travail (37 ans).

A. Le début du vieillissement

Dès la naissance, l'homme commence à vieillir et passe ainsi par différents stades (enfance, adolescence et âge adulte) pour atteindre le 3e âge.

Les effets importants du vieillissement se font sentir au 4e âge (autour de 80 ans), mais ils dépendent souvent du niveau culturel et social de la personne, ainsi que de son hygiène de vie. On remarque chez beaucoup de personnes âgées :

- une difficulté d'apprentissage, mais surtout d'adaptation aux nouvelles situations (*Ex.* : utiliser le Minitel ou une carte bancaire) ;
- une diminution de l'imagination, de l'intuition ;
- une atteinte de la mémoire immédiate.

> → *Étude de cas*
> Les difficultés d'adaptation de madame X (76 ans).
> *Madame X.*, personne à mobilité réduite, refuse de quitter un appartement au 2e étage sans ascenseur pour un rez-de-chaussée, car elle ne veut pas quitter son « *chez elle* ». Elle trouve l'éducation des jeunes « trop libre », leurs modes vestimentaires « débraillées » ; les nouvelles musiques qu'écoutent ses petits-enfants lui semblent un « tintamarre » pénible à supporter. Enfin, le constat de son vieillissement crée chez elle un sentiment d'inutilité.

B. Le ralentissement physiologique

Chez le sujet vieillissant, un grand nombre de « signaux » témoignent de l'avancée en âge qui entraîne inévitablement la diminution de certaines aptitudes et capacités, en particulier la diminution :
- de la force musculaire (difficulté à la marche) ;
- des capacités respiratoires, cardiaques, digestives ;
- de l'acuité des organes sensoriels (vue, ouïe…).

C. Les aspects psychologiques du vieillissement

Chez la personne âgée, le physique et le psychique sont interdépendants et la fragilité de l'organisme s'accompagne d'une difficulté de plus en plus grande à résister au stress.
La personne âgée doit alors faire face à une image dépréciée d'elle-même, tout en supportant des changements et traumatismes importants à certains moments-clés de la vie : retraite, perte du conjoint, éloignement des enfants, entrée en maison de retraite, etc.

> → *Études de cas*
> – *Monsieur G. a 68 ans.* Il vit seul, dans une petite ville du Nord de la France. Son épouse est décédée il y a quelques mois d'un cancer. Il a été mineur pendant 40 ans. Aujourd'hui retraité, il souffre d'insuffisance respiratoire et a besoin d'aide au quotidien.
> – *Monsieur S. a 82 ans.* Il vit dans le Sud de la France avec sa femme, n'a aucun problème de santé même s'il ne court plus aussi vite qu'autrefois. Ancien professeur d'histoire, passionné de voyages, il continue d'exercer sa passion pour la civilisation grecque en se rendant chaque été en Grèce.
> – *Madame V. a 78 ans.* Ancienne agricultrice, veuve, elle continue de vivre dans la ferme où elle a toujours vécu, aujourd'hui reprise par son fils. Elle continue de pratiquer certains petits travaux (nourrir les poules), participe à l'entretien du potager. Ses articulations la font parfois souffrir et sa peau est très ridée, du fait de toutes ces activités pratiquées dehors depuis de nombreuses années.

a. L'image corporelle

L'image corporelle est souvent dévalorisée chez la personne âgée qui voit son corps se dégrader sur le plan morphologique, physiologique et esthétique. La vision qu'elle a d'elle-même et le regard des autres ont une importance fondamentale dans sa façon de vivre.
Un environnement chaleureux joue un rôle fondamental par le sentiment de sécurité affective et de reconnaissance d'elle-même qu'il lui procure. La personne âgée tente alors

de goûter ce que la vie peut encore apporter de plaisir. Elle peut conserver une estime de soi : vivre des sentiments, des émotions et le simple plaisir d'exister sont des protections indispensables contre la dépression et le vide intérieur.

b. Les événements ayant un impact psychologique

L'âge entraîne des remaniements de la personnalité, en raison des changements dans les rapports entre la personne et son image sociale.

▶ La retraite

L'arrêt de l'activité professionnelle est un cap difficile pour les personnes retraitées. Les statistiques montrent que cette période est un pic de morbidité donc de mortalité.
La retraite provoque un stress majeur, à cause des modifications du mode de vie. Le retraité se réveille un matin sans avoir « rien à faire ». Il va devoir remplacer par autre chose une activité professionnelle qui l'occupait toute la journée.

- Certains investissent dans des loisirs, des activités culturelles, associatives ou dans la garde des petits enfants.
- D'autres en revanche sont incapables d'assumer ce vide de leurs journées, s'ennuient, ne s'intéressent à rien et finissent par ne plus sortir.

▶ La vie de couple

La retraite et le départ des enfants entraînent un face à face du couple âgé parfois difficile à vivre : on constate un nombre élevé de divorces à cette période de la vie.
Tous les comportements agressifs, anxieux qui étaient masqués, épongés par la vie professionnelle, vont réapparaître. Ils risquent de se fixer sur des points mineurs : la place des objets, les petites misères physiques, le territoire de chacun, et entraîner un égocentrisme qui empoisonne la vie commune. Le couple devra réaménager sa distance, son espace, son temps, de façon à vivre ensemble des choses positives.
La bonne santé psychologique du couple s'exprime dans des projets et par la faculté de profiter encore de choses séparément pour pouvoir partager ensuite.

▶ Le cadre de vie

La personnalité se crée, se forge et surtout se maintient par et dans une relation avec un environnement. Le cadre de vie d'une personne âgée constitue des repères temporaux, spatiaux et affectifs importants. Il est le « réservoir » des souvenirs d'une vie, le lieu où elle s'est déroulée, avec ses bons et mauvais moments. Il est le témoin matériel de cette vie. Modifier totalement ou brutalement le cadre de vie d'une personne âgée, c'est la jeter « hors de sa vie », la couper de son histoire, bouleverser ses repères et la mettre dans une situation d'insécurité et de menace parfois insoutenable. Si la personne âgée ne dispose pas alors de défenses psychologiques adaptées et solides, le stress est tel qu'il risque d'entraîner une décompensation sous forme de somatisation ou de démence.

→ *Étude de cas*

Germaine (80 ans), une grand-mère heureuse

Germaine vit à Paris avec ses enfants. Elle s'occupe avec joie, le week-end, de ses arrières petits-enfants, à qui elle aime raconter de nombreuses histoires. Elle fait des gâteaux et participe encore activement à la vie de famille. Parfois, *Germaine* a quelques « trous de mémoire », mais elle a de bons yeux et peut lire ou regarder la télévision. Elle s'est inscrite au club du 3e âge, organisé par la mairie deux fois par semaine. De nombreux jeux de société y sont proposés (cartes, loto...), ce qui occupe agréablement son temps. *Germaine* a perdu son mari il y a dix ans, ce qui l'a longtemps perturbée, mais avec le soutien de ses proches, elle a pu surmonter cette épreuve.

6 L'entrée dans la « dépendance » et la fin de vie

La période de fin de vie se situe autour de 85 ans lorsque les effets du vieillissement sont importants, sur le plan physique, mais surtout psychique.

A. La détérioration mentale

La détérioration mentale est très variable d'un individu à l'autre. Cette détérioration (aboutissant à une démence sénile) a des causes variées, dont certaines peuvent être traitées. *Ex.* : le ralentissement de la circulation sanguine cérébrale. En revanche, beaucoup de personnes de plus de 80 ans peuvent être atteintes de la maladie d'Alzheimer. Ce qui entraîne une très lourde charge pour l'entourage. Bien souvent, les familles font appel à un(e) auxiliaire de vie sociale ou demandent le placement dans un établissement spécialisé.

B. La dépendance physique

Nombre de personnes âgées, qui ont gardé « toute leur tête », se trouvent dans un état de dépendance en raison de handicaps physiques importants et elles ont besoin de quelqu'un pour les aider à accomplir les gestes de la vie quotidienne (toilette, lever, habillage, repas). Cependant, même si leurs activités se trouvent ainsi limitées, elles ont gardé la capacité de communiquer avec l'entourage et peuvent encore faire des choix quant à leur mode de vie. L'entourage familial, amical, les professionnels de l'aide à domicile doivent les considérer comme adultes et ne pas les infantiliser ou les isoler sous prétexte de leurs difficultés dans les actes de la vie quotidienne.

C. L'affaiblissement des ressources

Lorsque les personnes n'ont pas travaillé assez longtemps pour avoir une retraite complète, les frais, liés à la maladie (ou au besoin d'aide) peuvent poser de réelles difficultés, même si l'État et les collectivités locales ont mis en place des mesures de solidarité pour les personnes âgées. *Ex.* : le minimum vieillesse, l'aide médicale gratuite, l'Allocation personnalisée d'autonomie (APA), etc.

D. La solitude

L'Insee prévoit que d'ici dix ans, le nombre de solitaires de plus de 60 ans augmentera deux fois plus vite que celui des ménages. Aujourd'hui près de 40 % des personnes âgées vivent seules. Cela implique pour elles des difficultés à trouver de l'aide pour les activités qui leur sont pénibles : courses, ménage, déplacement, mais aussi une impossibilité à maintenir la communication avec les autres ainsi qu'une inscription sociale. Peu à peu, des équipements se mettent en place : portage des repas, aide-ménagère, soins à domicile, téléalarme, CLIC (Centre local d'information et de coordination), famille d'accueil pour personnes âgées, etc. ; mais ils sont encore insuffisants pour éviter le départ de beaucoup de personnes vers les établissements de gériatrie.
La personne âgée préfère généralement vivre chez elle, auprès de sa famille, mais la cohabitation de plusieurs générations pose souvent problème. Cette cohabitation exige de

chacun beaucoup de concessions pour une vie supportable par tous. Aussi beaucoup de personnes âgées restent déterminées à vivre seules, au prix parfois de gros efforts, pas toujours compatibles avec leur sécurité.

E. Le placement en structure d'accueil

Lorsque la famille fait le choix de placer la personne dépendante en trouvant un lieu d'accueil satisfaisant, elle peut en concevoir inquiétude et culpabilité. Cependant, le maintien du lien familial est toujours indispensable, même si des professionnels prennent le relais de l'entourage pour la vie quotidienne. En effet, on remarque une diminution très rapide chez les personnes qui n'ont plus aucun contact avec leur famille.

F. La maltraitance de la personne âgée

La maltraitance envers les personnes âgées se rencontre aussi bien au sein de la famille que dans les établissements d'accueil.
Les principaux responsables de ces abus sont :
- la famille : 50 % des cas ;
- les professionnels (à domicile ou en institution) : 25 % des cas (environ) ;
- les voisins : 15 % des cas (environ) ;
- les responsables de maison de retraite, les tuteurs, les banquiers…

On peut considérer deux formes de maltraitance :
- *les actions délibérées :* maltraitance psychologique (insultes, menaces…), maltraitance financière (prélèvement des biens, signature forcée…), violences physiques ;
- *les maltraitances par omission* : manque d'aide pour les repas, pour aller aux toilettes, privation de visites, non-respect de la vie privée, de l'intimité, manque de respect…

a. En milieu familial

Le plus souvent, les parents maltraitants sont confrontés à une situation difficile et craquent devant l'accumulation des problèmes. Il leur est souvent difficile d'accepter de voir leur père ou leur mère ainsi diminué.

b. En institution ou à domicile

Il faut sensibiliser et former les personnels pour éviter qu'ils ne soient maltraitants malgré eux : paroles blessantes dites sous le coup de l'énervement, oubli de frapper lorsqu'on rentre dans une chambre, toilettes faites à la chaîne, règlement appliqué de façon trop rigide, etc. Il parait indispensable que les professionnels bénéficient de temps d'échanges, de rencontres pour analyser les situations rencontrées ainsi que leurs réactions face à ces situations.

➜ *Étude de cas*

Madame G (fin de vie)

Madame G., 80 ans, très malade, a une espérance de vie fort brève. Elle ne veut plus voir personne et ne manifeste aucun désir. Plus rien ne l'intéresse. Elle pleure souvent… Ce matin Samira (AMP) lui a tenu la main, très longuement et elle lui a dit « *Je suis là, je reste près de vous* » et *madame G.* a souri.

3. Les représentations de la vieillesse

Quand est-on ou devient-on vieux dans nos représentations ?
Que signifie être considéré comme vieux ou vieillissant ?

1 La vision du monde du travail et de la société

L'âge biologique n'est pas le seul critère d'évaluation. Au même âge, tout le monde n'est pas perçu de la même manière selon la place et la fonction qu'il occupe dans la société. Par exemple, en entreprise, on est très rapidement considéré comme vieux à partir de 50-55 ans, c'est-à-dire, moins productif, moins motivé.
Même si les positions évoluent un peu sur ce sujet ces derniers temps, la phobie du vieillissement reste présente et la vieillesse s'apparente au *déclin*, à la *souffrance* et à la *diminution des capacités*.
Le vieillissement se caractérise par des pertes, mais quelle est la perte qui fait basculer l'homme dans la vieillesse ? C'est le plus souvent, une épreuve de la vie (une maladie, un deuil, une rupture…) ou tout simplement la loi de la génétique (qui traite plus durement certaines personnes que d'autres).

2 La vision télévisuelle

Aujourd'hui, la représentation de la vieillesse est déficitaire. À tel point que lorsqu'il s'agit de désigner des gens vieux chronologiquement, la politesse impose d'utiliser un autre vocable que « vieux ». À la télévision, la représentation de la vieillesse est binaire. D'un côté, on trouve la « super mamie » qui saute à l'élastique et de l'autre le vieillard dément isolé au fond d'un hospice.

3 La vision rationaliste

Pour se représenter la vieillesse, certains démographes ont instauré des classifications. La classification mondiale reconnue est celle de J.F. Pasturel (ci-après).

A. La classification de l'avancée en âge (selon Pasturel)

On considère trois catégories :
- le *nouvel âge* regroupe les personnes de 60 ans (âge du passage à la retraite) à 70 ans ;
- le *troisième âge* s'étend de 70 à 85 ans ;
- le *grand âge* regroupe les personnes de plus de 85 ans.

On appelle *quatrième âge* celui de la dépendance après 60 ans (il est souvent confondu avec le grand âge).

B. Le taux d'invalidité selon la tranche d'âge

Selon les statistiques, les taux d'invalidité sont de 3 % pour les personnes de 60 ans, jusqu'à 80 % pour les personnes de plus de 85 ans.

C. La vision de l'historien

Un jour, on mesurera le degré d'une civilisation au sort qu'elle réserve à ses vieux. Il faut donc dès aujourd'hui se demander, d'une part ce que nous pouvons faire pour nos personnes âgées, mais aussi ce qu'elles peuvent faire pour nous. Paul Ricoeur, philosophe, disait : qu'« une vie ne devient une existence que lorsqu'elle peut être mise en récit » alors… sachons écouter les récits de nos aînés.

Chapitre 2

Les pathologies, les déficiences et leurs incidences sur l'individu

1. La santé

1 La définition de la santé

La santé est un état de complet bien-être, physique, mental et social et ne consiste pas seulement en une absence de maladie ou d'infirmité[1]. La notion de santé est donc un état dynamique qui peut s'apprécier selon deux axes : la santé « résistance » et la santé « bien-être » dans un environnement.

2 La santé : « équilibre instable »

La santé est donc un équilibre instable qui regroupe la satisfaction de plusieurs besoins fondamentaux : besoins biologiques, besoins psychologiques, besoins sociaux, culturels, intellectuels et besoins spirituels. L'homme doit donc sans cesse s'adapter à un environnement qui évolue autour de lui et toute influence négative fait basculer l'état de santé vers celui de maladie. Une altération de l'état de santé se traduit par « un ensemble de ruptures d'ordre physique, mental et/ou social et se manifeste par des symptômes objectifs et subjectifs ».
Divers facteurs peuvent concourir à modifier l'état de santé de la personne. Ils sont endogènes et/ou exogènes.

- *Facteurs favorisants endogènes* : la morphologie (taille, poids, etc.), le patrimoine génétique, l'hérédité, etc.
- *Facteurs favorisants exogènes :* le rythme de vie (repos, activités, loisirs, etc.), l'hygiène de vie (hygiène alimentaire, etc.).

3 La maladie : « altération de la santé »

Le dictionnaire des soins infirmiers[2] définit la maladie comme « l'altération de l'état de santé » caractérisée par « un ensemble de ruptures d'ordre physique, mental et/ou social et se manifeste par des symptômes objectifs et subjectifs ».

1. Selon l'OMS : Organisation mondiale de la santé.
2. Définition du *Dictionnaire des soins infirmiers*, Groupe infirmier de recherche, dir. René Magnon, Amiec, 2000.

Il rajoute que « selon les ressources de chaque individu, cette altération peut être vécue comme une agression, une diminution de l'autonomie ou une expérience constructive ou destructive ».

4 La classification des maladies

Les maladies sont classées, soit en fonction de leurs causes (*étiologie*), soit en fonction de leurs caractéristiques communes (*typologie*).

A. La classification par étiologie

Citons quatre maladies pour exemples.

- *Les maladies infectieuses*, provoquées par l'introduction dans l'organisme d'un agent pathogène (virus, bactéries). *Ex.* : rougeole, grippe, varicelle, scarlatine, Infections sexuellement transmissibles (IST)…
- *Les maladies génétiques*, dues à l'atteinte des gènes portés par les chromosomes. *Ex. :* hémophilie, trisomie 21, drépanocytose…
- *Les maladies congénitales*, visibles à la naissance mais qui se sont développées *in utéro*. *Ex. :* la fente palatine.
- *Les maladies immunodéficitaires*, caractérisées par une déficience de l'immunité.

B. La classification par typologie

Citons quatre maladies pour exemples.

- *Les maladies organiques*, causées par l'atteinte d'un organe. *Ex. :* infarctus, cataracte.
- *Les maladies mentales ou psychiques*, l'organisme ne semble pas atteint, mais l'individu présente des troubles du comportement et de la personnalité.
- *Les maladies aiguës*, maladies d'apparition soudaine avec une évolution rapide.
- *Les maladies chroniques*, maladies avec une évolution lente, par paliers, et persistantes parfois toute la vie.

5 La politique de santé publique

La politique de santé donne les orientations des actions de santé publique. La promotion de la santé et la prévention sont les axes principaux de la politique de santé.

A. Les objectifs

La politique de santé publique a pour but la santé des populations. Elle s'efforce donc de valoriser le capital santé d'une société. Le terme de santé publique évoque aussi bien les problèmes de santé d'une population que l'administration des services de santé. La santé publique a pour objectifs (définis par l'OMS) :

- *d'ajouter de la vie aux années*, en donnant aux individus les moyens d'un bien-être physique et psychique ;

- *d'ajouter de la santé à la vie*, en diminuant la morbidité et l'incapacité ;
- *d'ajouter des années à la vie* en allongeant l'espérance de vie.

B. Les échelons de la prévention

On détermine classiquement trois échelons de prévention.

a. La prévention primaire

Elle s'exerce *avant* l'apparition de la maladie en agissant sur les facteurs de risque.

> **Exemple**
> – prévention individuelle : hygiène corporelle, activités physiques et sportives, etc. ;
> – prévention collective : distribution d'eau potable, élimination des déchets, hygiène de l'habitat.

b. La prévention secondaire

Elle tente de limiter le développement de la maladie, grâce notamment au dépistage précoce (dépister un cancer).

c. La prévention tertiaire

Elle vise à limiter les incapacités dues à la maladie et à éviter les récidives. Elle s'exerce par des mesures favorisant la rééducation et la réinsertion *après* la maladie.

C. L'éducation à la santé

L'éducation de la santé est une action destinée à améliorer l'hygiène de vie des personnes et donc, à moyen et à long terme, leur état de santé. Les moyens utilisés sont :
- *les actions médiatiques* (*Ex. :* télévision, vidéo, radios, etc.) ;
- *les messages écrits* (*Ex. :* articles de journaux, tracs, affiches…).

D. Les orientations de la politique de santé : les PAP

Afin de trouver des solutions aux problèmes de santé, le gouvernement est amené à prendre des mesures spécifiques de prophylaxie, dans le cadre des PAP ou Programmes d'action prioritaire (*Ex. :* lutte contre le tabagisme, l'alcoolisme…).

Le rôle de l'AMP

L'AMP sera capable de :
– comprendre les liens entre santé et maladie ;
– repérer les facteurs influençant la maladie (facteurs favorisants) ;
– identifier les origines des pathologies ;
– comprendre les origines des pathologies ;
– comprendre le processus d'apparition, de transmission et d'évolution de la maladie ;
– percevoir et respecter les réactions individuelles face à la maladie.

2. Le normal et le pathologique

1 Définitions du « normal » et du « pathologique »

A. L'homme normal

L'homme normal serait celui qui serait bien adapté à son environnement familial et social. L'anormal serait celui qui serait inadapté (ou désadapté), en marge de la société. On remarque alors que le degré de tolérance de l'environnement joue un rôle majeur dans cette marginalisation.
Une personnalité *bien portante* est celle qui a une adaptation satisfaisante :
- tant à la réalité extérieure, c'est-à-dire au monde environnant ;
- qu'à la réalité intérieure, c'est-à-dire à son propre psychisme (le sujet se trouve en accord avec lui-même, il a une certaine estime de soi).

Le *bien portant*, sur le plan psychologique, aura des relations aux autres satisfaisantes avec un sentiment de bien-être et de sécurité, ayant confiance en lui, ces divers éléments qui permettant de s'adapter de façon correcte à la vie sociale.
À l'inverse, une *personnalité perturbée* sur le plan psychologique sera atteinte dans son identité, pleine de doutes, elle s'exprimera, entre autres, par des difficultés d'adaptation au monde environnant.

B. Le malade mental

Sous l'angle pathologique, le malade mental est essentiellement un être en souffrance psychique. Il est atteint gravement dans ses relations avec les autres (ce qui gêne son adaptation sociale), mais il souffre aussi dans sa relation avec lui-même (ce qui favorise son isolement). Si cette personne est bien souvent rejetée et taxée d'« anormale » ou de non conforme, c'est qu'elle est probablement la caricature de notre propre personnalité, que certains des traits qui nous dérangent chez elle existent chez nous a minima ; traits de caractère d'une « anormalité » que l'on refuse probablement de voir.
Par ailleurs, l'observation clinique nous indique que de nombreuses personnes normalement adaptées peuvent développer, à certains moments de leur existence, *une pathologie psychiatrique* (*cf.* « Les maladies mentales et la souffrance psychique », chapitre 4 suivant).

2 L'approche sociologique de « l'anormalité »

Le malade mental, selon une approche sociologique, pourrait être le représentant, le symptôme, voire la victime d'une collectivité elle-même défaillante, mais qui trouve son salut en désignant un de ses membres comme pathologique (ou anormal).
Ce courant de pensée a été à l'origine de « l'antipsychiatrie » qui avançait pour principe : « Puisque c'est la société qui rend le patient malade, réformons la société plutôt que de soigner le malade ».

Ce courant de pensée a été aussi à l'origine des « thérapies familiales » qui considèrent qu'un individu malade est le résultat d'un *dysfonctionnement du système familial* qu'il faut tenter de rééquilibrer.
Il est aujourd'hui prouvé qu'un malade mental, à l'aide d'une thérapie et d'un suivi approprié, pourra accéder à des relations sociales équilibrées et qu'un travail auprès de sa famille pourra favoriser des relations plus harmonieuses.

3. Les déficiences et leurs étiologies

1 Les notions de déficience, d'incapacité, d'inadaptation

La difficulté, ou l'impossibilité pour une personne de maîtriser une situation donnée, relève le plus souvent d'une pathologie accompagnée d'un processus invalidant.
Pour une meilleure compréhension et une prise en charge plus efficace des personnes, la classification et la définition des principaux handicaps ont été données par l'Organisation mondiale de la santé (OMS). L'OMS propose le classement suivant : « *déficience → incapacité → inadaptation* ».

A. La déficience

La déficience est « la perte ou l'altération d'un appareil ou d'une fonction (physiologique ou psychologique) gênant l'activité normale de l'organisme ».
On distingue les déficiences suivantes :
- *déficience intellectuelle* : atteinte de l'intelligence, de la mémoire… ;
- *déficience psychique* : atteinte de la conscience, du comportement… ;
- *déficience du langage et de la parole* : atteinte de la communication, de l'expression… ;
- *déficience sensorielle* : auditive (atteinte de l'acuité auditive), oculaire (atteinte de l'acuité visuelle) ;
- *déficience organique* : atteinte respiratoire, gastro-intestinale… ;
- *déficience motrice* : atteinte musculaire, osseuse.

B. L'incapacité

L'incapacité est la conséquence d'une déficience. Elle correspond à une limitation dans l'accomplissement de certaines activités.
On distingue les incapacités suivantes :
- *incapacité de communication* : réduction de la communication orale, auditive, visuelle, écrite ;
- *incapacité des soins* : incapacité pour la personne d'assurer ses soins d'hygiène corporelle, de s'habiller, de manger… ;
- *incapacité de locomotion* : limitation de la marche, des déplacements.

C. L'inadaptation

C'est la limitation ou l'interdiction d'accomplir un rôle social normal, en raison d'une déficience et d'une incapacité.

Exemples

– une déficience physique entraîne une difficulté pour la personne à voyager, à aller au travail, à assurer ses soins quotidiens, à s'alimenter, à s'habiller, etc. ;
– une déficience psychologique et sociale entraîne une difficulté à occuper son temps, à rencontrer autrui, à exprimer ses besoins, ses désirs, à établir des relations sociales…

➜ *Étude de cas*
Clara (déficience motrice et déficience du langage)
Clara a 16 ans. Au moment de sa naissance, son cerveau a souffert, il a été privé d'oxygène à différents niveaux. Quelques années après, on diagnostiquait chez elle 2 types de déficiences : une *déficience motrice* (absence de tonus de posture) et une *déficience du langage et de la parole*. *Clara* ne peut pas marcher, elle reste assise en permanence sur son fauteuil roulant, soutenue par un corset rigide, elle ne peut coordonner ses gestes et articule difficilement les mots. Sa mère, avec une auxiliaire de vie sociale, l'aide pour la toilette et l'habillage. *Clara* ne peut pas aller au collège comme les autres, mais elle a quelques camarades de classe, car elle est inscrite dans un « centre spécialisé ». Elle a une excellente mémoire et l'ordinateur l'aide à poursuivre une scolarisation adaptée à son handicap.

Évaluons les aspects de cette double déficience, les incapacités et les désavantages qu'elle engendre (*cf.* Tableau 1.7).

Tableau 1.7 – Analyse de la situation de Clara.

Les déficiences	Les incapacités	Les inadaptations
Absence de tonus de posture.	*Incapacité de locomotion* (ne marche pas).	*Dépendance physique* : difficultés à aller au collège (comme les autres).
Gestes désordonnés.	*Incapacité des soins corporels* (toilette, habillage).	*Dépendance physique* : difficultés à s'alimenter, à se laver toute seule.
Difficultés à articuler.	*Incapacité de communication* (dialogue difficile).	*Dépendance psychologique et sociale* : difficultés à exprimer ses besoins, à établir des relations sociales.

2 Les situations de handicaps

Les handicaps peuvent être classés en trois catégories : moteurs, mentaux et sensoriels. Chaque catégorie présente des caractéristiques particulières :

- *le handicap moteur* : déficience de la motricité (difficulté de déplacement) et de la mobilité (mouvements non coordonnés) ;
- *le handicap mental* : déficience des fonctions intellectuelles, associée (ou non) à des troubles du comportement ;
- *le handicap sensoriel* : déficience des fonctions visuelles et auditives.

A. Le handicap moteur

Le handicap moteur engendre des déficiences aux origines très diverses.

a. Les déficiences motrices d'origine héréditaire

Une maladie héréditaire est due à une perturbation de l'information génétique portée par les chromosomes et transmise par l'un ou les deux parents.

> **Exemple : la myopathie de Duchenne**
> Le gène anormal est porté par le chromosome X de la mère, seuls les garçons sont atteints.

> → *Étude de cas*
> Stéph (12 ans) myopathe
> *Stéph* marche avec des béquilles, ses jambes ne le portent plus, ses muscles sont atrophiés. La maladie a progressé, elle a atteint toute la musculature du tronc, puis les muscles respiratoires. *Stéph* est atteint de myopathie.

b. Les déficiences motrices d'origine congénitale

Elles sont dues à des maladies (ou accidents) survenu(e)s pendant la grossesse ou au cours de l'accouchement, entraînant des malformations et des destructions organiques chez l'enfant, à l'origine d'infirmités motrices cérébrales (IMC).
Les causes principales sont :

- la rubéole, la toxoplasmose… ;
- la prise de drogues, les produits chimiques… ;
- l'anoxie de l'enfant à l'accouchement.

c. Les déficiences motrices acquises

Elles sont constituées par les séquelles d'accidents ou de maladies ayant atteint la fonction motrice au cours de la vie.

> **Exemple**
> **Les accidents de la route**
> Les accidents provoquent 1 000 paralysés par an dont 1/3 tétraplégiques et 2/3 paraplégiques.

> → *Étude de cas*
> Samuel (22 ans)
> *Samuel* a été victime d'un accident de la circulation. Sa moto s'est renversée et il a heurté un arbre. Sa colonne vertébrale a été fracturée. Il ne peut plus marcher, ne sent pas ses jambes et il est incapable de maîtriser ses sphincters. *Samuel* a besoin de l'aide d'une personne pour faire sa toilette et s'habiller.

B. Le handicap mental

La déficience mentale correspond à un retard mental et à l'incapacité de développement intellectuel.
Des tests permettent de calculer le quotient intellectuel qui est le rapport entre l'âge mental (AM) et l'âge réel (AR) : $QI = AM/AR \times 100$.
Le QI d'un individu normal est de 100.

Tableau 1.8 – Classification des principales causes et des déficiences mentales en fonction du QI.

Quotient intellectuel (QI)	Catégorie des déficiences mentales et caractéristiques	Causes des déficiences mentales
70 à 50	*Déficients légers :* – éducables avec pédagogie spéciale ; – adaptables au monde du travail.	• Aberrations chromosomiques (*Ex.* : trisomie 21). • Maladies congénitales (*Ex.* : rubéole, toxoplasmose).
50 à 35	*Déficients moyens :* – semi-éducables ; – autonomie partielle ; – aide psychologique nécessaire en IME et IMP ; – travail en milieu protégé.	• Malformations congénitales (*Ex.* : hydrocéphalie). • Accidents à la naissance (*Ex.* : anoxie, prématurité, hématome cérébral…).
< 35	*Déficients profonds :* – non éducables ; – seulement adaptables à une vie collective spécialisée.	• Intoxications (*Ex.* : médicaments, oxyde de carbone…).

C. Le handicap sensoriel

Il englobe les déficiences visuelles et auditives.

a. Les déficiences visuelles

Il existe deux grandes catégories de déficiences visuelles : la *cécité* et l'*amblyopie*, chacune à des degrés divers.
Les médecins ont établi ces classifications en fonction du reste d'acuité visuelle du meilleur œil. L'acuité visuelle est exprimée en dioptrie (dp), la vision normale est de 10/10 dp.
Les causes et les conséquences des déficiences sur le comportement sont très diverses (*cf.* Tableau 1.9).

b. Les déficiences auditives

Le terme de déficience auditive désigne une personne atteinte de surdité à des degrés divers. Les déficiences sont classées en fonction de la perte en décibels (dB) sur les fréquences de la voix humaine (*cf.* Tableau 1.10).

▶ Les causes

On considère les surdités graves à partir d'une perte de 70 dB. Elles concernent surtout les enfants sourds de naissance et les personnes victimes d'une surdité brutale (accident…).
Les surdités moyennes et légères sont le plus souvent retrouvées chez les personnes âgées.

▶ Les conséquences

La surdité perturbe le développement de toutes les fonctions :
- *le langage* : chez l'enfant l'apprentissage du langage se fait par imitation ;
- *la fonction d'orientation* : l'enfant entendant se tourne vers la source du bruit ;
- *la fonction de perception de la distance et des volumes* : l'écho du bruit permet de situer une personne ;
- *la fonction de communication* : l'environnement auditif (radio, téléphone…) n'est plus perçu ;
- *la fonction d'apprentissage* : les connaissances s'acquièrent grâce à l'audition.

Tableau 1.9 – Degrés, causes et conséquences des déficiences visuelles.

Degré de la perte visuelle	Degré de la déficience	Causes des déficiences	Conséquences sur le comportement
Aveugles nés ou personnes devenues aveugles.	*Cécité* a- *Totale* Reste visuel nul.	– Les lésions congénitales. – La rétinopathie (diabétique). – Le glaucome.	Les personnes nées aveugles se sont adaptées très jeunes au handicap. Elles ne font pas de comparaison avec le monde des voyants. Elles sont souvent très autonomes. Pour les autres, l'adaptation est difficile.
≤ 1/20 de la normale : perceptions lumineuses faibles.	b- *Partielle* Reste visuel inutilisable sur le plan scolaire et professionnel.	– Les lésions congénitales. – Le décollement de la rétine, les rétinites. – L'opacification du corps vitré. – Les tumeurs (héréditaires).	Les personnes ayant perdu progressivement la vue doivent oublier leurs repères initiaux et s'adapter à un nouveau mode de vie. Pour les lésions congénitales, adaptation dans le jeune âge.
3/10 de la normale : perception des couleurs et des masses.	*Amblyopie* a- *Profonde* Lecture des gros titres des journaux.	– La myopie évolutive. – L'hypermétropie forte – Le glaucome. – La cataracte congénitale.	
4/10 de la normale.	b- *Légère* Lecture en vision rapprochée utilisable sur le plan scolaire.	La dégénérescence de la rétine.	Ces personnes ont des repères communs avec les voyants, mais elles doivent apprendre à modifier leurs modes de vie…

Tableau 1.10 – Les déficiences auditives.

Degré de la perte auditive (en dB)	Degré de la déficience	Causes
De 20 à 40 dB.	*Déficience légère :* voix faible mal perçue.	Le vieillissement.
De 40 à 100 dB.	*Déficience moyenne :* – voix normale mal perçue (appareillage nécessaire) ; – mutité (rééducation de la parole nécessaire).	– Les traumatismes liés au bruit. – Les anomalies héréditaires. – Les lésions congénitales (*Ex.* : rubéole maternelle, toxi-infections, anoxie néonatale…).
Supérieur à 100 dB.	*Déficience totale :* n'entend rien (appareillage inefficace et rééducation difficile).	Les lésions acquises (*Ex.* : méningites, encéphalites, traumatismes liés au bruit…).

c. Les moyens de dépistage du handicap

Le dépistage des handicaps sensoriels doit être le plus précoce possible afin de faire bénéficier la personne des moyens de rééducation les plus adaptés à sa situation. Par exemple, il est indispensable de dépister très tôt la déficience visuelle et auditive chez l'enfant. Il pourra ainsi bénéficier précocément des moyens de rééducation qui lui permettront une vie plus autonome. Le dépistage est fait :

- lors des examens de santé de l'enfant (8e jour, 9 mois, 2 ans) ;
- pendant la scolarité (médecine de santé scolaire).

Le rôle de l'AMP

Certains signes doivent alerter la famille. L'AMP pourra signaler par exemple chez l'enfant :
– l'absence de réaction à la lumière vive (pas de clignement des yeux, pas de détournements de la tête) ;
– l'inattention à tout ce qui n'est pas dans le champ visuel (*Ex.* : désintérêt pour l'environnement, les jouets, les jeux) ;
– l'absence de gestes de préhension les premiers mois ;
– l'absence de réaction au bruit (surtout la voix) ou l'absence de gazouillis ;
– à partir de 2 ans : le mutisme anormal, les mots déformés… ;
– à l'âge scolaire : les phrases mal structurées, les difficultés de lecture, la confusion de mots, l'inattention…

3 Les conséquences du handicap

Le handicap a des conséquences importantes sur la vie personnelle, familiale, sociale et professionnelle de la personne. Toutes ces conséquences ne sont pas à dissocier les unes des autres ; leurs interactions sont très importantes.

A. Les conséquences sur la vie personnelle

Comme tout individu, la personne handicapée a droit au respect de sa liberté de choix et de son intimité. Cependant, les choix de vie, la projection dans l'avenir, les projets ne seront pas les mêmes pour une personne handicapée de naissance et pour celle victime d'un accident. Les différences seront encore plus importantes chez les personnes atteintes d'une pathologie évolutive, dont le pronostic est parfois très sévère.

a. Les troubles de l'identité

Tout individu, au cours de son enfance et de son adolescence, structure, pour sa vie future, l'image de son corps. Une personne handicapée voit une image de son corps, différente de celle des autres. Elle rencontre là une première impossibilité d'identification corporelle.

b. L'acceptation de son corps

C'est une autre difficulté, d'ordre pratique : la personne handicapée doit connaître son corps pour éviter les complications qu'entraîne une déficience.
Il lui faut évaluer ses limites, ses capacités physiques résiduelles, afin de pouvoir gérer son temps et ses besoins en tierce personne. Ceci lui permet de ne pas être complètement dépendante, et de pouvoir élaborer des perspectives pour sa vie future.

c. L'élaboration d'un projet de vie

Toute personne adulte fait des projets personnels, professionnels, affectifs pour sa vie future. De la même façon, la personne handicapée doit élaborer son projet de vie, avec la volonté de vivre comme tout le monde.

B. Les conséquences sur la vie familiale

Les réactions d'une famille seront évidemment très différentes en fonction de l'âge de la personne handicapée et de l'origine de la déficience. Celle d'un enfant n'a pas les mêmes répercussions que celle d'un adulte ; la survenue d'une atteinte accidentelle ne sera jamais vécue de la même manière qu'un handicap de naissance.

a. Le rapport de dépendance

Ce rapport de dépendance existe de manière très affirmée au sein de la famille. Cette dépendance est physique, mais aussi psychologique. Dans beaucoup de cas, l'une ne va pas sans l'autre. Cette situation met ou remet en question les relations internes de la famille, car c'est bien souvent un de ses membres qui assure les fonctions de tierce personne. L'incapacité nécessite des soins de nursing, dont l'importance varie en fonction de l'indépendance résiduelle de la personne handicapée.

b. Les rapports au sein du couple

Le handicap impose au couple une épreuve qui remet tout en question : il y a désormais un avant et un après.
Si la personne handicapée doit apprendre un autre corps, le conjoint valide doit lui aussi découvrir ce corps différent et parfois mutilé. La vie, les activités communes doivent être repensées en fonction du handicap.

C. Les conséquences sur la vie sociale

L'intégration sociale est un aboutissement pour la personne handicapée, une façon de se faire reconnaître, hors de sa famille, comme un homme ou une femme capable de vivre tout simplement.

> → *Étude de cas*
> Pierre (myopathe)
> Pierre a 30 ans. Il est atteint depuis l'âge de 7 ans de myopathie. Il vit chez lui, dans un appartement dont il est locataire, et demande l'intervention d'auxiliaires de vie sociales pour l'accomplissement des actes ordinaires de la vie. Il exerce le métier d'informaticien, et a une vie bien remplie. Il s'est, comme beaucoup, créé un réseau d'amitié et il vit avec une jeune femme de son âge. Son parcours, pour arriver à ce qu'il est maintenant, fut semé d'embuches, et pas des moindres.

Dans notre société, la place faite aux handicapés est encore trop marginale, et l'intégration sociale rarement atteinte. Les mentalités sont encore rétrogrades.
Lors d'une première rencontre, avant même d'établir un dialogue, l'aspect physique est le guide de nos impressions sur autrui. Le handicapé, par son physique différent, engendre la gêne, le malaise ou la pitié. Il est considéré comme un malade, amoindri donc vulnérable ; les rapports peuvent en être faussés.

D. Les conséquences sur la vie professionnelle

L'intégration ou la réintégration professionnelle des personnes handicapées est une difficulté supplémentaire dans leur démarche vers l'insertion sociale, particulièrement en cas de crise économique et de chômage.
Quelle que soit l'importance de l'atteinte physique ou mentale, la vie de ces personnes doit être digne d'être vécue. Compenser le handicap, c'est leur offrir les moyens de cette dignité. C'est un devoir pour notre société qui se doit de reconnaître à tous le droit de vivre libre, sans ségrégation et dans des conditions décentes. La société doit permettre aux personnes handicapées de décider de leur vie, de choisir et non de subir. Les appareillages et aides techniques (*cf.* ci-après, et Domaine de formation 2, chapitre 3) vont participer à la lutte pour l'autonomie des personnes handicapées.

4 Les aides techniques

A. L'aide pour les personnes dépourvues de mobilité : le fauteuil roulant

Le choix du fauteuil roulant est fonction du handicap, de l'âge, des contraintes intérieures et extérieures (accessibilité du logement, du lieu de travail et déplacements). On trouve deux grands types de fauteuils roulants : le fauteuil mécanique à propulsion manuelle et le fauteuil électrique ou électronique.

Déplacer ou aider au déplacement d'une personne en fauteuil roulant doit se faire dans des conditions de confort et de sécurité.

Le rôle de l'AMP

Pour une bonne utilisation du fauteuil roulant, l'AMP doit :
– s'assurer que les freins sont bloqués avant d'entreprendre tout transfert ;
– relever les repose-pieds avant de faire asseoir la personne ; s'assurer que ses pieds sont bien placés ; penser à fixer éventuellement les pieds pour éviter qu'ils ne glissent ;
– vérifier que les vêtements ou couvertures ne traînent pas dans les roues ;
– vérifier que la personne est habillée en conséquence et en possession de ses objets personnels, si elle doit sortir ;
– expliquer à la personne comment manœuvrer le fauteuil ;
– ne pas pousser trop vite le fauteuil (afin d'éviter un obstacle) ;
– ne pas tourner brusquement sans avertir la personne ; lui demander son avis concernant une direction (vous ne promenez pas un enfant).
Attention : face à une situation à risque (escaliers, fortes pentes), il faut demander de l'aide ou… faire un détour ! Dans tous les cas, veillez à ne jamais lâcher le fauteuil, surtout lors d'une chute.

B. Les aides techniques pour les handicaps sensoriels

Pour les personnes déficientes sur les plans visuel et auditif, il existe de nombreuses aides techniques qui complètent la rééducation.

a. La rééducation et le matériel adaptés aux déficients visuels

Citons quelques exemples.

- *L'alphabet braille* est indispensable à l'éducation des jeunes aveugles. Il est formé de groupes de points en relief représentant des lettres, chiffres et signes. La lecture se fait avec les doigts (150/min) et nécessite un long apprentissage. Cet alphabet est adapté dans toutes les langues.
- *L'ordinateur* permet aujourd'hui une production automatique et rapide d'ouvrages en braille. Il aide à l'intégration des enfants aveugles dans des classes normales.
- *La canne blanche et/ou le chien d'aveugle* servent à guider les aveugles lors de leurs déplacements.
- Dans certaines villes, les trottoirs sont équipés de *bandes rugueuses* qui sont des repères très utiles pour les personnes aveugles.

b. La rééducation et le matériel adaptés aux déficients auditifs

Citons quelques moyens très variés :

- *La langue des signes* : c'est un véritable alphabet manuel qui possède sa grammaire et sa syntaxe propre. Elle est très utilisée par les personnes sourdes entre elles.
- *La démutisation* : cette rééducation consiste à apprendre la prononciation de sons (non perçus par la personne sourde) en contrôlant sa langue, les lèvres et l'expiration de l'air sur les cordes vocales. Cette rééducation est longue et difficile.
- *L'apport de prothèses* : on peut appareiller un enfant dès 5 ou 6 mois : la prothèse auditive peut améliorer notablement l'audition les surdités moyennes ; dans le cas de surdité profonde, la prothèse permet de capter quelques sons et des informations sur l'intensité, la durée, le rythme de la parole, et de contrôler sa voix, mais elle n'offre pas des conditions normales d'audition.
- *La synthèse vocale* : elle permet de s'exprimer grâce à un mini-ordinateur synthétisant la parole en fonction des directives de l'utilisateur.
- *L'informatique* : c'est le moyen d'expression le plus utilisé par les personnes handicapées. Avec un minimum d'effort, elles peuvent écrire, travailler, apprendre. La frappe est aidée par des systèmes ergonomiques : licornes, palpeur électronique…

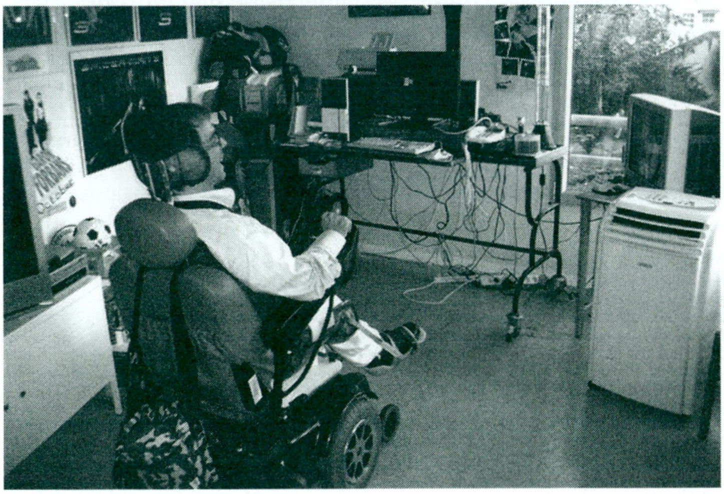

Fig. 1.17 – Le matériel informatique participe à la rééducation et aux loisirs de la personne handicapée.

Le rôle de l'AMP : la stimulation de la personne handicapée auditive

L'AMP doit en permanence être « stimulante ». Elle doit veiller à :
- faire participer la personne handicapée à toutes les activités ;
- nommer chaque objet utilisé en articulant ;
- montrer à chaque fois le nom écrit d'un objet.

Elle doit aussi éviter certains comportements très nuisibles, *Ex.* :
- ne pas parler à la personne sous prétexte qu'elle n'entend pas ;
- faire trop de gestes (ce qui brouille le message) ;
- l'isoler pour la protéger.

4. Les maladies mentales

1 Les maladies mentales

Les maladies mentales traduisent des troubles de l'affectivité et/ou du comportement qui ont des répercussions sur la vie personnelle, familiale et sociale de l'individu.

A. Les caractéristiques

Différents « troubles » entrent dans la dénomination maladie mentale.

a. Les troubles névrotiques

Ces troubles se manifestent par différents symptômes ; le patient est conscient de leur caractère pathologique.
Citons les principaux troubles névrotiques.

- *L'anxiété* : c'est un état de tension psychologique lié à la peur d'un danger imprécis, avec somatisation.
- *La phobie* : c'est une crainte angoissante reconnue par le patient comme déplacée du fait du caractère non dangereux de l'objet ou de la situation qui la déclenche (*ex.* : l'agoraphobie, peur de la foule).
- *L'obsession* : c'est une pensée qui apparaît de façon persistante et que le patient ne peut éloigner de sa conscience. Elle possède un caractère compulsif (exemples de troubles obsessionnels compulsifs ou TOC : le lavage incessant des mains, les actes de rangement d'ordre obsessionnel). Une *obsession* est une « phobie » ou une pensée parasite qui s'impose au sujet et qui l'angoisse. C'est la forme la plus grave de la pathologie névrotique (et celle qui fait le plus souffrir la personne).

Exemples d'obsessions

– les *phobies de situation* où le sujet a peur de la foule (magasins, rues...), des espaces clos (ascenseurs, tunnels...), des transports (avion, train...), des animaux (chiens, souris, araignées...) ;
– les *phobies sociales* où le sujet a peur d'être mis en échec au cours de relations publiques (de parler et de répondre en public, de se présenter, des cocktails, réunions...) ;
– les *phobies des microbes* qui sont plus proches des névroses obsessionnelles (*cf.* étude de cas).

→ *Étude de cas*

Magali et ses TOC

Magali, 35 ans, mariée, un enfant, est hospitalisée en service de psychiatrie pour troubles du comportement perturbant sa vie personnelle, sociale et familiale. Secrétaire, Magali a dû quitter son emploi. Ses rituels quotidiens au bureau (orientés vers de multiples lavages des mains et du matériel) devenaient trop pénibles à supporter par l'équipe. Magali *craignait en permanence d'être salie par certains objets touchés par ses collègues*. Elle les emmenait rapidement au lavabo des toilettes pour les nettoyer. Outre la perte de temps et la détérioration du matériel, *le personnel comprenait que Magali* souffrait. Lorsque son mari a constaté qu'elle se levait la nuit pour nettoyer de nouveau l'appartement, qu'elle ne dormait plus suffisamment et que sa santé se détériorait, il lui a fait comprendre qu'une thérapie était nécessaire et Magali a accepté d'être hospitalisée.

b. Les troubles psychotiques

Il s'agit de troubles du comportement accompagnés d'une altération du raisonnement qui empêche le patient d'être conscient de l'ampleur et de la nature de son état. Ces troubles s'établissent autour de convictions délirantes dont les thèmes sont innombrables. Les études de cas montrent quelques exemples de troubles psychotiques.

→ *Études de cas*
– *L'intuition délirante* : Léonore, 40 ans, a la conviction que ses voisins cherchent à lui nuire par tous les moyens, qu'elle est l'objet de leur malveillance permanente.
– *L'imagination délirante* : Lara, 20 ans, fille d'agriculteur, dit à son ami que ses parents milliardaires en Californie lui ont promis un cadeau royal pour son mariage…
– *Les hallucinations* : ce sont des perceptions visuelles ou auditives sans objet. Tous les appareils sensoriels sont concernés. Raffaël, 28 ans, entend la voix de Napoléon et entretient avec lui une conversation suivie sur la défaite de Waterloo. Raffaël était (dit-il) le bras droit de Napoléon et a tout fait pour sauver l'armée en déroute…

c. La personnalité paranoïaque

Une personnalité paranoïaque est caractérisée par les « *délires de persécution* ». La personne a la conviction d'être victime de manipulations.
Elle lui donne un caractère de vraisemblance, qui le fait partager parfois à l'entourage !

→ *Étude de cas*
Tristan, paranoïaque, 50 ans
Dans le milieu du travail, Tristan pense que son employeur fait preuve d'une intolérance manifeste à son égard et le vole. Allant de querelle en querelle, il est renvoyé et engage un procès contre lui qui n'en finit pas. Par ailleurs, son syndic de copropriété le considère comme un être dangereux. Tristan lui a envoyé deux lettres recommandées car il est persuadé que trois copropriétaires veulent attenter à sa vie. Il se dit « victime » d'un complot dont le syndic serait l'instigateur et cherche à se défendre.

B. Les mesures de prévention et de réinsertion

Le malade mental est considéré comme un malade comme les autres. Il doit être soigné le plus souvent possible en ambulatoire dans des structures extra-hospitalières lorsque cela est compatible avec sa sécurité et celle de la société.

a. Les structures de réinsertion

Citons :
- les *foyers de postcure et les appartements thérapeutiques* préparant au retour vers l'autonomie ;
- le *domicile renforcé* : il consiste à maintenir le malade dans sa famille avec un service de soins infirmiers et le passage d'une auxiliaire de vie sociale ;
- les *centres d'accueil de jour* : ils permettent d'allier un service de type hospitalier au maintien à domicile.

b. Les professionnels spécialisés

De nombreux spécialistes peuvent être consultés, citons :
- les *psychologues*, psychiatres et psychanalystes : psychothérapie individuelle en entretien ;
- les *orthophonistes* : thérapie des troubles du langage ;
- les *psychomotriciens* : thérapies corporelles, relaxation ;
- les *ergothérapeutes* : réinsertion grâce à des activités manuelles.

2 L'état dépressif, la dépression et le suicide

L'état dépressif est un trouble pathologique de l'humeur. On appelle humeur l'état psychique d'un sujet. On dit qu'elle évolue entre deux pôles extrêmes : la tristesse et la gaieté.

A. La différence entre état dépressif et dépression

- Lors d'un *état dépressif*, l'humeur peut être totalement effondrée. Il faut cependant bien distinguer la « tristesse pathologique » (liée à la dépression) d'un état de « tristesse naturelle » justifiée par un événement bien défini et qui s'estompe avec le temps.
- Dans la *dépression*, on ne retrouve pas toujours de facteur déclenchant (s'il y en a un, il est sans commune mesure avec l'état de tristesse du sujet…). Ainsi, un individu en apparence gâté par la vie peut faire une dépression (ce qui déroute son entourage…).

→ *Étude de cas*

Marie-Louise (45 ans) en dépression

Marie-Louise est chef du personnel d'une grande société. Elle est belle et respectée. Elle connaît depuis 15 jours un état de profonde tristesse, justifiant une hospitalisation et une prise en charge thérapeutique immédiate. Son compagnon ne sait que faire pour l'aider à sortir de sa « dépression ».

→ *Étude de cas*

Geneviève (50 ans) en état dépressif

Geneviève est médecin, mère de famille comblée. Elle n'arrive pas à surmonter des *états dépressifs* passagers qui empoisonnent son existence et celle de ses proches. Seuls les antidépresseurs semblent momentanément l'apaiser.

B. Les signes d'une dépression majeure

En pathologie psychiatrique, la dépression se manifeste par les états suivants.

a. Une tristesse anxieuse

Le sujet ressent une souffrance ou une « douleur morale » qui est profonde, permanente et inconsolable. Elle s'entend au son de la voix et dans les propos tenus, elle se lit sur le visage (traits tirés, regard éteint) et elle entraîne un « dégoût de vie » : le sujet n'éprouve ni désir, ni plaisir… Il perd ses centres d'intérêt.

b. Des idées de suicide

Le sujet voit dans le suicide la seule issue possible à sa souffrance.

c. Une fatigue

Elle est accompagnée d'un ralentissement :
- *psychique* : le sujet a des difficultés de concentration, d'attention, de raisonnement ;
- *moteur* : le sujet a des gestes lents et rares, il perd toute sa capacité d'effort, d'initiative ; l'action est limitée.

d. Des troubles de sommeil

Le sujet présente :
- soit une *insomnie* qui se traduit par des difficultés d'endormissement ou des réveils nocturnes ;
- soit une *hypersomnie* (le sujet dort beaucoup).

e. Des troubles de l'appétit

Le sujet présente :
- soit une *perte d'appétit* ;
- soit une *augmentation de l'appétit.*

Ces deux troubles ont des répercussions sur le poids.

Le rôle de l'AMP

Sous la responsabilité et le contrôle de l'équipe de soins, l'AMP devra :
– agir avec tact et respect ;
– assurer la sécurité de la personne ;
– lui expliquer les modalités du traitement, l'intérêt d'une prise régulière des médicaments prescrits, la façon de les absorber, les effets secondaires éventuels ;
– surveiller la personne de très près (les risques suicidaires sont très importants) ;
– l'aider à accepter la lenteur de la guérison (en lui signalant que la tristesse ne disparaîtra qu'après la reprise du sommeil, de l'appétit, de l'activité…) ;
– surveiller les repas en lui expliquant certaines contre-indications (en particulier celle des boissons alcoolisées) ;
– surveiller le régime alimentaire en fonction du traitement ;
– l'accompagner dans le quotidien et participer avec elle à certaines activités occupationnelles ;
– la valoriser dans ses activités (car tout déprimé a perdu l'estime de soi) ;
– l'aider à se réinsérer socialement (en l'aidant à préparer certaines démarches extérieures) et solliciter l'aide bienveillante de sa famille… ;
– la stimuler à s'habiller (elle a tendance à se négliger) ;
– adopter une attitude professionnelle devant les troubles de la personne :
– rester calme, sans attitude hostile face à l'agressivité du patient,
– savoir demander de l'aide si une menace est perceptible et se tenir à distance ;
– adopter une communication permettant de renforcer l'estime du patient, de l'encourager à participer aux activités, de lutter contre l'isolement, etc. ;
– transmettre à la (le) responsable toutes les informations susceptibles de concourir à la connaissance de l'évolution de l'état de santé (*Ex.* : les réactions, les remarques formulées, les expressions non verbales significatives, etc.).

5. Les maladies liées au vieillissement

1 La maladie d'Alzheimer

La maladie d'Alzheimer touche aujourd'hui en France environ 450 000 personnes de plus de 65 ans. Le nombre de cas devrait (selon les estimations) atteindre près de 500 000 personnes dans 10 ans, dont 130 000 hommes et 370 000 femmes (environ).

A. Les caractéristiques de la maladie

Les symptômes de début sont si minimes que rien d'anormal n'est decelé. La personne reste alerte, et poursuit son travail. Mais lentement, inexorablement, la maladie évolue et des troubles deviennent évidents, notamment au niveau de la mémoire des faits immédiats. *Ex.* : la personne dit souvent : « *Je ne sais plus où j'ai mis ça…* ». Phénomène qui conduit à des répétitions incessantes, de plus en plus pénibles à supporter par l'entourage.

B. Les principaux symptômes

Les troubles de la mémoire des « faits récents » s'accompagnent souvent, et assez vite, de troubles de la mémoire des « faits anciens ».

a. La perte de mémoire

Elle évolue dans le temps en plusieurs stades et touche de nombreux domaines.

▶ L'oubli des faits

1er stade
La personne atteinte de cette maladie commence à oublier de plus en plus de faits récents. *Ex.* : éteindre la cuisinière, fermer le robinet, fermer la porte à clé.

2e stade
La personne oublie des rendez-vous, des coups de téléphone, des visites... Elle pose plusieurs fois la même question, pour en oublier aussitôt la réponse... à ce stade, la personne a toujours son « jugement » et prend conscience que son état se dégrade, ce qui entraîne une grande souffrance.

> **Exemple**
> Telle personne en devient triste, malheureuse et s'isole ; telle autre s'énerve et est qualifiée « d'infernale » ; pratiquement toutes font un syndrome dépressif.

3e stade
Le trouble de mémoire est total. C'est l'amnésie qui perturbe la vie quotidienne et la vie sociale du malade et de la famille.

▶ L'oubli des personnes

1er stade
Le malade oublie l'identité des amis, des collègues de travail.

2e stade
Le malade oublie l'identité des membres de la famille (les moins proches, puis les proches).

3e stade
Le malade ne connaît même plus sa propre identité (c'est le vide total...).

▶ L'oubli des dates, des événements (notions abstraites)

La personne atteinte de la maladie l'Alzheimer oublie complètement les dates importantes qui agrémentent la vie (fêtes de Noël, de Pâques, anniversaires, fêtes de famille...).

▶ L'oubli des besoins fondamentaux

La personne oublie ses besoins fondamentaux (*besoin de manger* en particulier) elle oublie de s'approvisionner, et ne saura plus cuisiner. Elle oublie même *avoir mangé*.

b. La désorientation dans le temps et dans l'espace

La perte de mémoire désoriente la personne atteinte de la maladie d'Alzheimer. Désorientée dans le temps et l'espace, elle va jusqu'à :

- se perdre dans sa propre rue (*Ex.* : elle ne sait plus où elle se trouve, comment elle s'est rendue là, ni comment rentrer chez elle) ;
- ranger des objets familiers dans des endroits inappropriés (*Ex.* : elle range le fer à repasser dans le réfrigérateur, la montre dans le sucrier).

c. Les changements de personnalité, d'humeur et de comportement

Chez une personne atteinte de la maladie d'Alzheimer, on observera des changements très prononcés de la personnalité (*Ex.* : une personne autrefois ouverte et confiante deviendra renfermée et méfiante). Au nombre des changements possibles, on compte aussi l'apathie, la peur, parfois de l'agressivité et de la violence (chez les malades les plus jeunes).
Les symptômes peuvent être caractérisés par les quatre A : amnésie, aphasie, agnosie et apraxie :

- *amnésie :* la mémoire est atteinte en premier lieu avec l'impossibilité pour la personne d'enregistrer de nouveaux événements ;
- *aphasie* : des troubles du langage apparaissent ensuite et rendent la communication difficile ; la personne oubliera des mots faciles ou y substituera des mots inappropriés ;
- *apraxie* : la maladresse gestuelle s'accompagne de la perte de sensations ;
- *agnosie* : la personne ne reconnaît plus son entourage. Dans un état de profonde confusion mentale, elle peut adopter des attitudes d'indifférence, de mutisme ou d'agressivité (l'état grabataire est inévitable à terme).

Le rôle de l'AMP

L'AMP, pour bien remplir sa mission, doit chercher à satisfaire les différents besoins fondamentaux de la personne :

1. Satisfaire le besoin de communiquer

La personne malade éprouve d'abord de la difficulté à comprendre les paroles rapides ; plus tard, elle bute sur la conversation courante ; au stade avancé, elle ne comprend plus la signification des mots. Elle pose moins de questions et fuit les situations sociales difficiles. L'AMP doit donc rassurer la personne et faciliter le dialogue.

– *Rassurer la personne :* l'anxiété est due au fait que la personne est parfois consciente de ses troubles. L'AMP doit :

• favoriser les activités simples (marches, visites, etc.),
• éviter les situations qui la stressent (*Ex.* : beaucoup de personnes autour d'elle),
• si elle tient des propos incohérents, ne pas la corriger, la laisser dire.

– *Faciliter le dialogue :* comme la personne oublie les mots, sa compréhension diminue. L'AMP doit veiller à faire des phrases simples, claires, faciles à comprendre, elle doit reformuler souvent et parler lentement.

2. Satisfaire le besoin de s'alimenter

L'AMP doit veiller plus particulièrement à :

– *faire boire souvent* de l'eau : cela diminue l'agitation (la personne a soif, mais ne sait pas le dire) ;
– *l'inciter à manger* : disposer bien en vue des assiettes remplies d'aliments faciles à saisir et à consommer (fruits secs et frais de saison, petits biscuits) associées à un verre rempli d'eau ou de jus de fruit et picorer soi-même pour la stimuler ;
– *placer la personne en bout de table* : s'asseoir en se plaçant sur le petit côté (à droite ou à gauche selon que l'on est droitier ou gaucher) ; puis en tenant doucement sa main, appuyer avec la cuillère sur la lèvre inférieure de la personne (l'AMP ne doit jamais rester debout pour donner un repas) ;
– *lui donner les couverts*, sans porter de jugement, avec le sourire ;
– *éveiller l'appétit* : lui donner par exemple à manger quinze minutes avant le repas un petit morceau de fromage non gras (type gruyère) ou la faire marcher.

3. Satisfaire le besoin de se laver et de se vêtir

Cette aide doit être limitée le plus possible. La personne est capable pendant longtemps d'effectuer des gestes réalisés chaque jour durant toute sa vie. L'AMP doit :
– demander à la personne l'autorisation de la toucher ;
– profiter de la toilette pour proposer un massage de la plante des pieds, des mains, du dos, qui sécurise psychologiquement la personne ;
– effectuer les gestes toujours dans le même ordre, afin de lui donner des repères ;
– placer les vêtements dans l'ordre où ils doivent être enfilés ;
– décrire les actions qu'elle fait et accompagner le mouvement (*Ex.* : « *Nous allons mettre la jambe gauche du pantalon* ») ;
– utiliser largement le « velcro » : chaussures, habits ;
– demander à la personne de participer à l'entretien du linge (*Ex.* : trier le linge, plier les serviettes, etc.).

4. Satisfaire le besoin de sommeil (l'aide au coucher)

Chaque personne a, par conditionnement de toute une vie, des habitudes, un « rituel » pour les actes de la vie quotidienne. Si l'on peut le percevoir et en reproduire les conditions, cela facilite l'accomplissement de ces actes. Par exemple, *respecter les rituels :*
– poser les vêtements de nuit bien en vue,
– fermer les volets, tirer les rideaux.

5. Satisfaire le besoin d'éliminer

Boire beaucoup d'eau diminue l'agitation, mais boire induit aussi la miction ; pour prévenir l'incontinence urinaire, il faut offrir un service personnalisé.
– *Noter l'heure de la prise de boisson* et conduire la personne aux toilettes une heure après.
– *Régler l'heure d'aller à la selle* : cela permet d'éviter des déconvenues si une sortie est prévue, ou au moment du repas (les suppositoires de glycérine peuvent faciliter la régularité).

2 Les démences

Citons trois autres types de démences qui peuvent être rencontrées par l'AMP.

A. La démence sénile

La démence sénile est la baisse des fonctions cérébrales chez la personne âgée. Elle survient par paliers. Voyons son déroulement.

- *La personne perd ses repères*, souvent cela débute à l'occasion d'un événement brutal (deuil, hospitalisation, déménagement).
- Ensuite apparaissent une massive *désorientation* dans le temps et l'espace et des troubles de la *mémoire*. La personne est soit agitée, soit apathique et présente une forte turbulence nocturne (risque de fugue ou d'errance).
- Changement de personnalité et jugement altéré.

B. La démence alcoolique

Cette démence est causée par l'abus chronique d'alcool associé à une déficience nutritionnelle. Une amélioration peut être apportée par l'arrêt de l'alcool et un régime alimentaire équilibré.
On observe généralement :

- une *détérioration intellectuelle* progressive ;
- *des troubles de la mémoire* (impossibilité pour la personne de fixer des faits actuels et perte de mémoire de faits récents) de la fabulation ;
- des *tremblements*, des *troubles du langage*, des crises convulsives.

C. La démence artériopathique

Cette forme de démence est due à des problèmes qui stoppent l'irrigation sanguine dans certaines parties du cerveau, à l'hypertension et à l'athérome. Cela provoque en général la mort des cellules. Les zones du cerveau les plus touchées sont celles contrôlant la mémoire, le langage et l'apprentissage.
Cette démence s'observe après 60 ans. Les problèmes de langage, les troubles de l'humeur, les crises épileptiques et la paralysie partielle ou totale d'un membre sont assez courants. Les symptômes varient également au cours du temps. Après la crise initiale, le patient se stabilise, parfois même s'améliore, mais cela ne dure pas très longtemps. C'est une des particularités de cette affection : le mode d'évolution se fait par à-coups.

6. Une maladie neurologique la sclérose en plaques

La sclérose en plaques est une maladie évolutive qui va s'aggraver au fil du temps et entraîner une dépendance de plus en plus importante.

1 L'origine

C'est une maladie qui touche le système nerveux central.
Elle se caractérise par une *inflammation de la myéline* (gaine qui entoure les fibres nerveuses). Des plaques se forment sur cette gaine et ralentissent ou bloquent l'influx nerveux (c'est-à-dire la transmission des informations du cerveau vers les autres parties du corps).
La cause de la maladie demeure inconnue. Elle serait provoquée par une réaction immunitaire anormale (l'attaque d'un anticorps qui atteindrait la myéline en même temps que le virus qu'elle combat).

2 Le diagnostic

L'IRM (Image à résonance magnétique) permet de voir dans le cerveau les plaques de démyélinisation sur la substance blanche.

3 Les caractéristiques

La maladie commence en général à l'âge adulte (entre 25 et 40 ans).

A. Les premiers symptômes

Au début de la maladie, les symptômes les plus fréquents sont les troubles *visuels* (une diminution de la vision et une vision dédoublée) ou des troubles de l'*équilibre* et une grande *fatigue*. En général, la personne malade banalise les premiers symptômes et consulte quand les troubles de l'équilibre s'aggravent et provoquent des chutes.

B. La maladie déclarée

Les déficiences les plus fréquentes sont :
- des troubles *moteurs* : une faiblesse musculaire et des contractures ;
- des troubles de l'*équilibre* : des mouvements mal coordonnés (la marche est en général très perturbée) ;
- des troubles *urinaires* : une difficulté à se retenir et à uriner ;
- des troubles *visuels* : une vision trouble et parfois double ;
- des troubles *cognitifs* : des difficultés de mémorisation, d'attention et de concentration ;
- la *dépression* est fréquente. Le sujet ressent une intense souffrance psychique, de plus le diagnostic entraîne un traumatisme ;
- la *fatigabilité* est importante et constante ;
- des *douleurs* (troubles sensitifs). Il y a des douleurs *aiguës* (*Ex.* : névralgies du visage, décharges électriques dans les membres…) et des douleurs *chroniques* (telles des brûlures, des coups d'aiguilles) ressenties fréquemment et qui engendrent la dépression, des troubles du sommeil…

4 Le processus et l'évolution

Il y a plusieurs processus, la maladie est très variable d'un individu à l'autre. Il existe :
- des *formes bénignes* (des malades ne font qu'une seule poussée) ;
- des *formes graves d'emblée* : les poussées sont nombreuses et engendrent des séquelles invalidantes (ces formes ne concernent que 10 à 15 % des personnes) ;

- des *formes évolutives* : la maladie évolue et s'aggrave brusquement, après des années de rémission.

Dans les formes très évolutives, les personnes deviennent de plus en plus dépendantes, ont des troubles de l'alimentation, de la déglutition, des difficultés d'élocution et les troubles cognitifs sont plus accentués.
Les troubles varient selon les moments et dans le temps. L'espérance de vie est en moyenne de 35 ans après l'annonce du diagnostic.

5 Le traitement

Le traitement est à adapter à la situation de la personne. Citons :

A. Les médicaments

- Les *immunomodulateurs* (type Interféron) ralentissant la fréquence des poussées. Ils sont prescrits en dehors des poussées.
- Les *corticoïdes* : anti-inflammatoires, ils sont prescrits pendant les poussées.
- Les *antalgiques* : administrés contre la douleur, ils doivent être pris à heure fixe (il y a différents paliers dans les antalgiques, jusqu'à la morphine).

B. La rééducation motrice

Elle doit être adaptée aux possibilités des patients. Elle est toujours bénéfique.

C. L'aménagement et l'environnement

On a constaté que *la fraîcheur* améliore la conduction de l'influx nerveux et que *la chaleur* aggrave les symptômes de la maladie.

Le rôle de l'AMP

Dans les actes de la vie quotidienne, l'AMP veillera à :

a) Prévenir les escarres

Le risque d'escarres est dû à l'immobilité ; l'état de la peau doit être surveillé constamment.

– La personne doit être bien lavée, bien essuyée pour éviter toute macération de la peau.
– L'habillage est délicat à cause des frottements et des rougeurs, il faut donc éviter cela.

b) Installer correctement la personne

Pour manger, la personne doit être bien installée et avoir son matériel adapté, si elle mange mixé, il faut lui dire ce qu'il y a dans son assiette et stimuler son autonomie.

c) Utiliser des aides techniques pour les soins

De nombreuses aides techniques peuvent être utilisées pour les soins. C'est un moyen d'assurer l'efficacité des soins et le confort de la personne et de diminuer les risques d'accident dorsolombaires pour le personnel (*Ex.* : lève-personne, lit électrique, chaise percée…).

d) Assurer la sécurité de la personne

L'AMP doit penser à utiliser la ceinture sur le fauteuil, à mettre les barrières de sécurité au lit de la personne, à lui rapprocher la sonnette.

e) Favoriser les choix personnels
Dans les actes quotidiens, l'AMP doit favoriser les choix de la personne. Certaines personnes handicapées, pour supporter la dépendance et se sentir en sécurité, mettent en place des rituels toujours identiques lors de l'habillage, de la toilette, des installations, des repas. Ces rituels leur servent à se reconstruire, à avoir prise sur leur environnement. Il est très important de les respecter et de les voir comme une aide et non comme une contrainte.
f) Noter ce qui est proposé (et parfois refusé !)
La perte d'une capacité est une souffrance ; l'acceptation de l'aide par la personne handicapée nécessite du temps, l'équipe doit en négocier la mise en place avec elle et non l'imposer.
La personne peut refuser d'être aidée. Dans ce cas, les professionnels doivent mettre par écrit tout ce qu'ils lui ont proposé.
g) Travailler en équipe
L'AMP doit adapter ses interventions en fonction des besoins de la personne (qui sont variables d'un jour à l'autre). Elle doit travailler avec les autres professionnels pour trouver des solutions adaptées à l'alimentation, à l'installation et au confort de la personne.
h) Créer une relation de qualité avec la personne
Pour créer une relation de qualité, il faut :
– *respecter la personne* : s'intéresser à son passé, son histoire, sans être intrusif, sans porter de jugement ;
– *lui parler avec tact, respecter ses silences.* La personne a souvent des troubles du langage. Communiquer avec elle va prendre du temps et nécessiter de la patience. La personne se réfugie dans le silence, avec un refus de communiquer, il faut le supporter ;
– *lui offrir une présence affective.* Il y a une forte demande de la personne vis-à-vis des professionnels. Il faut savoir « gérer » cette relation qui ne doit pas devenir exclusive et doit se partager avec les collègues.
i) Accompagner la personne dans son projet
Avoir un projet, c'est s'inscrire dans la vie, même quand la maladie évolue, l'AMP doit être à l'écoute de la personne et lui laisser la maîtrise de ses projets aussi longtemps que cela est possible. Accompagner la personne, c'est favoriser les échanges, les activités à l'extérieur, la vie sociale. C'est aussi le résultat d'un travail d'équipe.

7. Les conduites addictives

Les conduites addictives sont provoquées par certaines substances qui entraînent une accoutumance ou une dépendance. Il s'agit principalement de l'alcool, du tabac et des drogues. Rappelons deux définitions.

- *L'accoutumance* est la tendance du consommateur à augmenter les doses toxiques pour obtenir l'effet désiré. *Ex. :* en quelques semaines, une personne peut passer de l'ingestion d'un verre de vin à 1 litre.

- *La dépendance* est l'état d'adaptation de l'organisme à une substance toxique, obligeant le sujet à la consommer pour éviter la crise de manque (c'est le cas pour l'alcool, le tabac, la drogue). Notons ici que la dépendance n'est pas seulement physique, mais aussi psychologique.

1 L'alcoolisme

A. Les types d'alcoolisme

On distingue deux types d'alcoolisme.

- *L'alcoolisme aigu* : c'est une consommation excessive, mais exceptionnelle d'alcool. Elle entraîne un état d'ivresse qui peut être dangereux sur le moment (coma éthylique) et parfois mortel.
- *L'alcoolisme chronique* : c'est une consommation importante et régulière d'alcool. Cette alcoolisation crée peu à peu un état de dépendance vis-à-vis du produit, à ce stade de dépendance et d'accoutumance, tout arrêt brusque du toxique entraîne « une crise de manque » ; les effets de cette toxicomanie se font sentir à plus ou moins long terme.

B. Les effets de l'alcool sur l'organisme

a. Les effets sur l'appareil digestif

- L'*œsophage* : inflammation, ulcères ou cancers.
- L'*estomac* : inflammation, ulcères ou cancers.
- Le *foie* : cirrhose (durcissement).

b. Les effets sur l'appareil circulatoire

- Les *globules blancs* : pouvoir diminué (ainsi, l'alcool est le lit d'infections multiples…).
- Le *cœur* : il s'enrobe de graisse (risque d'infarctus).
- Les *artères* durcissent : l'alcool augmente le risque d'athérosclérose.

c. Les effets sur l'appareil nerveux

- *Tremblements* : des mains, des lèvres…
- Troubles des *organes des sens* : vue, ouïe, odorat, goût diminués.
- Troubles du *comportement* : colère, irritabilité (60 % des crimes se font sous l'effet de l'alcool…).

C. Les facteurs favorisant l'alcoolisme

a. Les facteurs socioculturels

On associe souvent le vin aux événements gais de la vie (mariages, naissances, etc.). Les jeunes l'associent indéniablement à la fête et, depuis quelques années, à certains « rites ». *Ex.* : « la biture express » où, pour être accepté par le groupe d'étudiants, le jeune doit ingérer une quantité importante d'alcool (ce qui peut entraîner un coma éthylique).

b. Les facteurs économiques

La commercialisation de l'alcool est une source de revenus importants, car la France est le premier producteur mondial de vin.

c. Les facteurs psychologiques

L'alcool peut avoir, pour certains, des effets euphorisants ou calmants. Ainsi, certains individus l'utilisent pour « oublier » leurs difficultés.

D. Les conséquences médico-sociales de l'alcoolisme

Les conséquences sont importantes à divers niveaux (*cf.* tableau statistiques ci-après).

E. Les mesures de prévention

La prévention a trois formes :

a. La prévention primaire

Les mesures adoptées ont pour objectif de limiter la consommation d'alcool. Citons quelques exemples.

- Interdire de boire de l'alcool sur le lieu de travail ou dans les établissements scolaires.
- Vérifier le *degré d'alcoolémie* des conducteurs (taux légal = 0,5 g/L).
- Interdire la *vente d'alcool* aux jeunes de moins de 18 ans[1] et l'interdire dans les stations-service entre 22 h et 6 h.
- Interdire la *publicité* des produits alcoolisés à la télévision, dans les stades…
- Accompagner les publicités sur l'alcool de la mention « dangereux pour la santé ».
- Interdire aux cafetiers de vendre de l'alcool aux mineurs.

b. La prévention secondaire

Il s'agit de :

- dépister les buveurs excessifs au moyen de « tests biologiques » à l'occasion des consultations de la médecine du travail ;
- proposer des moyens de désintoxication aux personnes susceptibles d'être dépendantes à l'alcool (cure de sevrage).

c. La prévention tertiaire

Il s'agit d'aider la personne qui s'est désintoxiquée à se « reconstruire », à se réintégrer dans sa société. Les associations d'anciens buveurs jouent, à cette étape, un rôle essentiel par le soutien et l'écoute qu'elles apportent.

2 Le tabagisme

Bien que légalement admis, le tabagisme n'en est pas moins une toxicomanie dont les conséquences sont préoccupantes.

A. Les statistiques

- *Les décès* : en France, le tabac tue plus de 70 000 personnes par an. Il est responsable de 90 % des cancers du poumon.

1. Loi Bachelot 2009.

- *La consommation de tabac en France* : elle a diminué depuis le renforcement de la loi Évin (2007), avec l'interdiction formelle de fumer dans tous les lieux publics, mais elle reste très importante et varie selon le sexe, l'âge et la situation sociale.

B. Les effets du tabac sur l'organisme

Les substances qui entrent dans la composition du tabac sont très toxiques (monoxyde de carbone, nicotine, goudrons…) et nuisibles pour tout l'organisme. Elles touchent aussi bien le fumeur que son entourage, qui est victime du *tabagisme passif*.
Elles provoquent des troubles graves chez les jeunes enfants qui vivent dans une atmosphère enfumée.
Tout comme l'alcool, le tabagisme entraîne une accoutumance et une dépendance.

a. Les effets sur l'appareil respiratoire

- Le *larynx* : laryngites fréquentes.
- Les *bronches* : bronchite chronique.
- Les *poumons* : cancer bronchique. Le risque existe aussi chez le fumeur passif.

b. Les effets sur l'appareil circulatoire

- Le *cœur* : maladie coronaire et infarctus. Ce risque est accru considérablement chez les femmes qui fument et prennent une contraception orale.
- Les *artères* : artérite des membres inférieurs.
- Les *globules blancs* : pouvoir microbicide diminué.

c. Les effets sur l'appareil urinaire

Cancer de la *vessie*.

d. Les effets sur le fœtus

Augmentation du rythme cardiaque et risque de prématurité aggravé.

e. Les effets sur l'espérance de vie

Une étude médicale a établi la prévision suivante : un fumeur sur deux ayant commencé à fumer adolescent mourra prématurément d'une pathologie due au tabac. Il perdra en moyenne 18 années de vie.

C. Les mesures de la prévention

La lutte contre le tabagisme doit mettre en place des mesures préventives pour limiter l'épidémie tabagique en éduquant la population, en particulier les jeunes et en prenant des mesures réglementaires. Il s'agit de :

- **Faire appliquer la loi Évin** : respecter l'interdiction de fumer dans tous les lieux publics (gares, trains, établissements scolaires, grands magasins, bureaux, restaurants, boîtes de nuit, cafés, etc.) ;
- **Mettre en place une stratégie complète de lutte contre le tabagisme** :
  - lutter contre la publicité et la propagande en faveur du tabac. Tous les conditionnements de tabac doivent porter la composition, la teneur en nicotine et une mention antiabus (*Ex.* : « le tabac tue »),
  - interdire la vente (et si possible l'usage) du tabac aux moins de 16 ans,

- augmenter le prix du tabac ; les augmentations successives du prix du tabac ont pour but de décourager l'achat de cigarettes, en particulier chez les jeunes,
- créer des centres antitabac fournissant une aide médicamenteuse et psychologique aux fumeurs et permettant de surmonter les difficultés du sevrage,
- mobiliser des associations de lutte contre le tabac,
- développer l'aide à l'arrêt du tabac,
- lutter contre le tabagisme des femmes enceintes,
- financer les campagnes d'information avec les taxes imposées sur le tabac.

3 Les toxicomanies (usage de drogues)

La toxicomanie correspond à l'usage intensif et répété de drogues. La drogue est aujourd'hui un phénomène social dont l'évolution est très préoccupante et contre lequel on doit lutter sans relâche. Elle entraîne des troubles graves, souvent irréversibles, sur tout l'organisme et réduit l'espérance de vie.

A. L'origine : les facteurs et les risques

a. La personnalité

On retrouve chez les toxicomanes des personnalités fragiles, déséquilibrées, recherchant dans la drogue un moyen d'intégration, de contestation ou de refuge.
Bien souvent, l'individu a été confronté à un milieu familial problématique ou à des traumatismes affectifs. Enfin, le chômage (50 % des toxicomanes sont inactifs), le désoeuvrement et l'incarcération peuvent être des facteurs déclenchants.

b. Le milieu social

La consommation de drogue touche tous les milieux socioculturels. On constate qu'elle est importante chez les individus de niveau d'études élevé et vivant dans les grandes villes, ceci peut s'expliquer par le besoin de résister au stress lié à la profession et à la vie urbaine.
En revanche, la consommation de drogue est faible à la campagne, dans les milieux agricoles.

c. L'âge, le sexe

La majorité des toxicomanes sont jeunes (90 % ont moins de 35 ans, 65 % des toxicomanes sont des hommes).

d. La situation familiale

70 % des toxicomanes sont célibataires.

B. Les effets des drogues sur l'organisme

Les substances qui entrent dans la composition des drogues sont très nuisibles pour le système nerveux central.
Elles provoquent rapidement l'accoutumance et la dépendance physique et psychologique.
Le risque d'*overdose* peut être mortel pour le consommateur.

Tableau 1.11 – Les principales drogues et leurs effets.

Principales drogues	Voie	Effets toxiques sur l'organisme
Cannabis : – haschisch (shit), – marijuana (herbe).	– Fumé sous forme de « joint ». – Ingestion.	– Légère euphorie immédiate. – Diminution de l'attention. – Somnolence. – Dépendance faible. – Toxicité générale faible.
Cocaïne ou Crack (cocaïne + bicarbonate).	– Nasale.	– Excitant, extase (le flash). – Toxicité générale forte : troubles psychiques (paranoïa).
Héroïne.	– Intraveineuse – Inhalation.	– Agitation, extase (le flash). – Dépendance forte : dégradation de l'état général.
Ecstasy. *LSD.* *Cristal.*	– Ingestion.	– Hallucinations. – Dépendance psychique forte. – Forte toxicité : troubles psychiques, folie.

C. Les caractéristiques des différentes drogues

a. Le cannabis

Il y aurait plus de 3 millions de consommateurs de cannabis. Il s'agit le plus souvent de jeunes appartenant à toutes les catégories sociales. Ils sont aussi grands consommateurs de tabac et d'alcool (on parle de polyconsommation : drogue, alcool, tabac, médicaments…).

b. La cocaïne

Sa consommation se « démocratise » et tend à se développer.

c. Le crack

Le crack est un mélange de cocaïne et de bicarbonate de soude. Il provient des Antilles, on l'appelle « drogue du pauvre » car son coût n'est pas très élevé.

d. L'héroïne

Les héroïnomanes sont des jeunes généralement issus en majorité de milieux défavorisés. La ghettoïsation de l'héroïne est un fait constaté.

e. L'ecstasy

C'est une drogue de synthèse en provenance des Pays-Bas. Elle est particulièrement recherchée dans les rave parties.

f. Le LSD

C'est une drogue de synthèse qui a des propriétés hallucinogènes puissantes.

g. Le cristal

Il s'agit d'un mélange de méthédrine et d'amphétamine, c'est un puissant hallucinogène.

D. Les conséquences médico-sociales des toxicomanies

La drogue menace :

a. La santé publique

Sa consommation entraîne vite une dégradation de l'état physique et psychique. Elle est à l'origine d'infections graves (intraveineuses) et favorise les hépatites B et C ainsi que l'infection par le virus du sida. L'*overdose* est encore responsable de centaines de décès par an en France.

b. L'ordre public

La consommation de drogue pousse les jeunes à voler pour s'en procurer. Certains vont jusqu'à se prostituer. La dépendance les pousse à adopter un comportement marginal souvent violent. L'addiction à la drogue menace la démocratie, enrichit les trafiquants, favorise la corruption et les trafics en tous genres.

E. Les mesures de prévention

a. L'injonction thérapeutique

Cette décision judiciaire vise à permettre aux drogués de décrocher de leur addiction, en remplaçant la peine judiciaire qu'ils encourent par une obligation de soins.

b. La création de structures spécialisées

De nombreuses structures de soins sont spécialisées pour prendre en charge les toxicomanes. Des produits de substitution leur sont proposés, tels que la Méthadone ou le Subutex qui suppriment le symptôme de manque sans procurer le « flash ».

c. L'information auprès des parents

On assiste dans les médias à des campagnes de prévention à l'intention des parents. Parfois, cela aboutit à la création de comités d'environnement social dans les quartiers sensibles. Tout le monde peut avoir accès au numéro vert (gratuit) **de Drogue Info Service : le 113**.

d. L'action auprès des jeunes

La drogue est un poison mortel : il faut à tout prix l'éviter. C'est en observant les jeunes et en ayant une attitude ouverte que les adultes pourront percevoir les premiers signes annonciateurs de désenchantement, voire de désespoir ; ils pourront ainsi aider le jeune avant qu'il ne soit trop tard.

Les professeurs, les familles, les éducateurs sont les premiers interpellés pour créer un dialogue constructif. Par ailleurs, on doit susciter chez les jeunes des « passions saines » : encore une fois le sport se place en première ligne.

Il faut aussi informer les jeunes sur l'action des drogues. Cela doit être fait par des personnes en qui ils ont confiance. L'information doit être claire, précise, objective et concrète.

Dans chaque département, les jeunes peuvent contacter le centre de consultation, d'évaluation et d'accompagnement pour une consultation anonyme et gratuite.

e. Les mesures à l'échelon international

Les mesures internationales ont peu d'effet, car les pays producteurs sont des pays pauvres, pour lesquels la vente de la drogue est indispensable à leur survie.

Tous les essais de modification des cultures ont donné peu de résultats et cela risque de durer tant qu'un kilo d'opium rapportera 100 fois plus qu'un kilo de riz à son producteur !

8. Les troubles du développement

1 L'autisme

Les psychoses infantiles constituent des troubles graves du développement de l'enfant. Les déficits qu'ils provoquent dans l'organisation de la personnalité empêchent l'enfant de devenir autonome.
L'autisme est la plus connue des psychoses infantiles. Il débute avant l'âge de 30 mois, mais le plus souvent, la famille ne prend conscience des troubles de l'enfant que vers l'âge de 3-4 ans. Une vigilance est donc requise de la part des professionnels pour favoriser le dépistage précoce des troubles touchant les fonctions de base (telles que l'alimentation, le sommeil, la relation à autrui ou la motricité), ceci afin de favoriser un diagnostic et une prise en charge de l'enfant la plus précoce possible.

A. Les manifestations de l'autisme

La maladie se caractérise essentiellement par le retrait (dit autistique), mais aussi par d'autres troubles importants.

a. Le retrait (autistique)

L'enfant semble :

- *ne pas entendre*. Il paraît indifférent aux paroles qui lui sont adressées, tout en étant effrayé par les bruits forts qui peuvent déclencher une crise d'angoisse ;
- *ne pas voir*. Il a le regard fuyant, il ne regarde pas autrui tout en étant parfois fasciné par certaines parties des personnes (*Ex.* : les mains) ou des parties d'objets qu'il manipule à longueur de temps (*Ex.* : un bouton, un couvercle, une roue de voiture…) ;
- *appréhender le changement*. Par exemple, l'arrivée d'une personne qu'il ne connaît pas, ou toute modification de son environnement peut déclencher une crise d'angoisse. Cette crise est caractérisée par des pleurs, des cris, de l'agressivité envers autrui ou envers lui-même (automutilation) ;
- *ne pas vouloir créer de liens*. L'enfant ne tend pas les bras, n'embrasse pas, il refuse le contact.

b. L'activité sensori-motrice stéréotypée

L'enfant répète des mouvements de bras, de mains, de pieds. Par exemple, sa démarche est particulière : il marche sur la pointe des pieds ou il sautille.

c. Les troubles psychomoteurs

- L'enfant autiste manifeste divers troubles comportementaux. Ainsi, il passe soudainement du rire aux pleurs sans raison apparente, il manifeste (également sans motif) une agitation soudaine.
- L'enfant peut manifester un désintérêt total pour les jouets ou parfois une hyperexcitation pour certains jeux. Exemples :
  - *vers 3 mois*, il ne regarde pas le hochet qui s'agite devant lui (son regard est « ailleurs »),
  - *vers 5-6 mois*, l'enfant manifeste un intérêt exclusif pour les jeux de mains (qu'il a devant ses yeux),

– *vers 9-10 mois*, l'enfant manifeste un désintérêt total pour les jouets et il a des phobies précoces (peurs exagérées) pour certains bruits (type de bruits ménagers anodins),
– *vers 2 ans*, l'enfant ne peut mettre en place sa capacité de jeux symboliques (jeux d'imitation de type dînette).

d. Le déficit cognitif

Généralement, le déficit cognitif (intellectuel) est important, bien que des enfants autistes puissent manifester des capacités exceptionnelles dans certains domaines (par exemple, pour certains jeux de mémoire).

e. Les troubles du langage

On constate chez l'enfant autiste trois particularités :
- l'*écholalie*. L'enfant répète plusieurs fois le même mot ou la phrase qui lui a été dit ;
- l'*absence du « je »*. L'enfant parle de lui à la 2e ou 3e personne (exemple : au lieu de dire : « Je veux dormir », il dit : « Il veut dormir ») ;
- le *retard de langage* : vers 3 ans, l'enfant ne parle toujours pas.

f. Les troubles de l'alimentation

On note chez ces enfants :
- une hypotonie de la succion ;
- un détournement actif du sein ou du biberon ;
- une anorexie précoce ou au contraire une boulimie (l'enfant peut engouffrer la nourriture sans plaisir).

g. Les troubles à caractère sexuel

On constate une masturbation compulsive précoce.

h. Les troubles du sommeil

Il s'agit d'insomnie (calme, le plus souvent).

B. L'origine de l'autisme : le facteur biologique

L'autisme serait une *anomalie génétique*. Des découvertes scientifiques récentes le confirment.[1]

> → *Étude de cas*
> **Marc (4 ans), enfant autiste**
> Dans la salle d'attente du cabinet médical (où sa maman l'a accompagné ce jeudi après-midi), Marc balaie la pièce et les personnes présentes du regard sans pouvoir le poser. Il déambule, crie, se mord la main. Il est manifestement angoissé par la situation nouvelle de la consultation. Il s'assoit et se lève, en agitant les bras (tel un papillon battant des ailes) pour se caler plus tard contre l'ossature du fauteuil. Apaisé, il se dirige vers la caisse à jouets qu'il jette un par un au sol. Puis, il s'intéresse à la roue d'un camion qu'il fait tourner inlassablement (dans une conduite d'autoenfermement). Marc a développé un langage qui lui est propre, sans visée de communication. Il peut réagir à l'appel de son prénom, mais reste généralement sur place, indifférent à la tentative d'approche de l'adulte.

1. Certains psychologues disent que l'autisme pourrait être renforcé par un trouble de l'interaction mère/enfant dès la naissance. L'enfant s'enfermerait dans sa « forteresse vide » (c'est la théorie de B. Bettelheim). L'environnement humain serait défaillant, l'enfant chercherait à s'en protéger (cette thèse, qui a longtemps prévalu, est aujourd'hui remise en cause).

C. La prise en charge d'un enfant autiste

Elle regroupe plusieurs méthodes complémentaires :

- **un travail de soutien auprès des parents** : la famille de l'enfant doit collaborer activement à l'élaboration du projet thérapeutique ;
- **des méthodes éducatives** qui visent à :
  - aider l'enfant à prendre conscience de son corps et favoriser l'émergence du langage,
  - faire évoluer l'enfant vers l'autonomie pour l'habillage, l'alimentation (ces méthodes utilisent les jeux, la musique et s'adaptent à chaque situation).

NB. Les structures de soins à temps plein, voire l'internat, peuvent s'avérer nécessaires pour certains enfants pour lesquels l'intégration n'est pas possible.

Le rôle de l'AMP

L'AMP doit connaître les actions conseillées et déconseillées.

a) Les actions à éviter avec un enfant autiste :

– la présence d'objets dangereux à portée de mains de l'enfant ;
– les changements trop importants de lieux, d'objets, ainsi que les grands espaces ;
– l'approche de l'enfant de face. Elle peut être vécue par celui-ci de manière intrusive (l'approche dorsale ou sur le côté s'avère plus appropriée).

b) Les actions à adopter pour gérer la crise d'angoisse :

– repérer les crises d'angoisse : majoration des manifestations motrices (tournoiement de l'enfant, cris importants, automutilation…) ;
– repérer le facteur « déclenchant » de la crise d'angoisse en se remémorant ce qui s'est passé dans les minutes précédentes ;
– rassurer l'enfant par la parole au cours de la crise ;
– recréer un espace rassurant pour l'enfant après la crise (cadre familier, objet privilégié, musique…).

c) Les actions psychopédagogiques à organiser en équipe

L'objectif est de favoriser :
– « la prise de conscience de soi » dans son intégralité (car l'enfant se vit « morcelé ») ;
– « la prise de conscience de l'autre », différent de soi : avec le miroir, autour de mimiques, à l'aide d'échanges et d'alternance des comportements.

d) Les actions auprès de la famille de l'enfant

L'AMP saura soutenir la famille (sans minimiser les difficultés de l'enfant) et devra gérer :
– la résistance de la famille face aux troubles de l'enfant (dénégation) ;
– la jalousie de la mère envers la référente des soins (celle qui s'occupe de son enfant). Il faut la soutenir dans son « rôle de mère ».

Chapitre 3

L'inadaptation, les situations d'exclusion sociale et leurs conséquences

1 Les principaux phénomènes de société

On peut définir un groupe social comme un ensemble d'individus ayant deux objectifs communs :

- accomplir la tâche pour laquelle le groupe s'est constitué ;
- maintenir le groupe en état de stabilité, en respectant des « normes » ou « règles » communes.

A. Les différents groupes sociaux dans l'enfance

La crèche, l'école et le quartier sont les institutions sociales qui interviennent le plus souvent autour de l'enfant en tant qu'agents de socialisation. Ils ont donc leur part d'influence sur l'individu dès l'enfance.

a. La crèche

Le personnel de la petite enfance peut influer sur le comportement de l'enfant car il en a la responsabilité pendant de nombreux mois. La crèche est le groupe de référence social. La personnalité de l'éducatrice peut avoir des répercussions (positives ou négatives) sur le groupe d'enfants qu'elle a en charge.

b. L'école et le quartier

L'école intervient à son tour pour influencer le comportement en société. Ensuite viendra l'influence du quartier, de la bande, et de la rue…

➜ *Étude de cas*

Jean à l'école

Jean (5 ans) vient d'être scolarisé. Il doit découvrir et s'habituer aux « règles » de la vie scolaire : il ne faut pas être en retard (rentrée à 8 h), il faut s'asseoir en silence, se laver les mains avant le repas, respecter son copain *Marius*… Il doit à la fois s'intégrer à un groupe d'enfants et ne pas diluer sa propre personnalité.

B. La catégorie socioprofessionnelle chez l'adulte

La catégorie socioprofessionnelle (CSP) répertorie les individus en fonction de leur appartenance sociale et professionnelle.

L'évolution se fait dans le sens d'un gonflement des classes moyennes au détriment des classes défavorisées, ceci en raison de l'élévation du niveau scolaire et de la nouvelle répartition socio-économique de nos sociétés.

→ *Étude de cas*

Monsieur Ben et Monsieur Segond

– Monsieur *Ben* est professeur à Lille dans un lycée professionnel, sa femme *Dany* est institutrice dans une grande école de la ville.

– Monsieur *Segond* dirige une usine de matériaux, sa femme *Sandrine* (secrétaire) l'aide à rédiger ses devis et ses factures et répond au téléphone. Chacun de ces deux protagonistes appartient à un groupe professionnel bien différent, mais très structuré, car le groupe socioprofessionnel s'organise pour être toujours le plus efficace possible.

C. Le fonctionnement du groupe social

La hiérarchie dans le groupe semble inévitable. Tout groupe recherche un chef qui organise et structure le groupe.

a. La hiérarchie sociale : l'élection d'un chef

Le chef d'un groupe peut avoir des fonctions très variables, basées sur l'autorité et la responsabilité.

b. Le respect des règles dans le groupe

En tant que milieu d'existence, le groupe social doit respecter certaines règles. L'organisation sociale se traduit par un ensemble de *droits* et de *devoirs*, de *permis* et d'*interdits*. Elle garantit les libertés de chacun, définit et protège les fonctions, organise la sélection et la compétition, aussi bien que l'aide et l'assistance.

c. La communication dans le groupe

La qualité des échanges dans un groupe est liée à l'établissement de réseaux de communication. Ils établissent le sens des échanges entre les membres du groupe.

> **Exemple : « Le réseau de communication en chaîne »**
>
> C'est un réseau de communication qui comporte des risques de perte et de déformation de l'information. Il est cependant très utilisé car il respecte la hiérarchie, c'est le cas des transmissions orales à l'hôpital. Elles se font dans l'*ordre hiérarchique* suivant : médecin → infirmière → auxiliaire de puériculture ou aide-soignante.

d. Le « sentiment collectif » du groupe social

Le groupe social est souvent secoué par des courants d'opinion ; il a ses émotions et ses réactions partagées. Il vit souvent au diapason, notamment lors de faits d'actualité graves (*Ex.* : meurtres, viols ou enlèvements d'enfants). Tous les membres du groupe social ont un « *sentiment collectif* ». Se sentir membre du groupe, c'est précisément vibrer à l'unisson de la vie émotionnelle du groupe, que ce soit pour acclamer, s'enthousiasmer ou au contraire rejeter et protester.

e. Le rythme de vie du groupe social

Le groupe social en tant qu'organisme vivant a son propre « *rythme de vie* ». Ainsi la ville :

- s'éveille et s'endort ;
- a ses heures de grande affluence et de moments creux ;

- vit ses moments de grandes migrations.

Ex. : Le départ des grandes vacances est l'un des « rythmes sociaux » les plus mobilisants pour les Français. La sécurité routière est à pied d'œuvre pour gérer le phénomène des départs, mais le groupe social arrive difficilement à se discipliner.

D. L'individu social

La *socialisation* de l'individu est indispensable pour son intégration au groupe social. Elle est faite de nombreux apprentissages. Travail, éducation, santé, économie, politique, urbanisme, religion, loisirs sont autant de domaines où s'établissent et se modifient des relations sociales, faites de règles et de contraintes que les individus exercent entre eux. Ces règles sont appelées *valeurs sociales*.

a. Les apprentissages sociaux

La socialisation d'un individu exige de lui qu'il acquière un certain nombre de règles qui lui permettront de vivre dans sa société. Certains apprentissages sont indispensables :

- *l'apprentissage d'automatismes gestuels* : par exemple, l'utilisation de couverts pour l'alimentation, l'acquisition de l'écriture ont une signification sociale ;
- *l'acquisition de connaissances* : elles permettent à l'individu de savoir être dans sa société ou dans un groupe. *Ex. :* la connaissance des lois d'un pays ou celles propres à un métier sont nécessaires à l'intégration ;
- *la maîtrise de la communication* : chaque groupe social utilise un langage permettant les relations internes du groupe. La maîtrise du vocabulaire et des modes de communication est indispensable pour trouver sa place au sein de ce groupe.

Exemples

– L'enfant comprend très vite que le meilleur moyen d'obtenir satisfaction est de nommer l'objet qu'il désire.
– La connaissance du vocabulaire médical est indispensable à l'intégration d'un professionnel de santé dans une équipe hospitalière.

b. Les rôles sociaux

L'apprentissage du rôle social est capital dans le processus de socialisation.

Chaque individu, en fonction du groupe ou des groupes sociaux dans lesquels il est intégré, doit avoir des comportements, des gestes adaptés. Il doit « *jouer son rôle* » social. Un même individu peut avoir plusieurs rôles, qui deviennent tour à tour prépondérants selon le moment. À chaque rôle correspondent des comportements admis par tous et attendus du groupe.

Exemple n° 1 : les différents « rôles sociaux » de Marie

Marie (25 ans), mère de famille, est à la fois infirmière, membre d'un club de sport et d'un syndicat. Ces rôles sociaux différents déterminent des attitudes et compétences en conformité avec les différents rôles sociaux :

– *mère de famille* → maternage, protection, éducation…
– *infirmière* → sens relationnel, dévouement, technicité…
– *sportive* → convivialité, participation, esprit d'équipe…
– *syndicaliste* → contestation, négociation…

Exemple n° 2 : la « situation sociale » de Nathalie

Pour définir sa situation sociale, Nathalie dit : « J'ai 28 ans, je suis divorcée avec 1 enfant. Je suis aide-soignante, attachée à l'hôpital Cochin (Assistance publique). Je fais partie de l'association X (chrétienne), des représentants des parents d'élèves et du syndicat Y. J'habite un deux pièces dans un immeuble près de l'hôpital. »

Exister socialement, c'est avoir des repères sociaux, c'est avoir une fonction sociale et en accepter les règles. La situation sociale détermine à chaque instant nos attitudes et l'attitude d'autrui à notre égard.

> **Exemple n° 3 : le « rôle de soignante » de Nathalie**
> Les voisins de palier de Nathalie lui parlent souvent des problèmes de santé du grand-père de 90 ans qu'ils gardent chez eux. Ils ont fait appel à elle la nuit dernière pour le soigner ! Pour les voisins, Nathalie a le « rôle » de soignante et ils attendent d'elle qu'elle se comporte en personnel de santé, qu'elle joue son « rôle social » (avec toutes les qualités et compétences attendues), même en dehors de « sa » structure administrative !

E. Les échecs de la socialisation

La socialisation serait l'« intériorisation » d'habitudes sociales relevant d'un « apprentissage » en vue de l'ajustement aux autres membres du groupe. Certaines personnes peuvent être rejetées de ce groupe ou s'en exclure elles-mêmes.

a. La dyssocialité

La socialisation d'un individu n'est pas autre chose qu'une « *acculturation* », c'est-à-dire l'adaptation à un milieu culturel et à ses habitudes, que sont les modes de pensée, les façons d'agir, les règles, les valeurs (*cf.* « La diversité des cultures », page 88).

> **Exemple**
> Une personne immigrée peut refuser délibérément l'ensemble (ou certaines) des habitudes sociales du pays où elle vit. Elle ne peut pas ou ne veut pas « s'intégrer ». De ce fait, elle vivra une « dyssocialité », c'est-à-dire une désadaptation culturelle qui la mettra en marge du groupe social et pourra même entraîner l'exclusion du groupe.

b. La délinquance[1], la marginalisation et l'exclusion

Cf. « L'inadaptation sociale et ses conséquences », page 93.

2 L'évolution de la famille

A. La structure familiale

La famille se structure à partir de deux mécanismes :

- *l'alliance* : qui désigne l'union d'un homme et d'une femme ;
- *la filiation* : qui désigne les liens biologiques et les rapports entre parents et enfants.

Sur le plan social et légal, la famille est constituée de personnes ayant des liens de parenté.

> **Exemples**
> – parenté ascendante et descendante : grands-parents → enfants → petits-enfants
> – parenté collatérale :
> • *frère* ← → *sœur*
> • *beau-frère* ← → *belle-sœur*
> • *cousins* ← → *cousines*

1. D'après l'ouvrage : *Comment ils deviennent délinquants*, par R. Mucchielli, Éditions ESF.

B. Les modèles familiaux

Il existe plusieurs types de modèles familiaux.

a. La famille nucléaire

On appelle famille nucléaire, une famille composée des deux parents (père et mère) et des enfants non mariés (ou dépendants économiquement des parents).

b. La famille monoparentale

L'augmentation des divorces engendre un accroissement du nombre de familles monoparentales. Cette famille est formée d'un adulte avec un ou plusieurs enfants de moins de 25 ans (l'adulte est très souvent la femme).

c. Le concubinage

La vie maritale, hors mariage, est de plus en plus répandue car elle soulève moins de réprobations sociales qu'autrefois.

d. La famille recomposée

La famille recomposée regroupe l'un des parents, son nouveau conjoint et les enfants nés d'un premier mariage qui vivent alors avec un beau-parent. L'augmentation du nombre de séparations et de divorces est à l'origine de ce type de famille.

e. Le Pacs

Le Pacs (Pacte civil de solidarité) de permet à deux personnes majeures, quel que soit leur sexe, de créer un lien juridique d'aide mutuelle et matérielle.

C. Les fonctions de la famille

La famille assume des fonctions de :
- *reproduction* : elle permet d'assurer sa descendance ;
- *socialisation* : elle reste le lieu privilégié de la diffusion du langage et de la culture ;
- *protection* : elle procure aide matérielle, soutien psychologique, etc. ;
- *consommation et de transmission du patrimoine* : les biens acquis par la famille vont constituer son patrimoine (celui-ci va se transmettre d'une génération à l'autre).

D. L'évolution des relations familiales

Depuis quelques décennies, on constate une évolution des relations entre tous les membres de la famille.

a. Les relations entre les conjoints

En raison de l'augmentation de l'espérance de vie, un mariage peut durer plus de 45 ans, ce qui représente un risque accru d'échec à long terme.
Par ailleurs, les relations au sein du couple ont changé car le statut social de la femme s'est modifié ; en effet :
- la femme fait des études et elle a le choix d'une activité professionnelle ;
- la libéralisation de la contraception et l'interruption volontaire de grossesse lui ont donné la maîtrise de sa fécondité et la capacité de choisir ses maternités ;

- l'égalité des conjoints a été légalisée et la femme peut être chef de famille ;
- l'autorité parentale est partagée.

b. Les relations parents-enfants

L'enfant est au centre de la famille et toute l'énergie des parents est consacrée à lui fournir une vie confortable, une scolarité et une profession satisfaisantes.

c. Les relations parents-adolescents

Avec l'apparition du chômage, de l'insécurité financière, de l'allongement de la scolarité, les jeunes adultes restent plus longtemps au sein de la famille. Il n'est pas rare de rencontrer des jeunes de 25 ans (étudiants) toujours installés chez leurs parents.

d. Les relations avec les grands-parents

Les grands-parents gardent un rôle important. Ils fournissent souvent une aide non négligeable : prêt d'argent aux jeunes couples, garde des petits-enfants (50 % des enfants passent des vacances chez leurs grands-parents). Les relations sont bien différentes lorsque la personne âgée est seule.

E. L'influence du milieu familial sur l'individu

On sait que la formation du caractère d'un être humain, et par là ses capacités futures d'adaptation à la vie sociale, sont très liées à la personnalité de ceux qui l'ont entouré dans son jeune âge et des liens qu'il a noués avec eux.

a. L'influence de la famille sur l'équilibre humain

L'enfant se construit en imitant, ou en s'opposant à ses proches. C'est dire l'importance pour l'enfant de vivre dans un milieu où il trouvera l'amour, la fraternité, la tolérance, la compréhension, l'écoute, l'échange, la sécurité et la sérénité. On sait que les enfants qui ont souffert de « carence affective » peuvent présenter des troubles psychologiques graves à l'âge adulte.

b. L'influence de la famille sur le développement psychomoteur

L'attitude des adultes peut intervenir également pour stimuler ou inhiber son développement psychomoteur et sa créativité.

> → *Étude de cas*
> **Laurie et Nadia**
> *Laurie* est une petite fille de 24 mois, qui est accueillie chez une assistante maternelle très expansive. Au parc où elle se promène souvent avec elle, elle lui parle beaucoup, lui apporte son goûter, des jouets et veille à la mettre au contact de beaucoup d'enfants. Laurie semble beaucoup plus épanouie que sa voisine *Nadia*, du même âge, confiée à une assistante maternelle austère qui la surveille beaucoup, mais qui, ayant la crainte permanente de l'accident, la brime dans toutes ses formes d'expression personnelle et qui la sort rarement.

c. L'influence de la famille sur le développement affectif et social

La psychologie nous apprend que c'est par la « *nourriture affective* » que l'individu peut sortir de lui-même et s'affirmer dans sa plénitude adulte. Sinon il reste « *égocentrique* ». Ainsi, l'individu doit d'abord apprendre à se détacher de sa famille pour aller *vers* les autres, pour faire « *don de soi* ».

C'est au gré du développement social que se mesure l'évolution psychologique d'un individu (qui pourra, à son tour, recréer une famille).

F. La parentalité[1]

Un homme, une femme, puis l'arrivée d'une troisième personne : l'enfant et le couple deviennent *triade* : les rythmes, les repères sont modifiés. On ne naît pas parents, on le devient. On doit donc parler de transition vers la parentalité.

a. La réélaboration des liens et des rôles

Avant de devenir parents, le couple a tissé des liens sur la notion du « toi et moi ». Or la venue de l'enfant va engager cette relation à « deux » vers une relation à « trois » (appelée *triade*).

b. L'élaboration du processus de parentalité

Les deux partenaires vont :
- réfléchir à la signification de la parentalité ;
- revivre leur histoire personnelle : devenir parents les ramène à leur « passé », quelle enfance ont-ils eu ? Quels étaient leurs liens avec leurs parents ? Raviver ce vécu est parfois douloureux ;
- être heureux ou craintifs du « rôle de parents » qu'ils vont devoir jouer ;
- être impatients de connaître l'enfant qu'ils ont conçu et dont ils ont rêvé. Ils ont tendance à l'idéaliser, à l'imaginer beau et déjà plein de capacités en devenir (c'est l'enfant imaginaire) ;
- se donner de nouvelles règles de vie et réorganiser leur vie quotidienne ; souvent, c'est la période où l'on change d'habitat en vue de la naissance.

c. Le vécu de l'homme (futur père)

L'aventure de la paternité, au même titre que celle de la maternité, est un moment de crise, franchie plus ou moins pleinement selon l'histoire de chacun. *Ex.* : On appelle *couvade* l'ensemble des troubles psychosomatiques que peut manifester un homme lors de la naissance de son enfant[1].

d. Le désir d'enfant chez la femme

Comment naît le désir d'enfant ? Où prend-il ses racines ? Les arguments donnés par les femmes sont le plus souvent teintés d'ambivalence, tantôt l'attente d'un enfant est donnée pour soi, tantôt l'attente d'un enfant est altruiste. Parfois, c'est le souhait de répéter ce qui a été vécu avec les parents ou, au contraire, de réparer une enfance douloureuse… C'est le plus souvent un mélange de tout cela.

3 La diversité des cultures

La culture est une construction humaine. Toutes les sociétés élaborent leur propre culture à partir des contextes historiques, géographiques, économiques.

1. Pour plus de détails, consulter l'ouvrage *Guide AP* de J. Gassier. Éd. Masson, 2007.

A. La définition de la culture

La culture est l'ensemble des valeurs et des comportements intégrés par l'individu au cours du « *processus de socialisation* ».
Cette culture est complétée par l'ensemble des traditions communes aux membres du groupe.

Exemple

L'art, la foi, les rites font partie de la culture puisqu'ils imprègnent fortement les manières d'agir et de penser des individus d'une même société.
Refuser de reconnaître à un homme la validité de sa culture, c'est faire de lui un être asocial.
Cependant, celui qui choisit de vivre dans un autre pays doit savoir s'adapter à sa culture, donc s'intégrer.

B. L'influence du « milieu culturel »

L'influence du « milieu socioculturel » sur l'enfant est considérable car il la subit d'une façon continue depuis sa naissance. Très souvent, il la conservera adulte et la transmettra à son tour.

a. L'influence familiale sur l'enfant

On sait, par expérience, qu'un enfant adopte très tôt le comportement de son milieu socioculturel. Il s'adaptera difficilement à un « autre milieu » (s'il est très différent de celui de sa famille). Plus l'influence socioculturelle sur l'enfant est précoce, plus elle est efficace, et vice-versa.

b. Le conformisme culturel des jeunes

Les jeunes adoptent souvent très tôt des « *modes culturelles* » dans le but de :
- renforcer leur appartenance au « groupe » ;
- s'émanciper à l'égard de leur famille ;
- trouver leur identité.

Ils adoptent un vocabulaire commun ou des vêtements identiques.

c. Le conformisme socioculturel des adultes

Les goûts vont-ils beaucoup évoluer au cours de la vie ? Force est de constater que, dans le domaine culturel au sens large, une autre cassure s'opère en fonction du milieu social d'origine. Chaque génération adopte des goûts en fonction de son milieu social. Notons aussi l'influence des médias (presse, télévision…) sur ce conformisme.

C. Les inégalités culturelles

Les inégalités culturelles s'expliquent par :
- le milieu social et l'éducation reçue depuis l'enfance ;
- les conditions de vie et de travail difficiles ;
- l'abrutissement médiatique ;
- l'éloignement géographique ;
- le manque de curiosité et de volonté, etc.

Il y a cependant une possibilité d'« *égalité culturelle* », offerte par l'enseignement public, gratuit et obligatoire jusqu'à 16 ans. Par ailleurs, le sport (en particulier le football et le rugby) tend à rapprocher les individus (fraternité, solidarité, passion commune, etc.).

D. Les habitudes, les rites sociaux

Le fait de vivre dans un certain groupe social représente une somme considérable « *d'habitudes intégrées* ». Ces habitudes enracinées constituent en fait la « *socialisation* » de l'être. Les habitudes sont si bien intégrées qu'elles orientent toutes nos conduites.

E. Les religions, les idéologies

Les religions font partie des habitudes sociales, c'est-à-dire des habitudes de pensée. Il est fréquent qu'un individu adopte la même religion que ses parents ; il peut cependant en adopter une autre à l'âge adulte, mais au prix d'efforts soutenus.
Chaque religion inclut, en son sein, beaucoup de rites qu'il faut également intégrer et adopter.

F. L'esprit critique

Être un être social, avoir des habitudes et les avoir bien intégrées n'exclut pas l'esprit critique. Il est au contraire vivement conseillé de développer ou d'adopter cette forme de réflexion. Il ne s'agit pas d'un esprit de dénigrement, mais d'un esprit de discernement. Savoir discerner le *bon* du mauvais et le *vrai* du faux au cours de notre vie sociale est une preuve d'intelligence et de liberté.

→ *Étude de cas*
« L'esprit critique »
Jane a l'habitude de fumer du tabac depuis l'âge de 16 ans, elle dit que c'est dû à une influence subie. Aujourd'hui, *Jane* dit à ses enfants qu'avant d'adopter de telles habitudes, peut-être est-il bon de se poser des questions.
– Est-ce que le jeu en vaut la chandelle ?
– Est-ce que l'opinion de mes parents ou de mon professeur n'est pas meilleure ?

Il faut se souvenir que, dans certains domaines de la vie sociale, l'esprit critique est une « bonne habitude sociale » et plus particulièrement dans les domaines de la santé et de la moralité. Cela force l'individu à se poser de vraies questions devant les habitudes imposées par le groupe social. Car le danger qui guette à l'ère des mass medias, c'est celui de la manipulation des esprits. Ainsi, si certains ont tendance à plier leurs mœurs au « qu'en-dira-t-on ? », il faut leur apprendre que :

- un slogan n'est pas une *idée* ;
- un acteur n'est pas un *modèle de vie* ;
- un chanteur n'est pas un *maître à penser*, etc.

4 Les personnes en situation de précarité

A. L'exclusion

La socialisation d'un individu n'est pas uniquement l'apprentissage du répertoire de conduites jugées acceptables par le groupe social, elle est surtout l'aptitude continue à l'adaptation. Mais des « *blessures sociales* » peuvent survenir. Nous réagirons tous différemment.

Après certains accidents sociaux, l'individu ressent un véritable traumatisme social, auquel il peut réagir sur deux modes.

a. Les réactions sur le mode négatif

L'individu peut refuser le changement par la fuite ou la ruse, l'agressivité, la démission.

b. Les réactions sur le mode positif

L'individu peut adopter un comportement dit « *d'adaptation au changement* » (dont nous allons voir les facteurs ci-après). Il existe pour chacun de nous un « *quotient de socialisation et d'adaptation* ». (*cf.* Figure 1.18).

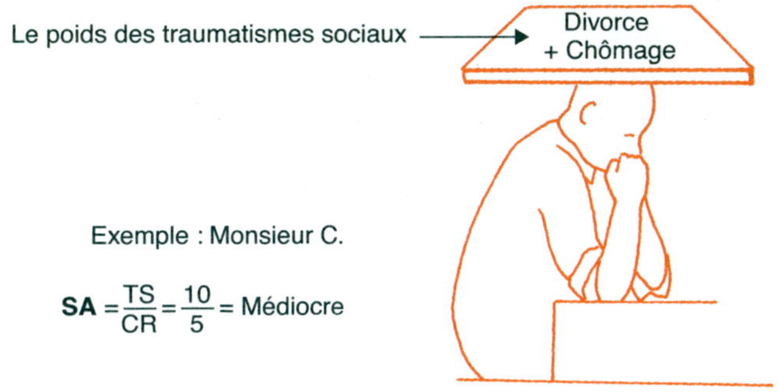

Fig. 1.18 – Le quotient de socialisation et d'adaptation (SA) de l'individu. Le quotient SA est le rapport entre la somme des traumatismes sociaux reçus (TS) et la capacité de résistance de chaque individu (CR) (*Guide AS*, par J. Gassier. Éd. Masson).

B. Les facteurs d'adaptation de l'individu

Pour s'adapter à une situation, il faut avoir les atouts suivants.

a. Une base de socialisation-intégration (*cf.* Figure 1.18)

Pour se sentir bien dans un milieu social, il faut, comme dans une maison, avoir ses *repères*. Les désadaptés sociaux sont des désorientés sociaux.
Une bonne « socialisation » dans l'enfance développe la faculté d'adaptation.

b. Un plan de vie

C'est avoir une notion du temps (et de l'avenir) qui fait que la vie ne se conjugue pas au présent et aux projets à court terme. Les professionnels de santé constatent chez les dyssociaux l'absence d'*horizon temporel* (c'est une cause importante d'échec de socialisation).

c. Une conscience sociale

Lors de changements brusques dans sa vie sociale, l'individu doit pouvoir rebondir et recommencer. Pour cela, il doit pouvoir assumer une nouvelle situation ou un nouveau rôle social, même plus modeste, plus pénible.

Exemple

Après un licenciement, pour envisager un nouveau travail, l'être socialisé doit le considérer comme une fonction sociale et en accepter l'effort et la discipline exigés par la société. C'est précisément cet effort que refuse le dyssocial.

d. Un moteur existentiel

Pour s'adapter aux changements, des trésors d'énergie doivent être déployés. Or l'énergie trouve le plus souvent sa source dans l'intérêt qu'on porte à autrui et qu'autrui vous porte. Le moteur existentiel, c'est autrui qui nous le fournit.
Dans le plan de vie, c'est l'amour ou l'amitié qui aide à avancer, à lutter.

→ *Étude de cas*

France X. (ancienne alcoolique)

France (40 ans) fait partie de l'association des AA (alcooliques anonymes) au sein de laquelle on vante les mérites d'une vie saine, équilibrée, les bienfaits du sport, les relations sociales chaleureuses, la spiritualité.
France a cessé de boire car elle s'est sentie comprise dans son problème. Le groupe a eu sur elle une influence décisive, dit-elle ; il l'a aidée à « *accepter de changer une mauvaise habitude* ».

C. Les difficultés d'adaptation de l'individu

L'être humain a naturellement tendance à résister au changement dans ses habitudes de vie. On remarque que plus la norme est importante, brutale, plus sa modification entraînera de résistance de sa part.

→ *Étude de cas*

Zoé, Marco, France

– *Zoé* doit changer totalement son régime alimentaire en raison de son obésité.
– *Marco* doit cesser de fumer en raison de sa bronchite chronique.
– *France* doit cesser de boire pour mieux vivre avec ses proches.

Notons que l'adaptation au changement se fait plus aisément s'il fait l'objet d'une discussion avec la personne concernée et si celle-ci est motivée et consentante en fonction d'un objectif.

La discussion permet de réduire les tensions et les oppositions et de réaliser la prise en compte d'un bénéfice autour de nouvelles normes.
Ce principe est appliqué dans les « thérapies de groupe » et il a de bons résultats dans les domaines de l'alcoolisme, des toxicomanies, du tabagisme.
L'instauration d'une nouvelle norme collective, l'abstinence, s'impose à l'individu lorsque celui-ci, rassuré par le groupe, accepte de prendre le risque du changement.

D. L'insertion sociale

S'intégrer signifie *entrer*, être *accepté* par… (ici par le groupe social) aller vers d'autres, vers quelque chose de commun. Il s'agit donc d'une action qui n'a jamais fini de s'activer, de s'approfondir, qui se développe dans un contexte culturel.
La société facilite *l'insertion* de l'individu dans le groupe si celui-ci le souhaite, dans la mesure où le plan de vie du groupe correspond au sien.
L'insertion est permanente, elle nécessite un effort perpétuel d'ajustement, des réadaptations fréquentes, car les rôles sociaux se multiplient, la société évolue, les groupes et les relations se transforment. Nous devons remplir de nouvelles fonctions, prendre en

charge de nouvelles tâches inconnues (il faut sans cesse se « *reconvertir* »). Et malgré les multiples efforts de l'individu, l'insertion sociale est loin d'être rectiligne. Ainsi, la société ne se laisse pas *intégrer*, ni *habiter passivement* ; les êtres humains cherchent toujours à s'affirmer contre les autres. Enfin, les échecs, les déceptions, les injustices sont considérés comme des résistances à l'insertion de l'individu, et l'individu doit, à son tour, résister à cette résistance pour poursuivre son insertion. L'individu doit constamment remporter des victoires de façon à prouver qu'il est « capable », qu'il peut être inséré par le groupe social.

5 L'inadaptation sociale et ses conséquences

A. La marginalité

Suivre le rythme du groupe social devient une règle sociale inconsciente pour ses membres, car le fait de pouvoir participer à la « vie du groupe » est un moyen de s'y sentir intégré. C'est facile pour certains et plus difficile pour d'autres, qui « décrochent » du groupe et se marginalisent. D'autres en sont carrément exclus.

a. Les facteurs de marginalisation

Ils sont nombreux. Citons en quelques-uns :

- la maladie, l'infirmité, la vieillesse ;
- les déficits mentaux et moteurs, le handicap ;
- l'absence de racines (géographiques, familiales, culturelles…) ;
- l'ostracisme social ;
- l'emprisonnement, etc.

b. Les facteurs d'exclusion

Certains membres des groupes sociaux ont des difficultés pour s'intégrer (ou se réintégrer) dans le groupe social, ils sont (ou se sentent) exclus du groupe. Citons :

- les nouveaux habitants dans un village ;
- les immigrés dans les villes ;
- les apprentis dans les milieux professionnels ;
- les chômeurs, etc.

B. La délinquance

Un individu qui s'éloigne par ses valeurs, ou transgresse par ses comportements, les normes de son groupe, entre dans la délinquance.

a. L'origine de la délinquance

L'origine de la délinquance peut être due à différents facteurs :

- immaturité de la personnalité ;
- difficultés à s'identifier à un groupe ;
- absence de relations sociales ou affectives satisfaisantes ;
- incapacité à se situer dans un rôle social ;
- manque d'apprentissage précoce des valeurs et normes sociales.

Le délinquant se forge une manière très personnelle d'agir et de penser. En effet, ses délits sont pour lui sa norme. Ils ne sont délits que pour ses victimes !

b. Les caractéristiques de la délinquance : « le non-respect des normes »

Dans une société, la norme indique ce qu'un individu doit ou ne doit pas faire.

> **Exemple n° 1 :** la norme c'est l'interdiction de tuer ou l'obligation de respect de la vie d'autrui. La transgression d'une norme entraîne toujours une sanction.
>
> **Exemple n° 2 :** les normes changent à mesure que la société évolue :
> – les sociétés occidentales interdisent la polygamie. La transgression de cette interdiction entraîne une sanction pénale ;
> – l'interruption volontaire de grossesse (IVG), autrefois passible de la peine de mort, est devenue légale donc normale pour une majorité de la population.

6 Les carences affectives et leurs conséquences

A. Les enjeux affectifs de la relation

Les enjeux affectifs sont présents dans toutes les relations, y compris dans les relations professionnelles. D'autant plus qu'on ne choisit pas un métier d'aide par hasard.

- La relation d'aide provoque un *sentiment d'utilité*, exemple, en prenant soin d'une personne, je « soigne » aussi (inconsciemment) l'enfant que j'étais, qui a souffert dans son enfance : je deviens même indispensable pour celui qui va dépendre de moi[1].
- La relation d'aide induit une *attente de reconnaissance*. Le professionnel veut « recevoir » en retour. Il va donc s'impliquer dans le domaine affectif, ce qui va faire écho à la demande de la personne dont il s'occupe. Dans ce cas, les limites entre travail et affectivité deviennent difficiles et vont être source de problèmes.

> → *Étude de cas*
> **L'attachement de Jane (Infirmité motrice cérébrale)**
> Dans un établissement pour adultes, une jeune fille IMC (Jane, 22 ans) est persuadée que sa référente (une jeune AMP) va l'adopter et la prendre chez elle. Elle le justifie en disant qu'elle est attentive à ses besoins, douce et à l'écoute.
> En fait, Jane se sent très seule et a investi l'aide médico-psychologique du « rôle » de mère et s'est créé un projet de vie autour de ce rêve…
> Le travail de référent, s'il n'est pas bien défini et si sa durée est longue, représente un risque important d'attachement à la fois pour le professionnel, mais surtout pour le patient.

B. Les causes de la « demande affective »

Il y a une forte demande affective des personnes dépendantes en établissement.
La principale cause est la solitude. En effet, on retrouve chez beaucoup de ces personnes :

- l'absence de famille ou une rupture avec le conjoint et les enfants ;
- l'éloignement des amis ou des collègues de travail ;

1. Mélanie Klein, « La notion de réparation » dans *Essais de psychanalyse*, éditions PUF.

- les problèmes d'élocution (et/ou de comportement) qui rendent les échanges difficiles.

Pour toutes ces raisons, les personnes ont tendance à s'attacher aux professionnels qui s'occupent d'eux parce qu'ils sont attentifs à leurs besoins et sécurisants.

C. Les risques de l'attachement

Le besoin d'attachement est encore plus marquant quand le patient et le professionnel sont dans la même tranche d'âge. Dans ce cas, la demande du patient peut aller d'une demande d'amitié à une démarche de séduction et parfois à une demande sexuelle. Pour certains patients, instaurer une relation privilégiée avec un membre de l'équipe leur permet d'avoir une aide plus personnalisée, ce qui risque d'entraîner des jalousies entre patients et de devenir au fil du temps difficile à gérer. Le professionnel concerné va être débordé par la demande affective de plus en plus importante de la personne (aller au restaurant en dehors du temps de travail, par exemple) et, quand il voudra y mettre un frein, la relation va se dégrader. Prenons un exemple en donnant ici la suite de l'étude de cas de Jane, 22 ans. La jeune fille IMC qui voulait être adoptée n'a jamais accepté le refus de l'AMP, pourtant argumenté par la directrice. Elle ne lui adresse plus la parole, ce qui est très culpabilisant pour la professionnelle. Dans cette situation, il est impossible de revenir en arrière.

Le professionnel doit être conscient qu'il a face à lui des personnes vulnérables du point de vue affectif ; il sera peut-être amené à quitter l'établissement, il doit donc faire en sorte que les êtres ne revivent pas *un sentiment d'abandon* qui risque d'entraîner une détérioration de sa santé, ce qu'il faut éviter à tout prix.

Le rôle de l'AMP

Le professionnel doit :

a) Séparer sa vie privée et son travail

Il doit éviter de donner son adresse et son numéro de téléphone. Le professionnel n'a pas à raconter tout ce qu'il fait au patient (ses week-ends, ses vacances…). Sinon, celui-ci peut s'imaginer *faire partie de sa vie*.

Les confidences vont être répétées et mettre le professionnel dans l'embarras. Il ne doit pas rendre visite aux patients ou faire des achats pour eux en dehors de son temps de travail ni s'engager dans des promesses à caractère intime (exemple : « Je vous apporterai une photo, je vous enverrai une carte postale »), car cela renforce la dépendance affective de la personne.

b) Garder une distance corporelle

Le professionnel a face à lui des adultes qui ont des désirs sexuels. Par conséquent, en aucun cas il ne doit avoir des attitudes ambiguës *ni plaisanter à ce sujet* avec les personnes.

c) Délimiter un cadre d'action

Le professionnel doit rappeler à la personne pourquoi il intervient et réintroduire le rôle de l'équipe (« J'ai un mandat ») et annoncer d'emblée la durée de sa présence (pour ne pas se laisser déborder).

De même, il ne faut pas partir en disant « Je repasserai vous voir tout à l'heure » si ce n'est pas vrai.

d) Trouver la « juste distance »

Il est nécessaire de trouver la *juste distance* dans la relation : être ni trop amical ni trop distant. La relation ne doit devenir ni exclusive ni duelle, mais elle doit se partager avec les collègues. C'est la meilleure façon de se prémunir contre les dérapages.

e) Ne pas attendre de « reconnaissance » du résident

La *reconnaissance* ne doit pas être recherchée auprès des patients. On entend parfois dire du professionnel : « Je donne tout et je n'ai rien en retour ». Le professionnel est rémunéré pour ce travail et les personnes n'ont pas à lui dire merci à longueur de journée ! La reconnaissance pour le travail accompli doit venir de l'employeur uniquement.

f) Privilégier le travail d'équipe

Face à la souffrance des personnes, le professionnel doit pouvoir exprimer ce qu'il ressent afin d'évacuer la charge émotionnelle, faire un travail d'équipe. De ce fait, il pourra lors d'échanges entre professionnels *s'interroger* sur la nature des relations avec les patients.

▶ Mise en garde

Il est facile d'obtenir de l'affection *de personnes vulnérables*, le professionnel ne doit pas venir chercher auprès d'elles ce qu'il ne trouve pas dans sa vie privée, car dans ce cas, il ne respecte pas son contrat de travail. Il doit savoir qu'au regard de la loi, il a le devoir de protéger des personnes et de veiller à leur *intégrité psychique* sous peine d'être accusé de *non-assistance à personne en danger*. Le professionnel est donc responsable de son comportement auprès de ces personnes.

DOMAINE DE FORMATION 2

Accompagnement éducatif et aide individualisée dans les actes essentiels de la vie quotidienne

Chapitre 4

Les besoins fondamentaux de l'être humain

La psychologie a déterminé les besoins essentiels à l'être humain, on les appelle les besoins fondamentaux. Ils peuvent être répartis en deux grandes catégories : les besoins *organiques* et les besoins *psychologiques*. Toutefois, ils sont intriqués les uns aux autres et la non-satisfaction d'un besoin organique aura des effets sur le psychisme de l'individu.

1. La classification des besoins fondamentaux

1 La classification des besoins fondamentaux selon Virginia Henderson

La classification des besoins par l'infirmière américaine Virginia Henderson est la plus utilisée par les professionnels de santé. Les quatorze besoins décrits n'ont aucune hiérarchie entre eux, ils sont tous importants et interactifs. Si l'un des besoins n'est pas satisfait, il peut entraîner des dépendances dans un autre besoin.
Mise en garde : les études de cas ou de situations qui illustrent chacun des besoins vont vous permettre de mieux comprendre les besoins fondamentaux. Elles émanent de situations réelles, mais doivent rester le plus anonyme possible (par respect du secret professionnel).

A. Respirer

La respiration est un phénomène qui permet un apport d'oxygène (O_2) destiné à assurer la vie des cellules du corps et un rejet de dioxyde de carbone (CO_2), déchet de l'organisme. Le besoin d'O_2 suivra les « besoins » du corps, donc dépendra de notre rythme de vie, de nos activités.

→ *Étude de cas*

L'embolie de Jean

Jean (80 ans), atteint d'une embolie pulmonaire, souffrait d'une gêne respiratoire importante. Le moindre petit geste engendrait une toux pénible qui le limitait dans ses mouvements. La cause de son mal a été diagnostiquée par le médecin et traitée, et *Jean* a pu retrouver une respiration normale. Il retrouva son indépendance et put se promener, faire ses courses, et même partir en voyage !

Pour retrouver l'*indépendance* dans la satisfaction d'un besoin, il faut souvent lever des *dépendances* sur d'autres appareils. C'est ce que démontre notre étude de cas.
Explication : nous voyons ici les interactions entre l'appareil respiratoire, l'appareil circulatoire et l'appareil moteur.

B. Boire et manger

Boire et manger, c'est apporter de l'eau et des aliments en quantité et en qualité nécessaires à notre organisme. C'est satisfaire un besoin vital.
L'être humain a « besoin », chaque jour, d'une ration calorique pour assurer sa croissance, conserver son énergie et maintenir son état de santé. Mais la nutrition est aussi liée au plaisir.

→ *Étude de cas*
L'anorexie de Claire
À la suite d'une grave dépression, *Claire* (50 ans) ne s'alimentait plus et perdait du poids. Elle appréhendait l'heure du repas. Même l'odeur des mets lui donnait la nausée !
À la suite d'un long traitement et d'une psychothérapie, *Claire* a repris goût à la nourriture. Elle retrouva le plaisir de boire, de manger, de cuisiner, d'inviter ses amis pour partager le plaisir des repas, car reprendre goût à manger, c'est reprendre goût à la vie !

Explication : nous voyons ici les rapports étroits entre le psychisme et la nutrition. Nous voyons aussi les différents aspects de l'alimentation : sa nécessité, ses plaisirs et sa convivialité.

C. Éliminer

C'est le phénomène qui permet d'évacuer les déchets de l'organisme (par voie urinaire, intestinale ou cutanée). C'est une fonction vitale.
L'élimination a des origines à la fois physiologique, hormonale et nerveuse. Elle varie selon l'âge et l'état de santé de l'individu (*Ex.* : un bébé ne peut contrôler ses éliminations).

→ *Étude de cas*
Marcel face à la maladie
Marcel (70 ans), hospitalisé, est atteint d'une tumeur intestinale provoquant des troubles pénibles du transit. Après l'opération, un appareillage discret permit à *Marcel* de contrôler ses éliminations et de ne plus souiller ses vêtements. Il a pu reprendre une vie normale et se sentir plus à l'aise avec lui-même, et avec autrui.

Explication : nous voyons ici le rôle de la suppléance (l'appareillage) pour améliorer le besoin d'éliminer de Marcel. Nous voyons comment il retrouve son indépendance et également sa dignité.

D. Se mouvoir et maintenir une bonne posture

L'individu doit pouvoir se mouvoir, c'est-à-dire se déplacer, marcher, courir, pour accomplir les activités de sa vie quotidienne. Une bonne posture favorise les mouvements harmonieux et le bon fonctionnement de nos organes (en particulier le système circulatoire).

→ *Étude de cas*
Agnès (30 ans) accidentée
Un mauvais temps, une piste verglacée, et c'est l'accident ! *Agnès* a dû garder sa jambe dans le plâtre plusieurs semaines. Elle ne pouvait se déplacer qu'avec des béquilles. Elle prit conscience que tous les actes de la vie devenaient plus difficiles, voire impossibles à effectuer sans l'usage normal d'un membre !

Réflexion : imaginons tous les actes au quotidien qu'Agnès ne pouvait pas réaliser malgré son mode de suppléance (les béquilles).

E. Dormir et se reposer

Le fait de dormir et de se reposer permet à l'organisme d'éliminer la fatigue physique et psychique accumulée durant la journée ou momentanément. Ainsi, l'organisme se régénère pour assurer au mieux ses fonctions.

> → *Étude de cas*
> **Les nuits sans sommeil de Romain**
> *Romain* (20 ans) aime sortir la nuit, boire et danser… Il dort peu et il dort mal. Le matin, *Romain* n'a aucun entrain, la paupière est lourde, le corps est mou, l'appétit diminue et l'effort au travail est impossible à fournir. Romain traîne… La journée est passée, les cours sont oubliés. Il a le sentiment qu'il ne réussira jamais !

Explication : nous voyons ici l'influence du manque de sommeil sur le fonctionnement de l'organisme dans son ensemble. Nous pouvons en déduire des effets à long terme et la dépendance qui en résulte.

F. Se vêtir et se dévêtir

D'une façon quotidienne, nous disons que se vêtir c'est s'habiller (le matin) et se dévêtir c'est se déshabiller (le soir). Ce sont des gestes de la vie quotidienne que l'on peut faire mécaniquement, d'une façon routinière ou plus agréablement (car les vêtements ont un rôle important à jouer sur notre vie sociale).
Mais se vêtir, c'est aussi choisir des vêtements en fonction de notre environnement pour se protéger du chaud et du froid.

> → *Étude de cas*
> **La mamie coquette**
> Après plusieurs jours au lit, *madame D.* (70 ans), retrouve le sourire. *Pascale* (AMP) lui enfile sa robe rouge à fleurs, pour l'asseoir dans un fauteuil. Elle va recevoir ses deux petits-enfants qu'elle n'a pas revus depuis un an !

Explication : *Madame D.*, atteinte d'une maladie d'Alzheimer, ne sait pas toujours choisir ses vêtements en fonction de la température ambiante et des situations.

G. Maintenir la température du corps dans les limites de la normale

Maintenir le corps à bonne température est une nécessité pour conserver santé et bien-être. La *thermorégulation* est le phénomène qui maintient l'équilibre entre la production de chaleur et l'évaporation de l'eau de notre corps (sudation, transpiration, etc.). Elle est réglée par le cerveau. (*Ex.* : si les pertes calorifiques sont importantes, on constatera une baisse de la température du corps qui, à la limite, peut entraîner la mort.)

→ *Étude de cas*
Sans toit ni loi[1]
Dans le film *Sans toit ni loi*, *Sandrine Bonnaire* joue le rôle de *X.*, une jeune femme de 25 ans qui avait choisi la vie libre, l'errance, la rue (sans toit, ni loi). *X.* se nourrissait peu et vivait au hasard de rencontres... Un hiver, on la retrouvera morte de froid dans une maison abandonnée.

Explication : à cause du déficit alimentaire, la peau ne joue plus son rôle de réserve et de protection contre le froid. La température ambiante (l'hiver, la nuit) sollicite une adaptation plus importante de l'organisme.

H. Être propre, soigné et protéger ses téguments

- *Être propre* : c'est assurer l'hygiène corporelle élémentaire.
- *Être soigné* : c'est apporter des soins supplémentaires ou des raffinements (soigner son aspect, sa tenue, etc.).
- *Protéger ses téguments* : c'est veiller à l'intégrité de la peau, des ongles, des cheveux et leur apporter les soins en conséquence.

L'ensemble de ces soins est destiné à apporter un bien-être physique et psychologique.

→ *Étude de cas*
Yvette, femme « soignée »
Yvette (80 ans) attend Mady (AMP) chaque jour pour la toilette matinale. Elle ne manque pas de lui réclamer un shampooing de temps en temps, une coupe de cheveux et, parfois, du vernis à ongles ! *Yvette* dit que ça lui donne bon moral pour la journée. *Mady* aussi est heureuse car elle sait qu'elle a accompli une mission qui a répondu à un besoin important.

Explication : les soins d'hygiène assurent non seulement le confort et le bien-être, mais ils aident également la personne à valoriser son image auprès d'elle-même et auprès des autres, ce qui est un objectif essentiel à satisfaire.

I. Éviter les dangers

Éviter les dangers, tant physiques que psychologiques, n'est pas une tâche facile, mais il faut essayer de prendre les mesures nécessaires pour :

- protéger au maximum l'intégrité de notre corps ;
- préserver notre état de santé ;
- prévenir les complications d'une maladie ;
- éviter les effets indésirables d'un traitement ;
- prévenir les répercussions des problèmes sentimentaux, du stress...

→ *Étude de cas*
Monique et Julien
Monique (AMP) s'occupe de *Julien* (âgé de 16 mois). *Julien* est un petit garçon rieur, qui marche et court dans tous les coins de la maison. Ouvrir les placards, mettre les doigts dans les trous, essayer de descendre seul l'escalier de la cave, font partie de ses plus grandes sources de joie et d'intérêt.
Pour éviter les dangers, *Monique* a donc décidé de mettre des cache-prises, des barrières aux escaliers et aux fenêtres et de fermer les portes de placards, ainsi que celle de l'armoire à pharmacie, par des clefs auxquelles *Julien* ne pourra accéder.

1. Film d'Agnès Varda avec Sandrine Bonnaire, tiré d'un fait divers de l'actualité.

Explication : nous rencontrons ici deux dimensions du *besoin d'éviter les dangers*.

- Une *dimension physique* : lorsque *Monique* évite à l'enfant de se blesser et le met à l'abri des dangers domestiques.
- Une *dimension psychique* : lorsque *Monique* met en place des mesures de protection destinées à l'enfant, s'assurant ainsi, à elle-même, une certaine tranquillité morale (un confort psychologique).

J. Communiquer avec ses semblables

Communiquer, c'est parler, entendre, toucher, voir, s'habiller et aussi « se mouvoir ». C'est établir des liens affectifs significatifs avec d'autres personnes.

> ➔ *Étude de cas*
> **Marianne (stagiaire AMP débutante)**
> *Marianne* rencontre pour la première fois *Louise* (80 ans), hémiplégique privée de l'usage de la parole. Elle ne sait comment lui faire comprendre la tâche qu'elle est chargée de pratiquer. L'infirmière lui en fait la démonstration. Elle prend doucement la main de *Louise*, la regarde, lui sourit et lui dit qu'elles sont là toutes les deux pour elle, pour lui faire sa toilette et la coiffer. *Louise* ne peut répondre, mais sourit. Son expression heureuse indique que le message est passé !

Explication : dans cette étude de cas, nous observons deux modes de communication :

- le *verbal*, par l'explication donnée oralement à Louise par l'infirmière ;
- le *non-verbal*, par les gestes (le toucher) et les expressions (regard et sourire).

K. Agir selon ses croyances et ses valeurs

Agir selon ses croyances et ses valeurs, c'est pouvoir se comporter d'une manière cohérente avec ce que l'on estime être *bien*, *beau* et *vrai* (valeurs). C'est se sentir en accord avec soi-même.

L. S'occuper en vue de se réaliser

S'occuper pour se réaliser : c'est se trouver des « moyens » pour se sentir utile, c'est assurer le développement de son potentiel personnel et intellectuel, c'est assumer avec compétence ses différents rôles sociaux et familiaux.

> ➔ *Étude de cas*
> **Rika et Toinette (en gériatrie)**
> – *Rika* (60 ans) est persuadée que les tisanes et les lavements sont plus efficaces que le traitement de son médecin. Elle refuse ses cachets et ses piqûres ! *Rika* agit selon ses croyances.
> – *Toinette* (78 ans) s'occupe tous les jours de *Germaine* (90 ans) qui a perdu la tête. Elle lui donne à boire dans la journée, la coiffe, parfois lui lave le visage et la gronde quand elle mange avec ses doigts : « *Je te l'ai déjà dit, tu te salis !* ». En agissant ainsi, en prononçant ces mots, *Toinette* agit selon ses valeurs. D'une part, elle s'occupe en vue de se réaliser, d'autre part, elle fait passer ses valeurs sociales : on ne mange pas avec les doigts. Malheureusement, dépourvue de mémoire et de raison, *Germaine* ne peut en tirer profit.

Explication : cette façon de vivre donne un sens et une harmonie à la vie, qu'il s'agisse de convictions religieuses ou de valeurs individuelles. Toutefois faut-il savoir, dans le respect d'autrui, ne pas les lui imposer !

M. Se récréer

Se récréer, c'est avoir des activités procurant du plaisir (*Ex.* : le mot « récréation » à l'école) :

- *pour l'enfant*, le plaisir c'est jouer, c'est accompagner papa et maman pour faire des courses ;
- *pour l'adulte*, se récréer, c'est partir en week-end, en vacances, c'est voir des amis, c'est regarder jouer ses enfants, c'est aussi se reposer après le travail, ou lire, ou écouter de la musique.

→ *Étude de cas*

La grand-mère « occupée »

Manoue (68 ans) aime s'occuper de ses petits-enfants. Tous les mercredis, elle les accueille pour un goûter qu'elle prépare la veille et auquel elle accorde le plus grand soin. *Manoue* aime aussi ses amis. Elle est membre d'un « club » qui lui permet de faire de beaux voyages. *Manoue* fait aussi de la couture le lundi, et le jeudi, le catéchisme à ses petits paroissiens. *Manoue* dit qu'il lui reste du temps pour lire et que, pour éviter de vieillir, elle va faire de la peinture de chevalet !

→ *Étude de cas*

Apprendre à se récréer

De nombreux organismes ont aujourd'hui pour fonction de « *récréer nos concitoyens* ». On les appelle clubs de vacances. Ils procurent du plaisir pour tous les goûts et à tous les prix. On peut aussi bien traverser le désert, qu'arpenter la Forêt-Noire ou chasser le requin en mer Rouge. Mais faute de « club », on peut aussi rester chez soi pour cultiver son jardin ou recevoir ses amis... Il est temps de faire l'apprentissage de la joie, d'apprendre le plaisir de « *se récréer* » sans être téléguidé. (À méditer...)

N. Apprendre

Apprendre, c'est maintenir en éveil son activité intellectuelle, sa curiosité naturelle, son émotivité. L'individu saisit toutes les occasions de la vie pour développer son « aptitude à connaître » d'autres choses. *Ex.* : une joie, une peine sont des événements heureux et malheureux de la vie qui seront source d'émotion et de réflexion et vont permettre à l'individu d'apprendre par l'expérience.

→ *Étude de cas*

Apprendre au-delà du savoir

Les stagiaires apprennent la théorie de l'hygiène (*quand* réaliser une toilette, *comment* la réaliser), mais ils apprennent encore davantage sur l'hygiène par l'*expérience* de l'hygiène, la leur et celle d'autrui, par des discussions sur les soins avec l'équipe, par l'écoute du patient et par l'*observation* (chère à Virginia *Henderson*) : « Il faut apprendre au-delà du savoir », a dit Virginia Henderson. (À méditer...).

2 La classification des besoins fondamentaux selon Abraham Maslow

Selon la théorie de Maslow, les motivations humaines correspondent à cinq grandes classes de besoin : ceux situés au niveau inférieur de l'échelle (les besoins physiologiques) doivent être satisfaits (au moins partiellement) avant que les besoins situés plus haut (il s'agit essentiellement de besoins psychologiques) ne se manifestent (*cf.* Figure 2.1).

A. Les cinq classes de besoins

a. Les besoins physiologiques

Si l'un de ces besoins n'est pas satisfait, il envahit tout le champ de la conscience, au point que la personne ne peut plus penser à autre chose qu'à ce manque. Un proverbe dit :
« Ventre creux n'a pas d'oreille ! »

b. Le besoin de sécurité

Ce besoin est fortement accentué dans une situation de danger vécue par l'individu. Il peut être satisfait par la confiance dans la personne qui s'occupe de lui (par exemple, l'AMP pour la personne aidée).

c. Le besoin d'appartenance

C'est le besoin d'appartenir à un groupe qui reconnaît l'individu comme un des siens. L'être humain ne peut vivre isolé, il a besoin des valeurs de son groupe socioculturel qui sont autant de repères. L'exclusion du groupe est toujours vécue comme un drame personnel.

d. Le besoin de considération et de valorisation

Tout individu a besoin d'exister pour ses proches : d'être considéré avec ses qualités, d'être encouragé lorsqu'il progresse. Cette valorisation permet de prendre confiance en soi, de s'aimer. Le manque de considération peut être la cause d'une dévalorisation de la personne, qui handicapera sa vie future.

e. Le besoin de dépassement de soi

Le dépassement de soi permet à l'adulte de mettre en accord ses actes avec l'image valorisée qu'il a de lui-même. L'adhésion à des valeurs culturelles, spirituelles, donne un sens à la vie. Ce besoin est très présent chez les adolescents qui cherchent à se dépasser dans le sport (ou parfois dans les conduites à risques). Le dépassement de soi est aussi la capacité à maîtriser ses pulsions ou ses frustrations, pour progresser.

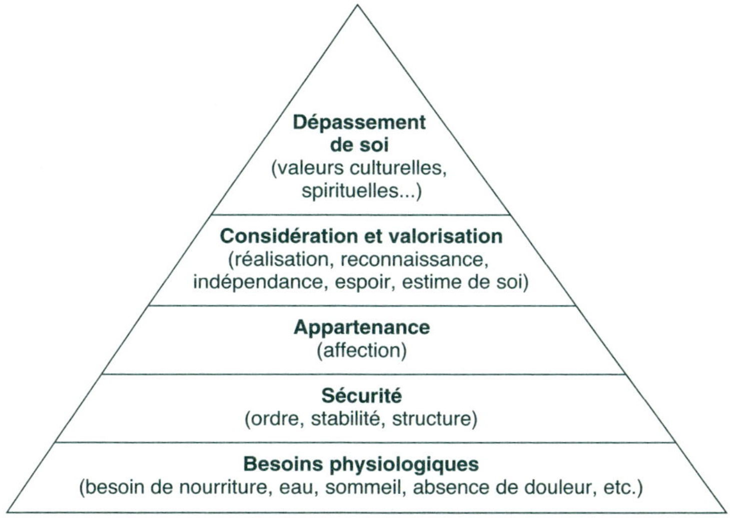

Fig. 2.1 – La pyramide de Maslow (*BEP-CSS*, Tome 3, par J. Gassier. Éd. Masson).

B. Les effets des besoins insatisfaits sur l'équilibre psychique

- L'insatisfaction de ces besoins se traduit par des émotions, classées en différents sentiments de base (*Ex.* : tristesse, colère, anxiété).
- L'insatisfaction de ces besoins peut entraîner des troubles psychologiques à l'origine de certains troubles physiques et physiologiques (*Ex.* : anorexie, énurésie, insomnie, obésité, etc.)
- À l'inverse, la satisfaction de ces besoins peut procurer joie, calme, paix, attachement.

C. L'expression des besoins au quotidien

Les grands théoriciens ont basé leurs concepts de soins sur l'observation de l'être humain. *Virginia Henderson* demandait à ses élèves infirmiers d'imaginer une « journée comme les autres », pour en déduire le bien-fondé de sa théorie sur les besoins fondamentaux de la personne. Nous allons la suivre dans cette démarche.

➜ *Étude de cas*

Les besoins de Céline

Le réveil sonne. *Céline* (aide-soignante, 30 ans) prend son petit-déjeuner, se lave, s'habille, conduit ses enfants à l'école, court pour attraper le bus qui la conduit à son travail (hôpital). Elle fait une pause pour le repas, puis lit un magazine à l'heure du café et remonte rapidement dans le service. *Céline* est heureuse, elle apprécie son métier qui répond à son tempérament, à ses goûts. Le soir, elle est fatiguée, mais prend le temps de faire quelques courses pour le repas, qu'elle partage avec son mari et ses enfants. Après le repas, c'est l'heure de la lecture, souvent à caractère religieux (*Céline* est très croyante), puis elle se couche tôt comme d'habitude !

Explication : ainsi, au cours de cette journée, *Céline* a satisfait de nombreux besoins, autant physiologiques que psychologiques, elle a respiré, mangé, éliminé (nous pouvons retrouver de nombreux besoins fondamentaux dans cette petite « tranche de vie »).

▶ **L'être humain est unique**

Chacun a vécu cela en fonction de sa situation sociale, familiale, professionnelle, et de ses traditions qui font de chacun de nous des *êtres uniques*.

La satisfaction de nos besoins ne représente pas seulement une nécessité vitale, mais une *énergie vitale* qui nous aide à acquérir les capacités et compétences pour accomplir certaines tâches quotidiennes.

▶ **L'être humain exprime ses besoins dans plusieurs dimensions** (*cf.* Figure 2.2)

Si nous reprenons une à une les actions de la journée de *Céline*, nous constatons que ses besoins s'expriment dans des dimensions à la fois psychologiques, biologiques, sociologiques, spirituelles et culturelles. (Nous pouvons nous amuser à les classifier).

Le rôle de l'AMP

L'AMP individualise ses actions par des soins adaptés à la situation des personnes aidées. Elle intervient lorsque la personne ne peut satisfaire un ou plusieurs de ses besoins.

L'AMP assiste cette personne dans l'accomplissement des actes de la vie quotidienne dont elle s'acquitterait ordinairement sans son aide. Cette intervention diffère d'une personne à une autre, mais n'oublions pas que le résultat obtenu doit être l'amélioration ou le maintien de l'autonomie.

Réfléchissons à l'action de l'AMP au moyen des définitions de quelques « **mots-clés** » (*cf.* Tableau 2.1).

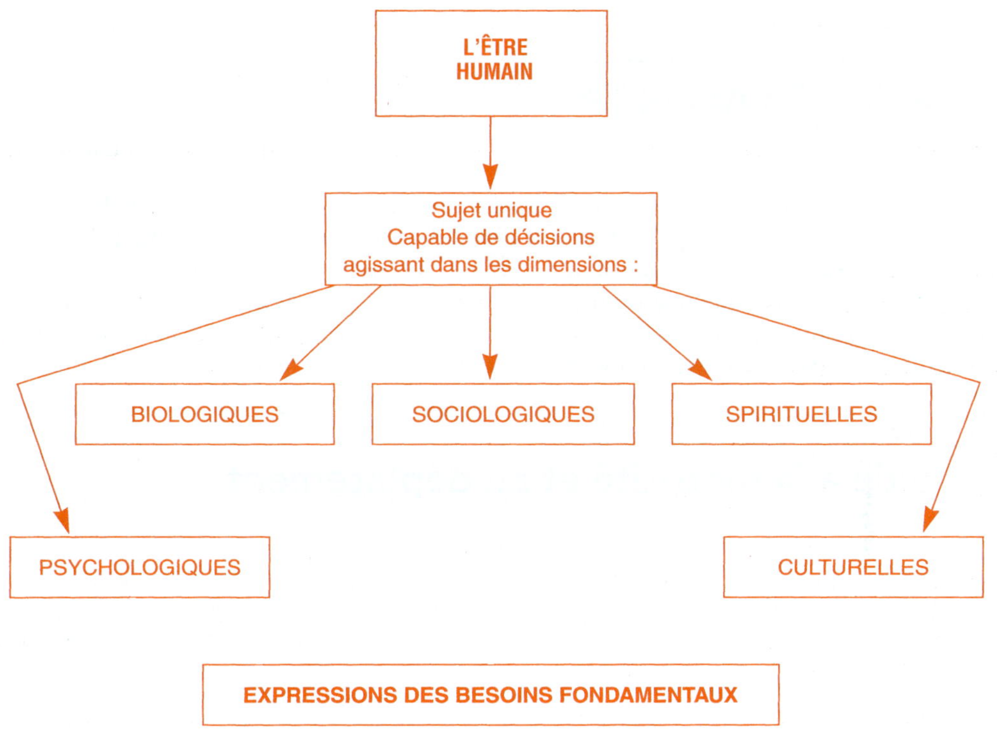

Fig. 2.2 – L'expression des besoins fondamentaux dans cinq dimensions (selon V. Henderson).

Tableau 2.1 – Définitions de mots-clés.

Mots-clés	Définitions
Remplacer	– Prendre la place de… – Faire provisoirement… – Tenir lieu de…
Compléter	– Rendre compte. – Former un tout complet, un ensemble.
Se substituer	– Mettre une personne à la place d'une autre.
Ajouter	– Mettre en plus. – Augmenter.
Renforcer (et augmenter)	– Accroître la force (ou accroître le nombre). – Rendre plus solide, plus résistant.

2. Les besoins spécifiques de la personne âgée

1 L'aide à l'autonomie

L'AMP a des rapports privilégiés avec les personnes âgées, du fait des contacts fréquents et prolongés avec elles. Lorsqu'un projet d'aide à l'autonomie est déterminé par une équipe, les AMP ont un rôle primordial d'aide à l'autonomie.
Nous allons voir ci-après quelques domaines où peut s'exercer l'aide à l'autonomie et insister sur le rôle important que peut jouer l'AMP auprès de la personne âgée pour lui redonner confiance dans ses possibilités et valoriser son image auprès des autres et auprès d'elle-même.

2 L'aide à la motricité et au déplacement

Lorsqu'il y a atteinte à la motricité, l'autonomie globale d'une personne âgée est toujours gravement altérée. En effet, la plupart des actes de la vie courante exigent des déplacements et un minimum de mobilité. C'est le cas lors des actes d'hygiène, d'alimentation, d'élimination. Être autonome, c'est être mobile, pouvoir se déplacer d'un point à un autre sans risque, être capable de prendre, manipuler, utiliser des objets et effectuer certains gestes, sans gêne ni douleur.

Le rôle et l'attitude de l'AMP

L'AMP doit :
– rassurer la personne âgée sur ses capacités à se déplacer ; une simple présence peut permettre à la personne de se sentir en sécurité ;
– stimuler l'autonomie si la personne en a les capacités, si elle est encore valide.
L'AMP peut organiser les lieux de façon à ce que la personne prenne en charge la plus grande partie possible de la tâche (ex. : encourager *madame S.* à aller jusqu'à la salle de bain plutôt que de lui faire sa toilette au fauteuil) ;
– proposer des aides techniques qui aident et rassurent la personne âgée. *Ex.* : canne, déambulateur, barre d'appui… ;
– proposer des activités physiques destinées à redonner souplesse et mobilité (dans le respect des consignes médicales).

3 L'aide à l'élimination et la prévention de l'incontinence

L'incontinence est vécue par les personnes âgées comme une véritable humiliation et avec une angoisse permanente. Depuis quelques années, bien des équipes se sont attaquées au problème et ont mis au point des protocoles de lutte contre l'incontinence, car elles ont remarqué que toutes les personnes âgées, présentées comme incontinentes, ne le sont pas toujours ou le sont temporairement.

En effet, l'incontinence peut survenir à la suite d'une intervention, d'une infection urinaire ou, tout simplement, d'une hospitalisation. Il suffit souvent de redonner aux personnes des habitudes, pour qu'elles puissent à nouveau contrôler et déclencher les mictions.

Le rôle de l'AMP

Le rôle de l'AMP va s'articuler autour de deux axes : solliciter la personne pour qu'elle participe à sa rééducation et lui proposer une aide pour qu'elle puisse contrôler son élimination. L'AMP doit (dans le respect des consignes médicales) :

1. Faire participer la personne âgée à sa rééducation

La stimuler, l'encourager, lui donner confiance, dédramatiser la situation et proposer des objectifs à court terme, pour que la personne puisse évaluer ses progrès[1]. *Ex.* :

– *1re étape :* l'AMP peut proposer à la personne d'enlever sa protection quelques heures en matinée et de la remettre avant le repas. Elle aura ainsi la satisfaction d'avoir pu se contrôler un certain temps et n'aura pas l'angoisse d'une « fuite » à table, en présence d'autres personnes.

– *2e étape :* l'AMP peut proposer à la personne d'enlever la protection, d'aller aux toilettes juste avant le repas et de remettre une protection pour la sieste. Il s'agit pour l'AMP d'aider la personne à rétablir des relations avec les autres pour susciter l'envie et le besoin d'être continente.

2. Aider la personne âgée à contrôler ses mictions

L'AMP doit :

– prévoir un bassin ou un urinal lorsque la personne a des difficultés à se déplacer ;
– proposer le déplacement aux toilettes toutes les 3 h ;
– répondre rapidement aux demandes, *ne pas faire attendre la personne* ;
– surveiller les quantités de boissons absorbées, mais tenir compte des besoins d'hydratation de la personne ;
– lui laisser le temps d'uriner : chez la personne âgée, le déclenchement de la miction n'est pas toujours immédiat ;
– installer confortablement la personne aux toilettes ;
– être discrète, patiente et respecter la pudeur de la personne âgée (qui peut être bloquée par trop d'assistance) ;
– ne proposer des protections que lorsqu'elles sont indispensables et laisser à la personne le choix de les utiliser ou non ;
– éviter d'avoir des exigences trop importantes ou à court terme.

→ *Étude de cas*

La grille mictionnelle de madame D.A.

Madame D.A. (88 ans) mouille rarement sa protection, car elle demande à uriner. Mais elle n'en ressent pas toujours le besoin, surtout quand son attention est mobilisée par une activité. De ce fait, *Annie* (l'AMP) la sollicite régulièrement : avant le repas de midi, le goûter et le repas du soir. Si exceptionnellement *Annie* tarde à la solliciter, *madame D.A.* le lui rappelle souvent.

La grille mictionnelle : la rééducation de l'incontinence est contraignante pour les personnes âgées, mais elle est indispensable pour améliorer les conditions de vie et

1. Dédramatiser, c'est respecter la personne, c'est lui redonner confiance en elle-même et c'est surtout créer des rapports relationnels harmonieux, ce qui est essentiel.

d'autonomie des personnes. Pour évaluer l'importance de l'incontinence, les variations et l'évolution de la rééducation, l'AMP peut, en collaboration avec l'IDE, compléter une grille mictionnelle (*cf.* Tableau 2.2).

Tableau 2.2 – Grille mictionnelle (à titre d'exemple).

Heure	Besoin d'uriner	Volume des urines[a]	Lieu et moyens utilisés	Commentaires de l'AMP
8 h 30	++	150 mL	Bassin (au lit)	Sonnette près du lit
11 h 30	+	140 mL	Bassin	Sans aide
16 h 30	+++	–	Sur sa protection (au fauteuil)	Ne peut se retenir
20 h 00	+	180 mL	Bassin	Sans aide

a. Les urines sont vidées dans un bocal pour évaluer la quantité.

4 L'aide à la nutrition et à l'hydratation

L'AMP doit, au sein de l'équipe, veiller à ce que les personnes âgées aient une *alimentation adaptée* à leurs besoins ; cela ne signifie pas que l'AMP doit élaborer les menus, mais doit, au contraire, stimuler l'intérêt des personnes pour la nourriture et les aider dans la prise du repas. L'AMP doit aussi prévenir la *déshydratation,* car c'est un trouble grave (courant lors de certaines maladies chez les personnes âgées). Les causes sont l'addition de deux phénomènes : l'augmentation des pertes d'eau et la diminution des apports liquides. Les personnes âgées perdent souvent la sensation de soif ou l'envie de boire. Cette situation est aggravée par certaines maladies (diabète, maladies neurologiques). Certains médicaments peuvent modifier l'élimination d'eau ou la miction (diurétiques, tranquillisants, neuroleptiques). Enfin, la déshydratation entraîne une hyperthermie qui aggrave la déshydratation.

Le rôle de l'AMP

En collaboration avec l'équipe, l'AMP doit veiller à :
– vérifier l*es menus en fonction du régime* de la personne (lui expliquer pourquoi certains aliments sont déconseillés par le médecin) et de ses goûts ;
– veiller à la *bonne installation* de la personne (au lit ou au fauteuil), protéger préalablement le lit et la personne (mettre la serviette) ;
– aider la personne à manger si besoin (couper la viande, etc.) ;
– proposer des *aides techniques* (antidérapant sous l'assiette, verre à pied, couverts adaptés, etc.) ;
– veiller à ce que la personne porte son appareil dentaire ;
– faire en sorte que le repas soit un moment agréable en *bavardant*, en *encourageant* la personne (la maladie, ou le handicap, diminue souvent l'appétit) ;
– *dédramatiser les petits accidents* (aliments tombés au sol, etc.) ;
– dépister les signes de la déshydratation :
• baisse de la quantité d'urine,
• sécheresse buccale,
• perte de poids,

• présence du pli cutané,
• fièvre, dyspnée, etc.,
• troubles psychiques (confusion), etc. ;

– vérifier que la personne a *toujours de l'eau* à portée de main et *proposer des boissons* en cours de journée (eaux minérales variées[1], thé, etc.) ;
– dépister les risques de dénutrition de la personne âgée ;
– proposer du matériel permettant à la personne de boire seule : verre à pied, canard, paille ;
– évaluer le *niveau de dépendance* de la personne et agir en conséquence.

Niveau de dépendance de la personne	Rôle de l'AMP (en collaboration avec l'équipe)
Difficulté pour boire	– Proposer un matériel adapté.
Difficulté de déglutition	– Faire boire lentement, par petite quantité et prévenir les fausses routes.
Absence de sensation de soif	– Proposer à boire sans attendre que la personne le demande.

3. Les besoins spécifiques de la personne en situation de handicap

Les difficultés liées au handicap font que la personne demeure différente des personnes valides, qu'elle n'a plus le même vécu et qu'elle a donc des besoins spécifiques.

1 Les différents besoins au quotidien

Pour éviter tout état de dépression à la personne, il faut l'aider à construire un projet de vie. Cela lui évitera de devenir handicapée dans sa tête.
En établissement, le projet de vie est établi pour et par le patient avec l'équipe pluridisciplinaire. Il concerne l'avenir de la personne. Le but est de recenser les besoins de la personne handicapée dans les différents domaines. Citons les principaux :

- le *besoin de se mouvoir*, d'être le plus autonome possible, donc la nécessité d'adapter l'environnement (l'accessibilité) ;
- le *besoin de reconnaissance* de la part d'autrui : être reconnue en tant qu'être humain, au même titre que les autres ;

1. Veiller à respecter les impératifs de régime, les consignes du service et les goûts de la personne.

- le *besoin de se reconstruire psychologiquement* : faire des projets, se réaffirmer en faisant des études, des voyages... ;
- le *besoin d'être assistée, aidée*, d'où l'intérêt de prévoir une assistance humaine ou technique (les aides techniques, par exemple). Rappelons ici que ces deux formes d'aides sont nécessaires et complémentaires. La personne pourra ainsi satisfaire ses besoins d'hygiène et de confort au quotidien ;
- le *besoin d'aide financière*, pour avoir une vie décente. Notons ici qu'une personne qui devient lourdement handicapée (exemple une personne tétraplégique) requiert, pour son existence entière, l'assistance permanente d'une tierce personne ainsi qu'un matériel adapté : fauteuil plus léger, fauteuil électrique, aménagement du véhicule, domotique, etc. De plus, elle se trouve dans l'incapacité de travailler pour subvenir à ses besoins et l'indemnisation doit lui permettre de vivre dans des conditions décentes.

→ *Étude de cas*

Marion (28 ans), tétraplégique

Le handicap n'enlève rien aux qualités humaines et intellectuelles de Marion (devenue tétraplégique à la suite d'un accident de voiture), mais on peut quand même affirmer qu'elle est devenue « *différente* » de ses amis. Les difficultés liées à sa tétraplégie, telles que la perte de la sensibilité, la perte du contrôle des sphincters, les déficiences au niveau de sa vie sexuelle, son état de dépendance permanent, la disparition de son intimité... font qu'elle n'a plus le vécu d'une personne valide.

Marion nous dit qu'elle est :

– contrainte de surveiller ses rythmes, ses positions (alternance de la position assise et couchée), son état cutané, son alimentation ;

– astreinte à utiliser un certain nombre de matériels (dont elle ne peut plus se passer) ;

– la proie de difficultés quotidiennes dès lors qu'elle décide de sortir de chez elle (tant par le manque d'accessibilité que par l'image que lui renvoient les autres) ;

– dépendante d'autrui et que tout geste automatique pour un valide – se lever, se laver, manger, faire ses besoins... – demande une véritable logistique et de l'assistance...

Même si elle garde sa dignité et sa fierté, le mot « intimité » est rayé à tout jamais de son vocabulaire.

2 Le besoin d'acceptation de soi, de reconnaissance

Les personnes valides sont généralement animées de bonnes intentions, mais souvent leurs réactions sont maladroites. Elles cherchent à « agir à la place », à assister. Elles renvoient un sentiment de pitié et de compassion, voire d'infériorité. Il est difficile pour une personne handicapée d'accepter les réflexions de pitié, de compassion de la part des autres, aussi bien intentionnés soient-ils.

→ *Étude de cas*

« Ayons le regard de l'enfant sur la personne handicapée »

Alberto (30 ans) est tétraplégique à la suite d'un accident. Il nous dit à quel point il souffre du regard et de l'attitude des personnes valides autour de lui, mais il ajoute : « Je les comprends, j'étais comme eux avant ! », car notre regard est toujours attiré par la « différence ». On ne peut s'empêcher de regarder, et lorsque l'on regarde, la gêne s'installe, car on a honte d'avoir regardé et surtout d'avoir montré qu'on a vu... La curiosité se transforme en gêne, car la culpabilité se manifeste. Un enfant réagit différemment, car il verbalise spontanément : « Pourquoi es-tu dans un fauteuil roulant ? », « Pourquoi tu ne marches pas ? », « Où as-tu mal ? »

▶ « Le nombre de fois où j'ai observé dans un lieu public, par exemple, un enfant qui me regarde fixement avec son air innocent et curieux. Si par hasard il questionne ses parents, ceux-là le réprimandent et l'entraînent à l'écart en lui disant qu'il ne faut pas regarder ni en parler, sans aucune autre explication. « Cela ne se fait pas ; ce n'est pas bien ! » La réaction de ces enfants, devenus adultes, sera celle à laquelle nous (handicapés), nous nous heurtons quotidiennement... Si nous pouvons répondre à l'enfant, nous observerons que sa curiosité naturelle se transforme progressivement en complicité. Il reconnaît intuitivement en nous quelqu'un en difficulté, qui nécessite de l'aide. Quant aux réactions des adultes, leur comportement maladroit nous renvoie chaque fois, comme une gifle, à notre réalité. Il nous permet de prendre la mesure de notre fragilité : chaque fois que nous nous sentons atteints – et cela fait mal –, c'est l'occasion d'évaluer le chemin qui reste à parcourir dans ce processus d'acceptation de soi et de reconstruction. »

3 Le besoin de sociabilité

A. Le besoin de « parler aux autres »

Les personnes handicapées disent qu'elles se sentent souvent « marginalisées » et, de ce fait, qu'elles ressentent le besoin d'aller vers les autres pour leur parler, pour les rassurer, pour les informer de leur réalité, pour leur faire part de leur expérience. Elles disent qu'elles sentent la nécessité de faire le premier pas pour créer un échange, pour créer des liens. Cette *dynamique vers autrui* est un moyen de remettre le pied à l'étrier, de s'ouvrir sur l'extérieur, d'enclencher un début de « resocialisation » qui est vitale à la personne handicapée. Ainsi, les personnes valides doivent leur offrir une écoute active et un regard bienveillant et savoir prendre la main qui leur est tendue.

B. Le besoin de rencontrer ses « pairs »

Si chacun a besoin de faire ses propres expériences de vie, il apparaît que celle des autres a valeur d'exemple. Cela est vrai pour les enfants vis-à-vis des adultes comme pour les personnes nouvellement handicapées par rapport aux « anciennes ». Être en relation avec quelqu'un qui a eu un parcours proche du sien est riche d'enseignement :

- c'est une manière de constater qu'une vie est possible, malgré et avec son handicap ;
- c'est une source d'informations ;
- c'est un moyen de comprendre son vécu et d'intégrer son handicap par un « effet miroir ».

4 Le besoin de loisirs

Une personne handicapée a une vie qui devient routinière, elle sort peu et la question est de savoir comment elle occupe ses journées. Une partie est remplie par les soins infirmiers, une autre par le repos, plus important que pour quelqu'un d'autre. Cependant, cette personne est capable de regarder la télévision ou des films, d'écouter de la musique ou de lire. Ces activités lui permettent de passer le temps, mais sont-ce des loisirs à proprement parler, comme c'est le cas pour les personnes valides ? Est-ce un loisir lorsque cela devient une occupation principale ?

De plus, la paralysie interdit parfois toute activité manuelle, telle que la peinture, la pratique d'un instrument de musique, le bricolage ou le jardinage. Ainsi, il est très difficile de savoir quelle est la part des loisirs pour une personne lourdement handicapée et qui ne travaille pas. En revanche, on peut considérer les sorties au cinéma, au restaurant ou dans les musées comme des loisirs à part entière. Soulignons toutefois leur caractère exceptionnel lié aux difficultés de déplacement et à l'inaccessibilité des lieux publics. C'est pour cette raison que la pratique d'une activité sportive est tout à fait indiquée.

MÉMO

L'informatique, outil n° 1 du loisir !

L'informatique est un outil facile de manipulation et de compréhension : pour une personne qui ne peut plus écrire, c'est une mémoire illimitée et un support de l'écriture. De plus, la connexion à Internet permet de voyager dans le monde entier sans se déplacer, d'avoir des contacts et des renseignements de toutes sortes. Enfin, les cédéroms constituent un support idéal pour l'accès à la culture (visite virtuelle des musées, par exemple). Ainsi, l'informatique peut être étroitement associée aux loisirs !

5 Le besoin de sécurité et d'aide

La personne handicapée peut avoir besoin à tout moment d'une aide extérieure ou d'une intervention d'urgence. Elle doit donc pouvoir appeler une « tierce personne » (personne qui vit avec elle) à chaque instant. Pour cela, il faudra installer :

- un interphone reliant la chambre à celle de la « tierce personne » ;
- un appareil de « perte de verticalisation » qui, lorsque la personne est assise, avertit l'aide en cas de chute.

La possession d'une telle installation est vitale et ne doit pas être négligée.

MÉMO

« La tierce personne »

On appelle « tierce personne » celle qui s'occupe en permanence ou en alternance d'une personne en situation de handicap.
Cette personne l'aidera à effectuer les gestes de la vie courante et veillera à sa sécurité.

4. L'observation et l'analyse de la situation d'une personne

L'analyse de la situation d'une personne vise à évaluer objectivement un ensemble d'informations sur la personne afin de déterminer la cause de son ou de ses problèmes et d'y apporter une solution. Dans notre vie quotidienne, nous devons gérer un nombre important de problèmes. Certains d'entre eux sont plus complexes que les autres et nécessitent un temps de réflexion et d'analyse. Il en est de même dans le domaine de la santé. L'analyse s'adapte à la situation. L'AMP ne procédera pas de la même manière lorsqu'il s'agit d'une situation d'urgence et d'une situation de la vie ordinaire, lorsqu'il s'agit d'un adulte ou d'un enfant. Afin d'observer et d'analyser la personne dans différentes situations, nous utilisons la méthodologie de la démarche d'action, ou d'aide (DDA). Elle est structurée par étapes sur les mêmes principes que la démarche de soins (DDS), utilisée par les soignants.

A. Les principes de la démarche d'action (DDA)[1]

La mise en œuvre d'une intervention, c'est la préparation d'une action et sa réalisation. C'est une excellente méthode de travail basée sur l'organisation de la pensée.
Une démarche d'action appelée DDA est réussie lorsque l'AMP *pense* correctement ses *actions*. Celles-ci sont structurées en différents temps. Il veillera aux points suivants.

a. S'informer sur la personne à aider

L'AMP doit recueillir des informations (données) pertinentes sur la personne à aider, afin de mieux la connaître (connaître son histoire, son problème, son environnement familial et social).

b. Identifier les besoins fondamentaux de la personne

L' AMP doit savoir rechercher la nature des besoins fondamentaux de la personne. Il s'agit de besoins vitaux. S'ils sont insatisfaits, ils ont des incidences néfastes sur l'évolution de son état.

c. Répondre aux besoins de la personne et proposer des solutions adaptées

L'AMP saura analyser les besoins de la personne afin de les satisfaire et de proposer des solutions adaptées (solutions alternatives s'il y a lieu).

d. Adapter son attitude et sa technique à l'évolution de l'état de la personne

Pour savoir adapter son attitude et ses techniques à l'évolution de l'état de la personne et du contexte[2], l'AMP doit :

- faire preuve *d'attention* : elle doit savoir *observer* la personne dans son environnement et concentrer son esprit et sa vigilance sur le changement d'un état ou d'une situation. Elle doit pouvoir faire face aux « imprévus » ;
- faire preuve *d'empathie* : elle doit pouvoir *comprendre* la souffrance de la personne à aider afin de lui offrir une relation humaine chaleureuse, adaptée à son état.

e. S'organiser dans l'espace et dans le temps

Une démarche d'action est basée sur une méthodologie du travail qui implique une organisation, une préparation de l'action. L'AMP doit savoir *planifier* son action dans l'espace (le lieu) et dans le temps.

1. On peut également l'appeler Démarche d'aide (DDA).
2. On appelle cela « évolution contextuelle ».

f. Travailler en équipe et faire des « transmissions »

Une démarche d'action bien ordonnée suscite une coopération entre les membres d'une équipe. Cela permet d'offrir à la personne aidée une *continuité* d'aide.
L'AMP doit savoir transmettre des informations pertinentes sur la personne dont elle a la charge. Elle peut faire des *transmissions* :

- aux membres de l'équipe médico-sociale qui entoure la personne (médecin, infirmière, kinésithérapeute, assistante sociale...) ;
- à sa (son) responsable ;
- à la famille de la personne aidée.

Elle peut utiliser un cahier (appelé cahier de liaison ou de transmissions) où elle notera chaque jour les informations intéressantes sur la personne : appétit, sommeil, douleurs... Cela relève de la communication.

g. Faire son « autoévaluation »

Pour proposer une action (ou un soin) toujours plus efficace et adaptée aux besoins de la personne, l'AMP doit savoir évaluer son action à court et à long terme.

B. Les objectifs de la démarche d'action

La démarche d'action est une succession de raisonnements logiques conduisant à la *mise en œuvre* d'une *action* (ou d'un soin), dont les objectifs sont définis au départ.

a. Développer le sentiment de dignité de la personne

L'action à entreprendre doit être « personnalisée » afin de répondre aux besoins spécifiques de la personne à aider.
La personne et sa famille doivent *sentir* qu'ils sont *considérés* par l'AMP, qu'ils sont importants à ses yeux, qu'ils sont *respectés*.

b. Favoriser l'autonomie de la personne

L'AMP doit aider la personne à découvrir ses ressources personnelles, pour cela elle dynamisera :

- ses capacités motrices (déplacements) ;
- ses capacités psychologiques (volonté, motivation) ;
- ses capacités intellectuelles (mémoire...).

Pour favoriser l'autonomie de la personne, l'AMP fera appel aux techniques de soin ou d'animation qu'elle adaptera à l'état de santé de la personne (*cf.* Domaine de formation 3).

C. Les étapes de la démarche d'action

La mise en œuvre d'une action (ou d'un soin) suit un processus logique. Elle évolue en cinq étapes dont le but est d'offrir à la personne une aide personnalisée visant à son « mieux-être ». Il faut rappeler qu'une telle démarche relève d'un travail d'équipe.
Nous résumons les cinq étapes de la démarche d'action (DDA) dans le tableau 2.3.

Tableau 2.3 – Les cinq étapes de la DDA (résumé).

Les cinq étapes	Le contenu	Les moyens
1 – Collecter les données.	L'AMP s'informe pour connaître la personne.	L'AMP utilise l'observation et la communication avec la personne et/ou sa famille.
2 – Étudier les besoins fondamentaux.	L'AMP étudie les besoins spécifiques de la personne, identifie le problème et réfléchit aux réponses à apporter.	L'AMP utilise les informations de la collecte de données et les analyse.
3 – Organiser le soin ou l'action et préparer le matériel.	L'AMP élabore un plan d'action, elle organise et prépare le soin ou l'action.	L'AMP regroupe tous les moyens matériels et/ou humains en vue du soin ou de l'action.
4 – Réaliser le soin ou l'action selon une technique précise.	L'AMP veille à respecter des règles essentielles et à effectuer les *transmissions.*	L'AMP met en œuvre un Protocole d'action (ou une technique) de soins.
5 – S'auto-évaluer après l'action.	L'AMP vérifie l'efficacité de son action par une autoévaluation.	L'AMP se questionne par rapport au soin ou à l'action qu'elle a effectué.

D. La méthodologie de la collecte de données

La collecte de données est la première étape de la démarche d'action. C'est un recueil d'informations qui est destiné à mieux connaître la personne dans son identité individuelle, familiale, sociale et environnementale. L'AMP s'informe sur le passé de la personne pour mieux comprendre le présent et trouver les meilleures réponses à ses besoins. Toutefois, l'AMP ne doit pas être intrusive et doit toujours veiller à *respecter l'intimité* de la personne.

a. Le contenu

L'AMP s'informera sur la personne :
- *son identité* et sa situation familiale ;
- *son état de santé*, c'est-à-dire :
  - ses antécédents : c'est l'histoire de sa santé (son vécu médical ou chirurgical),
  - ses capacités : motrices, sensorielles, cognitives (ou intellectuelles), relationnelles, etc.

Toutes ces données doivent être sollicitées avec tact (il faut à tout prix éviter l'interrogatoire).

b. Les moyens utilisés

L'AMP utilisera :
- *la communication verbale* : il s'agit de questions directes formulées à la personne (ou à sa famille, dans le cas d'une personne inconsciente ou âgée). Ceci se fait progressivement, au cours de la relation d'aide basée sur la confiance ;
- la *communication non verbale* : il s'agit de l'observation directe de la personne.

L'AMP notera :
- ses attitudes corporelles : postures, gestes (*Ex.* : posture antalgique chez la personne souffrante),
- les expressions de son visage (*Ex.* : crispation, tristesse, dégoût, ennui, joie...) ;

- les *rapports écrits* : il s'agit d'informations mentionnées dans le dossier de prise en charge par le service d'aide à domicile, qui peut contenir la collecte de données effectuée par la (le) responsable du secteur.

c. Les conditions requises

L'AMP doit :
- respecter le *secret professionnel* : ces informations doivent rester confidentielles ;
- respecter la *vie privée du patient* : certaines questions ne doivent pas être posées et certaines informations ne doivent pas être inscrites ;
- rester *objectif* : il ne faut porter aucun jugement sur les informations obtenues.

d. L'utilisation d'un « formulaire »[1]

Ce formulaire présente plusieurs intérêts :
- il permet au professionnel de mieux connaître la personne à aider ;
- les données recueillies peuvent être transmises à certains membres de l'équipe médico-sociale (médecin, infirmière, kinésithérapeute).

E. Les autres étapes de la DDA

Nous allons traiter les autres étapes de la démarche d'action (DDA) au moyen des trois « *études de situations* » (ci-après).
Après la collecte des données, les quatre autres étapes de la DDA sont :
- l'étude des besoins fondamentaux ;
- l'organisation de l'action (ou du soin) ;
- la réalisation de l'action (ou du soin) et les transmissions ;
- l'évaluation de l'action (ou du soin).

Nous allons observer et analyser la situation de trois personnes : l'enfant, l'adulte handicapé et la personne âgée.
La démarche d'action est la meilleure base de réflexion pour une action efficace.
C'est dans l'optique d'un apprentissage sérieux, situé dans la réalité quotidienne du terrain, que nous avons imaginé les « applications pratiques » de la démarche d'action. Celles-ci sont écrites à la première personne : c'est le stagiaire AMP qui présente sa démarche dans le cadre d'une mise en situation professionnelle. Il doit décrire son comportement personnel en fonction des besoins et des demandes de la personne à aider.
L'AMP doit faire la démonstration de ses capacités :
- à collecter des informations ;
- à observer une situation ;
- à identifier des problèmes ;
- à organiser une action ;
- à définir des priorités et à travailler en équipe (en cohérence avec d'autres intervenants).

1. Le formulaire de la « collecte de données » ne peut être complété que par le responsable. Ce formulaire est donné à titre d'exemple (il n'est pas exhaustif).

F. Le recueil de données

Date du recueil :.......................... Heure.......................
Personnes ayant participé à l'élaboration du recueil :..
Documents utilisés pour l'élaboration du recueil :...

QUESTIONNAIRE

Nom :.............................. Prénom :............................... Âge :............... Sexe :.................................
Adresse :...
Tél. :................................ Nationalité :............................. Langue parlée :..
Profession :... Religion :..
Situation de famille :.. Nombre d'enfants.......................................
Nom du médecin :... Tél. :..
Personnes à prévenir :.. Tél. :..
Nom de l'AMP :..Tél. :..

Constantes/Paramètres	**Capacités relationnelles**
– poids : – taille : – dentition : – température : – pouls : – tension :	Communication verbale : Communication non verbale
Capacités motrices	**Capacités intellectuelles**
– membres supérieurs, inférieurs : – aides techniques :	– attention : – mémoire : – analyse :
Capacités sensorielles	**Antécédents médicaux et chirurgicaux**
– vue : – audition : – goût :	– maladies : – opérations :
Traitements en cours	**Régime(s) alimentaire(s) en cours**
Examens, radios, vaccins…	**Sécurité sociale/Mutuelle**
	– numéro de SS : – adresse et tél. :
Visites reçues	**Visites prévues**
– famille : – relations : – médecin : – autres : – fréquence des visites :	– famille : – relations : – médecin : – autres : – jour (ou dates)

G. L'étude de situation auprès de la personne âgée

a. L'énoncé de la mise en situation

En tant qu'AMP, vous devez prendre en charge *monsieur V.* (79 ans), dépendant et incontinent. On vous demande de renouveler sa protection.

b. Les étapes de la DDA

La DDA se déroule en cinq étapes. Le stagiaire AMP va détailler sa façon de procéder à chacune de ces étapes, et personnaliser son action.

▶ **Première étape : je recueille des informations sur *monsieur V.***

(→ connaissance de monsieur V.)

Je collecte mes informations afin de mieux connaître *monsieur V.*

Je prends connaissance d'informations dans le « dossier de prise en charge » du service.

Son identité et sa situation familiale

Monsieur V. a 79 ans ; il est français ; il habite à Colombes avec sa femme. Il a trois enfants (mariés) et six petits-enfants.

Observation : il n'a plus de contact avec ses enfants et petits-enfants.

Son état de santé, ses antécédents

- *Monsieur V.* a été hospitalisé le 8 juillet pour hémiplégie (suite à un accident vasculaire cérébral).
- Il souffre d'incontinence urinaire.
- Il a eu une bronchite cet hiver.
- Il a été opéré il y a douze ans pour calculs à la vésicule biliaire.

Observation : monsieur V. a de gros problèmes de santé. C'est une personne « dépendante ».

Ses capacités (à ce jour)

- À ce jour, *monsieur V.* ne se déplace pas, il garde la chambre.
- Il s'exprime peu (il est replié sur lui-même).

Observation : monsieur V. est très fatigué et il accepte mal son état de santé.

Ses paramètres (à ce jour)

Monsieur V. pèse 82 kg (il pesait 90 kg il y a 3 mois).

Observation : monsieur V. a perdu du poids en raison de son état de santé.

▶ **Deuxième étape : je procède à l'étude des besoins fondamentaux**

(→ réponses à apporter)

J'indique quels besoins de *monsieur V.* sont satisfaits (ou ses habitudes de vie) et quels besoins sont insatisfaits ou perturbés. Je précise mon rôle, c'est-à-dire la réponse que j'apporte à ces besoins ou habitudes de vie.

Tableau 2.4 – Étude des besoins fondamentaux de *Monsieur V.*[a] et le rôle de l'AMP.

Besoins fondamentaux	Besoins satisfaits et habitudes de vie	Besoins insatisfaits ou perturbés	Rôle de l'AMP
1. Respirer	*Monsieur V.* n'a pas de problème respiratoire et ne fume pas.	*Monsieur V.* tousse au réveil.	– Aérer la chambre. – Maintenir une température à 20 °C.

Tableau 2.4 – Étude des besoins fondamentaux de *Monsieur V.*[a] et le rôle de l'AMP. (suite)

Besoins fondamentaux	Besoins satisfaits et habitudes de vie	Besoins insatisfaits ou perturbés	Rôle de l'AMP
2. Boire et manger	*Monsieur V.* a pris ce jour un repas à midi avec : – des légumes, du poisson et un fruit ; – un verre d'eau.	– *Monsieur V.* n'a jamais d'appétit, il se force à manger. – *Monsieur V.* se plaint de brûlures gastriques.	– L'installer au fauteuil pour son repas. – L'aider à manger et à boire. – Transmettre la quantité absorbée[b] et ses plaintes[b].
3. Éliminer	Urines normales.	– *Monsieur V.* est incontinent. – Aujourd'hui, *monsieur V.* a des selles liquides.	– Le changer de protection régulièrement. – Surveiller les urines et les selles et noter sur le cahier de liaison[b].
4. Se mouvoir et maintenir une bonne posture	*Monsieur V.* apprécie les sorties dans le jardin (en fauteuil roulant).	*Monsieur V.* a des capacités motrices limitées (ne marche pas).	Lui proposer de se promener en fauteuil roulant.
5. Dormir et se reposer	– *Monsieur V.* dort 8 h/nuit. – Sieste : 2 h. – Il dort sur le côté.	*Monsieur V.* est fatigué après le repas, il fait la sieste.	– Atténuer la lumière à sa demande. – Veiller à ne pas faire de bruit.
6. Se vêtir et se dévêtir	*Monsieur V.* est vêtu d'un pyjama de flanelle sur lequel il ajoute deux vestes en laine.	*Monsieur V.* est frileux : il demande deux vestes en laine le jour et deux couvertures la nuit.	Pour la nuit, limiter le nombre de couvertures car il fait chaud dans la maison.
7. Maintenir sa température corporelle	T°C le matin : 37,3 °C (le 3/10 à 8 h).		Observer *monsieur V.* et surveiller la température[b].
8. Être propre, soigné	*Monsieur V.* a sa toilette corporelle tous les matins.	*Monsieur V.* a la peau sèche et quelques irritations au niveau des fesses.	– Faire sa toilette tous les matins – Surveiller les points d'appui.
9. Éviter les dangers			Vérifier la barrière de sécurité du lit et la prise de ses médicaments.
10. Parler et communiquer	– *Monsieur V.* parle aux autres facilement.	– *Monsieur V.* entend mal.	– Parler à *monsieur V.* et l'écouter. – Le stimuler à parler.
11. Agir selon ses croyances et ses valeurs	*Monsieur V.* est catholique.		Respecter les signes de sa religion (médaille).
12 S'occuper en vue de se réaliser 13. Se divertir et se récréer[c]	*Monsieur V.* regarde la télévision (il a une émission préférée).	*Monsieur V.* ne peut aller vers les autres, il est fatigué et affaibli.	– Favoriser les visites de ses amis. – Varier les distractions au fauteuil.
14. Apprendre	*Monsieur V.* est très attentif quand on lui parle.		– Lui parler des soins prodigués. – Le rassurer et le sécuriser.

a. Nous avons volontairement simplifié l'étude des besoins fondamentaux. La stagiaire AMP doit les détailler davantage.

b. Les transmissions (ou passage d'information) à l'équipe se font oralement.

c. Certains besoins peuvent occasionnellement être regroupés.

▶ Troisième étape : j'organise l'action

(→ organisation et préparation)

Afin d'effectuer une action ou un soin de qualité, je dois connaître la technique de celui-ci et les précautions particulières à prendre. Pour ce faire, je dois préciser ses différentes caractéristiques et ensuite procéder à sa préparation. Je vais donc agir en me posant les questions fondamentales et tenter de leur apporter les réponses les plus adéquates (le QQQOCP)[1].

Tableau 2.5 – Organisation de l'action.

Les questions (QQQOCP)		Les réponses apportées
Q	**Quoi** ? *Je recherche :* *la nature et les particularités de l'action.*	– Je dois effectuer une toilette intime à *monsieur V.* qui est alité et changer sa protection (il est incontinent). – Il faut aussi que je prévoie de changer l'alèse si elle est souillée.
Q	**Qui** ? *Je prépare la personne.*	– J'informe *monsieur V.* du soin qui est prévu après la sieste.
Q	**Quand** ? *Je programme l'action dans le temps.*	– Je prévois ce soin après la sieste (vers 15 h 30). – J'attendrai le réveil naturel de *monsieur V.*
O	**Où** ? *Je prépare le lieu.*	Dans la chambre de *monsieur V.* : – je vérifie la température du local ; – je mets de l'ordre ; – je nettoie table et tablette (qui sont souillées).
C	**Comment** ? *– Je prépare le matériel.* *– Je sollicite une aide.*	– Je sélectionne le matériel : une protection, le matériel de toilette, une alèse propre, une blouse spéciale (car selles) et des gants à usage unique. – J'accepterai volontiers l'aide de madame V. (sa femme) pour soulever *monsieur V.* – Je veille à respecter les techniques d'ergonomie.
P	**Pourquoi** ? *Je recherche :* *– les indications et les intérêts de l'action ;* *– les objectifs de l'action.*	– Je dois effectuer une action concernant l'hygiène et le confort de la personne. – Je dois aussi (et surtout) établir une relation privilégiée avec *monsieur V.* – Je dois assurer l'hygiène du siège dans le but d'éviter la macération.

▶ Quatrième étape : réalisation de l'action et transmissions

(→ actions à mener et précautions à prendre)

La mise en œuvre de l'intervention, c'est l'action elle-même avec la prise en compte de certaines précautions.

En préalable à l'action : je vérifie le matériel et j'avertis monsieur V.

- Je vérifie rapidement le matériel que j'ai déjà préparé (en visualisant mentalement mon action).
- J'avertis *monsieur V.* que l'intervention va commencer.

Au cours de l'action : je pense aux règles professionnelles de base

Après la sieste, je dois réaliser une intervention efficace auprès de *monsieur V.*, donc je démontre mes acquis.

1. Les questions sont basées sur la formule QQQOCP (Quoi ? Qui ? Quand ? Où ? Comment ? Pourquoi ?).

- sur le plan *gestuel* :
  - je respecte les règles professionnelles de base liées à chaque soin (ex. : l'hygiène, le confort, la sécurité, l'ergonomie et l'économie du matériel) ;
- sur le plan *relationnel* :
  - je dois respecter *monsieur V.* (et sa femme),
  - j'ai déjà annoncé mon action à *monsieur V.*,
  - je lui explique à présent mon action (en termes clairs et simples),
  - j'explique le motif de mon action à la femme de *monsieur V.* ; par respect de la pudeur, pour préserver l'intimité de *monsieur V.* je propose à *madame V.* de quitter la chambre au cours de mon action,
  - je parle à *monsieur V.* au cours de mon action, pour qu'il se décontracte et pour le sécuriser.

En fin d'action : je transmets les informations

- J'écris sur un cahier de liaison : *monsieur V.*/le 04.01 à 16 h :
  - toilette génitoanale,
  - change : une selle liquide (malodorante).
- Je fais les transmissions orales et par écrit sur le « cahier de liaison » pour les collègues.

Tableau 2.6 – Réalisation de l'action.

Règles professionnelles	Toilette intime	Change de protection
J'assure : – *la sécurité*	J'adopte les gestes de sécurité.	J'utilise les protections emballées en sachets individuels.
– *l'hygiène*	– Je me lave correctement les mains avant et après l'action. – J'utilise des gants. – Je nettoie le siège d'avant en arrière.	– Je sèche bien la peau avant de poser la protection propre à *monsieur V.* – Je respecte le circuit propre-sale.
– *le confort (+ la pudeur)*	– Je change l'alèse du lit. – Je respecte la pudeur de *monsieur V.* en le protégeant avec le drap au cours de la toilette.	– Je pose la protection propre. – Je questionne *monsieur V.* sur son bien-être au moment de la pose.
– *l'efficacité de l'action et l'ergonomie*	– Je vérifie l'état de propreté de la peau à la fin de l'action. – Je lève le lit à ma hauteur avant de commencer.	Je vérifie que la protection est bien placée (afin qu'aucune fuite ne se produise).
– *l'économie de matériel*	J'utilise un seul gant de toilette : – je n'abuse pas de « l'essuie-tout » en papier (Sopalin) ; – je ne fais pas la toilette avec du coton.	Je ne renouvelle pas la protection inutilement.

▶ Cinquième étape : je fais l'autoévaluation de mon action

(→ amélioration et progression)

L'action effectuée auprès de *monsieur V.* a-t-elle atteint les objectifs fixés et a-t-elle été efficace sur les plans technique, gestuel et relationnel ?

Tableau 2.7 – Formulaire d'évaluation de l'action (complété).

a. Évaluation de l'action sur le plan gestuel		**Objectifs atteints**[a]		
Situations observées	**Solutions proposées**	**Totalement**	**En partie**	**Insuffisamment**
La protection a été mal fixée : il y a eu une fuite d'urine dans le lit...	**Qu'aurais-je dû faire ?** – Mieux sécher la peau de *monsieur V.* – Mieux fixer la protection.		X	
b. Évaluation de l'action sur le plan relationnel				
Situations observées	**Solutions proposées**			
Monsieur V. était crispé au cours du soin (poings fermés, yeux fixes, il refusait l'action en geignant...).	**Qu'aurai-je dû faire ?** – Mieux prévenir *monsieur V.* et prévenir sa femme avant l'action. – Sécuriser davantage *monsieur V.*		X	
Madame V. m'a demandé des explications sur la maladie de son époux au cours de l'action.	**Qu'ai-je répondu ?** – Que je ne pouvais pas les lui fournir ! **Quelle attitude ai-je eu ?** – J'étais gênée, surprise, mal à l'aise... (*monsieur V.* l'a ressenti). **Qu'aurais-je dû répondre ?** – Qu'il était préférable de contacter le médecin ou l'infirmière.			X X X

a. La stagiaire AMP doit cocher les points sur lesquels elle s'évalue et elle doit les justifier.

H. L'étude de situation auprès de la personne handicapée

a. L'énoncé de la mise en situation

En tant qu'AMP, vous vous occupez de *monsieur J.* (55 ans) qui est handicapé moteur (paralysé des deux jambes). Vous devez changer l'alèse du lit après la sieste.

b. Les étapes de la démarche d'action (DDA)

La DDA se déroule en cinq étapes. La stagiaire AMP va détailler sa façon de procéder à chacune de ces étapes et personnaliser son action.

▶ **Première étape : je m'informe sur *Monsieur J.***

(→ Connaissance de monsieur J.)

Afin de mieux connaître *monsieur J.* que je suis amené à accompagner, je recueille le maximum d'informations sur le « dossier de prise en charge »[1] :

Son identité et sa situation familiale

- *Monsieur J.* a 55 ans, il est employé de mairie.
- Il est marié, il a un enfant.

1. Nous réduisons ici les données par manque de place : il y aurait d'autres informations à noter (*cf.* Formulaire collecte de données).

- Il est français.
- Il habite à Toulon et il vit dans une grande villa avec sa femme (qui a 40 ans).

Observation : *monsieur J.* est entouré par ses proches.

Son état de santé, ses antécédents

Monsieur J. est paralysé à la suite d'un accident du travail (paralysie des deux jambes).
Observation : Sa dépendance est définitive.

Ses capacités (à ce jour)

Monsieur J. bouge peu et a besoin d'une aide totale.

Ses paramètres (à ce jour)

- *Monsieur J.* pèse 54,500 kg.
- *Monsieur J.* mesure 1,77 m.

Observation : *monsieur* J. a perdu du poids en raison de son état de santé.

▶ Deuxième étape : je procède à l'étude des besoins fondamentaux

(→ réponses à apporter)

J'indique les besoins satisfaits et habitudes de vie de *monsieur J.* et les besoins insatisfaits ou perturbés et je précise mon rôle, c'est-à-dire les réponses que j'apporte à ces besoins (ou habitudes).

Tableau 2.8 – Étude des besoins fondamentaux de monsieur J.[a] et le rôle de l'AMP.

Besoins fondamentaux	Besoins satisfaits et habitudes de vie	Besoins insatisfaits ou perturbés	Rôle de l'AMP
1. Respirer	– Respiration rapide. – Essoufflement.	– *Monsieur J.* est fumeur, il tousse souvent. – *Monsieur J.* ronfle la nuit.	– Surélever *monsieur* J. – Aérer la chambre.
2. Boire et manger	– *Monsieur J.* boit beaucoup.	– Vomissement après le repas de midi. – Peu d'appétit.	– Bien installer *monsieur J.* pour manger (semi-assis). – Vérifier la température des aliments. – Aider *monsieur J.* à manger. – Évaluer la quantité absorbée et transmettre[a].
3. Éliminer	– Reprise cette nuit du transit intestinal. – Urines normales.	– Ventre ballonné. – Selles peu abondantes.	Surveiller fréquence, aspect, couleur, odeur des selles, et faire les transmissions[a].
4. Se mouvoir et maintenir une bonne posture	Se met en position semi-assise (avec aide).	– A été levé par l'infirmière, le 14.02 à 8 h. – Mange au fauteuil ce jour.	– Le stimuler pour aller au fauteuil en l'aidant. – Agir avec douceur. – L'installer correctement dans son fauteuil.
5. Dormir et se reposer	– Dort environ 8 h la nuit. – Fait 2 h de sieste.	– *Monsieur J.* transpire. – *Monsieur J.* a eu un sommeil agité cette nuit.	– Vérifier l'état du lit, de la taie d'oreiller et l'habillement avant le sommeil. – Installer correctement *monsieur J.* – Transmettre l'heure du coucher et celle du lever.

Tableau 2.8 – Étude des besoins fondamentaux de monsieur J.[a] et le rôle de l'AMP. (suite)

Besoins fondamentaux	Besoins satisfaits et habitudes de vie	Besoins insatisfaits ou perturbés	Rôle de l'AMP
6. Se vêtir et se dévêtir	Porte un pyjama ample en coton.		Apporter une aide totale à *monsieur J.* pour les vêtements du bas.
7. Maintenir sa température corporelle	Température normale (37,5 °C) le 13.02 à 15 h prise par l'IDE.		Surveiller la température de la pièce et l'habillement.
8. Être propre, soigné	– Toilette quotidienne. – Soins du visage (rasage). – Soins des pieds (prévus demain) par le pédicure.		– Proposer le bassin dès que nécessaire. – Laver les mains de *monsieur J.* après repas et selles. – Changer les vêtements chaque jour et éviter le pyjama (qui renvoie la personne à l'état de malade).
9. Éviter les dangers		Traitement médical donné par IDE.	– Vérifier la prise des médicaments. – Veiller au bon fonctionnement du fauteuil roulant. – Proposer des techniques adaptées.
10. Parler et communiquer	*Monsieur J.* communiq ue beaucoup avec les amis qui lui rendent visite.		Lui parler lors de l'action, en respectant son besoin de *repos* et de *calme*.
11. Agir selon ses croyances et ses valeurs	*Monsieur J.* est musulman.		*Monsieur J.* m'a donné des consignes particulières pour son repas(je les respecte).
12. S'occuper en vue de se réaliser	*Monsieur J.* fait des dessins.		Proposer à *monsieur J.* des distractions compatibles avec ses goûts.
13. Se divertir et se récréer	*Monsieur J.* aime qu'on lui propose une musique douce (à la radio).	Douleurs hier : *monsieur J.* ne s'intéresse plus à rien.	Après la réfection du lit, replacer ses objets personnels auprès de lui (revues, livres...), respecter ses habitudes de vie.
14. Apprendre			Répondre avec tact aux questions de *monsieur J.* (*selon mes compétences*).

a. Nous avons volontairement simplifié l'étude des « besoins fondamentaux ». La stagiaire AMP doit les détailler davantage.

▶ Troisième étape : j'organise l'action

(→ organisation et préparation)

Afin d'effectuer un soin une action de qualité, je dois bien connaître ses caractéristiques afin de procéder à son organisation et à sa réalisation méthodique. Je vais me poser les questions fondamentales par rapport à celle-ci et tenter de leur apporter les réponses les plus adéquates.

Tableau 2.9 – Organisation de l'action.

Les questions (le QQQOCP)		Les réponses apportées
Q	**Quoi** ? *Je recherche :* *la nature et les particularités de l'action.*	Je dois changer l'alèse du lit après la sieste de *monsieur* J.
Q	**Qui** ?	J'informe la personne concernée.
Q	**Quand** ? *Je programme l'action dans le temps.*	Vers 16 h (*monsieur J.* aura terminé sa sieste).
O	**Où** ? *Je prépare le lieu de l'action.*	Dans la chambre : je vérifie l'ordre de la pièce.
C	**Comment** ? *Je prépare le matériel.*	Je prépare l'alèse.
P	**Pourquoi** ? *Je recherche :* *les objectifs de l'action.*	Il s'agit de favoriser le bien-être et l'hygiène de *monsieur J.* en changeant son alèse après la sieste (celui-ci transpire beaucoup).

▶ Quatrième étape : je réalise l'action et je fais les transmissions

(→ actions à mener et précautions à prendre)

En préalable à l'action : je vérifie le matériel et j'avertis monsieur J.

Je vérifie le matériel préparé, afin de m'assurer que je n'ai rien oublié. Je pense au matériel en fonction de la progression de mon action (je visualise mentalement et rapidement mon action). J'avertis *monsieur J.* que l'intervention va commencer.

Au cours de l'action : je pense aux règles professionnelles de base

Je dois réaliser une intervention de qualité auprès de *monsieur J.*, je démontre mes acquis :

- sur *le plan gestuel* : je respecte les règles professionnelles de base (*cf.* Tableau 2.10) ;
- sur *le plan relationnel* :
  - je respecte *monsieur J.* (et sa famille),
  - j'ai annoncé mon intervention à *monsieur J.* (et à son épouse),
  - je parle à *monsieur J.* au cours de l'intervention.

En fin d'action : je transmets les informations

J'écris : *monsieur J.*/le 15.02 à 16 h 00 : l'intervention s'est bien déroulée. *Monsieur J.* était souriant, coopérant[1].

▶ Cinquième étape : je fais l'autoévaluation de mon action

(→ amélioration et progression)

L'action effectuée sur *monsieur J.* a-t-elle atteint son objectif ?

- Je justifie pourquoi seul l'objectif économie n'a été réalisé qu'en partie : j'ai dû prendre une deuxième alèse car la première est tombée au sol (je prendrai plus de précautions la prochaine fois).
- Je détaille quelques objectifs satisfaits.

1. Lors des transmissions l'AMP évitera les abréviations du type « RAS » (« Rien à signaler »), car il se passe toujours quelque chose lorsqu'on accompagne un être humain.

Tableau 2.10 – Réalisation de l'action.

Règles professionnelles	Change d'alèse
J'assure : – *la sécurité de la personne*	Je reste auprès de *monsieur J.*, contre le lit, pendant l'action.
– *l'hygiène*	– Je me lave les mains avant et après le soin. – Je ne mets pas le linge souillé contre ma blouse.
– *le confort de la personne (+ la pudeur)*	– Je renouvelle l'alèse (froissée et humide). – Je renouvelle sa taie d'oreiller (souillée). – Je respecte la pudeur au cours de l'intervention.
– *l'économie de matériel*	Je range le matériel en lieu sûr (pour éviter la perte ou la détérioration).

Tableau 2.11 – Formulaire d'évaluation de l'action (complété).

Évaluation des capacités professionnelles	Objectifs atteints				
	En totalité	En partie	Pas du tout	À court terme	À long terme
Mes capacités gestuelles ont-elles assuré : – *la sécurité de la personne ?*	X				
– *l'hygiène ?*	X			X	
– *le confort (+ la pudeur) ?*	X			X	
– *l'économie ?*		X			
– *l'efficacité ?*	X				
– *l'ergonomie ?*	X				
Mes capacités relationnelles ont-elles assuré : – *le respect de la personne ?*	X				
– *le respect de soi ?*	X				

Chapitre 5

L'hygiène de la personne

1. L'hygiène corporelle, le bien-être et le confort

L'hygiène corporelle assure le bien-être et le confort de la personne. L'AMP veillera à ce qu'elle soit assurée chaque jour avec le plus grand respect de la personne et en particulier le respect de sa pudeur.
Nous démontrerons comment l'AMP peut utiliser les actes de soins à la personne comme un support de relation et la relation comme une aide à la réalisation de ces actes de soins.
Enfin, nous soulignerons le rôle important que peut jouer l'AMP auprès de la personne lors des soins, pour lui redonner confiance en elle, pour valoriser son image.
Nous vous présentons les techniques d'hygiène et de confort sous forme de tableaux afin que vous visualisiez à la fois les différentes étapes des soins et leur globalité.

1 La toilette corporelle au lit

La toilette au lit relève le plus souvent des compétences de l'infirmier(e). Toutefois, l'AMP peut y participer activement. Cette toilette vise à assurer l'hygiène, le bien-être et le confort de la personne tout en favorisant le relationnel.

Tableau 2.12 – La toilette corporelle au lit.

Matériel	Procédure
• *Matériel d'hygiène :* – cuvette ; – eau tiède ; – deux gants de toilette : un pour le haut du corps et un pour le bas (les jambes, pieds et toilette intime) ; – savon liquide de préférence ; – deux serviettes de toilette personnelles ; – crèmes, lotion de toilette. • *Matériel en cas de souillure du siège :* – papier WC.	**1. Au préalable** L'AMP doit : – se laver les mains avant de commencer le soin ; – informer et expliquer le soin à la personne ; – s'informer des goûts et habitudes de la personne. **2. La préparation du matériel** – installer une chaise au pied du lit (pour recevoir la literie supérieure) ; – prévoir une table roulante ou adaptable pour poser le matériel ; – préparer le matériel d'hygiène ; – faire apprécier, si possible, la température de l'eau à la personne en lui faisant tremper le bout de ses doigts dans la cuvette ; – enlever les lunettes, la montre, les prothèses dentaires et auditives (à mettre en sécurité sur la table de nuit).

Tableau 2.12 – La toilette corporelle au lit. (suite)

Matériel	Procédure
• *Matériel pour le change (si besoin) :* – protection ; – vêtements pour l'habillage après la toilette : – vêtements choisis par le patient, – ou chemise ou pyjama. • *Matériel pour les soins annexés à la toilette (cf.* page 132) • *Matériel pour la réfection du lit :* – drap ; – alèse ; – taie d'oreiller ; – protection imperméable. • *Matériel pour évacuer le linge sale :* – panier ; – ou sac. • *Matériel pour le nettoyage de l'environnement après le soin.*	**3. Le déroulement du soin** – poser les couvertures et le drap de dessus sur la chaise au pied du lit ; – déshabiller la personne et la recouvrir d'une serviette pour éviter le refroidissement ; – glisser une serviette de toilette sous la partie qui va être lavée ; – rassurer la personne (lui rappeler le déroulement du soin). **1er temps :** *le haut du corps* – laver le corps (avec le gant) en allant du haut vers le bas du corps en ne découvrant que la partie concernée, dans l'ordre suivant : • les mains et les bras, • le cou, la poitrine, • l'abdomen ; – stimuler l'autonomie (selon les capacités de la personne) ; – rincer et sécher soigneusement pour éviter les irritations, les macérations, les mauvaises odeurs ; – essorer correctement le gant pour qu'il ne coule pas ; – porter un soin particulier au niveau du nombril, des aisselles, sous les seins, pli de l'aine : séchage par tamponnement ; – changer l'eau. **2e temps :** *le dos et le bas du corps* – tourner la personne sur le côté ; – placer la serviette de toilette contre le dos, laver dans l'ordre : le dos, les jambes, les pieds ; – soutenir la jambe au niveau de la cheville avec la paume de la main ; – bien sécher entre les orteils, car l'humidité favorise les mycoses ; – proposer, après avoir lavé le dos, une friction. **3e temps :** *la toilette intime*[a] Pour respecter la pudeur de la personne, il faut toujours lui proposer de faire elle-même sa toilette intime. Utiliser le gant du bas. Si elle en est incapable, l'AMP y pourvoit (*cf.* toilette génitale non stérile ci-après). **4e temps :** *les soins annexes* (*cf.* page 132). **5e temps :** *la réfection du lit* – avant de refaire le lit, deux cas se présentent : *a) si la personne est valide :* l'asseoir dans un fauteuil, faire le lit ; *b) si la personne est invalide :* faire le lit avec l'aide de quelqu'un et réinstaller confortablement la personne ; – respecter le tri du linge sale (sac spécifique). **6e temps :** *après le soin, communication et transmissions* – solliciter la personne sur son ressenti, être à l'écoute ; – valoriser son image ; – noter vos observations de la peau et toute anomalie éventuelle (rougeur, irritation, coupure) ; – noter aussi le degré d'autonomie (les progrès de la personne) ; – le comportement (paroles et attitudes) ; – les incidents éventuels et les informations apprises pendant la relation, etc.

a. Si la personne est souillée de selles, commencer la toilette corporelle par la toilette du siège (utiliser du papier WC et un gant réservé à cet usage).

2 L'aide à la douche

Lorsque la personne est valide, l'AMP pourra l'accompagner jusqu'à la douche et l'aider au cours de cette pratique d'hygiène, qui sera programmée le matin et/ou le soir, selon les habitudes de la personne qu'il faut impérativement respecter.

Tableau 2.13 – L'aide à la douche.

Matériel	Procédure
• *Matériel d'hygiène :* – gant de toilette ; – savon (liquide de préférence) ; – serviette de bain ou peignoir de bain ; – lotion de toilette (personnelle) ; – shampoing (si besoin).	**1. Au préalable** L'AMP veillera à : – se laver les mains, fermer porte et fenêtre, vérifier la température de la pièce ; – informer et expliquer le soin à la personne ; – s'informer de ses goûts et de ses habitudes.
• *Vêtements pour l'habillage après la toilette :* – vêtements choisis par la personne (le matin) ; – pyjama ou chemise (le soir).	**2. La préparation du matériel** – Installer une chaise près de la douche (pour poser le peignoir ou la serviette de bain et/ou les vêtements propres) ; – veiller à la présence du savon et du shampoing à proximité de main.
• *Matériel pour les soins annexes* (*cf.* tableau 2.14). • *Matériel pour le linge sale :* – sac ; – ou panier. • *Produit de nettoyage.*	**3. La préparation de la personne** – Faire enlever les lunettes, la montre à la personne ; – l'aider à se déshabiller ; – l'aider à déposer les vêtements *sales* dans le panier (ou le sac) adapté ; – disposer les vêtements *propres* à proximité : • soit sur la chaise, • soit sur une patère ; – faire *apprécier* à la personne la température de l'eau et le débit de la douche et *respecter* son avis.
• *Matériel de sécurité :* tapis de douche antidérapant.	**4. La douche** – L'aider à entrer dans la cabine ; – l'aider (ou l'assister) au cours du soin ; – la stimuler à se laver seule (selon ses capacités et son désir) ; – lui conseiller de se laver en deux temps. • *1er temps : le haut du corps,* • *2e temps : le dos et le bas du corps*[a] ; – lui conseiller de bien nettoyer dans les plis et veiller à ce que le rinçage soit efficace (prévention des irritations) ; – proposer le peignoir (ou la serviette de bain) à la personne ; – l'aider à se sécher (si besoin) ; – lui proposer une friction ; – solliciter son appréciation sur le déroulement du soin, écouter ses remarques et ses souhaits (température de l'eau, de la pièce, matériel utilisé, etc.) ; – observer l'état cutané de la personne (rougeur, irritations ?).

a. Respect de la pudeur : l'AMP veillera à détourner ses yeux lors de la toilette intime (la personne appréciera ce geste délicat).

Tableau 2.13 – L'aide à la douche. (suite)

Matériel	Procédure
	5. La fin du soin – L'aider aux « soins annexés à la toilette » (*cf.* Tableau 2.14 : toilette du visage, lavage des dents…)[b] ; – l'aider à s'habiller (*cf.* Tableau 2.16 : « assistance à l'habillage »). **6. Après le soin** – Veiller à raccompagner la personne ; – nettoyer et ranger le matériel ; – aérer la salle de bains ; – évacuer le linge sale ; – se laver les mains ; – faire les transmissions.

b. Ces soins peuvent être proposés à la personne avant ou après l'habillage (respecter ses habitudes).

3 Les soins annexés à la toilette corporelle

Les soins annexés à la toilette corporelle complètent celle-ci et apportent bien-être et confort à la personne. Ces soins englobent la toilette du visage, l'entretien des ongles, le maquillage, le rasage, les soins des dents… Nous sélectionnons ci-après quatre soins[1].

Tableau 2.14 – Les soins annexés à la toilette.

Matériel	Procédure
– Serviette. – Compresse. – Lait de toilette ou savon.	**1. La toilette du visage** – Placer une serviette sous la tête de la personne ; – nettoyer à l'eau claire les yeux, souvent avec une compresse humide (dans le sens propre-sale) ; – nettoyer les ailes du nez, les coins de bouche.
– Serviette de protection. – Mouchoirs en papier. – Brosse à dents, dentifrice. – Gobelet d'eau tiède. – Récipient pour cracher.	**2. Le lavage des dents** – Installer la personne en position assise ; – mettre la serviette autour du cou ; – mettre le matériel à la disposition de la personne (respecter ses habitudes) et l'assister si nécessaire ; – ou réaliser le soin de la façon suivante : • *pour les dents de devant* : brosser de la gencive vers la dent, • *pour les dents sur le côté* : effectuer des mouvements circulaires ; – faire rincer la bouche à l'eau claire ; – maintenir le récipient sous le menton pour qu'elle puisse cracher ; – essuyer le pourtour de la bouche ; – réinstaller confortablement la personne ; – laver et ranger le matériel ; – se laver les mains ; – observer l'état buccodentaire de la personne, l'état de gencives (douloureuses ?) et le signaler.

1. Pour connaître d'autres soins, ou avoir des compléments d'information, consulter le *Guide AS (Aide-soignant)*, J. Gassier, Éd. Masson, 2009.

Tableau 2.14 – Les soins annexés à la toilette. (suite)

Matériel	Procédure
– Brosse à dents. – Produit nettoyant pour appareil dentaire + bol. – Serviette de toilette, mouchoirs en papier. – Solution dentifrice. – Crachoir.	**3. L'entretien des appareils dentaires** Les appareils dentaires doivent être entretenus biquotidiennement, comme les dents, car ils peuvent être un support bactérien. Attention, ils sont très fragiles : ne pas les faire tomber, et veiller à les mettre dans un récipient propre, identifié.
– Ciseaux ou coupe-ongles. – Limes. – Brosse et savon. – Serviettes ou torchon. – Cuvette d'eau chaude.	**4. L'entretien des ongles** – Couper les ongles des doigts en amande et ceux des orteils au carré ; – faire tremper les ongles 15 minutes dans l'eau chaude s'ils sont très durs ; – brosser les ongles à l'eau savonneuse ; – limer les ongles si nécessaire ; – éduquer la personne aux soins d'hygiène ; lui en expliquer l'intérêt ; – laver et ranger le matériel si nécessaire. **5. Les transmissions** Signaler tout problème éventuel (ongles incarnés ou trop durs) à la (ou au) responsable ou à la famille qui éventuellement demandera l'intervention d'un(e) pédicure.

4 L'aide à la toilette génitale

Tout comme la toilette corporelle, la toilette génitale relève le plus souvent des compétences de l'infirmier. Toutefois, l'AMP peut être amenée à aider ou à conseiller la personne pour ce soin. Il doit donc connaître le déroulement et les principes de cette toilette qui visent à :

- assurer l'hygiène et le confort quotidien de la personne ;
- éviter les macérations chez les personnes incontinentes ;
- lutter contre les mauvaises odeurs.

Tableau 2.15 – L'aide à la toilette génitale.

Matériel	Procédure
	1. Au préalable L'AMP doit : – informer la personne du soin ; – veiller à ce que personne n'assiste à ce soin ; – fermer portes et fenêtres ; – se laver les mains ; – préparer le matériel.

Tableau 2.15 – L'aide à la toilette génitale. (suite)

Matériel	Procédure
– Protection pour le lit. – Gants à usage unique[a]. – Cuvette + eau tiède + savon liquide doux. – Bock si besoin. – Serviette + gant de toilette. – Alèse propre (si besoin). – Sac poubelle et sac à linge sale. – Papier WC (si selles). – Protection anatomique (si besoin) pour le change.	**2. Le déroulement du soin** L'AMP doit : – respecter la pudeur ; – agir avec tact, découvrir la personne avec son accord ; – proposer à la personne de faire elle-même sa toilette ; – l'installer pour le soin confortablement ; – retirer son oreiller ; – la laisser couverte jusqu'aux genoux et la recouvrir entre chaque geste (pudeur) ; – si elle est très souillée, commencer par la toilette anale (utiliser du papier WC, du Sopalin…) ; – lui mettre une protection sous le siège ; – mettre les gants à usage unique[a]. **3. La toilette génitale** • *Chez la femme :* – la toilette génitale peut être proposée sur le bassin, facilitant le rinçage au bock ; – laver de la vulve vers l'anus pour éviter la remontée des germes ; – rincer et sécher les grandes lèvres, les petites lèvres et le méat urinaire. • *Chez l'homme :* – toilette du gland, décalotter légèrement pour dégager les replis du prépuce. – rincer, sécher et recalotter. **4. La toilette du siège** – Faire tourner l'homme ou la femme sur le côté (ridelle mise pour appui) ; – laver, rincer et sécher, en particulier le pli interfessier pour éviter la macération. *En présence de selles :* • retirer le maximum de souillure avec le papier hygiénique, en ayant soin d'installer le papier sur le côté ; • procéder au lavage de la zone pubienne comme ci-dessus. – refaire le lit et réinstaller la personne ; – s'informer de son bien-être, écouter ses remarques, réajuster si besoin ; – retirer les gants, se laver les mains ; – aérer la pièce. **5. Les transmissions** Faire les transmissions : sur la présence ou non d'urines, de selles ; sur l'état cutané : rougeur, irritation, coupure ; sur vos observations.

a. L'AMP peut utiliser des gants à usage unique (recommandé par les hygiénistes). Il en expliquera l'intérêt à la personne aidée avec tact.

5 L'assistance à l'habillage

Pour tout individu, pouvoir « choisir ses vêtements et s'habiller » est un acte d'affirmation de soi. Il est à encourager pour toutes les personnes aidées.

Tableau 2.16 – L'assistance à l'habillage.

Matériel	Procédure
– Vêtements propres, adaptés : • à la température ambiante ; • aux activités ; • aux goûts de la personne. – Peigne ou brosse. – Miroir.	**1. Au préalable** L'AMP veillera à : – solliciter la personne pour le choix des vêtements ; – convenir avec elle de l'heure ou du moment de l'habillage (après la toilette généralement) et préparer les vêtements ; – contrôler la température de la chambre et se laver les mains. **2. Au cours du soin : le protocole et les précautions** – Faire asseoir la personne, l'observer, écouter ses remarques ; – respecter sa pudeur, la découvrir le moins possible ; – aider la personne à se déshabiller ; – faire passer la tête puis les bras l'un après l'autre ; – agir en douceur, parler avec la personne au cours du soin ; – l'aider à se recoiffer ; – En cas de handicap particulier : • *si le bras est handicapé*, commencer par déshabiller le bras valide puis rhabiller le bras handicapé en premier, • *si la personne est inconsciente* (ou ne peut pas s'asseoir) la tourner sur le côté, dégager le dos et l'habiller en évitant de laisser des plis. **3. Après le soin** **a. L'ordre** – Mettre de l'ordre dans la chambre de la personne et dans le placard à vêtements ; toujours l'associer verbalement à son action. **b. Le relationnel** – *Stimuler sa capacité* à organiser sa garde-robe ; – vérifier l'état des vêtements afin de réajuster avec la famille (si besoin) ; – *valoriser l'image de la personne* en lui proposant un miroir, en la complimentant sur sa tenue (que vous appréciez et que d'autres personnes sauront également apprécier…) ; – parler avec elle du *choix des vêtements*, de l'intérêt des vêtements faciles à enfiler, etc. **c. Les transmissions** Prendre en compte ses remarques, ses demandes et transmettre si nécessaire à la famille ou à l'équipe.

2. L'hygiène alimentaire

L'alimentation des adultes doit être équilibrée, c'est-à-dire apporter des aliments de chaque groupe et assurer un apport énergétique en rapport avec l'âge et l'activité de chaque individu. Les personnes âgées, ou handicapées, ont des besoins spécifiques qu'il faut respecter.

1 Des apports nutritionnels satisfaisants

Les besoins nutritionnels sont modifiés chez les individus selon plusieurs facteurs : l'âge, le mode de vie (actif ou sédentaire) et l'état physiologique ou pathologique. Ceci aura des conséquences sur les apports nutritionnels recommandés. D'une façon générale, l'adulte de référence a des besoins de deux sortes : énergétiques et non énergétiques.

A. Les besoins énergétiques

L'alimentation doit fournir à l'organisme, tous les jours, divers éléments qui apportent de l'énergie : protides, glucides, lipides (*cf.* Tableau 2.17).

Tableau 2.17 – Les éléments énergétiques.

Éléments	Sources	Rôles
Les protéines	1. *Protéines animales :* – lait et produits laitiers ; – viandes, poissons, œufs. 2. *Protéines végétales :* céréales, légumineuses.	– Fabrication des tissus du corps. – Croissance (apport d'acides aminés).
Les glucides	1. *Glucides complexes :* – féculent des céréales : l'amidon. 2. *Glucides simples :* – sucre du lait : le lactose ; – sucre des fruits : le fructose ; – sucre ordinaire : le saccharose.	– Énergie musculaire. – Fonctionnement cérébral.
Les lipides	1. *Lipides animaux :* – lait et produits laitiers ; – viandes, poissons, œufs. 2. *Lipides végétaux :* – huiles végétales (tournesol, olive, arachide...) ; – margarines.	– Énergie (thermorégulation). – Absorption des vitamines liposolubles (A, D, E, K). – Croissance cérébrale (*apport d'acide linoléique*).

a. Les apports énergétiques

Chacun des éléments énergétiques fournit un certain nombre de kilocalories ou kilojoules (1 kilocalorie = 1 kcal = 4,18 kJ) :

- 1 gr de protides : + 17 kJ ;

- 1 gr de glucides : + 17 kJ ;
- 1 gr de lipides : + 38 kJ.

B. Les besoins en éléments non énergétiques

L'alimentation doit fournir à l'organisme, tous les jours, des éléments non énergétiques indispensables, qui permettent l'utilisation des autres éléments. Ce sont les éléments minéraux, les vitamines, l'eau et les fibres (*cf.* Tableau 2.18).

Tableau 2.18 – Les éléments non énergétiques.

Éléments	Sources	Rôles
I. Les éléments minéraux. Ils n'apportent aucune kCal mais sont indispensables à la croissance : • Calcium ; • Phosphore ; • Fer.	– Lait, produits laitiers. – Foie, viandes, œufs, légumes verts.	– Ossification. – Antianémique.
II. Les vitamines. Elles sont essentielles à la vie. Elles aident à l'utilisation des autres aliments.		Les vitamines permettent le métabolisme des lipides, protides, glucides.
1. *Les liposolubles* : • vitamine A, • vitamine D, • vitamine E, • vitamine K.	– Lait (+ carottes et légumes verts). – Poisson. – Foie (+ huiles végétales). – Œuf.	– Antirachitique (vitamine D). – Croissance physique et cérébrale. – Antihémorragique (vitamine K).
2. *Les hydrosolubles* : • vitamine C, • vitamine B (B1, B2, B6, B9, B12).	– Fruits acides (+ crudités). – Céréales (+ lait, poisson, foie, œuf).	– Anti-infectieux, antifatigue. – Croissance physique et cérébrale.
III. L'eau. L'apport d'eau est très important (évite la déshydratation).	– Eau de boisson. – Eau minérale[a].	– Transport des aliments. – Évacuation des déchets.
IV. Les fibres.	– Légumes et fruits.	Régulation du transit.

Cette liste n'est pas exhaustive. Nous avons volontairement simplifié le tableau pour une mémorisation plus facile.

a. *L'eau minérale*. Les experts estiment que le taux de nitrates contenus dans l'eau doit être le plus bas possible.

2 Des aliments de chaque « groupe »

Les aliments sont classés en six grands groupes. Les aliments d'un même groupe possèdent des caractéristiques communes, ce qui permet de les remplacer l'un par l'autre, et donc de varier les menus.

A. Bien connaître chaque groupe

a. Les règles à respecter pour équilibrer les menus

Il faut proposer à chaque menu des aliments de chaque groupe (*cf.* Tableau 2.19).

Tableau 2.19 – Les groupes d'aliments.

Différents groupes d'aliments		Principaux éléments énergétiques	Principaux éléments non énergétiques
N° 1	Lait et produits laitiers.	– Protéines animales. – Lipides animaux.	– Vitamines A, B, D. – Minéraux (Ca, phosphore). – Eau.
N° 2	Viande, poisson et œuf.	– Protéines animales. – Lipides animaux.	– Vitamines A, D, B12. – Fer (viande, œuf). – Phosphore (poisson).
N° 3	Féculents.	– Glucides complexes (amidon). – Protéines végétales.	– Vitamine B. – Fibres. – Minéraux (potassium).
N° 4	Végétaux frais.	Glucides simples variés (fructose, glucose).	– Vitamines C, A. – Fibres. – Minéraux (potassium). – Eau.
N° 5	Corps gras (d'origine animale et végétale).	– Lipides animaux. – Lipides végétaux.	Vitamines A, D, E.
N° 6	Produits sucrés.	– Glucides simples. – Saccharose (sucre).	
N° 7	Eau (apports variables).		Minéraux (variables selon l'origine de l'eau).

b. Les erreurs à éviter

Il faut éviter :

- l'association de légumes secs et de charcuterie = *digestion difficile* ;
- l'apport de deux plats de féculents (riz, pâtes) = *déséquilibre nutritionnel* ;
- l'association de deux produits laitiers ou de deux fruits ou de deux fruits féculents[1] + une tarte = déséquilibre nutritionnel.

→ *Étude de cas*

Le repas de midi de Jean (AMP) au « self » (*cf.* Tableau 2.20)

Jean (35 ans) est AMP. Il déjeune tous les jours au self. Son menu de mardi midi est présenté dans le tableau 10 ; il a coché les apports des différents aliments qui le composent et leur groupe d'appartenance. *Jean* est satisfait. Il nous dit que son alimentation est équilibrée, car elle contient des aliments de chaque groupe.

1. La banane est un exemple de « fruit féculent » ; ce fruit contient de l'amidon (comme la farine de la tarte).

Tableau 2.20 – Le menu du déjeuner de Jean.

Menu du déjeuner	Protides	Glucides	Lipides	Minéraux	Vitamines	Groupes des aliments
Entrée – carottes crues…				X	X	N° 4
Plat central – steak grillé ; – purée de pommes de terre… – …au beurre	X	 X	X X	 X	 X	N° 2 N° 3 N° 5
Dessert – yaourt ; – fraises.	X	X X	X		X X	N° 1 N° 4 et 6
– eau. – pain (1 tranche).		 X		X		N° 7 N° 3

B. Des rations alimentaires adaptées à chaque individu

Les apports alimentaires doivent correspondre à des quantités précises d'aliments, en fonction du type d'individu concerné. On parle donc de ration énergétique quotidienne. Elle est calculée en kilojoules (kJ)
Rappel : 1 kilocalorie (ou kCal) = 4,18 kJ.

a. La ration alimentaire de l'adulte de référence

La ration énergétique quotidienne a été étudiée pour un adulte de référence, c'est-à-dire un adulte à activité habituelle, elle varie en fonction du sexe :

- *ration de l'homme* : 11 300 kJ/24 h ;
- *ration de la femme* : 8 400 kJ/24 h.

La ration énergétique de l'adulte de référence est répartie sur 24 h entre les différents apports alimentaires. Nous les avons regroupés dans le tableau ci-après.

Tableau 2.21 – Quantités moyennes d'aliments à consommer par 24 h pour l'adulte de référence.

N°	Groupes d'aliments	Aliments	Homme	Femme
1	*Produits laitiers*	Lait Fromage	250 gr 60 gr	250 gr 60 gr
2	*Aliments protidiques (VPO)*	Viande, poisson, œuf	160 gr	140 gr
3	*Produits féculents cuits* + pain	Légumes secs Riz Pâtes	350 gr	230 gr
4	*Légumes et fruits frais* a) Légumes cuits b) Fruits (crus ou cuits)	 Carottes, haricots verts, navets Pommes, poires…	 400 gr 250 gr	 350 gr 300 gr
5	*Corps gras*	Beurre Huile	25 gr 35 gr	20 gr 25 gr

Tableau 2.21 – Quantités moyennes d'aliments à consommer par 24 h pour l'adulte de référence. (suite)

N°	Groupes d'aliments	Aliments	Homme	Femme
6	*Produits sucrés*	Confiture	30 gr	15 gr
7	*Boissons*	Eau	1 l à 1,5 l	1 l à 1,5 l
	Rations énergétiques/24 h		11 300 kJ	8 400 kJ

▶ Proposition d'un menu équilibré

À titre d'exemple, nous vous proposons le menu du lundi pour une femme de 30-40 ans à activité habituelle (*cf.* Tableau 2.22). Ce repas est dans l'ensemble assez énergétique et riche en nutriments fondamentaux (protides, lipides, glucides, vitamines, minéraux, fibres).

Tableau 2.22 – Repas complet de midi (5 plats) pour une femme (30-40 ans) à activité habituelle.

Composition du repas	Apports alimentaires	Apports nutritionnels	Apports énergétiques
– Entrée – Plat central – Garniture + complément – Fromage – Dessert – Pain – Eau	– Salade de tomates – Viande de veau – Pommes de terre – beurre – Camembert (1 portion) – 1 agrume (orange) – Complet (si possible) – Plate	– Minéraux, vitamines, fibres – Protéines animales – Glucides (amidon) – Lipides, vitamines – Calcium, protéines – Vitamine C, glucides, fibres – Glucides (amidon), fibres, vitamines B – Sels minéraux	100 gr = 80 kJ 100 gr = 450 kJ 200 gr = 700 kJ 10 gr = 350 kJ 30 gr = 400 kJ 170 kJ 60 gr = 600 kJ
			Total = 2 750 kJ

b. La ration alimentaire de la personne âgée

Les rations alimentaires des personnes âgées sont difficiles à fixer car les différences d'âge, d'activités physiques et l'association de certaines pathologies compliquent l'établissement des apports conseillés. Toutefois, nous devons privilégier l'apport de certains aliments (*cf.* Tableau 2.23).

Tableau 2.23 – Rations alimentaires par 24 h pour les personnes âgées.

Groupes d'aliments	Quantités	Conseils d'hygiène alimentaire
1. Produits laitiers : – Lait ; – Fromage.	 1/2 litre 30 à 40 gr	 – Lait écrémé (de préférence). – Gruyère râpé dans les plats (ou fromage frais ou yaourts en alternance).
2. Aliments protidiques : – Viande ; – Poisson ; – Œuf.	100 gr	Proposer des viandes grillées ou rôties (éviter l'apport de graisses cuites difficiles à digérer).

Tableau 2.23 – Rations alimentaires par 24 h pour les personnes âgées. (suite)

Groupes d'aliments	Quantités	Conseils d'hygiène alimentaire
3. Produits féculents et sucrés : – Pain ; – Pâtes, riz…	 150 gr 250 gr	 – Pain tendre ou biscottes trempées. – Ne pas abuser de légumes secs (car difficiles à digérer).
4. Légumes et fruits frais : – Crus ; – Cuits.	 50 gr 200 gr	 – Râpés (si difficultés de mastication). – Bien cuits et peu fibreux.
5. Corps gras : – Huile ; – Beurre.		 – Éviter l'apport de graisses cuites. – Limiter les plats riches en matière grasse.
6. Produits sucrés. (gâteaux…)	60 gr	– Ne pas abuser de sucreries.
7. Boissons : – Eau (plate de préférence) ; – Infusions (tilleul…) ; – Vin ; – Café, thé…		 – Proposer eau et infusions à volonté (car la boisson apporte des minéraux et prévient la déshydratation). – Proposer au cours du repas une petite quantité de vin (car apport énergétique). – Proposer le café (ou le thé) après le repas du midi (car il favorise le péristaltisme intestinal).

C. Des apports alimentaires bien répartis dans la journée

La répartition des apports alimentaires dans la journée varie selon l'âge et l'état de santé de l'individu. Généralement, cette ration énergétique (ou calorique) doit être répartie sur trois ou quatre repas.

a. Le petit déjeuner (25 % de la ration calorique quotidienne)

Il doit être consistant car il doit reconstituer les réserves de l'organisme après le long repos de la nuit. Il doit comprendre :

- un produit laitier (lait) ;
- des féculents (pain ou biscottes) ;
- du beurre cru ;
- des produits sucrés (confiture ou miel) ;
- un jus de fruit frais ;
- une boisson (thé ou café léger).

b. Le déjeuner (30 à 40 % de la ration calorique quotidienne)

Il doit comprendre :

- une entrée : crudités ;
- un plat protidique (viande, poisson ou œuf) ;
- un plat d'accompagnement (légumes cuits ou féculents) ;
- un dessert :
  - apport lacté (fromage ou entremets),
  - un fruit (cru ou cuit)[1] ;

1. Si un fruit cru est proposé à midi, on peut proposer un fruit cuit le soir (selon les goûts de la personne).

- de l'eau ;
- du pain.

c. Le repas du soir (15 à 35 % de la ration calorique quotidienne)

Sa composition doit tenir compte de celle du repas de midi. Il doit comprendre :

- une entrée : potage de légumes (en remplacement de la crudité) ;
- un plat protidique, la ration est répartie entre les deux repas principaux (2/3 le midi et 1/3 le soir) ;
- un plat d'accompagnement : légumes cuits ou féculents (si le convive a eu des féculents à midi, il recevra des légumes cuits le soir) ;
- un dessert :
  - un apport lacté (fromage, yaourt ou entremet),
  - un fruit (cru ou cuit) ;
- de l'eau ;
- du pain.

d. Le goûter (15 à 20 % de la ration calorifique)

Il constitue un repas facultatif, mais conseillé[1]. Il doit comprendre :

- un produit laitier (lait ou yaourt) ;
- un féculent (pain, gâteau, biscuit) (plus éventuellement un fruit).

D. Des erreurs alimentaires à éviter

Les erreurs alimentaires sont le *résultat des différentes habitudes concernant l'alimentation.* Il faut essayer de les repérer et de les éviter, car elles peuvent avoir des conséquences préjudiciables sur la santé (*cf.* Tableau 2.24). Le professionnel chargé de l'alimentation d'une personne pourra, par un simple dialogue, voir ce qu'il pourrait améliorer. Si la personne suit un régime, il devra obligatoirement se référer à une prescription médicale.

Tableau 2.24 – Erreurs alimentaires à éviter et leurs conséquences sur la santé.

Erreurs à éviter	Conséquences sur la santé	Conseils d'hygiène alimentaire
Mauvaise répartition des prises alimentaires dans la journée[a].	– Hypoglycémie. – Fatigue. – Mauvaise digestion. – Somnolence.	Habituer progressivement la personne à un nouveau rythme alimentaire.
Excès de corps gras.	– Risque d'obésité. – Risque de cholestérol.	– Diminuer charcuteries, viandes et fromages gras. – Ne donner que du beurre cru (pas de graisses cuites). – Limiter les fromages gras.
Excès de sucres.	– Obésité. – Hyperglycémie.	Éviter les gâteaux et bonbons.

1. Le goûter est conseillé plus particulièrement pour les enfants, les personnes âgées, les personnes fragilisées, les personnes qui ont peu d'appétit et celles qui ont de lourdes charges professionnelles.

Tableau 2.24 – Erreurs alimentaires à éviter et leurs conséquences sur la santé. (suite)

Erreurs à éviter	Conséquences sur la santé	Conseils d'hygiène alimentaire
Excès de sel.	Hypertension artérielle (chez les sujets prédisposés)	– Ne pas trop saler – Utiliser des aromates
– Excès de protides (animaux). – Non-consommation de poisson et d'œuf.	– Urémie. – Troubles hépatiques.	– Varier les sources de protéines animales (viande, poulet, jambon…). – Proposer du poisson et des œufs (1 à 2 fois par semaine).
– Insuffisance de fibres. – Troubles du transit intestinal.	Constipation.	Apporter des fibres alimentaires (céréales, pain complet) et des crudités.
Insuffisance de produits laitiers.	Carence en calcium.	– Introduire du lait dans beaucoup de préparations (purée, crème). – proposer à chaque repas des fromages et des yaourts.
Insuffisance de boissons.	Déshydratation.	Boire au moins 1,5 L d'eau par jour.

a. *Ex.* : pas de petit déjeuner, déjeuner et dîner trop importants.

3. Le sommeil

Le sommeil revêt une importance particulière, il assure la détente physique et psychique de la personne. L'AMP mettra tout en œuvre pour que le sommeil, ou le repos de la personne, se déroule dans les meilleures conditions.

1 L'installation de la personne (le lit, la literie)

L'inconfort de la personne lors du sommeil risque d'avoir des conséquences néfastes. Un lit mal fait, des draps mal ou trop tirés, des oreillers mal placés peuvent entraîner des mauvaises positions, des crampes, des irritations locales.
En revanche, le confort d'un bon lit, le choix et l'hygiène de la literie, favorisent un sommeil de qualité. Il faut également veiller à l'achat d'un matériel adapté :

- un matelas ferme ou un matelas anti-escarre ;
- un support suffisant pour le dos (oreillers) ;
- une literie soutenue par un arceau (pour éviter une mauvaise position des pieds) ;
- une table adaptable et une table de nuit.

Pour favoriser un repos ou un sommeil de qualité, il peut être nécessaire de :
- vérifier l'état des alèses et des taies d'oreillers et, si besoin, de les changer ;
- aérer la pièce.

2 Les changements d'alèse, de taie

A. Le changement des alèses

Il est nécessaire d'expliquer à la personne préalablement les gestes à faire et coordonner ses mouvements.
Cette technique demande de tourner la personne sur le côté. Il faut économiser au maximum ses mouvements, déplacements et efforts :
- adopter les « bonnes positions » afin de limiter ses efforts et protéger son dos (se référer au cours d'ergonomie) ;
- préparer des alèses propres « en rouleau » ;
- enlever la literie de dessus, la poser sur la chaise ;
- changer les alèses en les roulant sur le matelas ;
- remettre la literie de dessus, la border, installer confortablement la personne ;
- ranger le matériel et la chambre ;
- se laver les mains (ou utiliser la SHA).

B. Le changement des taies d'oreillers

- Avertir la personne préalablement.
- Enlever la taie sale et la remplacer par une taie propre.
- Retourner la taie propre sur l'envers :
  - glisser les mains à l'intérieur,
  - saisir deux coins de l'oreiller,
  - retourner la taie sur l'oreiller,
  - secouer l'oreiller pour répartir le garnissage.
- Se laver les mains (ou utiliser la SHA).
- Aérer la pièce (si besoin).

Le rôle de l'AMP

L'AMP doit :
– demander la participation de la personne : lui expliquer les différentes phases de la réfection du lit pour qu'elle se sente en sécurité ;
– si la personne a transpiré ou si les taies sont souillées, il est vivement conseillé de les changer pour améliorer son bien-être ;
– secouer l'oreiller à l'extérieur de la chambre (par la fenêtre si possible) ;
– veiller à couvrir la personne lors de l'aération de la pièce.

3 La réfection du lit

La réfection du lit se fait tous les jours, afin d'assurer l'hygiène et le confort de la personne pour le repos et le sommeil (nous voyons ci-après la réfection du lit non occupé).

Tableau 2.25 – Réfection du lit non occupé.

Matériel	Procédure	Illustrations
– Le matériel propre : • drap ; • alèse ; • taie.	– Se laver les mains. – Aérer la chambre.	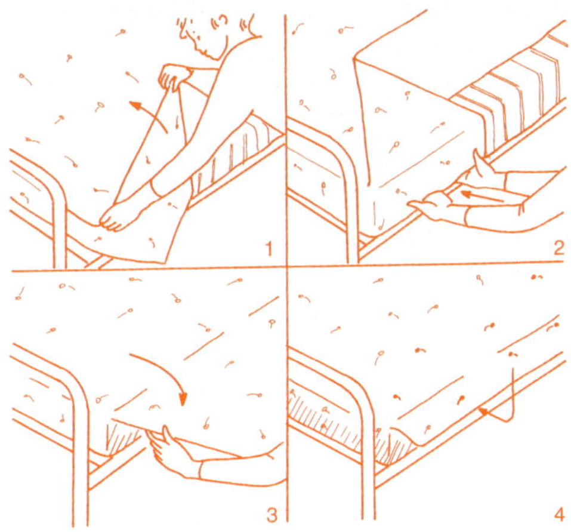 a – Technique des coins au carré
– Sac à linge sale.	– Défaire le lit : déposer le linge sale dans le sac prévu à cet effet ; – Refaire le lit : • chaque pièce de linge est déposée une à une au centre du lit puis dépliée, • border le drap de dessous puis l'alèse, • border ensemble la literie de dessus, • changer la taie d'oreiller ; – Faire les « coins au carré » et le pli d'aisance.	
– Nettoyant-désinfectant + lavette.	– Nettoyer-désinfecter le matériel. – Se laver les mains. – Fermer la fenêtre.	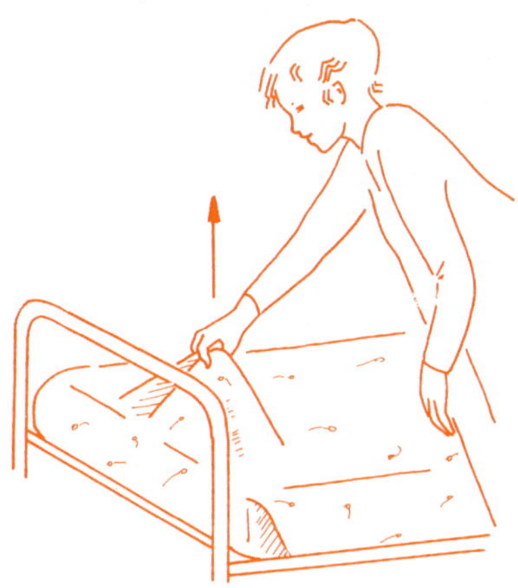 b – Pli d'aisance

4 Les conditions favorables à l'endormissement

A. Les critères d'hygiène et de confort

Un sommeil de qualité est indispensable au bien-être physique et moral de la personne. Tout doit être mis en œuvre pour l'aider à bien dormir :

- pièce aérée et pas trop chauffée ;
- obscurité ou demi-obscurité ;
- atmosphère calme ;
- chambre propre et régulièrement aérée ;
- installation correcte du lit ;
- lit fait correctement, propre et sans plis ;
- alèses changées ;
- taies renouvelées.

B. Les objets de « 1re nécessité »

Il est important que la personne conserve toujours à portée de main certains objets dits de première nécessité. Citons plus particulièrement :

- le réveil ;
- l'interrupteur pour éclairer la nuit (si besoin) ;
- le téléphone (et les numéros de téléphone d'urgence) ;
- l'eau et un verre ;
- les objets personnels (lunettes, radio, livres, télécommande, etc.).

Le rôle de l'AMP

Règles d'hygiène, de sécurité, de confort et de respect de la personne

L'AMP doit :

– vérifier l'état de la personne, c'est-à-dire la questionner avant le repos de la nuit, sur ses besoins ;
– prendre en compte ses demandes, apaiser ses angoisses ;
– répondre aux appels très rapidement ;
– rester disponible et satisfaire ses besoins (*Ex.* : besoin de boire, de lire, d'aller aux WC…) ;
– vérifier la présence des objets de première nécessité.

4. Les notions de soins aux défunts

Au cours de notre vie professionnelle, nous sommes amenés à assister des personnes en fin de vie et à donner des soins aux défunts. Nous devons respecter leurs traditions et leur religion. La société occidentale est marquée par la religion chrétienne, mais nous sommes de plus en plus confrontés à des pratiques différentes propres à d'autres religions.

1 Respecter la culture religieuse des personnes

En collaboration avec les autres soignants, l'AMP doit :

- *respecter les pratiques religieuses* des personnes, éviter de les critiquer – même si elles semblent curieuses –, mais plutôt chercher à comprendre leur signification et dialoguer, échanger, montrer de l'intérêt et se faire expliquer leurs différents aspects ;
- *essayer de connaître les désirs* des personnes concernant la présence d'un représentant du culte. Peu de gens expriment spontanément leur souhait dans ce domaine, il existe une certaine pudeur face à l'expression de ce désir, seule une relation sincère et chaleureuse peut aider la famille à en parler.

2 Respecter la demande des familles pour la toilette

- Les soignants doivent toujours demander à la famille si elle souhaite réaliser elle-même la toilette du défunt et respecter son choix.
- Les soins pour la « conservation du corps humain » sont pratiqués par un « thanatopracteur » (ces soins se font à la demande). Certaines religions refusent ces soins, en particulier la religion islamique. Les juifs les tolèrent sous certaines conditions, et les chrétiens ne s'y opposent pas. Pour pratiquer ces soins, il faut injecter un produit conservateur dans le circuit sanguin pour bloquer les réactions chimiques du corps survenant après la mort. Le thanatopracteur draine aussi les liquides et injecte un produit aseptisant.

Chapitre

6

Les dimensions affectives, éducatives, sociales et culturelles des situations d'accompagnement

La culture est en constante évolution au cours d'une vie. Toutefois, la personne reste souvent fidèle aux valeurs sociales, religieuses, philosophiques de son groupe social, dit groupe socioculturel. L'AMP veillera à respecter la culture des personnes.

1 Les divers aspects de la culture

La culture d'une personne touche des domaines très divers ; à titre d'exemples, cela concerne :

- le rapport au corps (les vêtements, les soins, la sexualité...) ;
- les valeurs « sociales », les goûts, les idées (par exemple : l'éducation des enfants, les choix alimentaires, etc.) ;
- la langue : les expressions régionales ;
- les croyances : la religion, la pratique religieuse, les traditions sociales.

La culture concerne donc l'*identité* de la personne. On parle donc dans ce cas de « racines *culturelles* ». C'est donc important pour le patient de préserver toutes ces traditions culturelles pour ne pas perdre ses repères, mais il faut garder une ouverture d'esprit vers celui qui est « différent ».

Il faut savoir qu'il n'y a pas de hiérarchie dans les cultures, il n'existe pas une culture « noble » et une autre « inférieure ». Ce qui qualifie la culture, c'est la façon dont la personne se sent à l'aise dans ce qu'elle croit, et la façon dont elle peut la partager avec son groupe social.

2 La connaissance et le respect de la culture d'autrui

Dans sa pratique, l'AMP est amenée à rencontrer des populations différentes et donc à faire face à toutes ces situations. Il doit comprendre la culture de celui qu'il est amené à accompagner.

- *Pour un enfant ou un adolescent handicapé*, le « groupe social » est surtout le groupe familial. Dans ce cas, il faut prendre en compte ses goûts, mais aussi ceux de son environnement familial qui est le premier groupe de référence pour la construction de son identité.

- *Pour la personne âgée*, il s'agit d'être à l'écoute de sa culture et d'en favoriser la reconnaissance et l'expression.
- *Pour les personnes handicapées vivant en institution*, l'AMP doit favoriser leur sentiment d'appartenance à un groupe par le partage des mêmes goûts, des mêmes comportements quotidiens, des mêmes conduites sociales. Il est important pour l'AMP de comprendre la personne accompagnée. Pour cela, l'AMP doit :

A. S'informer sur la culture des personnes

- Auprès de la *famille* : quels ont été l'éducation et l'environnement de la personne au sein de la famille ?
- Auprès des *établissements* où la personne a vécu auparavant : quelles ont été les habitudes de la vie quotidienne ?

B. Respecter les choix culturels

Il s'agit aussi de respecter les « racines culturelles » des personnes déjà établies dans tous les domaines : musique, télévision, cinéma, etc. Il s'agit pour l'AMP de favoriser l'échange culturel, sans chercher à mettre en place des « animations » qui pourraient faire passer ses propres goûts avant celles des personnes dont il s'occupe.

C. Enraciner la culture, la développer

L'AMP saura ouvrir une éducation à la culture en proposant des activités nouvelles aux personnes (par exemple des visites d'expositions, de musées, de monuments) après concertation avec la responsable et l'équipe.

Chapitre 7

La notion d'amélioration du cadre de vie, d'ergonomie, d'hygiène et de sécurité

1 La définition

L'ergonomie a pour but de contribuer à réduire et, si possible, à *prévenir les effets nocifs des conditions de travail sur l'organisme*.
Elle étudie l'activité de travail, afin de contribuer à la conception de techniques et de matériels adaptés aux caractéristiques physiologiques des êtres humains, avec des critères de santé et d'efficacité.

2 L'origine de la fatigue musculaire

La fatigue musculaire peut être induite par deux types de travail :

- *le travail statique*, dû au *maintien d'une position* grâce à une *contraction musculaire constante* (posture). La circulation est ralentie, entraînant une accumulation de déchets produits par le muscle (dioxyde de carbone et acide lactique), ainsi qu'une mauvaise alimentation du muscle en glucose et en oxygène ;
- *le travail dynamique,* dû à la *succession de contractions* et de *décontractions* du muscle (geste). La circulation est normale dans les phases de décontraction : la fatigue apparaît moins vite *(cf.* tableau 2.26).

Sur les figures, nous associons à chaque muscle le type de travail musculaire correspondant aux deux types de travail.

Tableau 2.26 – Le travail musculaire.

Schémas	Type de travail correspondant	Situations
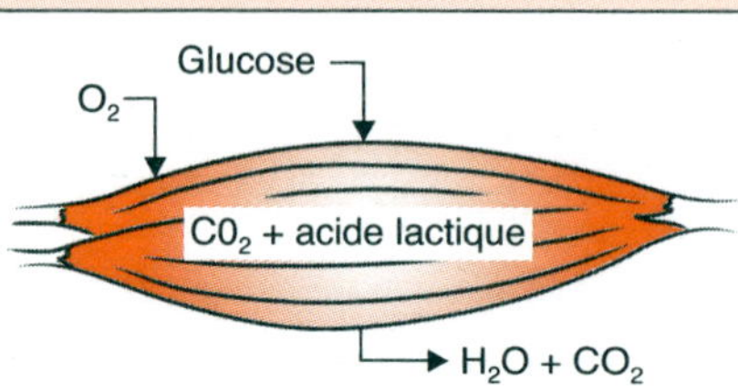	Travail statique	Contraction musculaire constante.

Tableau 2.26 – Le travail musculaire. (suite)

Schémas	Type de travail correspondant	Situations
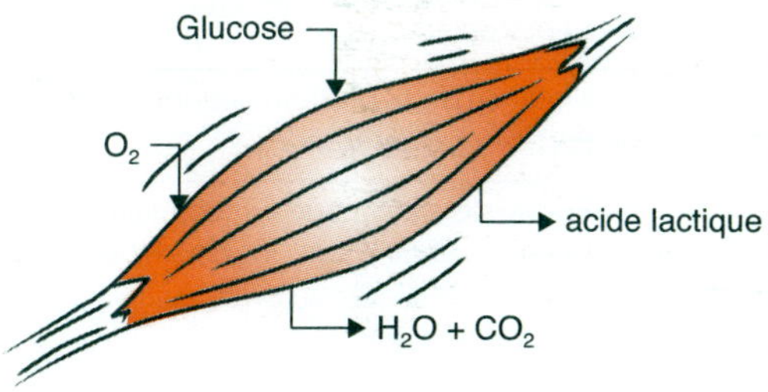	Travail dynamique	Les contractions musculaires se succèdent, s'arrêtent et recommencent à un rythme soutenu.

→ *Étude de cas*

Deux situations de travail à domicile

• **Léa, 35 ans** s'occupe de *madame Y.* qui est non-voyante et vit avec deux de ses sœurs plus âgées (*cf.* Figure 2.3).

– Léa doit être très vigilante, en particulier, elle doit éviter de déplacer des objets sans avertir *madame Y.* car celle-ci ne peut pas les retrouver et elle peut se blesser en se déplaçant. Léa s'occupe du ménage, du linge et du repassage. Léa travaille toujours debout et se baisse souvent au cours du travail journalier.

• **Léo, 42 ans** s'occupe de *monsieur A.* qui a une sclérose en plaques avancée (il pèse 95 kg).

– Léo aide *monsieur A.* à se lever, à s'habiller, à faire sa toilette. Il s'occupe aussi de l'entretien de son logement, fait les courses et prépare à manger. *Monsieur X.* est lourd et Léo a de grandes difficultés à l'aider au lever et au coucher. Il a demandé au médecin de *monsieur X.* une prescription pour un lit médicalisé et un lève-personne.

Fig. 2.3 – Léa se baisse souvent au cours de son travail journalier.

Tableau 2.27 – Observation et analyse des gestes et postures des deux exemples ci-dessus.

	Léa	Léo
Les gestes (activités dynamiques)	– Flexion du corps (flexion-extension). – Déplacements +++	– Flexion du corps (flexion-extension). – Port de charges lourdes. – Déplacements +++
Les postures (activités statiques)	– Maintien de la position debout constante. – Courbée (lors de la réfection des lits).	– Maintien de la position debout constante. – Port de charges lourdes.
Les conséquences possibles sur l'organisme	– Troubles circulatoires aux jambes. – Douleurs au dos. – Courbatures. – Fatigue.	– Risque de « claquage » musculaire. – Douleurs dans le dos, les bras et les jambes. – Courbatures. – Fatigue.

3 Les accidents dorsolombaires ou TMS

Les accidents dorsolombaires, aujourd'hui appelés plus souvent troubles musculosquelettiques (TMS) sont très fréquents et ont un impact important sur la santé et la qualité de la vie de la population. Les lombalgies se trouvent en tête de liste de ces troubles.

A. La lombalgie (ou lumbago)

La lombalgie est une douleur localisée dans le bas du dos (*cf.* Figure 2.4). Elle est la manifestation de multiples affections de la colonne lombaire et elle représente le premier motif de consultation rhumatologique et est à l'origine de nombreux arrêts de travail. Après un temps plus ou moins long de travail, suite aux compressions/vibrations constantes, le disque lombaire se déshydrate, son épaisseur diminue et une douleur sourde apparaît. Si la personne se couche, le disque n'est plus en compression, l'hydratation du disque est à nouveau possible et la douleur cesse. Le cycle peut se répéter.

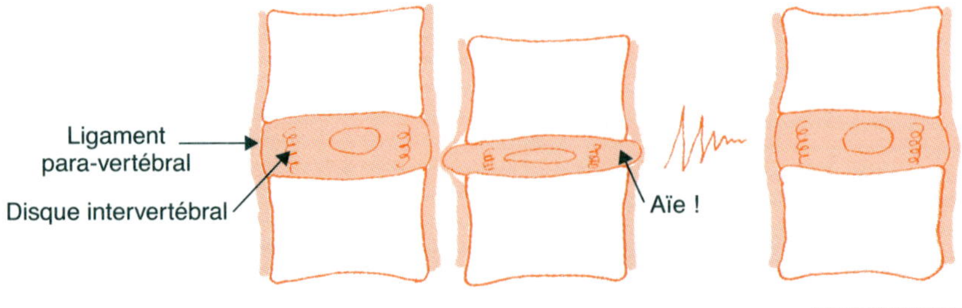

Fig. 2.4 – La lombalgie.

B. Le tassement de disques

Porter un poids important et de façon répétée tasse les disques (*cf.* Figure 2.5). Un temps de récupération est toujours nécessaire pour revenir à la position initiale. Si ce temps de récupération n'est pas respecté ou si le poids est porté longtemps, les disques se tassent définitivement ! Ce phénomène arrive naturellement avec l'âge (usure physiologique). À 80 ans, 8 à 10 cm sont perdus par rapport à la taille à 20 ans. Le surpoids contribue aussi au tassement des disques.

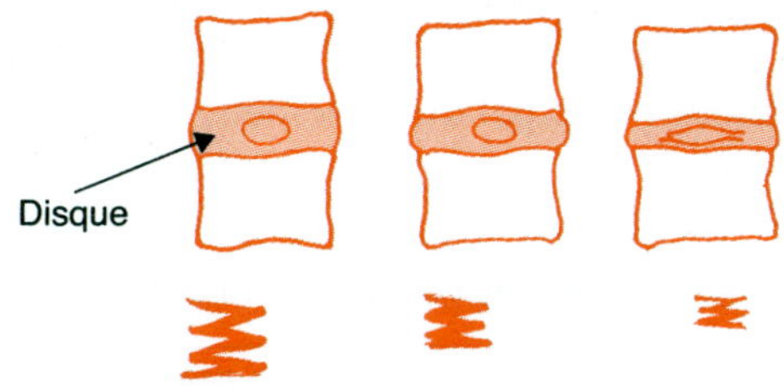

Fig. 2.5 – Le tassement.

C. La hernie discale

Les mouvements effectués en se penchant en avant poussent le noyau pulpeux en arrière (*cf.* Figure 2.6). Si le mouvement est brusque, soudain, ou si le poids est important, il peut déchirer l'anneau fibreux du disque et se « faufiler » jusqu'à la moelle épinière. C'est le mécanisme de la hernie discale.

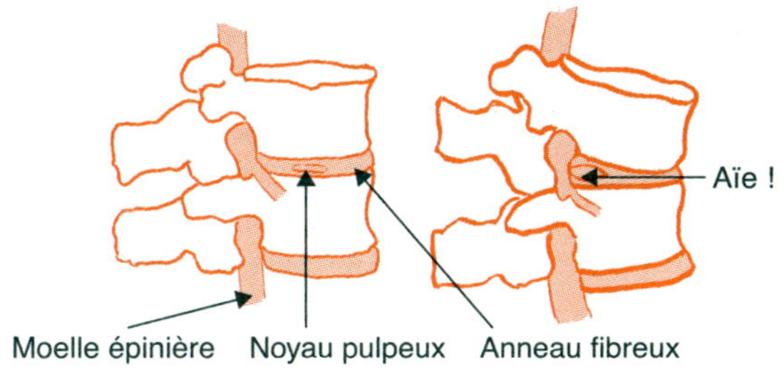

Fig. 2.6 – La hernie discale.

D. La sciatique

La sciatique résulte le plus souvent d'une hernie discale, venant comprimer ou bloquer la racine d'un nerf. Les mouvements d'inclinaison latérale, résultant souvent de charges déséquilibrées, aggravent ce risque. C'est le mécanisme du syndrome sciatique.

Le rôle de l'AMP

L'AMP, avant de commencer un travail, doit se poser deux questions :
– que dois-je faire pour que mon travail *ne nuise pas à ma santé* ?
– que dois-je faire pour que mon travail *ne nuise pas à la santé de l'autre* ?

4 La prévention des facteurs de risques

Citons les principaux facteurs de risque : le port de charges, les mauvaises postures, les faux mouvements. Dans le cadre de la prévention, l'AMP veillera à respecter un certain nombre de mesures de prévention.

A. Limiter le port de charges

Le port de charges est le facteur principal du tassement des disques. Des normes sont élaborées pour éviter ce risque.

Tableau 2.28 – Les normes Afnor de la sécurité au travail.

Âge et sexe des personnes	Charge maximum
Homme de 18 à 25 ans	30 kg
Homme de 45 à 65 ans	25 kg
Femme de 18 à 25 ans	15 kg
Femme de 45 à 64 ans	12 kg

B. Prévenir les mauvaises postures (ou anomalies posturales)

La fatigue dorsale peut être induite par trois anomalies posturales.

- *La scoliose* est une incurvation latérale anormale de la colonne vertébrale. Les causes sont essentiellement les mauvaises positions assises, le port unilatéral de charge…
- *L'hyperlordose* est l'exagération pathologique de la courbure naturelle de la partie lombaire de la colonne vertébrale. Les causes sont essentiellement le port de charges en avant, ou la pratique intensive de certains sports.
- *L'hypercyphose* est l'exagération pathologique de la courbure naturelle de la partie dorsale de la colonne vertébrale. Les causes sont essentiellement l'âge (personnes âgées) ou le port de charges sur le dos.

a. Adopter la Position universelle de sécurité (PUS)

La position de notre corps est déterminante pour éviter les faux mouvements. La Position universelle de sécurité (PUS) utilise davantage les muscles des membres inférieurs (les cuisses et les fessiers) et permet de préserver la colonne vertébrale, notamment la partie lombaire. Cette position assure une bonne stabilité.

- Les pieds sont légèrement écartés, à la largeur des épaules.
- Les genoux légèrement fléchis.
- Les hanches légèrement fléchies, le bassin en arrière.
- Le dos est plat.

b. Se préparer à l'effort

Il faut savoir prendre le temps de se préparer pour l'effort. Les mouvements brusques diminuent la protection naturelle de la colonne vertébrale et surprennent les muscles paravertébraux qui n'ont pas le temps de réagir et donc ne participent plus à la protection. En effet, les problèmes de lombalgie sont plus souvent liés à la rapidité et à la brutalité du mouvement qu'au poids déplacé.

c. Équilibrer les charges

Porter des charges déséquilibrées provoque une inclinaison latérale de la colonne vertébrale (notamment des lombaires). Cette position fragilise l'équilibre de la colonne vertébrale et augmente les risques d'accident dorsolombaire. Il faut équilibrer les charges de chaque côté du corps afin de préserver la symétrie de la colonne vertébrale et de réduire les accidents lombaires (*cf.* Figure 2.7).

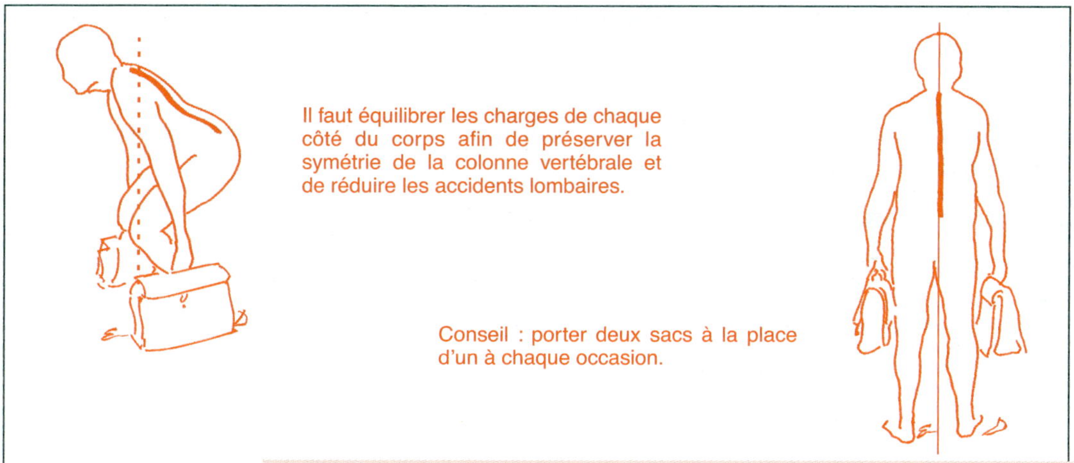

Fig. 2.7 – Préserver la symétrie de la colonne vertébrale. Équilibrer les charges de chaque côté du corps.

Le rôle de l'AMP, exercice pratique : Comment trouver la PUS ?

L'AMP doit :
– mettre les pieds parallèles écartés de la largeur des épaules environ ;
– répartir le poids du corps sur les deux pieds ;
– rentrer le ventre et serrer les fesses ;
– mettre le bassin et les genoux en légère flexion.
Cette position est la position de base par rapport à toutes les autres positions.

5 Les principes et règles de l'ergonomie

A. Les principes de l'ergonomie

Ils sont basés sur des règles de sécurité et de respect lors de la mobilisation de la personne. Il s'agit pour l'AMP de :

- *assurer la sécurité de la personne* : c'est la prévention des chutes, mais aussi l'installation de la personne dans le lit ou dans le fauteuil en évitant les attitudes vicieuses et les ankyloses ;

- *assurer sa propre sécurité :* c'est la prévention des lombalgies, le respect des règles d'ergonomie, l'estimation de ses forces et la sagesse de ne pas les dépasser ;
- *sécuriser l'espace de travail :* il s'agit d'observer l'environnement et d'enlever tous les obstacles qui peuvent être dangereux (câbles, appareils médicaux, tuyaux, sondes et perfusions…). C'est la prévention des accidents du travail.
- *respecter la personne et assurer son autonomie et son confort.* L'AMP veillera à :
  - stimuler la personne accompagnée. D'une part, il y aura renforcement de l'autonomie de la personne, d'où auto-satisfaction et d'autre part, une augmentation de l'efficacité de travail pour l'AMP,
  - avertir la personne et obtenir son accord. Il n'est pas possible de mobiliser (déplacer) une personne contre sa volonté. Il faut prendre le temps nécessaire pour la convaincre de l'utilité de votre action et la rassurer.

B. Les dix règles de l'ergonomie

Il y a dix règles essentielles concernant la manutention des personnes que l'AMP veillera à respecter.

a. Réfléchir avant d'agir

Si l'on n'est pas sûr de réussir la mobilisation, il ne faut pas la commencer et trouver une autre solution (utilisation d'un lève-personne, lit médicalisé, travail à deux…). Ceci répond au principe de sécurité de la personne et de sa propre sécurité. L'AMP devra se questionner sur les points suivants.

- Quelles seront les *prises efficaces et non traumatisantes* pour la personne ?
- Quels seront les *gestes et déplacements* à effectuer, etc. ?

b. Trouver la position d'équilibre

L'équilibre dépend de la *bonne position des pieds*. Les pieds portent tout le poids du corps et ils doivent avoir un écartement de la largeur du bassin. Un pied décalé vers l'avant, en fente, permet de résister à un déséquilibre du corps vers l'avant, l'arrière ou le côté. La surface ainsi obtenue entre les pieds est appelée « *polygone de sustentation* ». La verticale du centre de gravité doit se trouver dans ce polygone pour maintenir l'équilibre du corps.

c. Garder le dos droit

Quel que soit le mouvement ou la posture, il est indispensable de *verrouiller* la région lombaire pour bien protéger le dos. Cette position est maintenue par la contraction des *muscles abdominaux et le fléchissement des jambes.*

d. Se rapprocher de la charge à déplacer

Lorsque l'on doit soulever une personne, il faut travailler corps à corps, le plus près possible de l'axe central de gravité. Ne pas avoir peur d'être très proche de la personne à mobiliser ; elle se sent d'ailleurs rassurée par le contact physique. Plus on est près d'elle, plus c'est facile, plus on est loin, plus l'effort demandé est grand. De même, pour porter une charge, il est vivement conseillé de la porter contre soi.

e. Utiliser les membres inférieurs

Il faut travailler avec les muscles fessiers et les muscles des cuisses, qui sont les parties les plus fortes de notre corps et éviter de charger les lombaires. Les pivots (les charnières) pour plier le corps doivent rester les hanches et les genoux (position universelle de sécurité).

f. Se faire aider (aide humaine ou technique)

L'AMP qui devra soulever la personne devra préalablement *évaluer* ses forces ou se faire aider par la personne (participation à la manœuvre) ou utiliser une aide technique (*lève-personne*). Au moment de l'action, il faut compter : « Un, deux, trois » à haute voix, pour synchroniser son effort avec l'effort de la personne, mais aussi pour préparer son corps à l'effort.

Exemple

Une personne pesant 100 kg qui veut se lever, demande à ses muscles de soulever ce poids. Si ses muscles ne peuvent soulever que 50 kg, elle a alors besoin d'une aide pour soulever les 50 kg de différence.

g. Ménager ses efforts

Chaque fois que c'est possible, il faut remplacer l'effort vertical (soulever) par un effort horizontal (faire *rouler*, *glisser*, *pivoter*, *déplier* la personne). Autrement dit, utiliser le contrepoids.

h. Travailler en souplesse

Le mouvement doit être fluide (ne pas être brusque). Les mouvements brusques subits sont dangereux, car il n'y a pas eu assez de temps pour préparer les articulations et les muscles. La majorité des lombalgies aiguës sont dues à des mouvements brusques : perte d'équilibre, sursaut…

i. Entraîner son corps à l'effort

Malgré le savoir-faire et les aides techniques, les efforts physiques demandent un entraînement. Le travail quotidien implique une préparation quotidienne ! Le but de ces exercices est d'améliorer la coordination musculaire entre les muscles abdominaux et les paravertébraux. La durée de cet entrainement ne demande pas plus d'une dizaine de minutes, mais il doit être quotidien !

j. Veiller à bien se reposer après l'effort

Il est nécessaire de permettre à l'organisme de se reposer après des efforts physiques : le sommeil joue un rôle capital dans la récupération après l'effort. Un adulte doit dormir au moins 7 h. Il est préférable de dormir en reposant son dos, en évitant les oreillers durs et épais, dans un environnement frais et calme.
Dans la journée, des phases de repos et de relaxation sont conseillées (surtout après le repas) lorsque la pénibilité du travail le justifie.

6 L'application des règles d'ergonomie : les différentes prises manuelles

L'aide à la mobilisation ne peut pas se faire sans contact physique avec la personne, ce qui n'est pas un geste anodin. Le toucher porte en lui un sens profond psychologique de sécurité et d'intimité. Dans la vie, on ne se laisse pas toucher par n'importe qui ! Donc l'AMP ne peut pas être n'importe qui.

A. Les règles à respecter

L'AMP veillera à :

- avertir la personne avant la manœuvre manuelle ;
- lui expliquer la nature de la prise ;
- avoir des mains chaudes ;
- avoir des gestes doux, des mouvements souples ;
- ne pas utiliser la prise en pince, toujours plus traumatisante ;
- ne pas la tirer par les vêtements (c'est désagréable et peut être interprété comme un manque de respect) ;
- ne pas tirer un membre paralysé (c'est dangereux), mais l'accompagner en douceur ;
- choisir de préférence les endroits du corps les plus appropriés (les aisselles, les épaules, le bas du dos et les hanches).

Lors de la prise en pince (*cf.* Figure 2.8), le pouce de l'aidant serre et fait mal à la personne ! Les « petites » hémorragies sous-cutanées aux jambes et aux bras sont parfois dues au pouce de l'aidant.

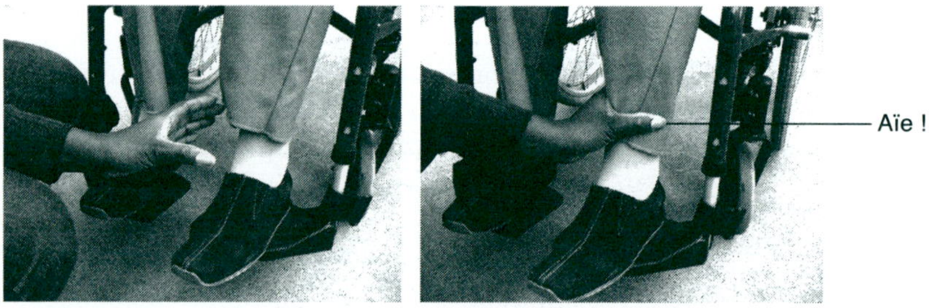

Fig. 2.8 – La prise en pince peut être traumatisante.

B. Les prises à adopter

Il y a différentes techniques de prise manuelle de la personne. Citons les principales.

a. La prise en cuillère

On appelle cette prise manuelle « prise en cuillère », car la main de l'aidant prend la forme d'une cuillère.

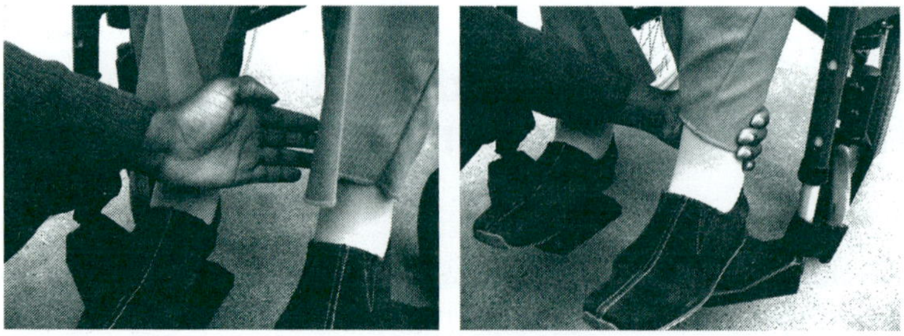

Fig. 2.9 – Prise en cuillère.

On peut l'utiliser pour :
- soulever un membre de la personne (*Ex.* : pied) ;
- soulever le siège ;
- changer la personne de position.

b. La prise en barre de coudes et de poignets

On peut utiliser cette prise pour :
- accompagner la personne à la marche. Elle assure une bonne stabilité ;
- soutenir le bras de la personne.

c. La prise en bretelles

C'est la prise pour le redressement par-derrière de la personne, dans le fauteuil. L'aidant doit :
- placer ses bras sous les bras de la personne ;
- croiser les bras de la personne sur le bas du ventre ;
- se mettre en PUS et garder le dos plat ;
- accompagner le mouvement : glisser le bassin de la personne en arrière (l'effort est horizontal !).

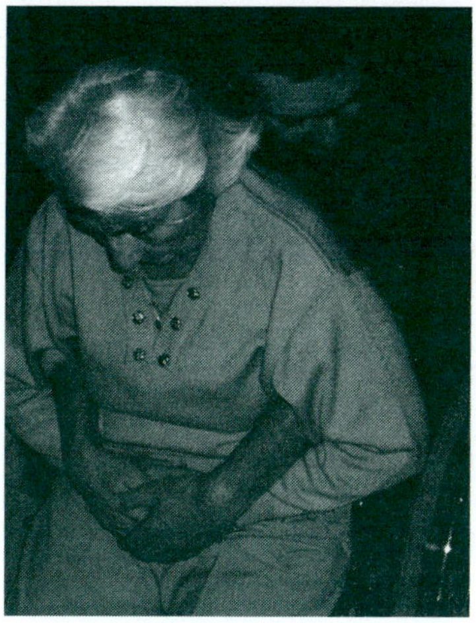

Fig. 2.10 – Prise en bretelles.

d. La position d'appui sur les genoux

Cette prise est utilisée pour le redressement par-devant de la personne dans le fauteuil et le transfert en position assise. L'aidant doit choisir un endroit du corps peu sensible.

Exemple

– Pour la personne, c'est la *fosse latérale* du genou.

– Pour l'aidant, c'est la *fosse médiane* du genou.

L'aidant doit serrer les genoux de la personne en biais. Il doit éviter de mettre ses genoux face à face à ceux de la personne, **car c'est plus douloureux.**
En cas de douleur dans les genoux, l'aidant doit utiliser un coussin ou un tissu (serviette) entre les genoux de la personne et les siens.

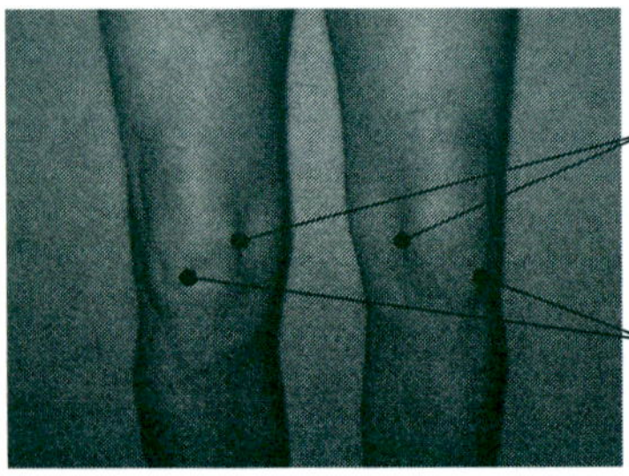

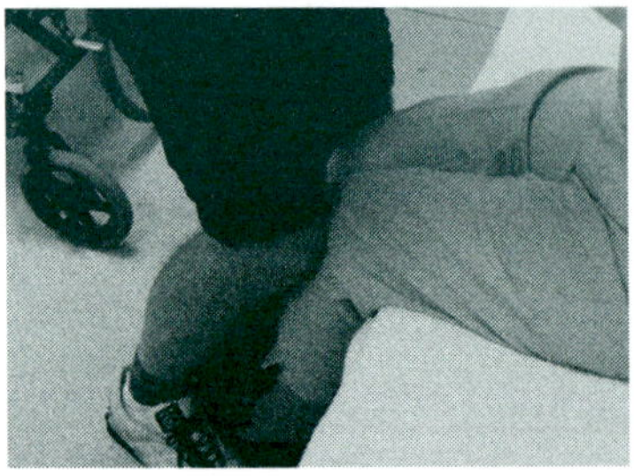

Fig. 2.11 – Position d'appui sur les genoux.

7 L'aide aux déplacements et aux transferts

A. L'aide manuelle à la marche et la prévention des chutes

Pour aider une personne qui a des difficultés de locomotion, l'aidant doit prendre certaines précautions et, avant tout, prévenir les risques de chutes.

a. Les règles à respecter

L'aidant doit :

- s'assurer d'avoir une autorisation médicale : le premier lever après une immobilisation se fait toujours en présence du médecin ou du kinésithérapeute ;
- s'assurer que la personne est prête psychologiquement et physiquement ;
- estimer sa capacité à faire le trajet et prévoir la possibilité de repos pendant le trajet (une chaise, un tabouret...) ;
- observer le trajet à parcourir et le dégager de tous les obstacles ;
- vérifier les chaussures, les lacets de la personne... ;
- pendant la marche, être attentif à la fatigue de la personne, à ses capacités et lui signaler chaque obstacle ;
- respecter le rythme de la personne, marcher à son pas.

b. Les techniques à adopter

Voyons quelques situations concrètes de mobilisations d'une personne.

▶ L'aide d'une personne à bonne mobilité

La personne a une bonne capacité physique et a besoin plutôt d'une aide psychologique (*cf.* Figure 2.12).

L'aidant doit :

- se positionner du côté préféré de la personne ;
- adopter la prise en support de bras. Cette prise donne un sentiment de sécurité à la personne, mais ne peut pas assurer la vraie sécurité.

Son rôle consiste plus particulièrement à :

- observer et dégager les obstacles ;
- avertir la personne des obstacles qu'on ne peut pas déplacer ;

1 2

Fig. 2.12 – Aide d'un patient à bonne mobilité.

- rassurer la personne ;
- être attentif à sa fatigue.

▶ **L'aide à une personne qui marche avec une canne** (*cf.* Figure 2.13)

L'aidant doit :

- se positionner du côté opposé à la canne ;
- faire une prise en support de hanche. Cette prise doit veiller à assurer une bonne stabilité de la personne, car celle-ci risque d'avoir une faiblesse soudaine dans ses jambes.

Le rôle de l'aidant consiste plus particulièrement à :

- assurer l'équilibre de la personne ;
- être attentif à sa fatigue.

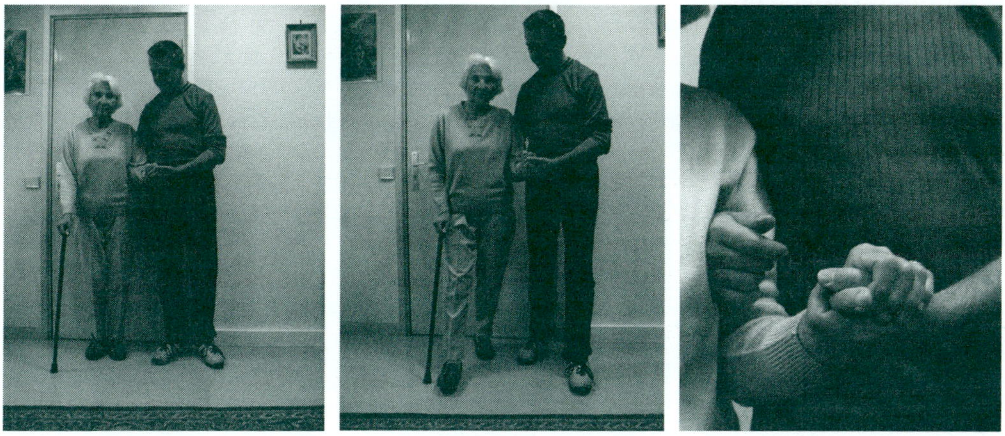

3 4 5

Fig. 2.13 – Aide au patient qui marche avec une canne.

▶ **L'aide à une personne qui marche avec un déambulateur** (*cf.* Figure 2.14)

L'aidant doit se positionner derrière la personne en PUS, prêt à la soutenir. Son rôle consiste plus particulièrement à :

- observer et dégager les obstacles ;
- avertir la personne des obstacles qu'on ne peut pas déplacer ;

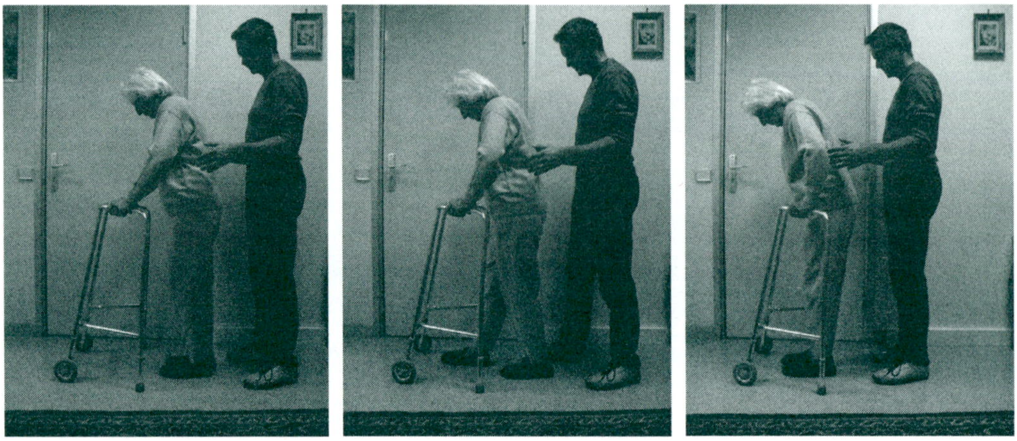

6 7 8

Fig. 2.14 – Aide au patient qui marche avec un déambulateur.

- rassurer la personne ;
- être attentif à sa fatigue.

▶ **L'aide à une personne faible ou fatiguée** (*cf.* Figure 2.15)

La personne risque d'avoir une faiblesse dans les jambes ou une perte d'équilibre. L'aidant devra accompagner sa marche. Il y a deux méthodes, selon la situation qui se présente (courte ou longue distance).

Pour les courtes distances

Il faudra accompagner la *marche par-derrière* (*cf.* Figure 2.15).

L'aidant doit :

- se positionner derrière la personne ;
- pratiquer une prise en support sous les bras : l'aidant place ses bras sous les bras de la personne.

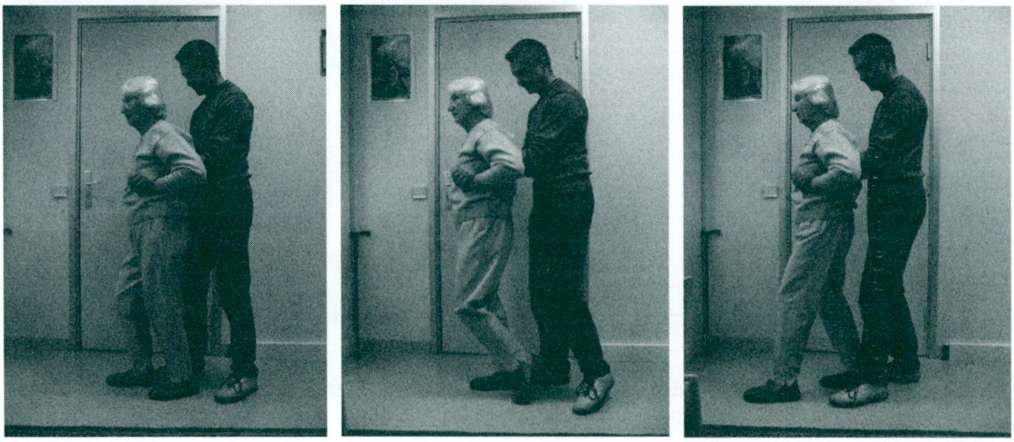

9 10 11

Fig. 2.15 – Aide au patient faible, sur courte distance.

- être prêt à soutenir la personne si elle a une faiblesse ou si elle perd l'équilibre ;
- marcher au pas avec la personne.

Pour de très courtes distances
Il faudra accompagner à la marche par-devant, l'aidant doit :
- se positionner devant la personne ;
- la prendre en support sous les bras, lui demander d'empoigner ses coudes, adopter la PUS, marcher en arrière.

Le rôle de l'aidant est plus particulièrement de :
- observer et dégager les obstacles. (il doit être attentif, car il marche en arrière !) ;
- rassurer la personne ;
- être attentif à sa fatigue.

B. Les aides techniques au déplacement

Les personnes présentant quelques difficultés à la marche (liées à une maladie ou à l'âge) peuvent être aidées dans leurs déplacements par l'utilisation de canne ou de déambulateur. Pour les personnes présentant un handicap, il existe de nombreux appareillages favorisant la marche.

a. Les cannes

Il existe différents types de cannes (la simple, l'anglaise, la tripode). Elles répondent chacune à une utilisation spécifique (*cf.* Figure 2.16).

Fig. 2.16 – Les cannes.

b. Les déambulateurs

Il en existe différents modèles (*cf.* Figures 2.17 et 2.18).

c. Les appareillages

Il existe plusieurs modèles : les releveurs, les orthèses et les prothèses (*cf.* Figure 2.19).

d. Le fauteuil roulant

Quand la marche n'est plus possible ou devient très difficile lors de certaines pathologies ou de handicaps, l'utilisation d'un fauteuil roulant permet alors le déplacement de la personne. Il existe différents types de fauteuil roulant. Des caractéristiques sont communes aux différents modèles :
- des freins bloquent les grandes roues et permettent des transferts en toute sécurité ;

Fig. 2.17 – Les déambulateurs.

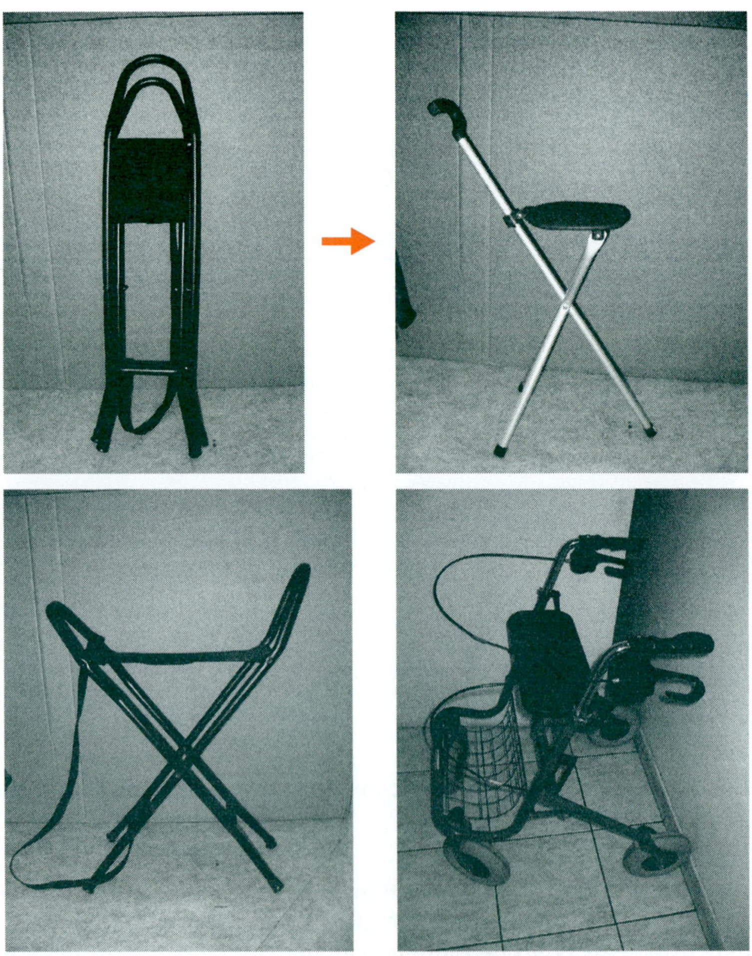

Fig. 2.18 – Cannes et déambulateurs avec sièges intégrés.

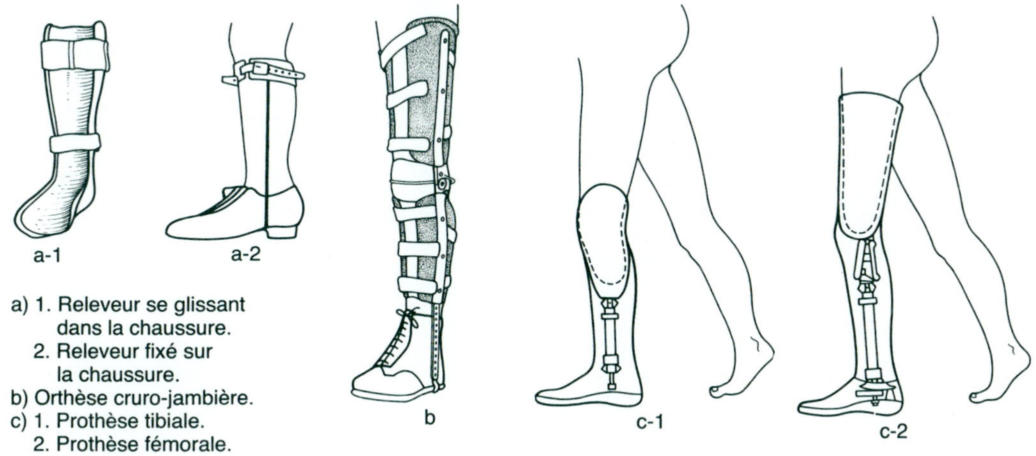

a) 1. Releveur se glissant dans la chaussure.
2. Releveur fixé sur la chaussure.
b) Orthèse cruro-jambière.
c) 1. Prothèse tibiale.
2. Prothèse fémorale.

Fig. 2.19 – Appareillages aidant à la marche.

- des repose-pieds réglables (souvent amovibles) permettent de réaliser les transferts sans risque de blessure ;
- des accoudoirs réglables (également amovibles) facilitent les transferts latéraux.

C. Les aides techniques aux transferts

Le transfert consiste à passer une personne d'une position à une autre (*Ex.* : le transfert du lit vers le fauteuil).

Il est important que les transferts se réalisent en toute sécurité, dans une relation de confiance avec la personne aidée. Une personne qui a peur ou se sent angoissée sera tendue et crispée pendant le transfert (avec un risque de geste mal réalisé, voire risque de chute).

Il est tout aussi important d'utiliser le matériel disponible d'aide à la manutention et de faire participer la personne en fonction de ses possibilités.

Il existe un matériel très diversifié dont le soignant doit tirer profit (*cf.* Figure 2.20), par exemple :

- la *potence* (« perroquet ») : elle est fixée à la tête du lit et permet à une personne de se soulever avec les bras ;
- « *l'échelle de corde* » (ou « de transfert ») : elle est fixée au pied du lit et permet à une personne de se tracter afin de s'asseoir dans le lit ;
- la « *planche de transfert* » : elle est auto glissante, positionnée sous la personne, au dessous de l'alèse, elle permet de passer du lit au brancard. Il est souhaitable que les deux surfaces soient à une hauteur identique ;
- le « *coussin de transfert* » : il est également autoglissant et facilite beaucoup certains transferts (*Ex.* : d'un siège à un autre de même hauteur) ;
- le « *cadre du lit* » : il permet d'y poser le pied pour une meilleure manutention ;
- le « *matelas* » : l'aidant peut l'utiliser lors de certaines manœuvres pour y poser le genou ;
- la « *sangle* » : c'est un gros ruban de tissu, très solide, qui est souvent utilisé par l'aidant pour le transfert de patients obèses avec une *lève-pers*onne ;
- la « *têtière du lit* » : elle peut être utilisée comme appui, toutefois, dans certains cas, elle peut être gênante et il faut penser à l'enlever avant la manœuvre de manutention ;

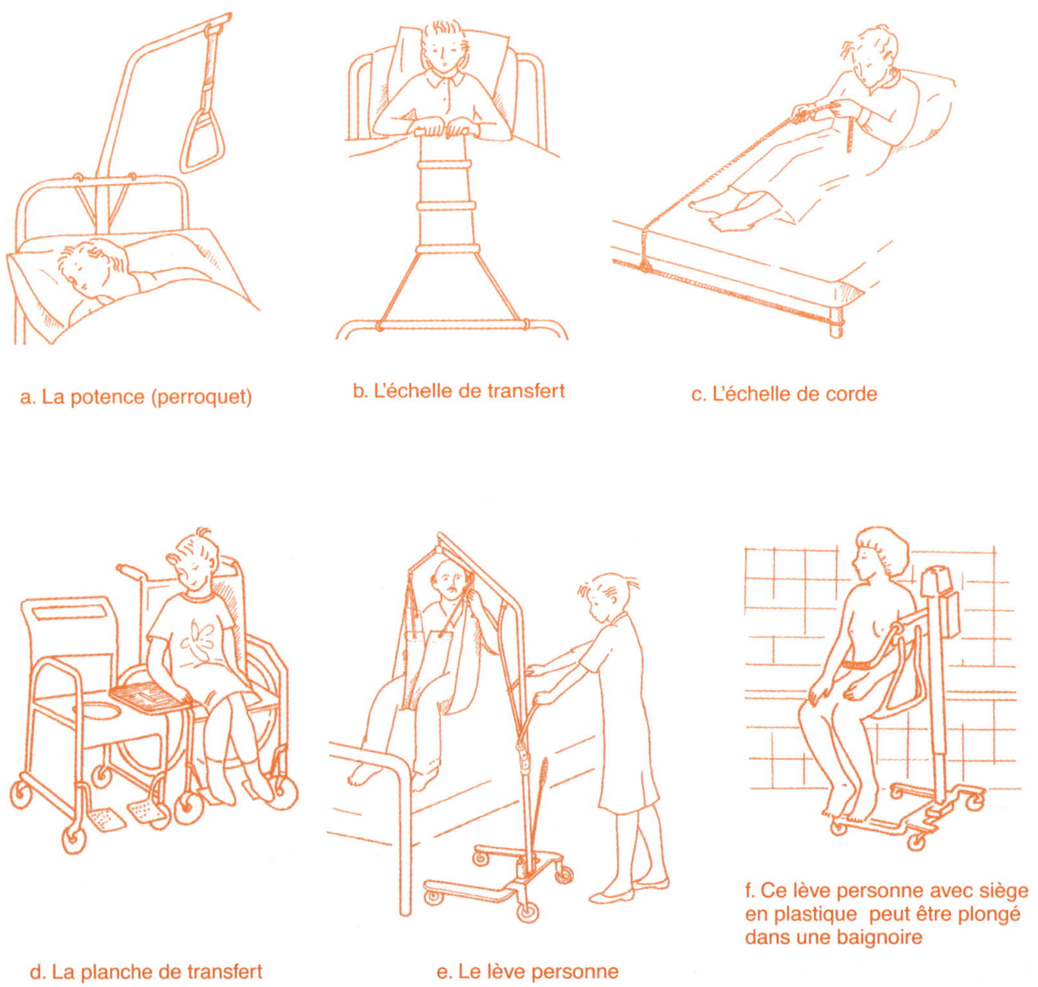

Fig. 2.20 – Le matériel d'aide au transfert.

- l'« *alèse* » : c'est un tissu ferme et solide qui permet certains transferts et rehaussements au lit ;
- le « *lève-personne* » permet les transferts des personnes très dépendantes, *Ex.* : pour lever la personne du lit au fauteuil ou pour transférer la personne dans la baignoire.

8 La mobilisation des personnes

A. Les formes de la mobilisation

La mobilité est la capacité à entrer en mouvement, à réaliser certains gestes (*Ex.* : un changement de position, de place ou de lieu). Les personnes âgées ou handicapées sont très

souvent victimes d'une déficience de cette capacité (par manque de force, d'équilibre, de coordination) et l'immobilisation prolongée aggrave cette déficience.
Pour lutter contre ces effets nocifs, il faut mobiliser ces personnes et l'AMP a un rôle important à jouer. Cette mobilisation peut être *passive* ou *active*.

a. La mobilisation passive

Il s'agit de bouger la personne sans lui demander d'effort personnel. Cette mobilisation peut être utilisée, par exemple, lorsque l'AMP réalise chez une personne dépendante (âgée, handicapée…) :

- un changement de position au lit ;
- un passage du lit au fauteuil, etc.

Ce type de mobilisation nécessite souvent l'intervention de deux personnes. La connaissance des techniques de manutention est également nécessaire, ainsi que l'usage du bon sens.
Précautions : il faut *réfléchir avant d'agir* : plutôt que de soulever, l'AMP peut essayer de faire rouler, glisser, pivoter, en utilisant tout son corps. Chaque fois que c'est possible, il faut utiliser les aides mécaniques (telles que le *lève-pers*onne). L'utilisation d'une aide ne suffit pas à écarter tout risque de traumatisme, mais elle peut efficacement soulager la fatigue de l'aidant à condition d'être utilisée avec bon sens.

b. La mobilisation active

Il s'agit de faire bouger la personne en lui demandant une participation adaptée à ses possibilités. L'AMP doit :

- donner des *indications claires*, simples et précises à la personne tout en la rassurant ; la peur de se faire mal ou de tomber rend la personne hésitante, crispée et gêne la manutention ;
- demander à la personne de « *l'attraper* » plutôt que d'avoir à la saisir, ceci permet à l'AMP de garder les mains libres pour guider le mouvement (empêcher toutefois la personne de s'agripper au cou – zone cervicale très fragile – mais plutôt de saisir à la taille ou aux épaules).

Précautions : après une longue immobilisation, la mobilisation ne peut se faire que sur avis médical. Dans tous les cas, il faut toujours vérifier que l'on peut faire bouger la personne sans risque.

c. La mobilisation mixte

Il s'agit de procéder dans un 1er temps à une mobilisation active et, dans un 2e temps, de la compléter par une mobilisation passive.

→ *Étude de cas*
Madame A. et le brossage de dents
Lors de la toilette matinale, *madame A.* (80 ans) est capable de prendre sa brosse à dents et de la porter à sa bouche, mais est incapable de faire les mouvements pour se brosser les dents. L'AMP devra stimuler *madame A.* pour qu'elle prépare sa brosse et son dentifrice seule, ensuite l'AMP l'aidera à effectuer le brossage des dents en lui soutenant la main.

Le rôle de l'AMP

L'AMP a pour rôle de solliciter la personne pour la faire passer d'un mode passif à un mode actif lors de la mobilisation.
Préalable indispensable : toute mobilisation doit tenir compte du degré d'autonomie de la personne, de sa pathologie, de son handicap, de sa douleur, de ses appareillages médicaux éventuels et son désir de coopération.

B. Les principes et les règles de la mobilisation

Lors de la manutention d'une personne, l'AMP doit aussi respecter certains principes et appliquer des règles de base spécifiques.

a. Les principes

La mobilisation de la personne repose sur un principe essentiel : préserver à la fois la santé et la sécurité de l'AMP et celle de la personne aidée, car l'une et l'autre sont interdépendantes.
Par exemple, lors d'une mobilisation, si l'AMP est éloignée de la personne ou réalise une mauvaise prise ou se positionne mal, la personne aidée ne se sent pas en sécurité, cela peut engendrer un risque majeur pour les deux partenaires (chute, accident du squelette, douleur…).

b. Les règles de base

L'AMP veillera à respecter quelques règles de base spécifiques à la mobilisation des personnes. Ces règles s'adaptent aux dix règles de base de l'ergonomie vues précédemment.

Le rôle de l'AMP

– *Avertir* la personne de la manutention qu'il va réaliser.
– *Expliquer* à la personne les gestes qu'il va devoir faire avant ou pendant la mobilisation.
– *Rassurer* la personne si elle appréhende la situation.
– S'assurer qu'elle a bien compris et *reformuler* si nécessaire.
– Donner des consignes simples et précises à la personne.
– Solliciter la participation de la personne en fonction de son *degré d'autonomie*.
– Utiliser la notion de *contrepoids*.
– Se placer toujours du côté *inactif* (invalide) de la personne.
– « *Accompagner le transfert* » de la personne (couché/assis, allongé/assis, rehaussement) en inversant ses appuis sur les *jambes* (ce mouvement sera détaillé pour chaque technique exposée ci-après).
– Tenir le dos droit.
– *Regarder devant soi* et non la personne au moment où la manœuvre se déroule.
– Connaître les différentes *prises* et s'y exercer régulièrement pour les effectuer efficacement.

9 La manutention des personnes

A. La démarche de manutention (DDM)

Une démarche de manutention a une chronologie, tout comme la démarche d'action (vue précédemment). Elle peut se décomposer en quatre étapes.

a. L'information, l'observation et la réflexion

Avant d'effectuer une démarche de manutention, l'AMP doit observer la personne, collecter des informations et les analyser. Elle peut utiliser la méthode du QQQOCP[1] (Qui ? Quand ? Quoi ? Où ? Comment ? Pourquoi ?).

Tableau 2.29 – La méthode QQQOCP.

Q	**Qui** : à quelle personne dois-je m'adresser ?
	Quel est son âge ? Quelles sont ces capacités (physiques et intellectuelles) ? Quelle est sa pathologie, son handicap ? Quel est son degré d'autonomie ? Pourra-t-elle participer à la manœuvre ? Comprendra-t-elle les explications, les consignes ?
Q	**Quand** dois-je la réaliser ?
	Le matin après la toilette (*Ex.* : le lever) ? L'après-midi (*Ex.* : la mise au fauteuil) ?
Q	**Quoi** : quelle manœuvre de manutention dois-je réaliser pour « telle » personne ?
	Est-elle prescrite ? par qui ? Y a-t-il des consignes écrites sur le cahier de liaison ? Y a-t-il des consignes orales ? Est-ce que je maîtrise la technique ? Est-elle sans danger, sans risque (pour moi et la personne aidée) ?
O	**Où** dois-je intervenir ? (L'AMP se questionnera sur l'environnement immédiat de la personne.)
	Par exemple : quels objets (ou matériels) peuvent gêner la manœuvre ? quels objets (ou matériels) de la chambre peuvent être utilisés (alèse, têtière, etc.) ?
C	**Comment** réaliser cette manœuvre ?
	Dois-je la réaliser seul ? Dois-je faire appel à une aide humaine (un collègue) ou une aide technique (potence, canne) et laquelle ?
P	**Pourquoi** réaliser cette manœuvre ?
	Quel est son objectif ? Quel est son intérêt pour la personne ?

b. La préparation à l'action

La préparation de la manœuvre de manutention sera :

- *matérielle* : l'AMP doit regrouper tout le matériel utile à la manœuvre, par exemple, alèses, aides techniques diverses (potence…) ;
- *humaine* : l'AMP va expliquer l'intérêt de la manœuvre à la personne et si elle juge qu'elle a les capacités pour y participer, elle lui montre les gestes à effectuer et lui explique le but à atteindre. Elle adopte la « position de départ » et repère la « prise » la mieux adaptée. La personne écoute les explications, se prépare à coordonner ses gestes à ceux de l'AMP.

1. Il est préférable de mettre le *pourquoi* au début de sa réflexion, après le quoi et le qui (même si, pour un motif mnémotechnique, la formule se retient mieux sous cette forme).

c. L'action (ou manutention)

L'AMP réalise la manœuvre de manutention selon une technique précise, adaptée à la situation. Il veillera à respecter les principes et les règles de l'ergonomie.

d. La confirmation ou la correction de la position

L'AMP doit demander à la personne si la position qui vient d'être choisie lui convient, si elle est confortable, non douloureuse et, dans le cas d'une réponse négative, il doit immédiatement procéder à une correction de la position.

B. Les différentes techniques de manutention

La prise en charge d'une personne nécessite, au cours de la journée, un certain nombre de mobilisations dans son lit (rehaussements), ou dans son environnement proche (lever, mise au fauteuil, aide à la marche, transfert d'un lieu à un autre).
Chaque démarche de manutention évoquée ci-dessous sera décomposée selon les quatre étapes vues dans la partie précédente.

a. Le rehaussement de la personne dans son lit

Situation : Une personne à mobilité réduite sollicite l'AMP, car elle a glissé vers le fond du lit.
Objectif : La rehausser dans son lit et la recoucher confortablement en position dorsale avec un oreiller.

Tableau 2.30 – Le rehaussement du lit.

Étape 1 **Information** **Observation** **Réflexion**	**Étude de cas** Monsieur D., 50 ans, pèse 60 kg, c'est une personne hémiplégique (droit) à la suite d'un AVC récent. Il est actif du côté gauche et très coopérant aux soins. – L'AMP *s'informe* et estime les capacités de la personne pour obtenir un maximum de participation. – L'AMP *observe* l'environnement de la personne et dégage les obstacles (enlève les oreillers car ils seront gênants). – L'AMP *réfléchit*, fera la manœuvre seule, aidée par la personne (semi-active) à qui elle proposera le perroquet (ou potence).
Étape 2 **Préparation**	• ***Consignes de l'AMP à la personne*** Avertir la personne, lui demander de tenir le perroquet avec la main valide, lui demander de soulever la tête, enlever l'oreiller, lui demander de plier la jambe valide, pied à plat sur le lit. • ***Gestes de l'AMP*** – *Position* L'AMP se tient debout, à peu près au niveau du nombril de la personne, les pieds bien écartés, les genoux fléchis, le dos plat. – *Prises* L'AMP soutient la personne sous les cuisses et sous les omoplates.
Étape 3 **Actions**	• ***Actions de l'AMP*** L'AMP compte : « Un, deux, trois » (pour coordonner l'effort de la personne et le vôtre) et demande à la personne, à « trois », de pousser avec sa jambe et de tirer avec son bras valide. • ***Gestes de la personne*** À « trois », la personne pousse avec sa jambe et tire sur la potence avec son bras valide. L'AMP accompagne la personne dans le glissement, l'effort est horizontal !
Étape 4 **Confirmation/ correction**	Installer la personne correctement au lit. Demander à la personne si la position est confortable (sinon la corriger).

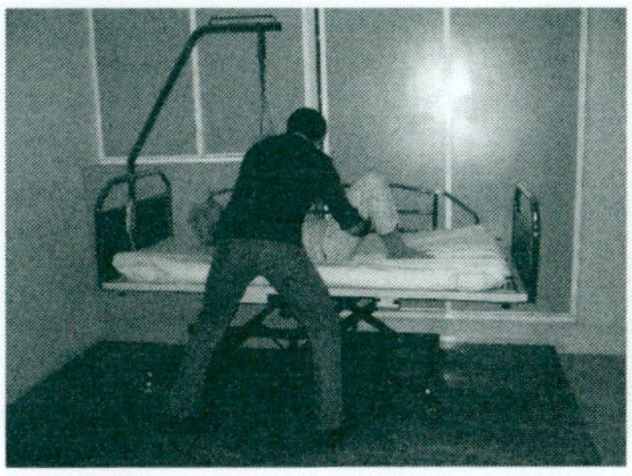

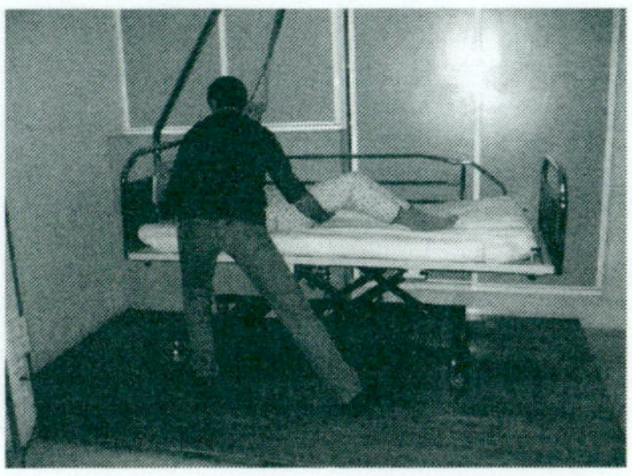

Fig. 2.21 – Rehaussement au lit.

b. L'aide au lever

Situation : L'AMP va aider une personne à mobilité réduite à s'asseoir au bord de son lit après sa toilette, afin de la lever et de la mettre au fauteuil.
Objectif : Le lever favorise la circulation sanguine et stimule le moral de la personne.
Précautions : Asseoir une personne avant de la lever permet de prévenir les malaises dus au changement de position.

Tableau 2.31 – L'aide au lever.

Étape 1 **Information** **Observation** **Réflexion**	**Étude de cas** *Madame C.*, 60 ans (50 kg), a été opérée (une prothèse à la hanche), suite à une chute. Elle est suffisamment active pour participer à la manœuvre. Son tronc est tonique, droit et indolore. L'AMP va préalablement : – *S'informer* : Y a-t-il une autorisation médicale ? des consignes écrites dans le cahier de liaison ? Dois-je si nécessaire prévoir une aide technique ? – *Observer* la personne (estimer ses capacités physiques) et observer l'environnement : écarter les obstacles, veiller à ce que les roues du lit soient bloquées, vérifier l'endroit où la personne sera installée. – *Réfléchir* à la préparation de la manœuvre dans le respect des principes et des règles de l'ergonomie.
Étape 2 **Préparation**	• ***Consignes de l'AMP à la personne*** – Avertir la personne de la manipulation et obtenir son consentement, lui expliquer le mouvement, veiller à ce qu'elle n'ait pas froid quand on la découvre. – Croiser les bras et croiser les pieds de la personne. • ***Gestes de l'AMP*** Elle doit : – se positionner au niveau du bassin de la personne ; – positionner sa jambe « amont » face au lit ; – positionner sa jambe « aval » parallèlement au lit ; – écarter les pieds légèrement ; – glisser sa main sous le haut du dos de la personne et avec l'autre main prendre ses pieds.
Étape 3 **Actions**	L'AMP compte : « Un, deux, trois » pour coordonner l'effort de la personne et le sien. Mouvement : faire pivoter la personne sur son bassin. • *Sécurité* : garder un bras sur le dos de la personne pour l'aider à garder son équilibre ; la personne pourrait avoir un vertige passager, la laisser un moment assise. • *Confort* : lui frotter le dos pour améliorer la circulation sanguine et lui donner du bien-être.
Étape 4 **Confirmation/ correction**	Demander à la personne de dire si la position est confortable et éventuellement la corriger.

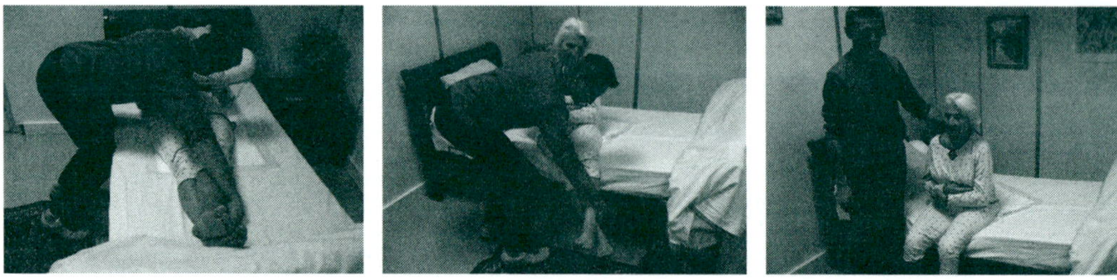

Fig. 2.22 – Aide au lever.

c. La mise au fauteuil

Situation : L'AMP va aider une personne à mobilité réduite à s'asseoir dans son fauteuil, après la sieste de l'après-midi.
Objectif : Permettre à la personne de se mobiliser, prévenir les risques d'escarres.

Tableau 2.32 – La mise au fauteuil.

Étape 1 **Information** **Observation** **Réflexion**	**Étude de cas** *Monsieur E.*, 80 ans (53 kg), est âgé et affaibli. Il est maigre et suffisamment actif pour participer à la manœuvre. L'AMP doit préalablement : *S'informer* : Y a-t-il une autorisation médicale ? Y a-t-il des consignes écrites ou orales ? Si nécessaire prévoir une aide technique ? *Observer* : Estimer les capacités de la personne pour obtenir un maximum de participation et observer l'environnement (s'il y a des obstacles, les éliminer). *Réfléchir* à la préparation de la manutention selon les principes et règles de l'ergonomie.
Étape 2 **Préparation**	• ***Consignes de l'AMP à la personne*** Avertir la personne et obtenir son consentement, lui expliquer le mouvement. • ***Gestes de l'AMP*** – L'AMP doit bloquer les pieds de la personne (pour éviter qu'ils se tordent), bloquer les genoux de la personne (attention à ne pas faire mal), se rapprocher de la personne (épaules contre épaules) et poser ses mains sur le bas de son dos. La personne se tient aux coudes de l'AMP – L'AMP explique à la personne les prises et les points de blocage sur son corps : les pieds, les genoux, les épaules.
Étape 3 **Actions**	L'AMP compte : « Un, deux, trois » pour coordonner son l'effort avec celui de la personne. Au chiffre « trois », l'AMP tire la personne en arrière (le mouvement est horizontal) et la personne va se déplier (lever), pivoter un quart de tour et se retrouver dans le fauteuil. • *Sécurité* : le mouvement est rapide (moins de 5 secondes). • *Confort* : après la manipulation, redresser la personne si nécessaire.
Étape 4 **Confirmation/ correction**	Demander à la personne de confirmer si elle est confortablement installée et éventuellement corriger la position. • **Avertissement :** attention au blocage des genoux pour ne pas avoir mal et ne pas faire mal à la personne !

d. Le rehaussement de la personne sur un fauteuil

Situation : La personne à mobilité réduite sollicite de l'aide pour être rehaussée sur son fauteuil, car elle a glissé.

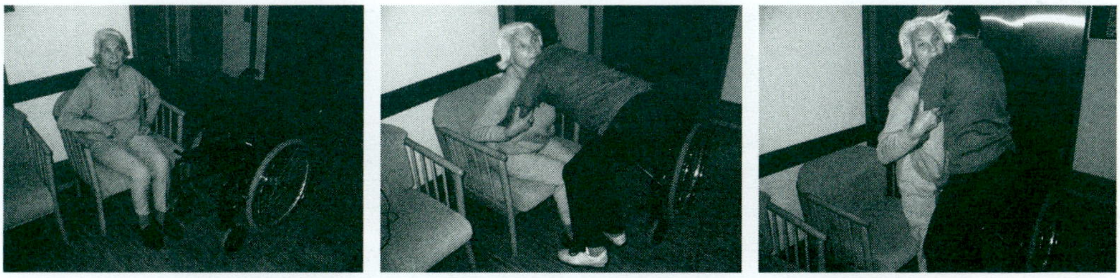

Fig. 2.23 – Mise au fauteuil.

Objectif : Rasseoir la personne confortablement sur un fauteuil (l'aide peut être pratiquée à l'avant ou à l'arrière de la personne).

Tableau 2.33 – Rehaussement sur un fauteuil.

Étape 1 **Information** **Observation** **Réflexion**	**Étude de cas** *Monsieur A.* est une personne âgée de 70 ans qui pèse 55 kg. Il a été opéré (J+8) de la prostate. Il est semi-actif : il peut prendre appui sur ses bras et ses jambes et participer à la manœuvre. L'AMP doit préalablement : *S'informer* : Y a-t-il une autorisation médicale ? Y a-t-il des consignes écrites ou orales ? *Observer* : d'abord la personne (estimer ses capacités) puis observer l'environnement (salle de bains, WC…), dégager les obstacles. *Réfléchir* : comment préparer et réaliser la manœuvre dans le respect des principes et des règles de l'ergonomie.
Étape 2 **Préparation**	• ***Consignes de l'AMP à la personne*** Avertir et obtenir le consentement de la personne, lui expliquer le mouvement. • ***Gestes de l'AMP*** *– Prises :* *Prise en bretelles* : L'AMP met ses mains sur les mains de la personne, croisées sur le bas de son ventre. *Par-devant* : l'AMP va serrer les genoux de la personne en biais, et poser ses mains sur les omoplates de la personne. *– Position :* *Par-derrière* : l'AMP tient les pieds écartés, les genoux fléchis, le dos plat, les mains sur le bas du ventre de la personne. *Par-devant* : l'AMP a les pieds légèrement écartés, il va bloquer en biais les genoux de la personne, il a le dos plat, il pose les mains sur les omoplates de la personne.
Étape 3 **Actions**	• ***Gestes de la personne*** L'AMP compte : « Un, deux, trois » pour coordonner son l'effort avec celui de la personne. • ***Actions de l'AMP*** – *Par-derrière* : avec ses mains, l'AMP va tirer le bassin de la personne en arrière, le mouvement est horizontal. – *Par-devant* : simultanément l'AMP va pousser avec ses genoux et tirer avec ses bras la personne. C'est un mouvement de basculement qui reste toujours horizontal.
Étape 4 **Confirmation/ correction**	L'AMP vérifie que la personne a : – les pieds légèrement écartés ; – les mains dans une position correcte ; – le dos droit et symétrique. Il demande à la personne si elle est confortablement installée et, si nécessaire, il lui propose un petit coussin pour soutenir les lombaires, parfois un appui-tête…

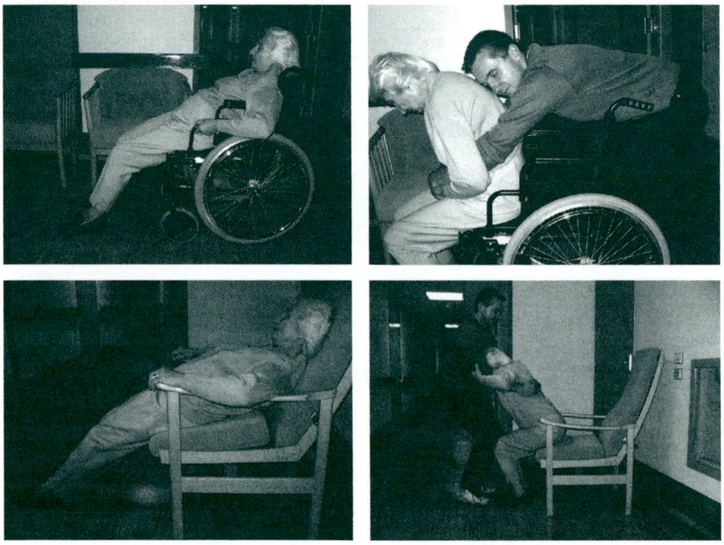

Fig. 2.24 – Rehaussement sur un fauteuil.

e. Le transfert de la personne du fauteuil au lit

Situation : La personne à mobilité réduite alerte l'AMP car elle souhaite retourner dans son lit après être restée 2 h dans son fauteuil.
Objectif : Répondre au besoin de repos de la personne.

Tableau 2.34 – Transfert du fauteuil au lit.

Étape 1	**Étude de cas**
Information **Observation** **Réflexion**	*Monsieur X*, 76 ans (60 kg), hémiplégique, est une personne active. Il peut aider l'AMP avec les deux membres de son côté valide (jambe et bras). L'AMP va préalablement : – *S'informer* : y a-t-il une autorisation médicale ? Y a-t-il des consignes écrites dans le cahier de liaison ou orales ? – *Observer* : d'abord la personne (estimer ses capacités) puis observer l'environnement (dégager les obstacles). – *Réfléchir* : à la manœuvre en veillant à la sécurité, au confort, à la douleur de la personne.
Étape 2 **Préparation**	• ***Consignes de l'AMP à la personne*** Avertir et obtenir le consentement de la personne, déterminer ensemble sa place dans le lit (pour éviter les déplacements pénibles). • ***Gestes de l'AMP*** – *Position* : l'AMP se tient à côté de la tête du lit, pieds écartés, genoux fléchis, un bras sur le haut du dos, l'autre tenant le talon. – *Prise* : dès qu'elle est assise dans le lit, croiser les bras de la personne (pour éviter de les blesser), croiser ses pieds (pour vous faciliter la prise). Tenir la personne par l'épaule et par le talon.
Étape 3 **Actions**	L'AMP doit compter : « Un, deux, trois », pour coordonner l'effort de la personne et le sien, et, au chiffre trois, faire pivoter la personne sur son bassin.
Étape 4 **Confirmation/ correction**	Demander à la personne si elle est dans un état confortable sinon corriger la position au lit (*cf.* ci-après les règles de l'installation au lit).

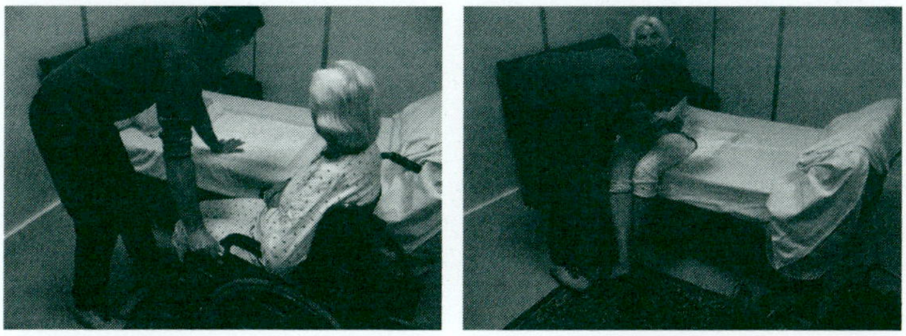

Fig. 2.25 – Transfert du fauteuil au lit.

f. L'installation de la personne au lit

Situation : C'est la suite du paragraphe précédent. La personne est installée dans son lit.
Objectif : Répondre au besoin de confort et de sécurité de la personne.

Tableau 2.35 – Installation au lit.

Actions	– Positionner les pieds de la personne dans l'axe central de gravité. – Vérifier la position des mains (mettre un coussin si nécessaire). – Positionner la tête correctement (dans l'axe et soutenir le cou). – Tirer les draps, les alèses, les vêtements (pour éviter les plis).
Confirmation/ correction	Vérifier le résultat. Demander à la personne si elle est confortablement installée et, dans la négative, rectifier la position.

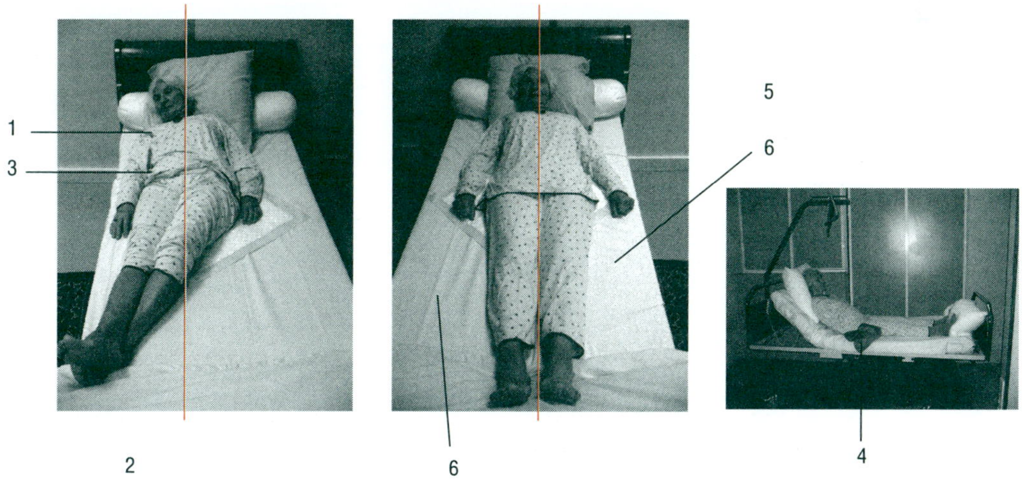

Fig. 2.26 – Installation au lit.

DOMAINE DE FORMATION 3

Animation dans la vie sociale et relationnelle

Chapitre 8

La vie collective et la dynamique de groupe

On entend aujourd'hui par *dynamique de groupe* l'ensemble des phénomènes psychosociologiques qui émergent et se développent dans les petits groupes sociaux (appelés aussi « groupes restreints ») d'environ 6 à 20 individus durant leurs activités en communs. La dynamique de groupe s'intéresse aussi aux influences qui peuvent résulter des rapports humains, par exemple l'appartenance à un groupe peut favoriser certaines opinions ou orienter certains comportements.

1. Le fonctionnement des groupes

L'AMP, comme tout professionnel, va évoluer au sein de deux groupes sociaux : celui de son milieu de travail (collègues) et celui des personnes qu'il doit prendre en charge (patients ou résidents).
En observant les attitudes des personnes dans le groupe, il pourra percevoir leurs traits de caractère et leurs difficultés et il pourra ainsi mieux répondre à leurs attentes et mieux les accompagner.

1 Les attitudes observées chez les personnes du groupe

En groupe, beaucoup de personnes manifestent des réactions révélatrices de leur personnalité ou de leur vécu.

A. Les différentes personnalités

Chaque membre d'un groupe a sa propre personnalité. Parmi les traits de personnalité les plus souvent observés, on peut citer, à titre d'exemples, les timides, les réservés, les soumis, les égocentriques, les agitateurs (ou contestataires), les moralisateurs, etc.
En résumé, deux types de personnalité se dégagent dans le groupe : les dominés et les dominants. Ce sont ces personnes qui orientent la vie du groupe.

B. Les dominés (ou soumis)

Les personnes que l'on pourrait classer dans les dominés sont des personnes soumises. Elles ont des difficultés à faire valoir leurs points de vue, à échanger, à prendre la parole dans le groupe. Le plus souvent, elles « suivent » celles qui dominent ou dirigent le groupe, que l'on appelle les dominants (ou *leaders*).

C. Les dominants (ou *leaders*)

Certaines personnes du groupe vont jouer le rôle de *leader*. Elles vont diriger, influencer, orienter, contrôler le travail ou la vie de groupe. Ces personnes peuvent être *leaders* par leur statut (c'est le cas des directeurs ou responsables), mais c'est souvent le groupe lui-même qui confère ce statut à la personne du fait de sa personnalité forte (dominante).

- Le *leader* peut avoir une attitude positive de coordonnateur d'aidant, de facilitateur, de protecteur. Il pourra même protéger certaines personnes faibles, soumises ou dominées et les aider à s'intégrer, à dialoguer.
- Le *leader* peut avoir une attitude négative et utiliser sa position dominante pour manipuler les autres membres du groupe, orienter leurs idées, influencer leur choix, voire les harceler. Cela doit être dénoncé, car c'est une attitude très nuisible pour la vie du groupe.

2 Les attitudes positives dans le groupe

On peut distinguer deux types d'attitudes dans le groupe : les positives et les négatives. L'AMP veillera à stimuler les attitudes positives. Avoir une attitude positive, c'est :

- susciter la coopération, l'entraide, la solidarité ;
- réduire les tensions, déjouer les rivalités, les sarcasmes ;
- favoriser le dialogue, écouter les arguments de l'autre ;
- parler en son nom, utiliser le « je » (ne pas faire parler les absents ou les anonymes !) ;
- éviter la critique systématique, la mise en cause des personnes ;
- éviter les jugements de valeur, favoriser la tolérance, la compréhension de l'autre.

Il faut savoir que le *climat psychologique* qui règne au sein d'un groupe dépend du degré de motivation et d'intérêt pour la tâche à accomplir ensemble, ainsi que des relations qui se tissent entre les différents membres du groupe. Les rôles de chacun des membres sont articulés entre eux. Les prises de décision impliquent un accord tacite de l'ensemble des participants. Le rôle du *leader* est important pour « fédérer » le groupe.

> **→ Étude de cas**
> **La réaction d'Anna !**
> Maria (AMP) participe aux réunions dans le service où elle travaille. Il est aujourd'hui question de l'observance du règlement intérieur que la responsable souhaite modifier afin que certains collègues respectent mieux l'heure d'arrivée le matin.
> Une collègue, Anna, se lève brusquement dans le groupe (on la considère « *leader* ») et s'exclame : « Quelle ânerie ! » Ce sursaut a surpris tout le monde. Peut-être le projet de la responsable a éveillé en elle de mauvais souvenirs ? S'est-elle sentie concernée par la nouvelle clause de règlement ? A-t-elle voulu manifester son pouvoir décisionnel, sa façon d'être contestataire et de conserver son statut de *leader* ?

3 L'étude dynamique du groupe

L'étude dynamique de groupe permet de mieux comprendre le rôle des meneurs ou celui des boucs émissaires, mais aussi d'élucider certains phénomènes de blocage et de découragement, d'expliquer les expressions de rejet, d'agressivité, de sympathie, voire d'attachement. Elle permet également de détecter l'émergence de sous-groupes ou de couples au sein d'un groupe, etc. Tout ce « vécu » et sa compréhension sont importants pour la pratique des professionnels et plus largement pour toutes les personnes désirant comprendre ce qui se passe dans leur vie quotidienne.

Fig. 3.1 – Portraits de quelques participants à une réunion de service (l'attitude et les gestes sont révélateurs du caractère de chacun).

Le rôle de l'AMP

Le comportement de l'AMP dans le « groupe de travail »

L'AMP veillera à :

▶ **Adopter une attitude positive dans le groupe**

Nous avons listé précédemment les différentes attitudes positives au sein d'un groupe. L'AMP restera dans ce registre et veillera à lutter contre toutes les tendances à la mise en cause des personnes.

L'AMP se disciplinera à l'écoute et veillera à :

– avoir une écoute active (et non pas une écoute forcée),

– se mettre en situation de « réceptivité », c'est-à-dire avoir un regard bienveillant envers autrui, des gestes apaisants, des mots d'encouragement.

▶ **Repérer les *leaders* dans le groupe :**
– veiller à ce que des *leaders* ne soient pas nuisibles au groupe,
– veiller à ce qu'il n'y ait pas de « bouc émissaire », c'est-à-dire des personnes en souffrance dans le groupe, parce que trop dominées, ou exclues,
– dénoncer tout harcèlement ou toute maltraitance éventuelle dans les meilleurs délais.

▶ **Faciliter la « dynamique du groupe »**
Développer la convivialité nécessaire à l'harmonie du groupe, proposer par exemple :
– des moments d'échanges, de rencontres entre les membres du groupe,
– des sorties collectives (restaurant, café, musée),
– des pauses café dans la journée, etc.
Tout cela doit se faire en accord avec le service et le règlement intérieur.

2. La gestion des relations conflictuelles

Lors de sa tâche auprès de la personne aidée, l'AMP peut rencontrer des difficultés face auxquelles elle doit savoir prendre du recul. Les difficultés peuvent avoir des causes différentes. Le plus souvent, il s'agit de gérer des situations relationnelles difficiles, soit avec la personne aidée soit avec sa famille, lors de problèmes graves de santé ou de handicap. L'AMP doit avoir une attitude professionnelle ; elle doit avant tout comprendre les causes éventuelles des conflits.

1 Comprendre les causes des conflits

Les causes des conflits sont principalement liées aux personnalités de chacun, à leur vécu respectif.

A. Le patient (personne malade ou handicapée)

Il est dans une situation de :

- *vulnérabilité, d'infériorité* (c'est ainsi qu'il se ressent), car il est dans un environnement nouveau pour lui, avec des personnes qu'il ne connaît pas. Parfois de culture différente, il a des difficultés pour se faire comprendre ;
- *souffrance physique et morale*, car il ressent la maladie (ou l'approche de la mort) comme une menace. Il a peur, il est angoissé (sa famille aussi).

B. Le soignant ou l'aidant (*Ex.* : AMP, AP, AS…)

À l'origine des difficultés relationnelles, voire des conflits, on retrouve principalement :

- des *différences* :
  - socioculturelles et éducatives,
  - de personnalité et de maturité,
  - de vécu (dans l'enfance) ;
- de la *fatigue* causée par :
  - la charge de travail,
  - les conditions de travail ;
- des *émotions mal gérées* :
  - le stress,
  - la peur de l'autre…

Les situations de soins sont souvent une source de stress et d'angoisse chez les soignants. Certains arrivent à gérer mieux que d'autres ces sentiments.

2 Adopter certains principes

A. Savoir reconnaître ses « limites »

Le plus grave pour « l'aidant accompagnant » d'une personne en difficultés et pour ses proches n'est pas de craquer, ou de ne pas pouvoir cacher son émotion ou sa faiblesse, mais de ne pas tenir compte de ses limites. Quelques *signes annonciateurs* d'un excès de fatigue doivent alerter l'AMP sur la nécessité de prendre du recul :

- pleurs et accablement ;
- difficulté de concentration ;
- colères, anxiété, irritabilité.

L'AMP saura signaler et reconnaître les signes de débordement personnel auquel il faut remédier.

B. Savoir assumer son « impuissance »

Certains accompagnants ont l'impression d'être « vidés » par ce travail qui, pourtant, n'est pas inhumain. Au contraire, il demande beaucoup d'humanité, d'attention et même d'affection. C'est cet investissement qui explique la peur d'être happé, la réticence à franchir le seuil précisément de la personne aidée lorsque son état s'est gravement détérioré.

L'AMP doit parfois dépasser la tentation de vouloir résoudre la difficulté. Elle doit reconnaître et assumer un sentiment d'impuissance devant certaines situations et en référer à son supérieur hiérarchique et à l'équipe.

C. Savoir éviter les « confusions de rôle »

Malgré l'affection que l'AMP peut nourrir pour la personne aidée, elle ne peut jouer le rôle de père ou de mère. La famille reste la famille, l'aidant reste l'aidant. L'AMP doit savoir prendre du recul, c'est-à-dire garder un *rôle professionnel* et éviter tout investissement affectif déplacé.

D. Savoir « remplir sa vie personnelle »

L'AMP veillera, lors de son temps de repos, à se distraire, à se « recréer » ; à avoir une vie privée. L'AMP saura oublier son travail, pour cela elle saura choisir ses loisirs et voir des amis qui l'aideront à faire un « vide constructif ».

3. La gestion des relations de violence et d'agressivité

Devant une situation angoissante (*Ex.* : la maladie qui dégénère, l'approche de la mort, l'isolement, l'abandon), les personnes âgées malades ou handicapées (ou leur famille) manifestent souvent des réactions violentes envers le personnel de soins.
Il est difficile d'accepter ces situations d'agressivité voire de violence. Il est cependant possible d'en comprendre les causes et mécanismes, afin de les anticiper et d'adapter son comportement.

1 Comprendre les mécanismes de défense de l'agresseur

Selon les psychologues, dans le schéma « d'agressivité » d'une personne, il s'agit d'une partie du moi qui se défend contre une autre partie du moi qui a peur ou qui pourrait l'amener à souffrir.

A. La peur, l'angoisse de l'agresseur

Lors d'une agression (verbale ou physique), l'agresseur cherche à lutter contre des facteurs de peur ou d'angoisse. Pour le patient, la maladie ou l'approche de la mort sont des menaces et la violence qu'il manifeste marque son désarroi face à cette réalité qu'il ne peut maîtriser. L'AMP doit pouvoir comprendre ce processus, écouter la peur de l'autre (exprimée sous cette forme) sans être angoissée. Il s'agit d'aider la personne à formuler son mal-être de façon différente au travers de son langage quotidien.

B. La colère retournée contre soi

Plutôt que de reconnaître son agressivité et de l'assumer, l'agresseur « qui ne s'aime pas » retourne la violence contre lui, puis contre les autres (par exemple, on constate que certains agresseurs se rongent les ongles, se pincent les doigts, tapent du pied, frappent leur tête, puis insultent autrui ou l'agressent physiquement).

2 Observer les signes précurseurs de l'agressivité

L'AMP doit déceler chez son interlocuteur tous les signaux révélateurs d'une montée de l'agressivité, afin de la prévenir. Par exemple :
- démarche vive, bruits de talon ;
- froncement des sourcils ;
- durcissement du ton de la voix, jurons…
- gestes brusques (claquement des portes…).

3 Gérer l'agressivité

A. Verbaliser les sentiments pour apaiser le conflit

Une mise au point, une discussion claire, exposant les problèmes, mettant des mots sur le ressenti de chacun (un « parler vrai ») a toutes les chances de diminuer les tensions et de désamorcer les conflits, que ce soit avec le patient et ses proches ou entre soignants.

B. Rester calme et ferme face à l'agresseur

Le soignant agressé par un patient ne doit pas montrer d'appréhension, car celui-ci le perçoit – et les autres patients aussi. Or le soignant doit faire régner un climat de sécurité dans le service. Il devra donc gérer son comportement et rester calme et ferme face à l'agresseur. Il veillera tout particulièrement à :
- *réfréner* toute sollicitation exagérée. La disponibilité a ses limites, tout excès est mauvais, car il maintient la personne en état de dépendance ;
- *réprimer* toute attitude de débordement ou d'irrespect ;
- *ne jamais manifester d'agressivité* en retour, mais faire preuve de fermeté ;
- *être tolérant* dans l'écoute d'une souffrance sans toutefois tolérer toutes les manifestations qui s'y rattachent ;
- *ne jamais adopter une attitude d'évitement de l'autre* ;
- *préserver la dignité de l'agresseur*. Il faut permettre à la personne agressive de ne pas se sentir rejetée.

C. Respecter le besoin de calme du patient agressif

Respecter le besoin essentiel de la personne agressive, c'est respecter en particulier son besoin de repos, de « repli sur soi » d'isolement, qui lui permet de rester calme, de réfléchir (« faire le point »).

D. Connaître les limites de sa fonction et celle des autres

L'un des facteurs de la cohésion d'une équipe professionnelle est la coopération entre ses membres. Pour que cette coopération soit effective, il est nécessaire que chacun sache ce qu'il doit faire et ce qui revient à l'autre. Le soignant veillera à se poser souvent les questions : « Qui fait quoi ? », « Qui est responsable de quoi ? » et à respecter la fonction de chacun.

E. Pardonner pour se « libérer »

Le pardon est un processus douloureux pour celui qui a été blessé, mais il libère[1]. Pardonner, c'est avoir l'espérance qu'il y a dans l'oppresseur un être humain capable de changer. Nous devons nous comporter comme des êtres capables d'arrêter le cercle vicieux de la violence qui engendre la violence, de la haine qui engendre la haine. Le pardon est une volonté de compréhension de l'autre.

F. Transmettre

L'AMP doit toujours informer le responsable du service des situations conflictuelles auxquelles il a dû faire face et expliquer comment il les a gérées.

1. « Asphésis », le mot grec pour dire « pardonner », signifie « délier », « libérer ».

Chapitre 9

La famille

1. L'évolution sociologique

1 La structure familiale

La famille se structure à partir de deux mécanismes :
- *l'alliance* : qui désigne l'union d'un homme et d'une femme ;
- *la filiation* : qui désigne les liens biologiques et les rapports entre parents et enfants.

Sur le plan social et légal, la famille est constituée de personnes ayant des liens de parenté.

Exemples
- parenté ascendante et descendante : grands-parents → enfants → petits-enfants
- parenté collatérale :
  - frère ← → sœur
  - beau-frère ← → belle-sœur
  - cousins ← → cousines

2 Les modèles familiaux

Il existe plusieurs types de modèles familiaux.

A. La famille nucléaire

On appelle famille nucléaire, une famille composée des deux parents (père et mère) et des enfants non mariés (ou dépendants économiquement des parents).

B. La famille monoparentale

L'augmentation des divorces engendre un accroissement du nombre de familles monoparentales. Cette famille est formée d'un adulte avec un ou plusieurs enfants de moins de 25 ans (l'adulte est très souvent la femme).

C. Le concubinage

La vie maritale, hors mariage, est de plus en plus répandue chez les jeunes.

D. La famille recomposée

La famille recomposée regroupe l'un des parents, son nouveau conjoint et les enfants nés d'un premier mariage qui vivent alors avec un beau-parent. L'augmentation du nombre de séparations et de divorces est à l'origine de ce type de famille.

E. Le Pacs

Le Pacs (Pacte civil de solidarité) permet à deux personnes majeures, quel que soit leur sexe, de créer un lien juridique d'aide mutuelle et matérielle.

3 Les fonctions de la famille

La famille assume des fonctions de :

- *reproduction* : elle permet d'assurer sa descendance ;
- *socialisation* : elle reste le lieu privilégié de la diffusion du langage et de la culture ;
- *protection* : elle procure aide matérielle, soutien psychologique, etc. ;
- *consommation et de transmission du patrimoine* : les biens acquis par la famille vont constituer son patrimoine (celui-ci va se transmettre d'une génération à l'autre).

4 L'évolution des relations familiales

Depuis quelques décennies, on constate une évolution des relations entre tous les membres de la famille.

A. Les relations entre les conjoints

En raison de l'augmentation de l'espérance de vie, un mariage peut durer plus de 45 ans, ce qui représente un risque accru d'échec à long terme.
Par ailleurs, les relations au sein du couple ont changé car le statut social de la femme s'est modifié ; en effet :

- la femme fait des études et elle a le choix d'une activité professionnelle ;
- la libéralisation de la contraception et l'interruption volontaire de grossesse lui ont donné la maîtrise de sa fécondité et la capacité de choisir ses maternités ;
- l'égalité des conjoints a été légalisée et la femme peut être chef de famille ;
- l'autorité parentale est partagée.

B. Les relations parents-enfants

L'enfant est au centre de la famille et toute l'énergie des parents est consacrée à lui fournir une vie confortable, une scolarité et une profession satisfaisantes.

C. Les relations parents-adolescents

Avec l'apparition du chômage, de l'insécurité financière, de l'allongement de la scolarité, les jeunes adultes restent plus longtemps au sein de la famille. Il n'est pas rare de rencontrer des jeunes de 25 ans (étudiants) toujours installés chez leurs parents.

D. Les relations avec les grands-parents

Les grands-parents gardent un rôle important. Ils fournissent souvent une aide non négligeable : prêt d'argent aux jeunes couples, garde des petits-enfants (50 % des enfants passent des vacances chez leurs grands-parents). Les relations sont bien différentes lorsque la personne âgée est seule.

5 L'influence du milieu familial sur l'individu

On sait que la formation du caractère d'un être humain, et par là ses capacités futures d'adaptation à la vie sociale, sont très liées à la personnalité de ceux qui l'ont entouré dans son jeune âge et des liens qu'il a noués avec eux.

A. L'influence de la famille sur l'équilibre humain

L'enfant se construit en imitant, ou en s'opposant à ses proches. C'est dire l'importance pour l'enfant de vivre dans un milieu où il trouvera l'amour, la fraternité, la tolérance, la compréhension, l'écoute, l'échange, la sécurité et la sérénité. On sait que les enfants qui ont souffert de « *carence affective* » peuvent présenter des troubles psychologiques graves à l'âge adulte.

B. L'influence de la famille sur le développement psychomoteur

L'attitude des adultes peut intervenir également pour stimuler ou inhiber son développement psychomoteur et sa créativité.

→ *Étude de cas*

Laurie est une petite fille de 24 mois, qui est accueillie chez une assistante maternelle très expansive. Au parc où elle se promène souvent avec elle, elle lui parle beaucoup, lui apporte son goûter, des jouets et veille à la mettre au contact de beaucoup d'enfants. Laurie semble beaucoup plus épanouie que sa voisine *Nadia*, du même âge, confiée à une assistante maternelle austère qui la surveille beaucoup, mais qui, ayant la crainte permanente de l'accident, la brime dans toutes ses formes d'expression personnelle et qui la sort rarement.

C. L'influence de la famille sur le développement affectif et social

La psychologie nous apprend que c'est par la « *nourriture affective* » que l'individu peut sortir de lui-même et s'affirmer dans sa plénitude adulte. Sinon il reste « *égocentrique* ». Ainsi l'individu doit d'abord apprendre à se détacher de sa famille pour aller *vers* les autres, pour faire « *don de soi* ».

C'est au gré du développement social que se mesure l'évolution psychologique d'un individu (qui pourra, à son tour, recréer une famille).

6 La parentalité[1]

Un homme, une femme, puis l'arrivée d'une troisième personne : l'enfant, et le couple devient triade : les rythmes, les repères sont modifiés. On ne naît pas parents, on le devient. On doit donc parler de transition vers la parentalité.

A. La réélaboration des liens et des rôles

Avant de devenir parents, le couple a tissé des liens sur la notion du « toi et moi ». Or la venue de l'enfant va engager cette relation à « deux » vers une relation à « trois » (appelée triade).

B. L'élaboration du processus de parentalité

Les deux partenaires vont :

- réfléchir à la signification de la parentalité ;
- revivre leur *histoire personnelle* : devenir parents les ramène à leur « passé », quelle enfance ont-ils eu ? Quels étaient leurs liens avec leurs parents ? Raviver ce vécu est parfois douloureux ;
- être heureux ou craintifs du « *rôle de parents* » qu'ils vont devoir jouer ;
- être impatients de connaître l'enfant qu'ils ont conçu et dont ils ont rêvé. Ils ont tendance à l'idéaliser, à l'imaginer beau et déjà plein de capacités en devenir (c'est l'*enfant imaginaire*) ;
- se donner de nouvelles *règles de vie* et réorganiser leur vie quotidienne ; souvent c'est la période où l'on change d'habitat en vue de la naissance.

C. Le vécu de l'homme (futur père)

L'aventure de la paternité, au même titre que celle de la maternité, est un moment de crise, franchie plus ou moins pleinement selon l'histoire de chacun. *Ex.* : On appelle *couvade* l'ensemble des troubles psychosomatiques que peut manifester un homme lors de la naissance de son enfant.

D. Le désir d'enfant chez la femme

Comment naît le désir d'enfant ? Où prend-il ses racines ? Les arguments donnés par les femmes sont le plus souvent teintés d'*ambivalence*, tantôt l'attente d'un enfant est donnée pour soi, tantôt l'attente d'un enfant est altruiste. Parfois c'est le souhait de répéter ce qui a été vécu avec les parents ou, au contraire, de réparer une enfance douloureuse... C'est le plus souvent un mélange de tout cela.

1. Pour plus de détails, consulter l'ouvrage *Guide AP* de J. Gassier. Éd. Masson, 2007.

2. La situation de handicap et la famille

La situation de handicap pose au sein des familles différents problèmes et différentes contraintes[1].

1 Les préoccupations pour l'enfant

L'enfant handicapé focalise les préoccupations de ses parents. Celles-ci portent d'abord sur son intégration au sein d'une petite structure d'accueil, puis d'une structure spécialisée. Elles portent aussi sur son développement, son autonomie et enfin sur l'existence d'un avenir professionnel (quel métier pourra-t-il exercer ?)

2 Le mode de vie familial

La présence d'un enfant, ou d'une personne handicapée, semble influer directement sur le choix du mode de vie, sur le temps de présence au foyer pour s'occuper de la personne handicapée.
Les femmes sont beaucoup plus sollicitées que les hommes :

- 80 % des pères continuent à exercer une activité professionnelle à plein temps ;
- 20 % des mères continuent à exercer une activité professionnelle à plein temps.

3 La gestion du temps libre et des loisirs

Dans une situation de handicap, la notion même de loisirs, dans le sens de départ en voyage, de vacances, tend à s'estomper dans de fortes proportions et cela est regrettable à une époque où tout est mis en œuvre pour adapter l'environnement à l'accueil des personnes handicapées. La famille devrait au contraire favoriser le départ en vacances ou en week-end.

1. Sondage Ipsos sur le thème : « Le handicap et la famille ».

4 La prise en charge financière du handicap

La prise en charge du handicap pèse sur le budget familial, une proportion importante des familles avoue rencontrer de réels problèmes financiers, qui touchent essentiellement les postes de dépense directement liés au handicap, mais aussi ceux relevant de la vie quotidienne. La famille doit donc s'informer sur les différentes aides proposées par l'État aux familles chargées d'une personne handicapée.
L'AMP veillera à les y aider.

5 La mise en conformité de l'habitat

La famille doit aussi investir dans l'aménagement de l'habitat pour le rendre plus « accessible ».

3. Le vieillissement et la famille

1 L'évolution de l'environnement familial et social au cours de la vie

- *Pour l'enfant*, l'environnement est représenté essentiellement par le groupe familial auquel s'ajoutent le groupe scolaire, puis celui des sports et des loisirs.
- *Pour l'adulte*, l'environnement s'élargit au groupe professionnel et aux relations amicales et sociales.
- *Pour la personne âgée*, l'environnement social a tendance à se réduire. Souvent la famille s'éloigne, les liens avec les amis se distendent et les relations établies au cours de la vie active disparaissent. De ce fait, la personne âgée est *menacée* d'« isolement social ».

2 Les intérêts du maintien des « liens relationnels » (familiaux et amicaux)

Le maintien de liens affectifs, avec la famille et avec les amis, revêt une grande importance.

A. L'intérêt des liens familiaux

Jadis plusieurs générations vivaient sous le même toit. L'individu était « entouré » par sa famille jusqu'au terme de sa vie (ceci est encore pratiqué chez certains peuples d'Asie ou d'Afrique où les anciens sont « vénérés » par les plus jeunes).
Aujourd'hui, les modes de vie ont changé, les personnes n'habitent plus les mêmes régions, la famille a éclaté, elle est réduite à un petit noyau composé de parents et d'un (ou des) enfant(s) : on parle de « *famille nucléaire* ».
Si l'éloignement géographique ne peut être évité, il est souhaitable que la personne âgée garde des liens familiaux ; l'AMP pourra l'y aider.

Le rôle de l'AMP

L'AMP aura un rôle important à jouer, elle pourra favoriser les « liens familiaux » :
- aider la personne âgée à rencontrer ses enfants et petits-enfants ;
- lui proposer d'organiser des goûters d'anniversaire ;
- l'inviter à écrire et à téléphoner régulièrement ;
- veiller à se faire « discrète » lors des visites de la famille ;
- savoir informer la famille du « vécu quotidien » de la personne âgée, etc.

B. L'intérêt des liens amicaux

Les liens amicaux et relationnels doivent s'entretenir, au même titre que les liens familiaux. Ici aussi l'AMP a un rôle positif à jouer.

Le rôle de l'AMP

L'AMP peut favoriser les « liens relationnels », elle peut par exemple proposer à la personne âgée de :
- organiser un goûter (en invitant les voisins par exemple) ;
- écrire aux vieux amis (à l'occasion des vœux, des fêtes ou des anniversaires ou sans réel motif, le plus régulièrement possible) ;
- téléphoner lorsque l'éloignement limite les rencontres,
- participer à des rencontres de personnes âgées (club du 3e âge, voyage…), etc.

3 Les conséquences de l'isolement social des personnes âgées

L'isolement social présente des risques à différents niveaux. Ils peuvent se traduire tant sur le plan physique que psychologique.

A. Les conséquences sur le plan physique

Chacun veut donner à autrui une « image de soi » valorisée. Déjà, le jeune enfant cherche à mettre des vêtements qui plaisent à son « groupe social » et l'adulte s'habille pour sortir avec des amis. La personne âgée et isolée n'aura plus de raisons de prendre soin d'elle-même et le découragement risque de la gagner par un sentiment d'inutilité.

Le rôle de l'AMP

L'AMP devra quotidiennement inciter la personne âgée à se laver, à s'habiller, et aussi à se parfumer, en soulignant le plaisir qu'elle prend à la voir « soignée ». Ainsi, elle motivera la personne âgée, qui, faute de le faire pour sa famille (qu'elle ne voit plus souvent) le fera pour l'AMP...

B. Les conséquences sur le plan psychique

Le sentiment d'inutilité conduit beaucoup de personnes âgées vers la « dépression » et parfois vers le suicide. Or, toute personne âgée a un rôle à jouer dans la société et doit le conserver.

Le rôle de l'AMP

L'AMP doit veiller à détecter tous les « signaux » qui présagent d'une dépression ou d'une démission chez la personne aidée, par exemple :
– le laisser-aller de la tenue ;
– les paroles négatives, les idées sombres ;
– le manque d'appétit, etc.
Elle doit le signaler à la famille ou à la(au) responsable de l'association. Mais elle doit surtout *veiller à prévenir* les effets de l'isolement social. (Agir avant !)

→ *Étude de cas*

La solitude de Maria et la sollicitude d'Anna

Maria (80 ans) vit seule à Colombes (banlieue parisienne). Depuis la mort de son mari, elle dit souvent à *Anna*, AMP : « *Je ne sers plus à rien... Pourquoi le Bon Dieu ne veut pas encore de moi... Je serais mieux là-haut, je ferais mieux de partir !...* »
Anna met tout en œuvre pour lui *redonner « goût à la vie »*. Elle sollicite et soutient cette femme, mais elle ne peut le faire seule, d'où l'importance pour Anna de travailler en équipe.

Chapitre 10

Les représentations psychosociales du handicap et du vieillissement

1 Le vieillissement

Les personnes âgées sont en nombre important dans nos sociétés européennes ; ceci grâce à l'allongement de l'espérance de vie.
Le développement des soins médicaux, l'amélioration des conditions de vie et d'habitat, la mise en place de politiques de prévention (vaccinations, sécurité au travail, prévention routière, dépistage précoce des maladies, etc.) ont permis de faire chuter notablement la morbidité et la mortalité chez les plus de 60 ans. Au cours d'une vie, le temps de la vieillesse tient donc une place importante.

Exemple
Une personne de 94 ans qui a commencé à travailler à 20 ans, aura passé autant d'années à la retraite (37 ans) qu'au travail (37 ans).

A. Le début du vieillissement

Dès la naissance, l'homme commence à vieillir et passe ainsi par différents stades (enfance, adolescence et âge adulte) pour atteindre le 3e âge.
Les effets importants du vieillissement se font sentir au 4e âge (autour de 80 ans), mais ils dépendent souvent du niveau culturel et social de la personne, ainsi que de son hygiène de vie. On remarque chez beaucoup de personnes âgées :

- une difficulté d'apprentissage mais surtout d'adaptation aux nouvelles situations (*Ex.* : utiliser le Minitel ou une carte bancaire) ;
- une diminution de l'imagination, de l'intuition ;
- une atteinte de la mémoire immédiate.

→ *Étude de cas*
Les difficultés d'adaptation de madame X.
Madame X., personne à mobilité réduite, refuse de quitter un appartement au 2e étage sans ascenseur pour un rez-de-chaussée, car elle ne veut pas quitter son « *chez elle* ». Elle trouve l'éducation des jeunes « trop libre », leurs modes vestimentaires « débraillées » ; les nouvelles musiques qu'écoutent ses petits-enfants lui semblent un « tintamarre » pénible à supporter. Enfin, le constat de son vieillissement crée chez elle un sentiment d'inutilité.

B. Le ralentissement physiologique

Chez le sujet vieillissant, un grand nombre de « signaux » témoignent de l'avancée en âge qui entraîne inévitablement la diminution de certaines aptitudes et capacités, en particulier la diminution :
- de la force musculaire (difficulté à la marche) ;
- des capacités respiratoires, cardiaques, digestives ;
- de l'acuité des organes sensoriels (vue, ouïe…).

C. Les aspects psychologiques du vieillissement

Chez la personne âgée, le physique et le psychique sont interdépendants et la fragilité de l'organisme s'accompagne d'une difficulté de plus en plus grande à résister au stress.
La personne âgée doit alors faire face à une image dépréciée d'elle-même, tout en supportant des changements et traumatismes importants à certains *moments-clés* de la vie : retraite, perte du conjoint, éloignement des enfants, entrée en maison de retraite, etc.

→ *Études de cas*
– *Monsieur G. a 68 ans.* Il vit seul, dans une petite ville du Nord de la France. Son épouse est décédée il y a quelques mois d'un cancer. Il a été mineur pendant 40 ans. Aujourd'hui retraité, il souffre d'insuffisance respiratoire et a besoin d'aide au quotidien.
– *Monsieur S. a 82 ans.* Il vit dans le Sud de la France avec sa femme, n'a aucun problème de santé même s'il ne court plus aussi vite qu'autrefois. Ancien professeur d'histoire, passionné de voyages, il continue d'exercer sa passion pour la civilisation grecque en se rendant chaque été en Grèce.
– *Madame V. a 78 ans.* Ancienne agricultrice, veuve, elle continue de vivre dans la ferme où elle a toujours vécu, aujourd'hui reprise par son fils. Elle continue de pratiquer certains petits travaux (nourrir les poules), participe à l'entretien du potager. Ses articulations la font parfois souffrir et sa peau est très ridée, du fait de toutes ces activités pratiquées dehors depuis de nombreuses années.

a. L'image corporelle

L'image corporelle est souvent dévalorisée chez la personne âgée qui voit son corps se dégrader sur le plan morphologique, physiologique et esthétique. La vision qu'elle a d'elle-même et le regard des autres ont une importance fondamentale dans sa façon de vivre.
Un environnement chaleureux joue un rôle fondamental par le sentiment de sécurité affective et de reconnaissance d'elle-même qu'il lui procure. La personne âgée tente alors de goûter ce que la vie peut encore apporter de plaisir. Elle peut conserver une estime de soi : vivre des sentiments, des émotions et le simple plaisir d'exister, sont des protections indispensables contre la dépression et le vide intérieur.

b. Les événements ayant un impact psychologique

L'âge entraîne des remaniements de la personnalité, en raison des changements dans les rapports entre la personne et son image sociale.

▶ La retraite

L'arrêt de l'activité professionnelle est un cap difficile pour les personnes retraitées. Les statistiques montrent que cette période est un pic de morbidité donc de mortalité.
La retraite provoque un stress majeur, à cause des modifications du mode de vie. Le retraité se réveille un matin sans avoir « rien à faire ». Il va devoir remplacer par autre chose une activité professionnelle qui l'occupait toute la journée.

- Certains investissent dans des loisirs, des activités culturelles, associatives ou dans la garde des petits enfants.
- D'autres en revanche sont incapables d'assumer ce vide de leurs journées, s'ennuient, ne s'intéressent à rien et finissent par ne plus sortir.

▶ La vie de couple

La retraite et le départ des enfants entraînent un face à face du couple âgé parfois difficile à vivre : on constate un nombre élevé de divorces à cette période de la vie.
Tous les comportements agressifs, anxieux qui étaient masqués, épongés par la vie professionnelle, vont réapparaître. Ils risquent de se fixer sur des points mineurs : la place des objets, les petites misères physiques, le territoire de chacun, et entraîner un égocentrisme qui empoisonne la vie commune. Le couple devra réaménager sa distance, son espace, son temps, de façon à vivre ensemble des choses positives.
La bonne santé psychologique du couple s'exprime dans des projets et par la faculté de profiter encore de choses séparément pour pouvoir partager ensuite.

▶ Le cadre de vie

La personnalité se crée, se forge et surtout se maintient par et dans une relation avec un environnement. Le cadre de vie d'une personne âgée constitue des repères temporaux, spatiaux et affectifs importants. Il est le « réservoir » des souvenirs d'une vie, le lieu où elle s'est déroulée, avec ses bons et mauvais moments. Il est le témoin matériel de cette vie.
Modifier totalement ou brutalement le cadre de vie d'une personne âgée, c'est la jeter « hors de sa vie », la couper de son histoire, bouleverser ses repères et la mettre dans une situation d'insécurité et de menace parfois insoutenable. Si la personne âgée ne dispose pas alors de défenses psychologiques adaptées et solides, le stress est tel qu'il risque d'entraîner une décompensation sous forme de somatisation ou de démence.

→ *Étude de cas*

Germaine (80 ans)

Germaine vit à Paris avec ses enfants. Elle s'occupe avec joie, le week-end, de ses arrières-petits-enfants, à qui elle aime raconter de nombreuses histoires. Elle fait des gâteaux et participe encore activement à la vie de famille. Parfois *Germaine* a quelques « trous de mémoire », mais elle a de bons yeux et peut lire ou regarder la télévision. Elle s'est inscrite au club du 3e âge, organisé par la mairie deux fois par semaine. De nombreux jeux de société y sont proposés (cartes, loto...), ce qui occupe agréablement son temps. *Germaine* a perdu son mari il y a dix ans, ce qui l'a longtemps perturbée, mais avec le soutien de ses proches, elle a pu surmonter cette épreuve.

2 L'entrée dans la « dépendance » et la fin de vie

La période de fin de vie se situe souvent autour de 85 ans, lorsque les effets du vieillissement sont importants, sur le plan physique, mais surtout psychique.

A. La détérioration mentale

La détérioration mentale est très variable d'un individu à l'autre. Cette détérioration (aboutissant à une démence sénile) a des causes variées, dont certaines peuvent être traitées. *Ex.* : le ralentissement de la circulation sanguine cérébrale. En revanche, beaucoup de personnes de plus de 80 ans peuvent être atteintes de la maladie d'Alzheimer et représentent une très lourde charge pour l'entourage. Bien souvent, les familles font appel à un(e) auxiliaire de vie sociale ou demandent le placement dans un établissement spécialisé.

B. La dépendance physique

Nombre de personnes âgées, qui ont gardé « toute leur tête », se trouvent dans un état de dépendance en raison d'handicaps physiques importants et elles ont besoin de quelqu'un pour les aider à accomplir les gestes de la vie quotidienne (toilette, lever, habillage, repas). Cependant, même si leurs activités se trouvent ainsi limitées, elles ont gardé la capacité de communiquer avec l'entourage et peuvent encore faire des choix quant à leur mode de vie. L'entourage familial, amical, les professionnels de l'aide à domicile, doivent les considérer comme adultes et ne pas les infantiliser ou les isoler sous prétexte de leurs difficultés dans les actes de la vie quotidienne.

C. L'affaiblissement des ressources

Lorsque les personnes n'ont pas travaillé assez longtemps pour avoir une retraite complète, les frais, liés à la maladie (ou au besoin d'aide) peuvent poser de réelles difficultés, même si l'État et les collectivités locales ont mis en place des mesures de solidarité pour les personnes âgées. *Ex.* : le minimum vieillesse, l'aide médicale gratuite, l'Allocation personnalisée d'autonomie (APA), etc.

D. La solitude

L'Insee prévoit que d'ici dix ans, le nombre de solitaires de plus de 60 ans augmentera deux fois plus vite que celui des ménages. Aujourd'hui près de 40 % des personnes âgées vivent seules. Cela implique pour elles des difficultés à trouver de l'aide pour les activités qui leur sont pénibles : courses, ménage, déplacement, mais aussi une impossibilité à maintenir la communication avec les autres ainsi qu'une inscription sociale. Peu à peu des équipements ou dispositifs se mettent en place : portage des repas, aide-ménagère, soins à domicile, téléalarme, famille d'accueil pour personnes âgées, etc., mais ils sont encore insuffisants pour éviter le départ de beaucoup de personnes vers les établissements de gériatrie.
La personne âgée préfère généralement vivre chez elle, auprès de sa famille, mais la cohabitation de plusieurs générations pose souvent problème. Cette cohabitation exige de chacun beaucoup de concessions pour une vie supportable par tous. Aussi beaucoup de personnes âgées restent déterminées à vivre seules, au prix parfois de gros efforts, pas toujours compatibles avec leur sécurité.

E. Le placement en structure d'accueil

Lorsque la famille fait le choix de placer la personne dépendante en trouvant un lieu d'accueil satisfaisant, elle peut en concevoir inquiétude et culpabilité. Cependant, le maintien du lien familial est toujours indispensable, même si des professionnels prennent le relais de l'entourage pour la vie quotidienne. En effet, on remarque une diminution très rapide chez les personnes qui n'ont plus aucun contact avec leur famille.

Chapitre 11

Les notions d'apprentissage et de pédagogie

1. Les actes d'enseigner et d'apprendre

1 Enseigner

La définition la plus classique est de dire qu'enseigner c'est « *transmettre un savoir, voire un savoir faire* » à des personnes que l'on peut appeler des apprenants (à savoir : des élèves, des étudiants, des stagiaires…). Mais on ne peut réduire l'acte d'enseigner à celui de transmettre. Le dictionnaire[1] nous dit que l'acte d'enseigner est aussi « *un processus de communication en vue de susciter l'apprentissage* », mais enseigner ce n'est pas seulement parler pour susciter un apprentissage, c'est aussi organiser et gérer l'apprentissage[2], c'est savoir coordonner des activités afin d'atteindre des objectifs fixés au départ. C'est en fait faire du « management ».

2 Apprendre

Il existe de multiples définitions de l'acte d'apprendre. Il existe même une multitude de classifications selon des critères très diversifiés. On distingue ainsi des apprentissages verbaux ou moteurs, des apprentissages par l'action ou par l'imitation… Nous nous limiterons ici à deux grandes théories d'apprentissage souvent opposées, mais en fait plutôt complémentaires.

A. « Le conditionnement »[3]

Le conditionnement est la procédure par laquelle on construit un comportement nouveau chez un être vivant en créant un lien entre ce comportement et un stimulus, axé sur le renforcement positif ou aversif (ex. : l'adulte dit à l'enfant a plusieurs reprises « Mets la

1. *Dictionnaire de l'éducation*, Renald Legendre. Éd. Larousse.
2. Il faut ici rappeler que celui qui a inventé la pédagogie s'appelait Célestin Freinet. Il était revenu handicapé de la Première Guerre mondiale et ne pouvait tenir un long discours, c'est ce qui l'a amené à inventer d'autres méthodes pédagogiques ne faisant pas appel à la parole.
3. Selon les travaux de Pavlov et de Skinner.

main devant la bouche lorsque tu bâilles », « Dis merci lorsque l'on t'offre quelque chose » et l'enfant le fera par automatisme.

B. « L'interaction »

Selon Jean Piaget, psychologue de l'enfance, les concepts ne s'enseignent pas, ils se construisent au cours de stades d'évolution successifs ; ils se constituent grâce à l'interaction de l'individu avec son environnement (ex. : l'enfant observe, échange, imite, écoute, reproduit ce qu'il voit faire aux adultes qui s'occupent de lui).

3 Le but de l'apprentissage

Le but de l'apprentissage n'est pas le savoir, mais l'action. En d'autres termes, l'objectif est d'accroître notre qualité de vie. Ce critère n'est pas toujours très explicite dans les apprentissages scolaires.
L'apprentissage est une modification adaptative du comportement consécutive à l'interaction de l'individu avec son milieu. De plus, il doit être plus ou moins durable et autant que possible socialement utilisable.
En effet, on peut aussi bien dire : « J'apprends à skier », « J'apprends la peinture de Picasso », « J'apprends la haine ou l'amour », « J'apprends à jouer d'un instrument de musique », « J'apprends à conduire », « J'apprends à faire la guerre », etc. Ainsi, le concept d'apprentissage est extensif. Il faut bien constater que les apprentissages qui ont marqué notre vie sont souvent plus existentiels que scolaires.

2. Les techniques éducatives ou d'animation adaptées aux personnes

1 Le maintien de l'autonomie des personnes âgées

On ne peut envisager la vie des personnes âgées, que ce soit en institution ou à domicile, qu'à travers les soins « biologiques ». Or le maintien de l'autonomie des personnes dépend non seulement d'une aide apportée au corps physique, mais aussi à l'état psychique. Les stimulations de l'activité cérébrale et motrice répondent à cet objectif.

A. L'évaluation de la mémoire chez la personne âgée

Certains tests permettent d'évaluer la mémoire (ou capacité cérébrale) de la personne âgée. On les appelle *« échelles d'évaluation »*.

Les échelles d'évaluation sont d'abord remplies par la personne puis soumises à un observateur compétent qui évalue les difficultés de mémoire (*cf.* Tableau 3.1).

Tableau 3.1 – Échelle d'évaluation des difficultés cognitives de la personne aidée.

Phrases du « vécu quotidien » de la personne	Réponses				
	0	1	2	3	4
1. Je me souviens difficilement des numéros de téléphone usuels.					
2. Je pose des objets (lunettes, clés, porte-monnaie, papiers) et j'ai du mal à les retrouver.					
3. Quand je suis interrompu dans une lecture, j'ai du mal à retrouver où j'en étais.					
4. Quand je fais des courses, j'ai besoin d'une liste écrite pour éviter d'en oublier.					
5. J'oublie des rendez-vous, des dates, des rangements.					
6. J'oublie en cours de route des courses que j'avais projeté de faire.					
7. Il m'est difficile d'évoquer le nom des gens que je connais.					
8. J'ai des difficultés à raconter une émission que je viens de voir à la télévision.					
9. J'ai du mal à exprimer ce que je voudrais dire.					
10. J'ai du mal à dire ce que j'ai sur le bout de la langue.					
11. J'oublie le nom des gens juste après qu'ils m'ont été présentés.					
12. Je perds le fil de mes idées en écoutant quelqu'un d'autre.					
13. J'ai besoin de vérifier une fois ou deux si j'ai bien fermé la porte, coupé le gaz, etc.					
14. Je fais des fautes en écrivant, en tapant à la machine ou en me servant d'une calculatrice.					
15. Je ne peux pas fixer mon esprit sur une seule chose.					
16. J'ai du mal à fixer mon esprit sur ce que je lis.					
17. J'oublie ce que les gens me disent, immédiatement après.					
18. Je dois faire les choses lentement pour être sûr de bien les faire.					
19. J'ai l'impression d'avoir la tête vide.					
20. J'oublie quel jour de la semaine nous sommes.					
0 : régulièrement 1 : souvent 2 : quelquefois 3 : rarement 4 : jamais	Score final				

Mise en garde pour l'évaluation

Ces échelles ne peuvent être utilisées que par des personnes formées à l'évaluation du psychisme de la personne âgée et non par l'AMP, car l'utilisation de l'instrument de mesure précité confronte la personne âgée à l'intensité de son déficit. Aussi la prudence est-elle de règle.

Toutefois, les résultats permettent aux spécialistes un meilleur diagnostic des difficultés cognitives et un meilleur suivi des personnes.

B. Les activités « mémoires »

Le rôle de l'AMP ne sera pas de proposer des activités « clés en main », mais de construire un projet d'animation adapté aux besoins spécifiques des personnes. Voyons les objectifs des activités cérébrales destinées aux personnes âgées.

Tableau 3.2 – Objectifs des activités cérébrales destinées aux personnes âgées.

Objectif général	Activités proposées	Objectifs spécifiques
Stimuler l'activité cérébrale	***a. Les ateliers mémoire*** Il s'agit d'exercices d'activité cérébrale à différents niveaux de difficulté. *Ex.* : – exercices de mémorisation auditive ou visuelle ; – exercices de logique ; – exercices de structuration.	Ces activités stimulent : – la mémoire ; – l'autonomie ; – la confiance en soi ; – la socialisation ; – le goût de vivre ; – l'intellect : • logique, • observation, • réflexion.
	b. Les jeux de « société » *Ex.* : – jeux de réflexion : échecs, dames, cartes, dominos, scrabble… ; – jeux de patience : réussites, puzzles… ; – jeux de logique : portraits… ; – jeux de hasard : loto, dés… ; – jeux de connaissances (QCM).	Ces jeux favorisent les échanges sociaux et les démarches intellectuelles.

a. Un exemple d'exercice de mémorisation (en atelier mémoire)

Il s'agit d'un exercice visant à stimuler la mémoire visuelle. Il peut se pratiquer par une ou plusieurs personnes (*cf.* Figure 3.2).

b. Un exemple de jeux organisés : « les clubs mémoire »

Il s'agit de jeux dits de « société ». Le plus souvent ils s'adressent à un groupe de personnes, mais certains jeux peuvent être utilisés individuellement.

Le but est de faire travailler la mémoire *cérébrale*, *auditive*, *visuelle*, *tactile* en dédramatisant la perte de mémoire, en rassurant la personne et en lui laissant prendre son temps.

L'AMP peut proposer les jeux ou exercices suivants :

- lecture de journal et discussion ;
- écoute de sons divers (bruits d'animaux, de la rue, bruits domestiques, voix…) ;

Test 1 Mémoriser	Test 2 Se souvenir
1. Observer bien le dessin puis passer à la question 1 du test 2. 	1. Quel est le dessin qui a été ajouté ? 
2. Mémoriser le dessin puis passer à la question 2 du test 2. 	2. Cocher le dessin identique à celui que vous avez vu. 
3. Observer bien ce dessin puis passer à la question 3 du test 2. 	3. Quel est le dessin qui a été ajouté ? 
4. Étudier ces dessins puis passer à la question 4 du test 2. 	4. Quel est le dessin qui a été modifié ? 

Fig. 3.2 – Exercice de mémorisation (atelier Mémoire).

- jeu d'association de lettres et de mots (**A** comme « Ananas », « Avocat », « Argent » ; **T** comme « Table », « Téléphone », etc.) ;
- eux de Scrabble, de Trivial poursuit ;
- jeux de cartes ;
- jeu de Kim (découvrir un objet que l'on touche, les yeux bandés) ;
- le jeu de « loto ».

Le jeu de loto, très ancien et très répandu dans les régions françaises, fait partie du patrimoine culturel : bien des personnes âgées y ont joué. C'est un bon moyen de réadaptation. La manipulation des pions développe la dextérité, la prise fine. La mémoire est stimulée par la formulation des chiffres, leur recherche sur le carton. L'aspect collectif du jeu développe les relations sociales.

Le rôle de l'AMP

L'AMP doit veiller à aider les personnes en difficulté en maintenant leur attention, en les sollicitant ou les aidant dans la manipulation.
L'organisation régulière de jeux de société au même endroit et à la même heure peut aider les personnes âgées à retrouver des repères dans le temps et l'espace.

C. Les activités motrices

La pratique d'activités physiques est indispensable pour le maintien des capacités physiques et psychologiques. Ces activités sont moins rébarbatives pour les personnes âgées si elles ont lieu dans le cadre d'activités ludiques.

a. Les objectifs des activités motrices (*cf.* Tableau 3.3)

Tableau 3.3 – Objectifs des activités motrices.

Objectif général	Activités proposées	Objectifs spécifiques
Stimuler l'activité motrice	a. ***L'expression corporelle*** *avec des accessoires* *Ex.* : – exercices avec des ballons de baudruche (*cf.* Figure 3.3) ; – exercices avec cerceaux ; – exercices avec élastique.	Ces activités stimulent : – l'adresse ; – la coordination motrice ; – la souplesse des articulations ; – l'équilibre ; – la confiance en soi ; – le rythme ; – la respiration, le souffle ; – la mémoire des gestes et des phrases.
	b. ***Les activités quotidiennes*** Les personnes âgées ont toutes un vécu d'activités quotidiennes. Un bon moyen de leur redonner le sens de leur utilité est de les réconcilier avec ces activités. Les ateliers de cuisine aident les personnes à retrouver les gestes oubliés, *Ex.* : – éplucher des légumes ; – faire une pâte à tarte ; – casser des œufs.	Ces activités permettent : – de canaliser leur activité ; – de se resituer dans le temps et l'espace ; – et de retrouver un rôle social.

b. Les exercices corporels

L'exercice corporel à l'aide des ballons de baudruche (ballons mous) (*cf.* Figure 3.3) est très prisé des personnes âgées car elles peuvent y jouer à deux ou à plusieurs.
Il existe bien d'autres exercices corporels présentant un intérêt pour les personnes âgées.

Technique de l'exercice

Se mettre par deux et se déplacer en marchant de différentes façons :

a. Bloquer un ballon entre différentes parties du corps :
- fronts
- épaules
- dos
- nuques

b. Faire des mouvements avec les ballons :
- les ballons sont frappés
- ou poussés avec la main

c. Se mettre face à face en tenant les deux ballons (à l'arrêt puis en déplacement) prendre un ballon entre les paumes de chaque main et faire des mouvements de bielle.

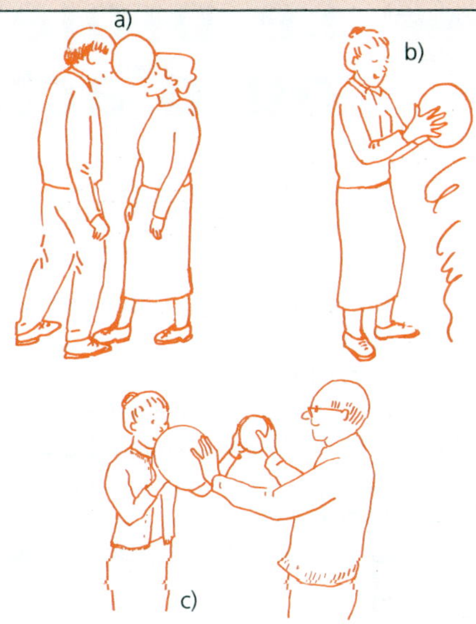

Fig. 3.3 – L'exercice corporel avec un ballon de baudruche.

Chapitre 12

Le projet d'animation ou d'activité

Un projet d'animation ou d'activité se prépare toujours à l'avance. Le responsable du projet doit se poser plusieurs questions, cernant les objectifs, la catégorie de l'activité et les modalités d'expression.

On peut utiliser la méthode du QQQOCP :

C'est-à-dire le : Qui ? Quoi ? Quand ? Où ? Comment ? Pourquoi ? de l'activité en question.

- *« Qui »,* ce sont les *personnes* à qui s'adresse l'activité (leur nombre, leur âge, leurs capacités psychomotrices, etc.) ;
- *« Quoi »*, c'est l'*activité choisie* (vais-je choisir une activité à caractère individuel ou collectif ?) ;
- *« Quand »,* c'est le *moment choisi* de la journée pour organiser l'activité (le matin ? l'après-midi ?) ;
- *« Où »,* c'est le *lieu choisi* pour cette activité (l'appartement ? le jardin ? etc.) ;
- *« Comment »,* c'est le *matériel à prévoir* pour réaliser cette activité (gros matériel ? petit matériel ?) ;
- *« Pourquoi »,* c'est l'*intérêt* de l'activité pour ces personnes (à quels besoins répondre ? à quelles attentes ?)[1].

1. Les différents modes d'animation

Il existe trois grands modes d'animation.

1 Le mode d'animation non directif

C'est le mode d'animation où l'animateur n'intervient pas. Il laisse la personne s'occuper seule, mais il est présent, attentif, disponible et prêt à répondre à ses demandes. Sur le plan de l'organisation, il se limite à aménager un espace adéquat.

1. Notons ici que, sur le plan de la mémorisation, il est plus aisé de retenir la formule des trois Q (suivie de OCP), mais sur le plan logique, il est préférable de commencer par le Pourquoi d'une activité (car pourquoi faire une activité si elle ne répond pas avant tout à un objectif).

2 Le mode d'animation directif

C'est un mode d'animation où toutes les initiatives viennent de l'animateur. Dans ce cas, les participants sont placés dans une situation de contraintes, ils doivent se plier aux règles. Ce mode d'animation a tendance à limiter la créativité.

3 Le mode d'animation semi-directif

C'est un mode d'animation où l'animateur intervient pour proposer et non pour imposer. Les participants doivent pouvoir librement choisir. Il est indiqué pour les personnes qui ont des difficultés à prendre des initiatives.

→ *Étude de cas*

Anne (à la crèche) propose une « activité pâtisserie »

Anne a mis en place le matériel et fait la démonstration de la pâte à tarte. Maxime et Émilie (2 et 3 ans) adorent casser les œufs, touiller et modeler la pâte pour préparer un gâteau d'anniversaire. Ils observent Anne quelques instants, puis se lancent rapidement dans l'action qu'ils maîtrisent, car ils l'ont déjà réalisée plusieurs fois. Anne les félicite à chaque étape.

2. Les différents types d'activités

Que ce soit pour l'adulte ou pour l'enfant, il existe deux types d'activités et de loisirs. Certaines ont un caractère individuel, d'autres un caractère collectif.

1 Les activités à caractère individuel

Lorsque la personne est seule avec l'animateur, elle peut s'exprimer librement sans crainte du regard des autres et peut laisser libre cours à son imagination, à ses envies.

Ces activités visent à mobiliser :

- la réflexion, l'attention, la mémoire, l'observation ;

- la volonté, l'autonomie ;
- l'habileté manuelle, le toucher, etc.

Ex. : les activités de manipulation, l'informatique…

2 Les activités à caractère collectif

Les personnes ont besoin de partager des expériences, des émotions avec les autres. Les activités de groupe, ou jeux collectifs, leur en donnent l'occasion.
Ces jeux visent à développer :

- la sociabilité ;
- l'expression corporelle et orale ;
- l'imagination, etc.

Ex. : les activités motrices, les jeux de rôles, jeux de société, etc.

3. Les diverses activités pour la personne handicapée

Il existe de nombreuses activités pour les personnes handicapées (adulte ou enfant). Les propositions doivent être adaptées à l'âge et aux capacités (c'est-à-dire au handicap) de la personne. Voici quelques exemples d'activités à caractère culturel[1].

1 Les activités pour le public non-voyant et malvoyant

Des visites thématiques tactiles sont organisées, par exemple, par les musées Bourdelle, Carnavalet, Galliera, le petit Palais et le château de Versailles (*cf.* Figures 3 et 4).

2 Les activités pour le public sourd et malentendant

Les « visites-conférences » (avec le *langage des signes*) ont lieu dans les musées précités.

1. Ces activités sont d'actualité en 2009 à Paris. Chaque année, les musées français prévoient des programmes spécifiques à l'attention des personnes handicapées (il faut s'informer auprès de la Direction des Musées de France).

Les conférenciers expliquent les œuvres d'art au public sourd ou malentendant en utilisant les « signes » (gestes), qui, pour eux, remplacent le langage parlé.

3 Les activités pour le public handicapé moteur

Ce public recherche avant tout une « accessibilité » au musée. À titre d'exemple : le musée Bourdelle est accessible par un plan incliné, le musée Galliera a une rampe d'accès spécifique, et le petit Palais est accessible par ascenseur.
D'autres musées sont en cours d'aménagement et certains ne peuvent offrir pour l'instant que leurs jardins aux personnes en fauteuil roulant.

4 Les activités pour le public handicapé mental

On peut citer par exemple les visites guidées et les ateliers « hors les murs » proposés par de nombreux musées, dont les musées Bourdelle et Carnavalet (ils proposent à ces personnes des ateliers de sensibilisation à la peinture ou à la sculpture).

4. Les diverses activités d'éveil pour l'enfant[1]

Il existe de nombreuses activités d'éveil. Nous sélectionnons dans ce chapitre les plus faciles à pratiquer.

1 Les récits et les contes

Dans un récit ou un conte, il y a toujours un personnage central, *le héros*, que l'auteur érige en modèle.

1. Pour en savoir plus, se reporter aux livres spécialisés (Ex. : *Guide de la petite enfance*, par J. Gassier. Éd. Masson).

A. Les objectifs

Le conte a un but *éducatif* évident : les comportements jugés « bons » par la société sont valorisés et récompensés.

B. Les exemples de contes (extraits)

Quels contes choisir et pour quel âge ?

- *Pour les petits* : l'histoire est simple. Les personnages sont des animaux ou des enfants.
- *Pour les plus grands* : les personnages sont plus nombreux et vivent des aventures qui font peur. L'histoire est plus longue et la langue plus riche.

C. La technique d'une séance de conte

Elle se fait en trois temps :

a. L'adulte récite une petite formule d'introduction.

Prenons un exemple pour les enfants :
« Toc-toc-toc, petite histoire es-tu-là ? Chut, je dors !
Toc-toc-toc, petite histoire es-tu-là ? D'accord, je sors ! »

b. L'adulte raconte l'histoire

L'adulte veillera à :
– parler lentement, varier les intonations ;
– regarder les enfants au cours du récit ;
– faire des pauses ;
– écouter les commentaires ;
– répondre aux questions ;
– créer le *suspense* pour augmenter l'intérêt et l'attention des enfants.

c. L'adulte clôture l'histoire

L'adulte clôture en récitant une formule d'adieu (au pays des histoires) et prépare l'(es) enfant(s) à l'activité suivante (repos, sieste). On recommande à l'animateur d'annoncer la clôture de l'activité quelques minutes avant la fin de l'histoire (l'enfant doit comprendre que tout plaisir a une *fin !*)

2 Les livres pour enfants

L'adulte est souvent amené à lire des livres aux enfants. Il lui proposera des livres adaptés à son âge et à ses goûts. Les livres pour enfants sont très divers. Le rapport entre le texte et l'image et la nature du livre sont à considérer par rapport à l'âge de l'enfant.

A. Les objectifs

La lecture vise à sensibiliser l'enfant au « goût des livres ». Elle tend à développer l'éveil intellectuel, la curiosité, l'observation, l'imagination, le vocabulaire, la culture…

Ex. : les livres pour enfants sont très nombreux. Citons les principales formes qui plaisent aux enfants en fonction de leur âge.
Les petits personnages (humains ou animaux humanisés) plaisent à l'enfant car il aime se retrouver dans un livre. Ces personnages vivent sa vie. C'est très sécurisant pour lui, c'est une façon de mieux appréhender le monde adulte. L'enfant s'identifie aux personnages du livre.

B. Le rôle de l'adulte

L'adulte ne doit jamais jouer au pédagogue. Il doit laisser parler sa sensibilité, sa joie de la découverte, en accompagnant l'enfant dans son plaisir, dans son imaginaire. Il doit accorder du « temps » à cette activité d'éveil, où l'enfant donne vie aux images.

3 Le chant

Le chant sera favorisé par l'adulte qui ne doit pas avoir de retenue pour chanter, même s'il chante faux.

A. Les objectifs

Le chant vise à initier l'enfant au rythme musical, l'adulte lui propose de taper dans les mains, ou sur des objets, en rythmant le chant, ce qui va également développer l'écoute musicale.

B. Le déroulement d'une séance

L'adulte fait écouter plusieurs fois la chanson. Les enfants observent l'attitude de l'animateur (la position du corps, les gestes, les mimiques, etc.).

Exemples
– Les chants : parmi les chants à danser qui ont remporté un grand succès, citons « La danse des canards » où les enfants « miment » les canards tout en dansant.
– Les comptines : ces jeux chantés permettent à l'enfant de mieux connaître son corps. *Ex. la Comptine du Jardin* (ci-après).

La Comptine du Jardin.

	Chanson	Gestes d'accompagnement
♫	– Je fais le tour de mon jardin – Bonjour, Papy, bonjour Mamy – Je descends l'escalier	– Faire le tour de la tête – Toucher chacune des paupières – Glisser le doigt le long de l'arête du nez
♫	– Je sonne à la porte – Je m'essuie les pieds – Et j'entre	– Appuyer sur le nez – Frotter la lèvre – Pointer l'index vers la bouche

5. Les formulaires des démarches d'animation (DDA)[1]

Formulaire n° 1 – Planification d'une activité.

Actions à accomplir	Observations formulées
1. Choix des moyens spatio-temporels – le lieu ; – l'heure ; – la durée.	
2. Préparation du matériel – gros matériel ; – petit matériel.	
3. Préparation des personnes – annonce l'activité ; – ou donne le choix.	
4. Réalisation de l'activité – explique l'activité (consignes éventuelles) ; – encourage les personnes ; – évalue les difficultés.	
5. Clôture de l'activité – annonce la fin de l'activité ; – donne les consignes de clôture.	
6. Transmissions ou rapport sur l'activité	

Formulaire n° 2 – Autoévaluation d'une animation sur le plan relationnel.

Objectifs à atteindre	Objectifs atteints		
	Totalement	**Partiellement**	**Insuffisamment**
1. Avant l'activité – j'ai établi le contact avec les personnes ; – j'ai motivé les personnes pour l'activité.			
2. Pendant l'activité – j'ai été disponible et à l'écoute des personnes ; – j'ai accordé de l'attention à chacun d'eux ; – j'ai tenu compte des interactions dans le groupe.			
3. À la fin de l'activité – j'ai annoncé préalablement la clôture de l'activité ; – j'ai écouté les commentaires de chacun.			

1. Autorisation d'utilisation des formulaires : les auteurs de l'ouvrage autorisent les formateurs à utiliser les formulaires pour leurs cours ou les examens des élèves, sous réserve d'indiquer leurs références.

Formulaire n° 3 – Autoévaluation d'une animation sur le plan gestuel.

Objectifs à atteindre	Objectifs atteints		
	Totalement	Partiellement	Insuffisamment
1. Avant l'activité – j'ai aménagé les lieux ; – j'ai installé le matériel.			
2. Pendant l'activité j'ai respecté : – l'enchaînement logique des actions ; – la méthode d'animation ; – les règles de sécurité.			
3. À la fin de l'activité – j'ai effectué les transmissions ou fait un rapport sur l'activité ; – j'ai rangé et nettoyé le matériel.			

6. Les activités quotidiennes et de loisirs

L'animation a pour objectif de stimuler les capacités des personnes en leur offrant des moments de détente très prisés.
Les techniques d'animation ne demandent pas un matériel très élaboré. Toutefois, elles font appel à l'imagination de la personne chargée de l'animation, et à sa volonté de satisfaire les goûts, les désirs et les besoins des personnes dont il a la charge. Le projet d'animation va l'y aider.

1 Le projet d'animation ou d'activité

L'AMP peut être amené à établir un projet d'animation ou d'activité.
Pour établir le projet d'animation, il faut rechercher les objectifs à atteindre.

A. Le contenu du projet

Comme précédemment, on va utiliser la méthode du QQQOCP, c'est-à-dire le : *Qui ? Quoi ? Quand ? Où ? Comment ? Pourquoi ?* de l'activité. Comme nous l'avons précisé précédemment, il est important de mettre le *Pourquoi* après le *qui* et le *quoi*.

Tableau 3.4 – Le contenu du projet d'animation.

Questions	Réponses	Exemples	Rôle de l'AMP
Qui ?	Les personnes	– Âge, capacités. – Handicaps.	L'AMP doit prévenir les personnes concernées.
Quoi ?	L'activité	Activité individuelle ou collective ?	L'AMP peut choisir une activité : – récréative ; – culturelle ; – manuelle ; – physique ; – artistique.
Pourquoi ?	L'intérêt	Quelles sont les réponses à proposer ? – *Réponses aux attentes :* • se distraire ; • entretenir ses facultés ; • sortir ; • se cultiver ; • nouer des relations. – *Réponses aux besoins :* • s'amuser, bouger ; • s'éveiller au monde ; • se socialiser.	L'AMP doit récapituler les objectifs qui déterminent le choix d'une activité. *Ex.* : – se cultiver tout en se distrayant ; – stimuler les facultés mentales ; – favoriser les contacts sociaux, etc.
Quand ?	Le moment	– L'après-midi (après la sieste ?). – Le matin ? (vers 10 h ?).	L'AMP doit choisir l'activité en fonction des contingences familiales.
Où ?	Le lieu	À l'intérieur ou l'extérieur ?	L'AMP doit prévoir : – le lieu de l'activité (salon, jardin, terrasse) ; – et l'aménager.
Comment ?	Le matériel	Quel matériel choisir : • gros matériel ? • petit matériel ?	L'AMP doit prévoir : – le matériel de l'activité (vérifier les ressources du domicile) ; – le budget (achats éventuels).

B. La fiche technique de la planification d'une activité

La planification permet d'organiser rationnellement une activité : sans perte de temps, en l'adaptant aux besoins, aux capacités des personnes, en prenant en compte les ressources du service.

La fiche de planification permet de *visualiser* l'activité du début à la fin (*cf.* Tableau 3.5).

Tableau 3.5 – Fiche technique de la planification d'une activité.

3 temps	Progression de l'action	Rôle de l'AMP[a]
1. Préparation en vue de l'activité	Préparation du lieu et du matériel. Préparation du groupe de personnes.	– Je vérifie la salle où se déroulera l'activité et je l'aménage. – J'installe le matériel dans la salle. – Je propose l'activité (ou offre le choix) aux personnes. – J'expose les caractéristiques de l'activité. – Je vérifie les capacités des personnes (mobilité, autonomie).

Tableau 3.5 – Fiche technique de la planification d'une activité. (suite)

3 temps	Progression de l'action	Rôle de l'AMP[a]
2. Réalisation de l'activité	Animation de l'activité.	– Je donne les consignes en langage clair. – Je fais (si besoin) une démonstration. – Je vérifie la compréhension des consignes. – J'analyse les difficultés de certaines personnes et je les aide. – J'accepte les refus de participation de certaines personnes. – J'assure la prévention des accidents (je respecte les règles d'hygiène et de sécurité). – Je prépare les personnes à la clôture de l'activité. – J'écoute les observations, les critiques… – Je range le matériel et la salle (ordre +– hygiène).
3. Final	Transmissions (orales) ou rapport écrit. Bilan de l'activité (= autoévaluation) de l'action.	Je rends compte de l'activité à la(le) responsable et aux familles. – Je réfléchis aux difficultés rencontrées. – Je prévois d'améliorer ma technique.

a. L'AMP parle ici à la première personne pour mieux personnaliser l'action.

2 Les différents modes d'animation

Comme nous l'avons vu, un projet d'animation est une planification d'activité qui se prépare à l'avance. Plusieurs questions ont reçu des réponses : on sait à qui s'adresse l'activité, le nombre de personnes participantes, leurs capacités et leurs attentes. L'AMP peut lancer l'activité. Le mode d'animation prévu peut être directif, semi-directif ou non directif (*cf.* Tableau 3.6).

Tableau 3.6 – Les 3 modes d'animation.

	Rôle de l'AMP	Objectifs	Réactions de la personne
Mode d'animation directif	*L'AMP dirige la personne* – Il prend les initiatives, – oriente les actions. *(Ex. :* séance de gymnastique douce : « Voici le matériel », « Voici la démonstration ».	L'AMP doit : – préciser le contenu de l'animation ; – faire une démonstration ; – encourager la personne ; – commenter les résultats obtenus.	La personne peut : – accepter l'autorité avec soumission ; – refuser l'autorité avec parfois quelques réactions de contestation, d'énervement.
Mode d'animation semi-directif	*L'AMP est le guide.* – Il tient compte des avis et choix de la personne. – Ils étudient ensemble le bien-fondé de l'activité et la façon de l'organiser.	L'AMP doit : – être à l'écoute des besoins, des attentes de la personne… ; – solliciter sa participation à l'élaboration du projet ; – prévoir le matériel.	La personne peut : – participer activement ; – collaborer efficacement ; – avoir des échanges fructueux avec l'AMP ; – vivre l'activité dans l'agitation ; – perdre du temps à cause des débats d'idées.

Tableau 3.6 – Les 3 modes d'animation. (suite)

	Rôle de l'AMP	Objectifs	Réactions de la personne
Mode d'animation non directif	L'AMP laisse la personne libre d'agir à sa guise. *Ex.* : il peut dire : « Que voulez-vous faire ? », « Choisissez ce que vous préférez ? »	L'AMP fait ce choix dans le but de : – stimuler la personne à l'autonomie et la valoriser dans ses choix ; – donner une impression de liberté. Mais l'AMP peut aussi renoncer à la directivité par incompétence (« fais ce que tu veux ! »).	La personne peut : – agir avec désordre, anarchie… (*Ex.* : elle peut faire des mouvements inadaptés préjudiciables à sa santé) ; – se sentir dévalorisée ; – être découragée.

3 L'adaptation du projet d'animation ou d'activité

La meilleure façon de favoriser la participation des personnes est de choisir une activité répondant aux attentes et aux besoins particuliers. L'AMP veillera tout particulièrement aux moyens à mettre en œuvre pour réguler correctement l'animation.

A. Adapter la durée

a. Proposer des activités variées et de courte durée

Il faut rappeler que généralement les personnes âgées se *fatiguent vite*. De ce fait, l'AMP veillera à ce que les activités soient (autant que possible) variées dans le temps et de courte durée, pour éviter de fatiguer et de lasser les participants. La nouveauté séduit davantage.

b. Proposer des temps de repos

Ils sont nécessaires en cours d'activité si la personne âgée émet des signes de fatigue ou de lassitude.
Ils sont utiles à la fin de l'activité, lorsqu'elle a sollicité une dépense physique ou lorsque le repas de midi fait suite à l'activité.

c. Adapter les accessoires

Certaines activités nécessitent l'utilisation de matériels (cerceaux, briques, ballons de baudruche, bâtons, etc.). Il faut se rappeler que :

- un *excès d'accessoires* détourne l'attention des participants : la personne âgée, par exemple, ne peut plus se concentrer sur l'activité elle-même, sur la bonne exécution des mouvements ;
- une *absence d'accessoires* ne permet pas à la personne d'exploiter toutes ses possibilités motrices et ne donne pas à l'activité la tonalité « jeu » indispensable au plaisir.

Ainsi, l'AMP veillera à « réguler » la mise à disposition des accessoires au cours de l'activité.

B. Adapter l'espace

L'AMP doit prévoir d'aménager l'espace en fonction de l'activité choisie. Il se questionnera selon la formule du QQQOCP (*cf.* Tableau 3.8).

Tableau 3.7 – L'adaptation du projet d'animation.

Adapter à qui ? à quoi ?	Comment ?	Pourquoi ?
Il faut adapter l'espace : – au nombre de participants ;	Il doit être : – assez vaste ;	Il doit favoriser : – la motricité, la gestuelle ;
– à leur âge et à leurs capacités ;	– aménagé (*Ex.* : tapis pour une activité physique au sol) ;	– le confort, l'aisance ;
– aux normes d'hygiène et de sécurité.	– clair, propre, aéré (air renouvelé) ; – protégé.	– la respiration ; – la prévention des accidents.

4 Les matériels d'animation et les aides techniques

Une animation bien comprise et adaptée fait partie intégrante des mesures d'aide nécessaires aux personnes. Soins et animation mènent un même combat pour maintenir l'autonomie.
La personne a, selon son âge et son état de santé, des capacités et des goûts qui lui sont propres, et que l'AMP doit prendre en compte, pour choisir sa démarche d'animation et le matériel adapté à celle-ci. Certaines aides techniques sont très utilisées (*cf.* Tableau 3.9).

Tableau 3.8 – Les matériels d'animation et les aides techniques pour la personne âgée ou handicapée.

Matériels	Intérêts des matériels
Les jeux de société 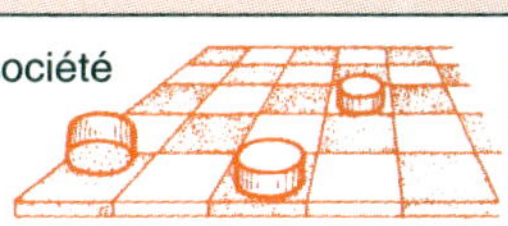 	Exemples : jeux de société, jeux de cartes, jeu de dames, de l'oie, loto… Certains jeux sont adaptés au handicap (ex. : damiers à velcro) Ces jeux stimulent : – la réflexion, l'observation, la concentration, – les liens amicaux et le dialogue avec celui qui organise le jeu.
La télévision 	Elle permet la détente et la distraction pour les personnes alitées ou obligées de rester à la maison (personnes âgées). Certains téléviseurs ont un magnétoscope intégré, ce qui permet d'enregistrer certaines émissions et de les regarder à l'heure de son choix.
La radio 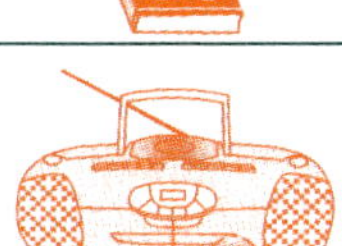	Elle permet d'écouter à toute heure informations, musiques, émissions de toutes sortes. Certains appareils permettent d'écouter des « compact disques » ou des « cassettes audio ».

Tableau 3.8 – Les matériels d'animation et les aides techniques pour la personne âgée ou handicapée. (suite)

<table>
<tr><th>Matériels</th><th>Intérêts des matériels</th></tr>
<tr><td>L'écriture (ou le dessin)
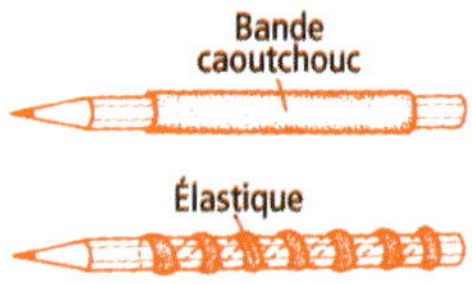
</td><td>Certains matériels permettent aux personnes âgées, ou handicapées, de se livrer aux plaisirs de l'écriture. Les aides techniques proposées peuvent être très simples. Citons :
– les bandes de caoutchouc ou les élastiques autour des stylos et crayons,
– les ordinateurs, les traitements de texte…
– certains modèles, destinés aux handicapés sont équipés de touches plus grosses,</td></tr>
<tr><td>La lecture

Livre à grosse lettre
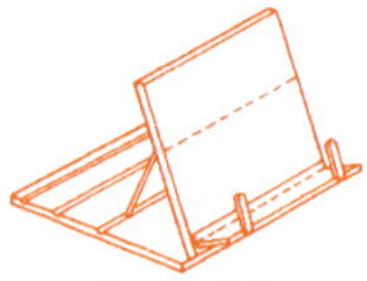
Pupitre de lit

Porte-journal</td><td>Les aides techniques, en facilitant la lecture des personnes âgées, leur permettent de profiter plus longtemps de ce moyen essentiel de distraction qu'est la lecture. On peut proposer :
– des livres à grosses lettres,
– des livres en braille (pour les non voyants),
– le porte-journal ou porte-revue et le pupitre de lit. Il évite tout effort de manipulation au lecteur.</td></tr>
</table>

Fig. 3.4 – Les personnes âgées ont très souvent des difficultés pour lire les journaux, d'où l'intérêt de leur proposer des « *activités lecture* » (où l'animateur lit la presse locale) ou des livres à gros caractères.

5 Les fiches techniques d'animation

Il existe de nombreuses activités pour les personnes âgées dépendantes ou autonomes. Nous en avons sélectionnées quelques-unes.

→ *Étude de cas*

La fiche technique de Janie (AMP)

Janie prépare une activité peinture pour les personnes âgées chez qui elle travaille. Elle réfléchit à son « projet d'animation » en utilisant à l'avance la méthode de la « fiche technique » qui est pour elle un petit « pense-bête » (dit-elle !). Voici la fiche qu'elle a préparée et qu'elle va compléter progressivement, en fonction des contingences matérielle et humaine.

Tableau 3.9 – Fiche technique de l'activité peinture.

Je réfléchis !	J'agis !
1) Je prépare la salle et le matériel.	1)
2) Je prépare les personnes.	2)
3) J'anime l'activité.	3)
4) Je transmets.	4)
5) Je fais le bilan de l'activité.	5)

→ *Étude de cas*

La fiche technique de « l'expression corporelle »

Josée (AMP) réalise une « fiche technique » pour une activité « expression corporelle » destinée à *madame Berthe*, 80 ans. Elle se pose de nombreuses questions et elle les note par écrit. Elle y ajoutera ultérieurement des réponses. Voici sa fiche ci-après.

Tableau 3.10 – Fiche technique de l'activité « Expression corporelle ».

Étapes	Questions	Réponses
1) Je m'interroge.	– Quel est le centre d'intérêt de la personne et l'intérêt du projet ? – Peut-on matériellement le proposer à la personne ? sous quelle forme ? – Cette action stimule-t-elle et respecte-t-elle les capacités de la personne ?	
2) Je prépare.	– Je réfléchis au *quoi ? Comment ? Quand ?* – Avec quels moyens ? Quels sont ceux dont je dispose ?	
3) J'anime.	– La réalisation correspond-elle aux souhaits de la personne ? – Que dois-je observer ?	

Tableau 3.10 – Fiche technique de l'activité « Expression corporelle ». (suite)

Étapes	Questions	Réponses
4) J'évalue.	– Quel intérêt, quel profit en a-t-elle tiré ? – Quelles ont été les difficultés rencontrées ? – Qu'aurais-je dû faire ?	
5) Je transmets.	– À qui vais-je signaler mon action ? – *Pourquoi ?*	

7. La méthodologie d'un exposé oral

L'AMP peut être amenée à prendre la parole en groupe, par exemple pour présenter un projet d'animation ou une visite programmée dans un musée.

1 Le rôle de l'animateur, les objectifs

Celui qui prend la parole en groupe doit être :

- **compris**. Pour cela, il doit :
  - utiliser des phrases simples et courtes,
  - employer un vocabulaire commun (termes connus du groupe) ;
- **écouté**, il doit donc :
  - varier le débit (qui ne sera ni trop lent ni trop rapide),
  - se déplacer si besoin dans la pièce (associer le geste à la parole) ;
- **entendu**, il doit :
  - installer correctement les auditeurs,
  - utiliser un registre de voix immédiat,
  - parler avec un volume suffisant, mais pas trop fort.

2 La préparation de l'exposé

L'exposé est une intervention d'une durée variable qui s'adresse à un auditoire dans le but de transmettre des informations. L'orateur doit :

- s'assurer de l'*aménagement* de la salle (présence ou non de tableaux, de micros, d'outils de projection) et en vérifier le fonctionnement ;

- rassembler une *documentation* ;
- faire un *plan* très structuré de son exposé ;
- ne rédiger que des *notes* (ne pas détailler l'exposé par écrit) ;
- n'utiliser que le *recto* des feuilles qu'il a devant lui pendant l'exposé.

3 La réalisation de l'exposé

L'orateur veillera aux points suivants.

- **Maintenir l'intérêt de l'auditoire** :
  - *au cours de l'exposé*, où l'orateur doit être attentif aux réactions de l'auditoire et adapter ses intonations, ses attitudes, ses propos pour le « motiver »,
  - *à la fin de l'exposé*, des échanges avec les participants peuvent avoir lieu sous forme de questions, d'informations complémentaires.
- **Segmenter l'exposé**. Il faut :
  - *annoncer le thème*, par exemple le projet de visite d'un musée,
  - *développer des arguments*, par exemple l'accessibilité du musée, le déroulement de la visite, le thème (*Ex.* : tel peintre, tel mobilier…), l'historique, l'intérêt pour les personnes, etc.
- **Regarder les auditeurs**, le regard est le lien entre celui qui parle et celui (ou ceux) au(x) quel(s) il s'adresse. Il garantit l'efficacité de la communication. Regarder l'auditeur, c'est :
  - *l'assurer que l'on parle pour lui*, et donc le mettre en confiance,
  - *contrôler la façon dont les propos sont reçus*. Une mimique, des sourcils froncés sont des manifestations d'ennui, d'incompréhension de l'auditoire, qu'il faut prendre en compte.
- **Accepter les silences**. Un intervenant qui fait un exposé face à un auditoire est souvent décontenancé par le silence qui suit la traditionnelle interrogation : « Avez-vous des questions ou des remarques à formuler ? » Or, il faut laisser aux gens sollicités le temps d'intégrer les propos entendus, d'y réagir, de formuler leurs questions.
- **Faciliter les « prises de parole » individuelles**. Certains participants ont des difficultés à prendre la parole dans un groupe pour poser des questions à l'orateur. Pourquoi ?
  - Soit ils n'ont rien à dire parce qu'ils sont d'accord,
  - Soit ils ne peuvent pas parler parce qu'ils ont un handicap (pour certains) ou croient ne pas savoir parler parce qu'ils n'ont pas le vocabulaire – ou croient ne pas l'avoir – ou parce qu'ils sont timides.

L'AMP devra faciliter la prise de parole de chacun et inciter, aider aux échanges dans le groupe.

DOMAINE DE FORMATION 4

Soutien médico-psychologique

Chapitre 13

La communication verbale et non verbale

La relation entre les personnes est basée sur la communication. Communiquer est un besoin essentiel de l'être humain. Nous communiquons en permanence. Même lorsque nous ne communiquons pas avec les mots (communication verbale) nous nous exprimons par nos gestes, nos attitudes, notre regard (communication non verbale).
Communiquer est un besoin social qui permet « d'échanger des messages ». Le message peut revêtir des aspects multiples. Cependant lors de l'émission d'un message, il y a nécessairement un lien qui se crée entre l'émetteur et son destinataire.

1 La situation de communication

- La communication consiste à mettre en commun une information.
- La communication est un acte, l'information est son contenu.

A. Le principe de la communication

Dans une situation de communication, il y a au moins deux partenaires : l'*émetteur* du message et le *récepteur* du message. Lorsqu'un message est compris, le récepteur est capable de donner une réponse adaptée au message reçu, donc d'entamer le dialogue. Pour cela, le récepteur doit pouvoir :
- *entendre* le message ;
- *comprendre* le message ;
- *analyser* le message.

Ce n'est qu'à l'issue de ces trois étapes successives qu'une réponse peut être élaborée.

B. Le schéma de la situation de communication

La situation de communication interpersonnelle peut être représentée par la figure 4.1. Elle comprend :
- *un émetteur* (E), c'est l'origine de l'information ;
- *un récepteur* (R), c'est le destinataire de l'information ;
- *un canal*, c'est le moyen physique ou matériel permettant la transmission de l'information ;
- *un message*, c'est le contenu informatif de la communication ;
- *une rétroaction*, c'est la réponse possible du récepteur et l'éventuelle remédiation apportées par l'émetteur.

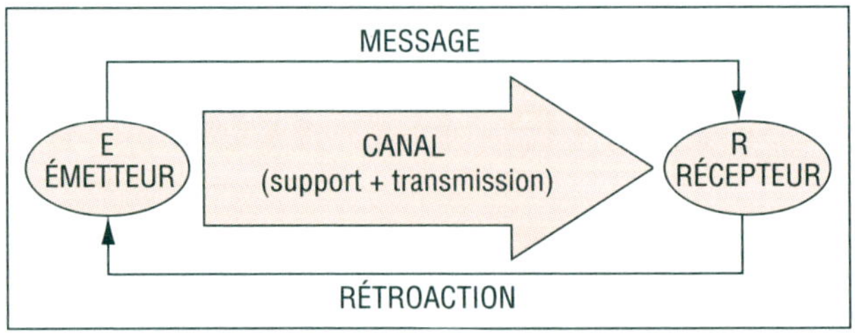

Fig. 4.1 – La communication interpersonnelle.

Il existe trois grandes formes de communication : verbale, non verbale et écrite (voir ci-après).

2 La communication verbale

Lors de ses rapports avec la personne ou sa famille, l'AMP veillera à soigner particulièrement l'expression verbale.

A. L'expression de la voix

L'AMP doit comprendre l'importance de la voix dans la communication. L'expression de la voix se traduit par :

- *sa puissance* : l'AMP veillera à ne pas parler trop fort dans un langage de tête-à-tête avec une personne ;
- *son débit et sa tonalité* : l'AMP veillera à limiter le débit de ses paroles et à moduler sa voix. L'AMP saura faire des pauses et accepter les silences, car ils sont utiles au dialogue.

B. La clarté du langage, le ton chaleureux

Pour être comprise, l'AMP doit utiliser un vocabulaire simple, clair et précis, accompagné d'un ton chaleureux. L'AMP évitera :

- *la déformation* : un ou plusieurs mots mal compris peuvent avoir des conséquences préjudiciables ;
- *l'interprétation* : certaines phrases mal interprétées, ou dites sur un ton dur, peuvent conduire à une incompréhension de deux partenaires et bloquer la discussion. D'où l'intérêt pour l'AMP de toujours chercher à comprendre ce qui « a été dit » par la personne.

C. Le regard (auxiliaire de la parole)

À la maîtrise de la parole, il est indispensable d'associer celle du regard. Le regard est un lien :

- « *regarder l'autre* », c'est l'assurer qu'on parle pour lui et non pour soi-même ; c'est le mettre en confiance ;

- « *être regardé par l'autre* », lorsqu'on parle, doit aussi être pris en considération. Quelle image donne de nous notre corps ? nos gestes ? nos mouvements ? Cet aspect là de la « communication non verbale » sera abordé plus en détail dans la partie suivante.

D. La distance entre les personnes (la proxémie)

Au cours de la communication s'installe une distance entre les personnes. On appelle *proxémie* la distance que chacun de nous met en place pour délimiter son territoire personnel. Différents niveaux de distance peuvent être instaurés et permettent de voir dans quel « espace » évolue le soignant par rapport au patient.

a. La distance intime (autour de 40 cm)

Elle est réservée aux actes les plus intimes de la vie personnelle (*Ex.* : câlins, baisers...). À cette distance, on sent l'odeur de l'haleine, la respiration, la chaleur de la peau. Le ton de la voix est faible (la communication peut se faire sur le mode non verbal).

b. La distance quotidienne (entre 40 cm et 1,20 m)

Elle est observée lors des échanges de la vie quotidienne. *Ex.* : discussions familiales, proximité de personnes (on voit le visage de la personne plus que le corps). Le ton de la voix est modéré.

c. La distance sociale (entre 1,20 m et 4 m)

Elle est observée lors des échanges de la vie sociale. *Ex.* : discussions entre collègues de travail, lors de réunions administratives (on voit le visage et le corps des personnes). Le ton de la voix est relativement élevé.

Le rôle de l'AMP

Lors des soins, l'AMP se situe dans *l'espace intime* de la personne, de ce fait celle-ci peut ressentir sa présence comme une intrusion, voire une agression. L'AMP doit donc savoir se faire accepter par le patient. D'où l'importance de créer une relation basée sur des valeurs de respect, de discrétion, d'empathie.

E. La reformulation

En reformulant à la personne le contenu de ses propos, l'AMP l'aidera à préciser ses besoins, à clarifier son point de vue. Il existe différents types de reformulation.

- *La reformulation par écho* : l'AMP répète simplement les mots que la personne vient de prononcer.
- *La reformulation-reflet* : si la personne dit : « je suis complètement épuisée », l'AMP peut dire : « vous vous sentez à bout ».
- *La reformulation-clarification* : à la phrase précédente, l'AMP peut répondre : « vous voulez dire que vraiment vos forces vous quittent ? ».
- *La reformulation de synthèse* : après un monologue assez long de la personne, l'AMP peut répondre : « si j'ai bien entendu, vous avez donc dit....... » et résumer ses propos.
- *La reformulation positive* face aux interpellations très négatives de la personne, l'AMP doit « positiver » avec des phrases du type : « il est important pour vous que je puisse vous faire confiance, croyez-moi je le ferai ».

F. Le caractère (fermé ou ouvert) de la communication

La communication verbale peut être :

- *fermée*, le message se manifeste sous la forme d'un ordre (signe d'autorité). La réponse attendue ne peut être que l'acceptation (*cf.* Étude de cas ci-dessous) ;
- *ouverte*, le message peut solliciter une réponse. Il autorise alors une évolution : un dialogue se met en place.

> → *Étude de cas*
>
> **« L'ordre » de madame Denise et la « proposition » de madame Véro**
>
> – *Madame Denise* (AMP) doit organiser une activité pour *madame X et trois autres personnes* (handicapées comme elle et en fauteuil roulant). Elle lui demande instamment de quitter sa chambre (car la salle pour l'activité n'est disponible qu'une heure). *Madame X.* a tout juste le temps de finir de s'habiller. La communication est, dans ce cas, « fermée ».
>
> – *Madame Véro* (AMP) dit à *madame D.* : « *J'ai prévu d'organiser une activité ce matin, mais la salle ne sera disponible que de 9 h 30 à 10 h 30. Serez-vous prête pour 9 h 30 ? Ou préférez-vous que nous reportions l'activité à demain ?* » La communication est, dans ce cas, « ouverte ».

3 La communication non verbale

La communication non verbale (appelée aussi paralangage) peut, soit renforcer le message verbal, soit au contraire en brouiller le sens initial. Les principaux signaux sont :

- *la posture* : elle informe sur l'éducation, mais elle traduit aussi le niveau d'attention accordée au message ;
- *le regard* : il peut être en lui-même émetteur (*Ex.* : admiration béate) ou au contraire quêter l'approbation d'autrui ;
- *la distance* entre les personnes en présence : elle varie selon la familiarité, renforce ou annule les sentiments sous-jacents ;
- *les gestes* : ils accompagnent et amplifient souvent le message ;
- *le toucher* : le contact physique entre deux personnes a une grande charge émotionnelle. Il rassure le malade, réconforte la personne âgée ;
- *les mimiques* (ou expressions du visage) : elles peuvent exprimer la peur, la joie, la méfiance, le dégoût…

> → *Étude de cas*
>
> **La déception d'Isabelle se lit sur son visage !**
>
> *Isabelle* est déçue. Le cadeau que vient de lui donner son ami *Romain* pour son anniversaire ne correspond pas du tout à ses goûts. Elle le remercie et ne dit rien d'autre. Pourtant, son regard et l'expression de son visage expriment sa déception. Son ami s'en aperçoit ; il la rassure et lui dit qu'il pourra changer le cadeau si elle le souhaite.

Dans la communication non verbale, nous utilisons différents signaux que nous décrivons dans le tableau 4.1.

Tableau 4.1 – La communication non verbale.

Éléments du langage non verbal	Signaux possibles du langage non verbal[a]
Regard	– Vide, absent, fuyant, fixe, éteint… – Vif, pétillant, franc, mobile, moqueur… – Larmoyant, anxieux…
Gestes	– Mouvement des mains (croisement, ouverture ou fermeture, crispation). – Mouvement des doigts (manipuler un objet, ses doigts, se gratter, se frotter…). – Mouvement des jambes et des pieds (balancement, trépidation). – Position de la tête (baissée ou droite, hochement). – Tics nerveux…
Mimiques	– Sourire forcé, grimaces, tics. – Plissement du front, froncement des sourcils…
Posture	– Position sur la chaise (bien installé ou au bord de la chaise, affaissé). – Position au lit… – Position du buste (raide, décontracté, penché…). – Façon de se lever, de marcher… – Raideur du corps, tension, repli sur soi…
Apparence	– Rougeur ou pâleur, tremblement. – Respiration accélérée ou bruyante, sueurs… – Marques de fatigue…

a. Nous ne donnons ici que quelques exemples. Il existe bien d'autres signaux (d'où les pointillés…).

→ *Étude de cas*

L'expression des visages dans la salle d'attente

Nous sommes dans la salle d'attente chez le médecin. Il y a beaucoup de monde et le médecin est très en retard. Personne ne parle et pourtant chacun manifeste sa mauvaise humeur.

Monsieur X tape du pied. *Madame Z.* soupire. *Mademoiselle W.* regarde sa montre toutes les minutes. *Monsieur S.* fronce les sourcils et regarde en direction de la secrétaire médicale avec des yeux interrogateurs.

Dans la scène ci-dessus, la communication existe et pourtant aucune parole n'a été échangée. Les personnes s'expriment par des gestes, des attitudes, des regards… C'est un langage non verbal.

4 Les difficultés de la communication

Pour que l'accompagnement de la personne aidée se déroule dans les meilleures conditions, il est nécessaire que la communication passe bien.

A. Les déformations de la communication

Il y a parfois une différence importante entre ce que nous voulons dire, ce que nous disons réellement, et ce que l'autre comprend de notre message. L'exemple ci-après tente de démontrer pourquoi la communication est souvent déformée.

❒ 1. Ce que je veux dire.	❒ 2. Ce que je pense dire.	❒ 3. Ce que je dis vraiment.	❒ 4. Ce que l'autre entend.	❒ 5. Ce qu'il comprend.	❒ 6. Ce qu'il répond.

→ *Étude de cas*

L'histoire du vase cassé…

Malika (AMP) transmet rapidement et oralement à *Nadia* (AMP) que *Madame Alphonse* s'est coupé le dessus du pied avec un vase, tombé de la table de nuit.

Nadia explique à la fille de *madame Alphonse* que celle-ci est tombée sur la table de nuit, a cassé un vase et s'est blessée.

La fille de *madame Alphonse* téléphone au médecin en expliquant que l'AMP a fait tomber la table de nuit sur le pied de sa mère.

Dans le cas concret ci-dessus, le message est peu à peu déformé par les différents interlocuteurs. À l'arrivée, la situation décrite ne correspond plus du tout à la situation d'origine.
Ce cas peut nous paraître amusant, mais pourtant, cette situation n'est pas rare et l'incompréhension peut avoir des effets très négatifs.

Le rôle de l'AMP

Il est indispensable pour l'AMP (et le personnel dans son ensemble) de :
– bien réfléchir à ce que l'on souhaite exprimer ;
– choisir un vocabulaire compréhensible ;
– vérifier si le message a bien été compris.

B. Les pathologies et les handicaps touchant la communication

Certaines situations pathologiques, ou certains handicaps, peuvent entraîner des difficultés de communication. Il est néanmoins important et essentiel de communiquer avec la personne aidée. De ce fait, l'AMP doit être capable de s'adapter aux différentes situations rencontrées.

Le rôle de l'AMP

L'AMP doit adapter son langage à chaque type de handicap :
– *Pour la personne malentendante* : l'AMP doit lui parler en se positionnant face à elle, en parlant lentement et en articulant afin que la personne puisse lire sur les lèvres (il est inutile de crier !).
– *Pour la personne aphasique*[1] : la personne comprend ce qu'on lui dit, mais ne peut formuler de réponse (elle sait par contre ce qu'elle souhaite exprimer). L'AMP doit s'adresser à elle normalement et mettre à sa disposition une ardoise afin qu'elle puisse répondre. Si l'écriture est difficile, la personne peut s'exprimer par des gestes, des signes, en désignant les objets…
– *Pour la personne malvoyante* : la communication verbale n'est pas perturbée. L'AMP doit lui décrire précisément tout ce qui est fait, lui faire toucher les objets, lui donner des repères.
– *Pour la personne désorientée dans l'espace et dans le temps* : la personne ne sait pas où elle se trouve ou n'a plus de notion du temps. Elle peut être angoissée par cette situation. L'AMP doit lui donner des repères au quotidien : calendrier, pendule et repères dans la journée (heure des repas par exemple), repère par rapport à la saison, aux différents évènements de sa vie (anniversaire, fêtes…). Il faut qu'elle adopte une attitude calme et rassurante.

1. Aphasique : personne qui présente un trouble du langage plus ou moins sévère le plus souvent après un accident vasculaire cérébral.

– *Pour la personne présentant une infirmité motrice cérébrale* qui présente souvent des difficultés importantes à articuler, l'AMP peut utiliser des tableaux de communication où chaque image représente un mot ou une idée.

C. La communication avec la personne malade ou mourante

L'AMP constate souvent des décalages entre les sentiments de la famille et ceux de la personne âgée (ou malade). Ces décalages créent de réelles perturbations dans la communication : par exemple, la personne malade peut :

- avoir accepté sa maladie alors que sa famille se révolte ;
- investir dans des projets alors que sa famille désespère ;
- être lucide quand sa famille se berce d'illusions.

Les sentiments et les attitudes de la personne malade peuvent ne pas être entendus par la famille ; la révolte s'exprime par l'agressivité.

5 L'écoute

L'écoute de la personne aidée est très importante. Dans une situation d'écoute, l'AMP doit être disponible et attentive. Elle veillera à :

- laisser la personne s'exprimer, *sans l'interrompre* et prendre en compte toutes les dimensions de la communication (verbale, non verbale).
- ne pas hésiter *à reformuler* afin de vérifier si elle a bien compris.

→ *Étude de cas*

La solitude de madame Zoé

Marie, AMP propose à *madame Zoé* de regarder la télévision alors que *madame Zoé* essaie de lui faire part de ses préoccupations, mais *Marie* écoute d'une oreille distraite. *Madame Zoé*, lassée, s'assoie et regarde d'un œil distrait une émission sans intérêt pour elle.

Dans l'étude de cas ci-dessus, *Marie* ne tient pas compte du besoin fondamental de *madame Zoé* (besoin de communiquer) et ne se rend pas disponible pour l'écouter. *Madame Zoé* se retrouve seule devant la télévision, sans aucune écoute. Marie aurait dû éteindre la télévision et dialoguer avec *madame Zoé*.

6 Les 6 attitudes d'écoute[1]

La formation à l'écoute est indispensable à l'accompagnement des personnes âgées, malades ou en fin de vie.

1. Selon le psychologue Porter.

Le psychologue Porter distingue six attitudes d'écoute qui éclairent la relation d'aide. Les connaître permet d'analyser sa conduite et d'améliorer sa relation.

> → *Étude de cas*
> Quelle sera l'attitude de Maria, AMP ?
> *Monsieur Paul* (personne malade, en fin de vie), dit à *Maria* (AMP) : « *Je ne veux plus vos médicaments, je sais que je ne m'en sortirai pas, laissez-moi mourir tranquille !* ». Maria peut répondre de six façons. Chaque réponse correspond à une attitude de sa part dont l'impact sur *monsieur Paul* sera différent (*cf.* ci-dessous).

A. L'attitude de support (d'aide ou de soutien)

Elle fait appel aux « sentiments » et vise à encourager la personne aidée.

> L'AMP peut dire : « Je suis là pour vous aider, vous soutenir ; je viendrai tout à l'heure pour parler avec vous de votre problème. Peut-être pourrais-je intercéder en votre faveur auprès de la direction. »

B. L'attitude de décision

Elle privilégie l'action. Elle est basée sur les conseils ou les ordres. Elle vise à dire à la personne malade qu'il y a toujours quelque chose à faire.

> L'AMP peut dire : « Je vous comprends *monsieur Paul*, mais vous allez d'abord manger et après ça ira mieux ! »

C. L'attitude d'évaluation

Elle décrète que c'est bien ou mal. Elle tend à prononcer un jugement.

> L'AMP peut dire : « Voyons *monsieur Paul*, ce n'est pas bien de parler ainsi ! »

D. L'attitude d'enquête

Elle pose des questions. Elle fait des investigations pour cerner toutes les données.

> L'AMP peut dire : « Pourquoi dites-vous ça, *monsieur Paul* ? » « Avez-vous eu un problème avec quelqu'un de l'équipe ? »

E. L'attitude d'interprétation

Elle cherche des raisons, des causes. Elle veut trouver des explications, mais, en fait, elle les impose.

> L'AMP peut dire : « C'est parce que vous avez mal dormi, *monsieur Paul* que vous avez mauvais moral aujourd'hui ? »

F. L'attitude de compréhension (ou d'écoute active)

Elle cherche à comprendre, elle favorise l'échange relationnel, mais elle s'en tient à ce qui a été dit par la personne.
L'AMP peut dire : « Je comprends votre douleur, *monsieur Paul*, ça fait partie des symptômes liés aux médicaments dont a parlé le Dr X. hier matin… »

Le rôle de l'AMP : la recherche de la bonne attitude d'écoute

Comme chacun des membres de l'équipe, l'AMP doit rechercher quelle est l'attitude d'écoute qui convient le mieux (celle qui lui paraît la plus appropriée) :
– *les cinq premières attitudes* sont souvent le résultat d'une précipitation. Elles manifestent une tendance à régler le problème en imposant sa propre conception ;
– *la sixième attitude* (« attitude de compréhension ») semble la plus appropriée, elle se contente de reformuler des propos entendus dans le but de mieux les saisir.
Il ne s'agit pas pour l'AMP de jouer au psychologue ou de répéter mot à mot la phrase énoncée par le patient. Il s'agit d'une *écoute active*. On peut redire avec ses propres mots ce que l'on a pu comprendre. Le patient saura alors rectifier et préciser sa pensée s'il sent que la priorité lui est accordée pour mener la conversation comme il le désire. La personne aidée sait qu'elle a été *écoutée donc comprise*.

7 La grille d'analyse d'une situation de communication

Chaque fois que l'occasion se présente, l'AMP cherchera à développer ses capacités d'observation et d'écoute dans une situation de communication. Une grille peut l'y aider (*cf.* Tableau 4.2 ci-après).

Tableau 4.2 – Grille d'analyse d'une situation de communication.

Acteur A	Réponses	Acteur B	Réponses
Le langage de A est-il : – professionnel ? – familier ? – chaleureux ? – froid ? – compris par B ? – adapté ?		*Le langage de B, est-il :* – professionnel ? – familier ? – chaleureux ? – froid ? – compris par A ? – adapté à la situation ?	
L'attitude de A : – regard – gestes, mimiques du visage – hochement de tête – jambe qui balance…		*L'attitude de B :* – regard – gestes, mimiques du visage – hochement de tête – jambe qui balance…	
L'écoute de A : Comment A manifeste-t-il une écoute attentive de B ? – postures – mots (lesquels ?) – reformulation (laquelle ?)		*L'écoute de B :* quels effets provoque sur B l'écoute de A ? – postures – mots (lesquels ?) – reformulation (laquelle ?)	

Tableau 4.2 – Grille d'analyse d'une situation de communication. (suite)

Acteur A	Réponses	Acteur B	Réponses
L'interaction – identifier les différentes phases de la communication – effets sur A ?		*L'interaction* effets sur B ?	
L'évolution observée chez A entre le début et la fin de la communication – l'attitude – le vocabulaire – la relation		*L'évolution observée chez B* entre le début et la fin de la communication – l'attitude – le vocabulaire – la relation	
L'objectif : – l'objectif de la communication est-il atteint ? – conditions relationnelles de cette communication (bienveillance, opposition, neutralité, agressivité...)		*L'objectif :* – L'objectif de la communication est-il atteint ? – Conditions relationnelles de cette communication (bienveillance, opposition, neutralité, agressivité...)	

Chapitre 14

L'intervention professionnelle

1 L'observation

Observer une personne veut dire être attentif à elle, à son comportement et à la situation qu'elle vit. C'est un peu comme un arrêt sur image au cinéma, c'est-à-dire une fixation, une concentration de l'esprit sur un sujet afin d'en saisir les détails, d'en surveiller l'évolution. Elle consiste en un suivi objectif, sans jugement. C'est une opération moins simple qu'il n'y paraît qui met à contribution, non seulement notre capacité de concentration sur un sujet, mais aussi nos dispositions, intellectuelles, affectives et organisationnelles. C'est sans doute pour cela que l'encyclopédiste Denis Diderot disait : « L'observation recueille les faits, la réflexion les combine et l'expérience vérifie le résultat »

A. La définition

En terme de psychosociologie, observer signifie sélectionner, enregistrer, coder un certain nombre de données. Le sujet d'observation peut être :

- une personne ou un groupe de personnes ;
- le contexte dans lequel il(s) évolue(nt).

B. Les techniques d'observation

Il en existe trois :

- l'*observation directe*, c'est-à-dire de visu (*Ex.* : le professionnel observe la personne et analyse les réactions) ;
- l'*observation indirecte* à l'aide d'outils élaborés (*Ex.* : les tests, les grilles, etc.) ;
- l'*auto-observation* : le professionnel (par exemple) s'introspecte, analyse ses propres réactions lors d'une relation d'aide.

C. Les différentes positions de l'observateur

L'observateur peut être présent, mais essayer de se faire oublier, ou participer activement aux activités ou parfois se cacher (derrière une glace sans tain, par exemple) pour mieux observer les comportements naturels[1].

---

1. Cette forme d'observation a été souvent adoptée dans les structures d'accueil (type crèches) pour observer le comportement des jeunes enfants (*Ex.* : par le professeur H. Montagner, éthologue).

D. Les objectifs de l'observation

Comme pour tout type de soins, l'observation vise à :
- comprendre la situation vécue par la personne ;
- saisir les manifestations de la pathologie ;
- déceler et reconnaître la souffrance de la personne afin d'arriver ensuite à planifier des interventions adaptées ;
- faire un suivi de sa réaction ;
- élaborer un plan d'intervention ;
- exercer un suivi sur son application et sur l'évolution de la personne.

E. Les règles à respecter lors de l'observation

Pendant l'observation, il faut veiller à conserver notre objectivité, donc suspendre notre jugement.
Au cours de l'observation, il faut :
- être attentif et se concentrer sur ce que nous observons,
- recueillir d'abord une perception globale de la personne ou de la situation,
- rechercher une perception détaillée (voir les étapes ci-après).

F. Les étapes du processus d'observation d'une personne

- *1re étape* : on observe d'abord passivement la personne ou la situation. L'œil voit l'image, l'oreille perçoit les paroles, la voix.
- *2e étape* : on vérifie l'information reçue en se questionnant :
  - 1er questionnement : qu'est-ce que je vois ? qu'est-ce que je comprends ?
  - 2e questionnement (reformulation) : ai-je bien vu ça ? ai-je bien entendu ça ?
- *3e étape* : on valide ce qui a été perçu par nos sens. Pour cela, il faut à nouveau observer et écouter afin que la vue et l'oreille nous confirment ce que nous pensons avoir compris.
- *4e étape* : on interprète, on analyse ce qui a été perçu. *Ex.* : cette personne est triste, anxieuse, insatisfaite.

G. L'observation détaillée des expressions et des attitudes d'une personne

Voici les principaux éléments d'observation.
- *L'expression faciale* : est-elle calme, paisible, inquiète, anxieuse, indifférente, dure, tendre, figée, souriante ?
- *Le regard* : est-il fixe, attentif, distrait, absent, vide, gêné, angoissé, fatigué, triste ?
- *La gestuelle* : est-elle coordonnée, anarchique, agitée, figée, tremblante, lente, active, involontaire, impulsive ?
- *La posture* : est-elle tonique, affalée, somnolente, affaissée, recroquevillée (en chien de fusil)[1] ?
- *La démarche* : est-elle assurée, rapide, lente, hésitante ?
- *Le comportement* : est-il calme, avenant, accueillant, docile, hautain, méprisant, agressif ?
- *L'humeur* : est-elle positive, négative, gaie, triste, exaltée, changeante, anxieuse ?
- *La voix* : est-elle forte, faible, tenue, monotone, éraillée, tremblante ?
- *La tenue vestimentaire* : est-elle propre, soignée, recherchée, négligée, originale, excentrique ?
- *La coiffure* : est-elle propre, soignée, ébouriffée, gominée, classique, apprêtée ?

1. C'est un signe d'état douloureux (la personne se couche sur le côté, genoux repliés).

- *Les troubles et les problèmes* : concernent-ils l'alimentation (avec une tendance à la boulimie, l'anorexie…) ? le sommeil (avec une tendance à l'insomnie, aux cauchemars, au somnambulisme) ? l'addiction (avec le tabagisme, l'alcoolisme, l'usage de drogues, l'abus de jeux) ?
- *La capacité d'introspection* : la personne a-t-elle conscience de son comportement, des effets de ses troubles sur sa santé, son comportement ? son jugement est-il réaliste ? bon ? pauvre ? absent ?
- *La réaction à ses problèmes* : la réaction de la personne est-elle :
  - *négative* : la personne se sent-elle impuissante ? en échec ? en colère ? manifeste-t-elle un manque d'énergie ? de volonté ? (exemple : si la personne est déprimée, elle n'a ni la volonté, ni l'énergie pour faire face à ses problèmes ce qui le décourage),
  - *positive* : la personne veut-elle réagir ? manifeste-t-elle une énergie ? une motivation ? une détermination pour surmonter ses difficultés ?

Le rôle de l'AMP

Le rôle du professionnel est d'accompagner et d'aider la personne à réagir. Il faut réveiller et favoriser la *motivation*, c'est un processus psychologique qui est déterminant pour aider le patient à avancer. Observer attentivement avant d'analyser une situation est essentiel dans toute prise en charge d'une personne. Accompagner consiste surtout à rester humble. C'est bien sûr le rôle de l'AMP que de guider la personne en difficulté, mais il ne consiste en aucun cas à l'orienter vers un but prédéterminé. Il faut savoir guider la personne vers là où elle souhaite aller (ce qui n'empêche pas les suggestions ou les conseils), aller à son rythme, faciliter son évolution.

2 La relation d'aide

Quand on parle de relation d'aide, il est indispensable de voir la distinction entre l'idée (sous l'angle technique) de « *faire un soin* » et celle de « *prendre soin de quelqu'un* ». C'est une différence qui permet d'inscrire son action dans une perspective porteuse de sens humain pour la personne aidée.

A. Les questions préalables

L'AMP doit se poser six questions essentielles à la relation d'aide.
1) *Mon comportement est-il authentique, vrai ?* C'est une façon d'être qui est perçue profondément par l'autre personne. Elle sent que son accompagnateur(trice) est digne de confiance, est fiable.
2) *Suis-je capable de relations positives ?* C'est une façon de savoir manifester de la chaleur humaine à autrui, de l'attention, du respect.
3) *Ai-je assez de sécurité intérieure pour laisser la liberté à autrui ?* C'est une façon de permettre à la personne aidée d'être elle-même confiante. À l'inverse, celui qui n'a pas sa propre sécurité intérieure cherche à « manger l'autre », à le rendre dépendant de soi, à vouloir qu'il se « coule dans le même moule » (cette attitude dans les relations de couple est très destructrice).
4) *Puis-je faire preuve d'empathie ?* C'est une façon de savoir s'introduire facilement dans le monde des sentiments, du ressenti de la personne aidée. Cela permet de mieux la comprendre.
5) *Puis-je accepter l'autre tel qu'il est ?* C'est une façon d'accueillir la personne sans la juger, sans avoir un regard intérieur désapprobateur.

6) *Puis-je apporter une relation basée sur la confiance ?* C'est une façon de créer immédiatement la sécurité dans les rapports humains en leur ôtant tout jugement de valeur. La personne aidée mise en confiance se sent « libérée ».

B. Les objectifs de la relation d'aide

La relation d'aide vise à développer chez la personne aidée :
- la maturité psychoaffective ;
- la confiance ;
- l'autonomie ;
- la socialisation ;
- la capacité d'affronter mieux les situations de la vie ;
- les ressources latentes sur le plan humain.

L'intervention devra avant tout respecter « les 3 R » :
- **R**espect envers soi-même ;
- **R**espect de l'autre ;
- **R**esponsabilité de ses actions.

3 Le développement et maintien de l'autonomie

Un des rôles principaux de l'AMP est de préserver l'autonomie de la personne. Les causes de la perte d'autonomie sont très diverses selon l'âge de la personne et les situations vécues par chacun.

A. L'adaptation de l'aide aux besoins

Le besoin d'aide peut survenir à l'occasion d'une maladie ou d'un accident qui occasionne une *perte d'autonomie partielle ou totale*. L'aide est alors *ponctuelle* ou *définitive*, de courte durée ou durable et a pour objectif la restauration de l'autonomie. Elle doit permettre à l'individu de s'adapter à son nouvel état de santé.
La vieillesse est souvent marquée par la diminution de l'autonomie : soit de façon brutale, à la suite d'une maladie ; soit progressivement, avec l'avancée en âge et la dégradation des fonctions organiques. Le besoin d'aide est alors croissant.

B. Les objectifs de l'aide

Les objectifs de l'aide apportée par l'équipe de soins peuvent être très différents selon les personnes. Il s'agira soit de maintenir l'autonomie résiduelle, soit de restaurer l'autonomie perdue.

a. Maintenir l'autonomie résiduelle

L'objectif de l'aide est d'encourager les personnes à retrouver une partie de leur autonomie pour leur faciliter la vie au quotidien (étude de cas ci-dessous).

→ *Étude de cas*

Madame Z. et l'autonomie résiduelle

Madame Z., 85 ans, a été opérée d'une fracture du col fémoral. La rééducation lui permet la marche avec un déambulateur, mais elle ne peut obtenir une autonomie totale du déplacement, car *madame Z.* a très peur de retomber. Son état osseux et musculaire n'est pas bon et elle souffre de perte d'équilibre.

Explication : l'objectif de l'AMP pourra être de solliciter la motricité chez cette patiente pour éviter qu'elle ne devienne impotente et grabataire. Il serait sans doute irréaliste d'envisager une restauration totale de l'autonomie de déplacement.

b. Restaurer l'autonomie perdue

La personne qui a été hospitalisée pour une longue maladie ou qui subit un handicap a perdu son autonomie. L'objectif des aidants est de l'aider à retrouver cette autonomie.

➜ *Étude de cas*

Monsieur M. et l'autonomie perdue

Monsieur M., 70 ans, préalablement autonome et vivant seul à son domicile, est traité pour une infection pulmonaire. Il présente un état dépressif avec perte d'appétit et refuse de se lever. L'AMP (en collaboration avec l'équipe) l'aide à retrouver son autonomie perdue. L'aide porte sur la résolution de son état dépressif et le rétablissement de relations sociales qui ont été altérées par l'hospitalisation.

Explication : le choix d'un objectif et d'une stratégie dépend de l'état de la personne aidée, de son âge, du diagnostic médical et de l'évaluation de la perte d'autonomie.

Fig. 4.2 – La vieillesse est souvent marquée par une diminution de l'autonomie motrice. L'AMP veillera à stimuler l'autonomie résiduelle en favorisant la marche au moyen d'aide technique, telle que la canne.

Le rôle de l'AMP

Des principes généraux sont à respecter dans la mise en œuvre des actions quotidiennes auprès des personnes en perte d'autonomie. L'AMP veillera à :
– stimuler l'autonomie restante de la personne avant de pallier la dépendance ;
– aider à faire et non faire à la place de la personne pour « gagner du temps » ;
– laisser à la personne le temps d'agir par elle-même ;
– en faire ni trop ni trop peu :
• « *trop* », c'est aller vers l'installation dans la dépendance,
• « *trop peu* », c'est la mettre en situation d'échec, donc en danger physique ou psychique ;
– avoir une attitude éducatrice, encourageante, rassurante ;
– travailler en étroite collaboration avec l'équipe.

C. L'évaluation du degré d'autonomie et du besoin d'aide (les outils)

Pour permettre le respect des objectifs de l'aide, il est nécessaire de savoir *comment*, *quand* et *pourquoi* elle est nécessaire. Il faut donc évaluer le degré d'autonomie de la personne, fixer l'objectif que l'on veut atteindre par l'aide apportée et mesurer les progrès réalisés.

a. La grille Aggir

La *grille Aggir* est la grille d'évaluation officielle de l'autonomie (*cf.* Tableau 4.3).

Tableau 4.3 – La grille Aggir.

	Variables discriminantes	A	B	C		Variables illustratives	A	B	C
1	*Cohérence* : conserver et/ou se comporter de façon sensée.				10	*Communication à distance* : utiliser les moyens de communication, téléphone, sonnette, alarme…			
2	*Orientation* : se repérer dans le temps, les moments de la journée et dans les lieux.				11	*Gestion* : gérer ses propres affaires, son budget, ses biens (PA au domicile).			
3	*Toilette* : concerne l'hygiène corporelle.				12	*Cuisine* : préparer ses repas et les conditionner pour être servis (PA au domicile).			
4	*Habillage* : s'habiller, se déshabiller, se présenter.				13	*Ménage* : effectuer l'ensemble des travaux ménagers (PA au domicile).			
5	*Alimentation* : manger les aliments préparés.				14	*Transport* : prendre et/ou commander un moyen de transport (PA au domicile).			
6	*Élimination* : assumer l'hygiène de l'élimination urinaire et fécale.				15	*Achats* : acquisition directe ou par correspondance, ou par les services spécifiques dans une institution.			
7	*Transfert* : se lever, se coucher, s'asseoir.				16	*Suivi de traitement* : se conformer à l'ordonnance du médecin.			
8	*Déplacement à l'intérieur* : avec ou sans canne, déambulateur, fauteuil roulant.				17	*Activités de temps libre* : activités sportives, culturelles, sociales de loisir ou de passe-temps.			

Tableau 4.3 – La grille Aggir. (suite)

	Variables discriminantes	A	B	C		Variables illustratives	A	B	C
9	*Déplacement à l'extérieur* : à partir de la porte d'entrée sans moyen de transport.								

Légende de la grille :
A = fait seul totalement habituellement correctement.
B = fait partiellement.
C = ne fait pas.
Source : Cahier des charges de la prestation expérimentale dépendance.

b. Les 6 niveaux de Gir

L'autonomie de la personne est évaluée à partir de la grille Aggir (Autonomie gérontologique groupe iso-ressource). La grille permet de calculer six niveaux de Gir (Groupe iso-ressource) :

- **Gir 1** : la personne a une *perte totale d'autonomie mentale*, sociale, corporelle et locomotrice. Une aide continue est indispensable.
- **Gir 2** : la personne a une *perte d'autonomie locomotrice* (lit ou fauteuil), mais les fonctions mentales sont conservées (ou inversement). Dans ces deux cas, une prise en charge est nécessaire dans les actes de la vie courante.
- **Gir 3** : la personne a une autonomie mentale conservée, mais la *fonction locomotrice* est *partiellement altérée* (souvent problème d'élimination). Une aide quotidienne est nécessaire.
- **Gir 4** : la personne a des *difficultés uniquement pour les transferts* (se lever, se coucher). Une aide partielle est parfois nécessaire pour la toilette quotidienne et l'habillage.
- **Gir 5** : la personne est autonome à l'intérieur du logement, mais elle nécessite une *aide ponctuelle* pour l'entretien de la maison, pour les repas.
- **Gir 6** : la personne est autonome.

c. Le bilan

- Les personnes dont la perte d'autonomie correspond aux Gir 1 à 4 peuvent bénéficier de l'Apa.
- Les personnes autonomes dont le Gir se situe entre 5 et 6 ne peuvent recevoir l'Apa, mais peuvent solliciter auprès de leur mairie quelques heures d'aide-ménagère par semaine avec une participation financière à leur charge.

→ *Étude de cas*

La grille Aggir de madame Germaine

L'assistante sociale est venue chez madame Germaine afin de remplir une demande d'Apa.
Elle remplit la grille Aggir à partir des observations suivantes :
– *madame Germaine* se déplace seule dans sa maison, mais ne peut se lever seule de son lit ;
– elle a besoin d'aide pour sa toilette et pour l'habillage (mais peur participer) ;
– elle s'alimente bien et ne présente pas de problème d'élimination.
L'assistante sociale complète les éléments suivants sur la grille Aggir :
– transferts : C ;
– déplacements à l'intérieur : A ;
– toilette : B ;
– habillage : B ;
– élimination : A.

Des évaluations successives du degré d'autonomie peuvent être faites au moyen de graphiques, tableaux divers qui visualisent l'état d'autonomie et son évolution dans chaque activité de la vie quotidienne. Nous en donnons un exemple sous forme de cible (Fig. 4.3).

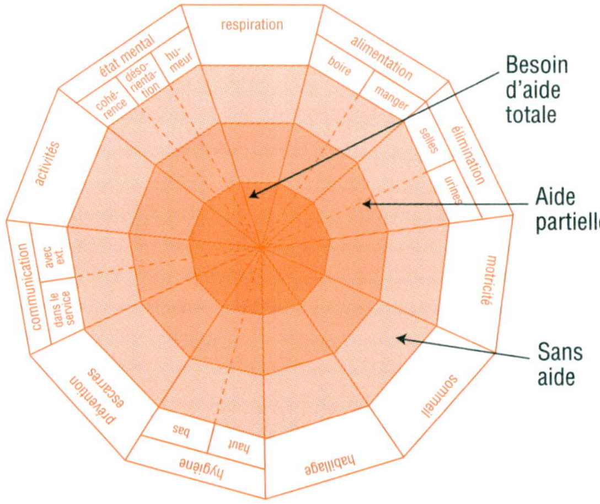

Fig. 4.3 – Évaluation du degré d'autonomie et son évolution.

d. Le géronte

C'est un autre outil d'évaluation de l'autonomie (*cf.* figure 4.4).
Le professionnel colorie le « géronte » en fonction de l'autonomie du patient.

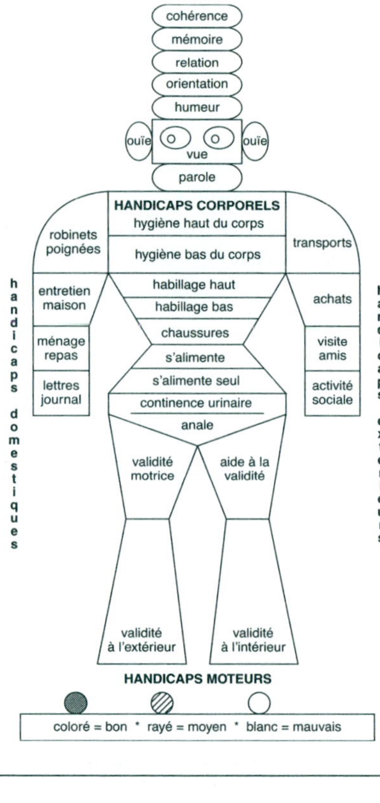

Fig. 4.4 – « Le géronte ».

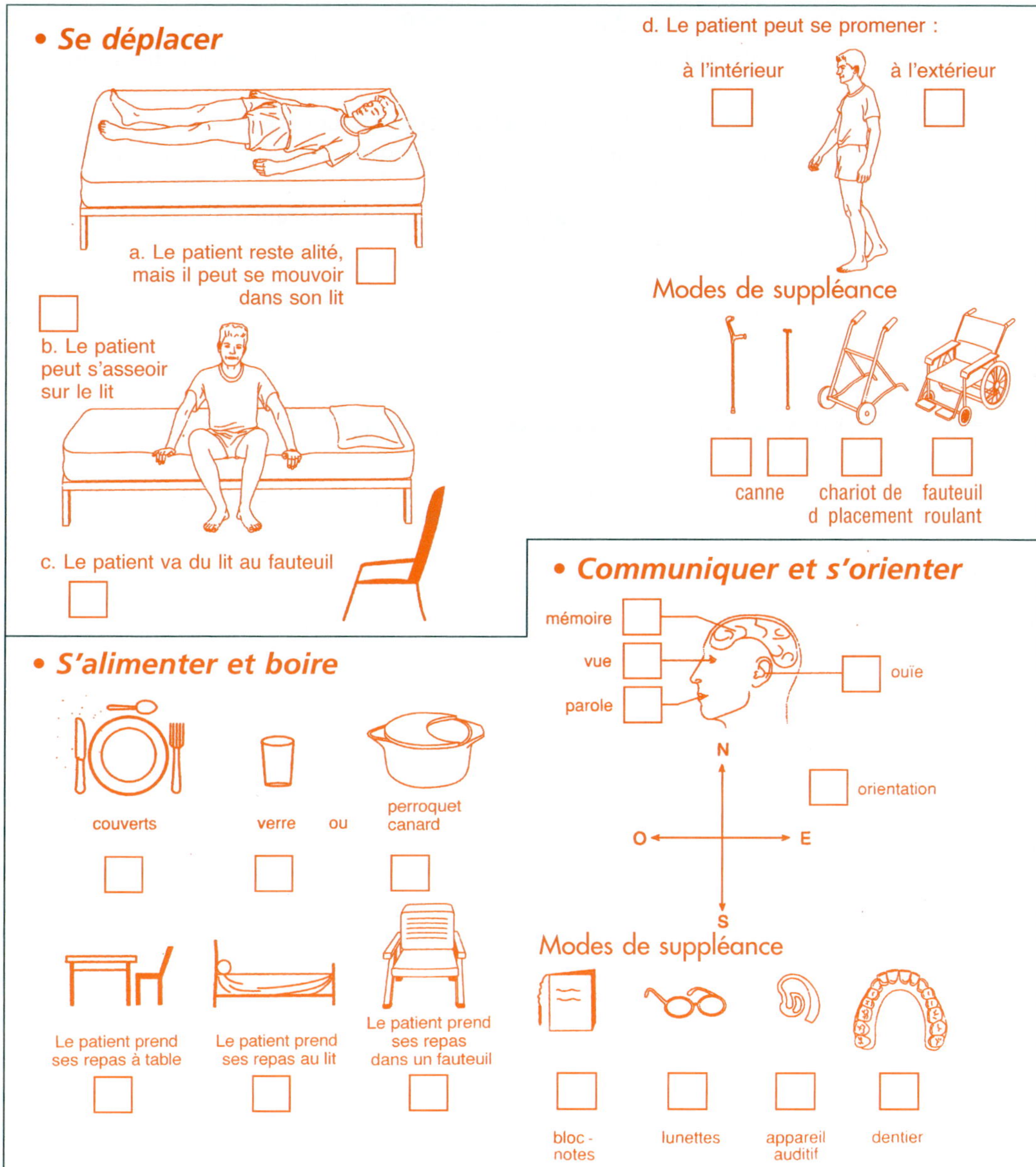

Pictogramme	Situation du patient
0 **Sans aide**	**Le patient est capable de faire seul** ◄ *Ne pas l'aider* pour favoriser son autonomie
A+ **Aide minime**	**Le patient a besoin d'être guidé ou surveillé lors de ses agissements** ◄ Lui apporter l'*aide minime* dont il a besoin : Aide +

Pictogramme	Situation du patient
A+++ **Aide totale**	**Le patient a besoin d'une aide physique et morale** ◄ Lui apporter l'*aide totale* dont il a besoin : Aide +++
×	**Modes de suppléance ou matériels utilisés** ◄ Cochez la case à l'aide d'une croix

Fig. 4.5 – La grille d'autonomie pour trois besoins (extrait).

Le rôle de l'AMP

Pour restaurer ou maintenir l'autonomie des personnes, l'équipe a un rôle déterminant. L'AMP veillera à :
– favoriser le maintien des liens familiaux et amicaux de la personne ;
– susciter la participation active de la personne pour les activités socioculturelles, ce qui la maintient dans une dynamique sociale ;
– évaluer au quotidien le degré d'autonomie pour adapter ses demandes à la personne ;
– valoriser ses efforts, ses progrès ;
– soutenir la personne, la stimuler ;
– transmettre à l'équipe les observations et les progrès ou non de la personne.

4 La communication professionnelle

A. La discrétion professionnelle

L'obligation de discrétion professionnelle concerne également l'AMP. Elle protège plus particulièrement l'ordre interne à l'établissement ou l'institution en interdisant la révélation de toute information indiscrète par les salariés.
Selon la loi[1] :

- « *La discrétion professionnelle est de règle* pour tous les faits, informations et documents dont les salariés ont connaissance dans le cadre de leur fonction. »
- « *L'indiscrétion professionnelle est une faute disciplinaire* susceptible d'entraîner une sanction disciplinaire (dans le cadre d'une procédure disciplinaire). »
- « *L'obligation de réserve professionnelle* concerne l'opinion personnelle que peut avoir un employé sur l'établissement (ou l'institution) qui l'emploie et sur ses collègues de travail, et le fait qu'il manifeste ouvertement cette opinion dans le cadre de son travail ; cette opinion pouvant porter atteinte à l'image de marque de l'établissement ou de l'institution. »

B. Le secret professionnel

a. Les textes

Les textes officiels[2] indiquent que :

- Chaque professionnel a pour devoir de « ne pas révéler d'informations à caractère secret, dont il serait dépositaire par sa profession » ;
- Toute infraction au secret professionnel est passible de peines correctionnelles[3] ;
- Le secret professionnel est la règle. Nul ne peut être dispensé de cette obligation, sauf dans le cas de dérogations prévues par la loi (*cf.* paragraphe suivant).

1. Loi du 13 juillet 1983 (article 26).
2. Code pénal (article 226.13).
3. Pour toute violation du secret professionnel, le Code pénal prévoit des peines d'emprisonnement et des amendes de l'ordre de 15 000 euros.

→ *Études de cas*
– *Mademoiselle F.* (AMP) a été accusée de violation du secret professionnel. Connaissant l'ex-belle-mère de la maman du bébé Anaïs (dont elle s'occupait), elle fit des photocopies du dossier médical et le transmit à cette personne (qui en fit un usage malveillant).
– *Madame G.* (AMP) a été accusée de violation du secret professionnel pour avoir transmis par téléphone des informations à *monsieur* Y. qui s'est présenté comme le fils de la personne dont elle s'occupait et qui en fait un usage malveillant.

b. L'enquête pour déterminer la responsabilité

Toute violation du secret professionnel est une faute grave. Lors d'une violation du secret professionnel, chacun doit *répondre de sa faute individuellement* face à la justice.
L'enquête va rechercher le quoi, le pourquoi et le comment ?

▶ Le quoi ? (l'élément légal)
La loi interdit de diffuser toute information lue ou entendue portant sur la santé ou sur la vie privée du patient ou de son entourage.

▶ Le pourquoi ?
Pour respecter la vie privée des personnes.

▶ Le comment ? (l'intention du fautif)
L'enquête va apprécier l'intention du soignant lorsqu'il a violé le secret professionnel. Lorsque le soignant invoque « l'ignorance de la gravité de la faute » pour atténuer sa faute professionnelle, le tribunal prend très rarement en compte cet argument, en fonction d'un grand principe : « *nul n'est censé ignorer la loi* ».

c. Les dérogations au secret professionnel

Certaines dérogations au secret professionnel sont prévues par le Code pénal. Il s'agit des *déclarations de sévices et de violences* sur mineur de moins de 15 ans et sur personnes fragilisées (personnes âgées, handicapées, malades ou affaiblies). Concrètement, tout soignant doit signaler au cadre de santé, ou au médecin, les sévices ou privations qu'il constate dans le service. C'est une obligation.

Le rôle de l'AMP

L'AMP veillera à :
– faire preuve de *discrétion et de réserve professionnelle* : il respectera son milieu de travail, ses responsables et ses collègues et ne révèlera ni opinions, ni informations les concernant ;
– respecter le secret professionnel.
L'AMP a l'obligation de :
– ne donner aucun renseignement par téléphone ;
– *ne donner aucune information orale ou écrite, sur la personne et son environnement familial* (nom, situation familiale, santé, maladies, soins, examens, diagnostics, vie professionnelle, sociale, chômage, budget, confidences, religion, goûts, opinions, visites, rapports de voisinage, résultats scolaires des enfants, etc.) ;
– dénoncer tout sévice ou acte de violence sur enfant ou personne fragilisée.
Dans le cadre d'un service à domicile, l'AMP dans les plus brefs délais, signalera oralement (et non par écrit) au responsable, ou au médecin l'acte de violence ou le sévice dont il a été témoin.

C. Les transmissions

Avant de sélectionner les éléments d'observation ou de trier les données pertinentes qui devront faire l'objet d'une transmission, l'AMP doit réfléchir méthodiquement.
Nous lui suggérons d'utiliser la méthode du QQQOCP (Quoi ? Qui ? Quand ? Où ? Comment ? Pourquoi ?)[1] *cf.* Tableau 4.4 ci-après.

Tableau 4.4 – Méthodologie pour sélectionner l'information.

Quoi ?	Quels sont les éléments de mon observation que je dois transmettre ?
Qui ?	À qui dois-je les transmettre ? (responsable ? équipe ? famille ?...)
Pourquoi ?	– Dans quel but dois-je transmettre cette information ? – Quel est l'objectif de cette transmission ?
Quand ?	À quel moment dois-je réaliser la transmission ?
Où ?	Dois-je transmettre l'information orale en présence de la personne ou à distance ? et pourquoi ?
Comment ?	– La transmission sera-t-elle orale ou écrite ? – Comment se présente le cahier de transmissions ou de liaison ?

a. Les deux types de transmissions

Les transmissions des informations peuvent être orales ou écrites.

▶ Les transmissions orales

Les transmissions orales peuvent concerner deux situations :

- *l'urgence* : une situation urgente nécessite une intervention ou une décision immédiate. L'AMP doit alors transmettre *des informations par téléphone*, en décrivant précisément les faits ou l'observation de la personne. Il laissera par ailleurs une trace écrite de sa démarche ;
- *le relais entre deux professionnels* : l'AMP transmet ce qu'il a fait pour sa collègue et(ou) à sa (son) responsable et précise les éléments nouveaux. Il peut aussi transmettre des informations à la famille de la personne.

▶ Les transmissions écrites

Les transmissions écrites permettent (lorsque les professionnels ne se rencontrent pas) de *conserver une trace* des éléments importants et des problèmes signalés. Pour transmettre correctement les informations écrites, l'AMP doit les inscrire dans le cahier des transmissions ou de liaison.

b. La nature des transmissions

L'AMP doit transmettre la nature exacte de son intervention et signer. Elle doit faire la *synthèse* des informations à transmettre (pas de récit détaillé).

1. Cette formule mnémotechnique est très facile à retenir sous cette forme; toutefois l'ordre des lettres n'est pas systématiquement respecté et le Pourquoi doit être placé au début de sa réflexion.
2. Nous vous donnons ici un large éventail de transmissions. L'AMP ne transmettra que les informations relevant de sa mission.

Le rôle de l'AMP

L'AMP doit inscrire[1] :

1. les observations sur la personne en indiquant :
– ses réactions (fatigue, autonomie, tristesse...),
– les incidents éventuels (malaise...),
– les rejets alimentaires après le repas,
– les refus du repas, les refus des activités, des distractions,
– les insomnies... ;

2. les anomalies éventuelles constatées :
– toute éruption cutanée, diarrhée, inflammation...,
– toutes paroles de la personne exprimant une crainte, une angoisse... ;

3. les informations nouvelles apprises au sujet de la personne (par sa famille ou un membre de l'équipe) ;

4. les soins ou actions réalisés :
– toilette corporelle
– aide à la marche, aide à l'élimination, etc.

Exemple :
Cahier de transmission de *madame ROBERT. Marlène X.* (AMP)
Mercredi 14 janvier, 10 h :
Madame Robert présente ce jour une rougeur sous les seins. Toilette corporelle au savon de Marseille sous les seins (+ talc). Surveillance régulière.
Signature : Marlène X (AMP)

NB : L'AMP peut noter beaucoup d'informations sur le cahier de transmissions, mais veillera à tenir la personne au courant de ce qui a été rédigé la concernant. L'AMP expliquera à la personne les intérêts des transmissions écrites (*cf.* ci-après).

c. Les intérêts des transmissions

Les transmissions permettent de :

- regrouper les informations sur la personne aidée, d'où une *meilleure prise en charge* visant sa sécurité ;
- personnaliser les soins : situer ses habitudes de vie, ses besoins fondamentaux, ses attentes... ;
- assurer le suivi de la personne par l'équipe de soins 24 h/24 h ;
- favoriser la concertation entre tous les membres de l'équipe professionnelle ;
- éviter les risques d'erreurs et d'oublis au niveau des interventions ;
- disposer d'un document légal en cas de problème juridique.

d. Les consignes d'utilisation du cahier des transmissions ou de liaison

Certaines consignes d'utilisation du cahier des transmissions ou de liaison doivent être respectées :

- les notes doivent être synthétiques mais précises, claires, complètes et pertinentes ;
- les abréviations doivent faire l'objet d'un consensus (*Ex.* : RAS = rien à signaler) ; il est préférable de les éviter, car l'AMP fait un travail humain et non technique ;
- les notes doivent être chronologiques (préciser l'horaire).

L'AMP doit dater et signer ce qu'elle a écrit sur la personne.

▶ **Les précautions particulières**

Les recommandations de la circulaire ministérielle doivent être respectées : les confidences relatives à la vie privée de la personne ne peuvent faire l'objet de transmissions écrites qu'avec l'accord de celle-ci. Le respect de la vie privée est un principe indérogeable que l'AMP doit privilégier en toutes circonstances ; elle participe à l'établissement d'un climat de confiance avec la personne aidée et sa famille et à la crédibilité du service d'aide à domicile

5 La prise de recul face aux difficultés de la personne

Lors de sa tâche, l'AMP peut rencontrer des difficultés face auxquelles elle doit savoir « prendre du recul ». Les difficultés peuvent avoir des causes différentes. Le plus souvent, il s'agit de gérer des situations relationnelles difficiles, soit avec la personne, soit avec sa famille, lors de problèmes graves de santé, de handicap. L'AMP doit avoir une attitude professionnelle.

A. Reconnaître ses « limites »

Le plus grave pour « l'aidant-accompagnant » d'une personne malade et de ses proches n'est pas de craquer, ou de ne pas pouvoir cacher son émotion, ou sa faiblesse, mais de ne pas tenir compte de ses limites. Quelques signes annonciateurs d'un excès de fatigue doivent alerter l'AMP sur *l'opportunité de prendre du recul* :

- fréquentes et involontaires pensées envers le malade mourant ;
- pleurs et accablement ;
- difficulté de concentration ;
- colères, anxiété, irritabilité.

> L'AMP saura signaler et reconnaître les signes de débordement personnel, dont il est victime et auxquels il faut remédier.

B. Assumer son « impuissance »

Certains accompagnants ont l'impression d'être « vidés » par ce travail, qui, pourtant, n'est pas inhumain. Au contraire, il demande beaucoup *d'humanité, d'attention et même d'affection*. C'est cet investissement qui explique la peur d'être happé, la réticence à franchir le seuil précisément de la personne aidée lorsque son état s'est gravement détérioré.

> L'AMP doit dépasser la tentation de vouloir résoudre la difficulté. Elle doit reconnaître et assumer un sentiment d'impuissance devant certaines situations et en référer à son supérieur hiérarchique et à l'équipe.

C. Éviter les « confusions de rôle »

Malgré l'affection que l'AMP peut nourrir pour la personne aidée, elle ne peut jouer le rôle de père ou de mère de celle-ci. *La famille reste la famille, l'aidant reste l'aidant.* L'AMP doit savoir prendre du recul, c'est-à-dire garder un rôle de professionnel et éviter tout investissement affectif déplacé.

D. Savoir « remplir sa vie personnelle »

L'AMP veillera, lors de son temps de repos, à se distraire, à se « *recréer* », à avoir une vie privée.

> L'AMP saura oublier son travail, pour cela elle saura choisir ses loisirs, et voir des amis qui l'aideront à faire un « *vide constructif* ».

6 La gestion des situations de violences et d'agressivité

La réponse à une réaction agressive ou violente n'est jamais dans l'agressivité en retour. Au contraire, le sentiment d'incompréhension n'en serait que plus fort, engendrant encore plus d'agressivité.
L'*écoute*, la *communication*, la *compréhension* de l'autre, puis la prise en compte de la souffrance tant physique que psychique, permettent d'apporter une réponse libératrice.Plus les personnes se sentent entendues, moins la colère ou l'agressivité n'ont de raison d'être. Devant une situation angoissante : (*Ex.* : la maladie qui dégénère, l'approche de la mort, l'isolement, l'abandon) les personnes âgées ou malades, ou leurs familles, manifestent souvent des réactions violentes envers les professionnels qui ne savent pas comment réagir. L'AMP doit souvent faire face à des situations d'agressivité. Chaque situation est particulière. Toutefois, on peut lui conseiller certaines attitudes de base ; il doit savoir comprendre les mécanismes de l'agression, rester calme et ferme, rester digne et respecter le besoin de calme.

7 La responsabilité civile et pénale

Définition : « être responsable » signifie, sur le plan juridique, répondre de ses actes avec lucidité et en assumer les conséquences.
Lors de l'exercice de ses fonctions, tout professionnel, dont l'AMP, engage sa responsabilité morale, civile et pénale. Que recouvrent ces termes pour le professionnel ?

A. La responsabilité morale

Tout professionnel est *responsable* de ses actes et a l'obligation de remplir ses engagements.

B. La responsabilité civile

Tout professionnel, comme tout citoyen, a l'obligation de *réparer les préjudices* causés à autrui, soit de son fait, soit par imprudence ou négligence. La réparation se fait sous forme de dommages et intérêts.
Lorsque l'AMP est salariée d'une structure ou d'une association, l'employeur doit souscrire une assurance couvrant la responsabilité civile.

→ *Étude de situation*

Annie est AMP et s'occupe de madame X., 86 ans

Annie a bousculé une table et fait tomber les lunettes de madame X, qui se sont cassées.
La famille de *madame X.* demande une indemnisation pour ces lunettes.

C. La responsabilité pénale

Tout professionnel a l'obligation de supporter la peine prévue pour l'infraction qui a été commise.
La responsabilité pénale est engagée lorsque trois éléments sont réunis :

- une *faute pénale* : c'est-à-dire une violation de la loi en faisant ce qui est interdit ;
- un *préjudice subi* par un tiers ;
- un *lien direct entre la faute et le préjudice*.

La peine encourue dépend de la faute commise. Il peut coexister des amendes et des peines de prison (*Ex. :* pour la violation du secret professionnel).

Chapitre 15

Les accompagnements spécifiques

L'accompagnement spécifique des personnes handicapées est une priorité des autorités publiques.
Le DCAIPH (Dispositif de coordination des actions en faveur de l'insertion des personnes handicapées) mène deux types d'actions pour accompagner les personnes handicapées dans leur projet professionnel.

1 Les actions génériques

A. L'Objectif projet travailleurs handicapés (OPTH)

Cette action a pour objectif de permettre au bénéficiaire (c'est-à-dire à une personne handicapée à la recherche d'un emploi) de :
- définir ses capacités, ses souhaits ;
- formuler des hypothèses concernant son projet professionnel ;
- définir et mettre en œuvre un plan d'action pour réaliser son projet professionnel.

B. L'Objectif emploi travailleurs handicapés (OETH)

Cette action s'adresse aux demandeurs d'emploi handicapés qui :
- possèdent un projet professionnel identifié ;
- ont besoin d'être aidés pour entreprendre leur recherche d'emploi.

C. L'Élaboration et la mise en œuvre de projet professionnel (EMOPP)

Cette action s'adresse aux demandeurs d'emploi handicapés peu autonomes, qui nécessitent un accompagnement plus long. Elle a pour but de :
- procéder à un bilan personnel et professionnel complet ;
- évaluer la personne (niveau, capacités d'apprentissage…) ;
- effectuer un travail structurant d'orientation ;
- élaborer un projet professionnel compatible avec l'état de santé de la personne, ses souhaits et le marché du travail.

D. Les ateliers pédagogiques personnalisés (APP)

Ils sont destinés à une remise à niveau des personnes handicapées en situation de travail.

E. La consolidation du projet de formation pour travailleurs handicapés (AFPA)

Cette action est destinée à consolider un projet de formation pour les personnes handicapées en situation de travail.

2 Les actions spécifiques

Elles concernent les personnes déficientes sensorielles ou ayant des troubles psychiques.

A. La charte de collaboration de l'AP-HP

Une charte de collaboration entre l'Assistance publique–Hôpitaux de Paris (AP-HP) et la Coordination handicap et autonomie (CHA) a été signée le 21 septembre 2007. Elle a pour objectif de *renforcer la qualité de la prise en charge* de la personne en situation de grande dépendance lors de son séjour hospitalier, de son suivi en consultation et de son hospitalisation à domicile. La collaboration entre les différents acteurs doit permettre de *promouvoir l'autonomie* de la personne en dépendance vitale, alors que le risque de dégradation de celle-ci est majoré par les changements de l'état de santé de la personne et par la diversité de nouveaux acteurs intervenant dans sa prise en charge.

B. Les plates-formes techniques

Dans certains hôpitaux, il y a des centres pilotes d'évaluation et d'essai pour mieux accompagner les personnes handicapées. Par exemple, *la plate-forme Nouvelles Technologies* de l'hôpital Raymond Poincaré (92).
Cette plate-forme est un site de conseil, de démonstration, de formation et de recherche dans le domaine des Nouvelles Technologies appliquées aux personnes handicapées.
Initialement tournée vers la robotique d'assistance, elle s'est peu à peu ouverte à d'autres technologies comme l'informatique, la Communication améliorée et alternative (CAA) et la domotique.
Dans le développement extraordinaire des nouvelles technologies, l'informatique, l'accès à Internet, l'électronique, la domotique, la robotique sont autant d'exemples qui facilitent la vie de tous.
Pour une personne handicapée, l'accès à ces outils est difficile pour diverses raisons :

- le manque d'informations pertinentes sur le matériel existant, dans des domaines qui évoluent tous les jours ;
- des outils destinés surtout au « grand public », qui sont rarement adaptés à des personnes qui présentent des déficiences motrices, visuelles, auditives ou des troubles cognitifs ;
- le coût excessif de certains de ces équipements et les financements difficiles à obtenir.

Chapitre 16

Le repérage et l'accompagnement

1 Les paramètres de surveillance de la santé

L'AMP doit être capable d'évaluer et de surveiller les principaux paramètres vitaux de la personne (aussi bien enfant qu'adulte) afin d'alerter en cas d'anomalies.
Les principaux paramètres sont : les normes du poids et de la taille, l'aspect de la peau, les fonctions respiratoire, cardiovasculaire, neurologique, urinaire et intestinale.

A. L'évaluation de la taille et du poids

L'évaluation de la taille et du poids constitue un élément important de la surveillance de l'état de santé. Voyons tout d'abord l'évaluation de la taille et du poids chez l'enfant.

a. Les critères d'observation (les normes)

Les normes chez l'enfant sont présentées dans le tableau suivant.

Tableau 4.5 – Les normes de taille et de poids[a].

La taille	Repères (d'après la TN)[b]
• Nouveau-né : 50 cm	
• Vers 6 mois : 65 cm	
• Vers 1 an : 75 cm	= TN + 25 (moitié de la TN)
• Vers 2 ans : 85 cm	
• Vers 3 ans : 93 cm	
• Vers 4 ans : 1 m	= TN × 2
• Vers 5/6 ans : 1,10 m	
Le poids	**Repères (d'après le PN)[b]**
• Poids naissance (PN) : 3,250 kg	
• 5 mois : 6,500 kg	(PN × 2)
• 8 mois : 8 kg[c]	
• 12 mois : 10 kg	(PN × 3)
• 2 ans : 13 kg	(PN × 4)
• 4 ans : 17 kg	(PN × 5)
• 5 ans : 19 kg	
• 6 ans : 20,500 kg	

a. Chiffres arrondis pour faciliter la mémorisation des « repères ».
b. TN = Taille de naissance ; PN = Poids de naissance.
c. 8 mois = 8 kg est un repère facile à mémoriser.

Le rôle de l'AMP

Prendre en compte ces *critères d'observation* est important car l'enfant est en période de croissance. L'AMP veillera à ce que la courbe staturo-pondérale (taille, poids) évolue progressivement et de façon harmonieuse (dans le cadre de ces *normes*).

b. L'identification des anomalies

▶ Chez l'enfant

La pesée est effectuée soit à la maison, soit lors des consultations médicales afin d'établir un critère de référence. Il faut savoir que tout état pathologique aura une incidence immédiate sur la croissance staturopondérale de l'enfant.

▶ Chez l'adulte

La pesée est effectuée lors de certaines pathologies qui peuvent avoir aussi une incidence sur le poids (*Ex.* : maladies chroniques, cancers, obésité...). Il est rare qu'une maladie ait des effets sur la taille de l'adulte.
On utilise une toise pour la mensuration et une balance pour la pesée.

Le rôle de l'AMP

L'AMP sera capable d'évaluer l'incidence des pathologies sur la croissance (stagnation ou chute de poids). L'AMP notera le poids avec précision et le signalera immédiatement à la (le) responsable et à l'équipe.

B. L'évaluation de l'aspect de la peau

a. Les critères d'observation

L'aspect de la peau et des muqueuses est un indicateur important de l'état de santé de la personne. On observera :
- la *couleur* : la peau est généralement rosée ;
- la *chaleur* : la peau est tiède ;
- l'*aspect* : la peau est intègre et sèche (sans sueur), son élasticité varie selon l'âge.

b. L'identification des anomalies

Les modifications observables de la peau peuvent concerner :
- la *couleur* : *Ex.* :
  - rouge : érythème (irritation, allergie...),
  - bleue : cyanose ;
- l'*aspect* : *Ex.* :
  - l'érythème : rougeur localisée de la peau,
  - l'hématome : collection de sang à l'intérieur d'un tissu ;
- l'*élasticité* : *Ex.* :
  - sécheresse cutanée : signe de déshydratation,
  - gonflement : œdème ;
- les *muqueuses* : *Ex.* : écoulements : signe d'infection.

C. L'évaluation de la fonction respiratoire

a. Les critères d'observation

▶ L'évaluation de la fréquence respiratoire

La fréquence respiratoire est le nombre de mouvements respiratoires réalisé en une minute.

Les « normes »

Les normes de la fréquence respiratoire varient physiologiquement en fonction de l'âge. *Ex.* : celle de l'adulte est d'environ 16 à 20 mouvements par minute.

▶ L'évaluation du rythme respiratoire

Il se définit en fonction de sa régularité.

b. L'identification des anomalies

▶ Les anomalies de la fréquence respiratoire

Exemples :

- une *apnée* : interruption de la respiration ;
- une *bradypnée* : ralentissement de la fréquence respiratoire ;
- une *dyspnée* : gêne ou difficulté respiratoire ;
- une *polypnée* : accélération de la fréquence respiratoire.

▶ Les signes accompagnateurs

Exemples :

- la *toux* ;
- le *tirage* ;
- le *sifflement*, le *râle*, etc.

D. L'évaluation de la fonction cardiovasculaire

a. Les critères d'observation

▶ L'évaluation de la fréquence cardiaque (le pouls)

La fréquence cardiaque est le nombre de pulsations perçues au niveau des artères. Le pouls est perçu en comprimant une artère sur un plan osseux. La prise du pouls est un élément de diagnostic important. Les normes de la fréquence cardiaque varient physiologiquement en fonction de l'âge.

Les normes

Chez l'adulte, elle est d'environ 60 à 80 pulsations par minute.

▶ L'évaluation du rythme cardiaque

Il se définit en fonction de sa régularité.

▶ L'évaluation de la tension artérielle

La mesure de cette pression artérielle par la prise de la tension artérielle s'effectue à l'aide d'un tensiomètre. La pression artérielle ou tension artérielle (TA) varie physiologiquement en fonction de l'âge.

Les normes

Chez l'adulte jeune, elle varie entre 12 et 14 pour la pression maximale, 7 et 8 pour la pression minimale.

b. L'identification des anomalies

- Les anomalies de la fréquence cardiaque. *Ex.* :
  - une *tachycardie* est une fréquence cardiaque accélérée (plus de 100 pulsations/min) ;
  - une *bradycardie* est une fréquence cardiaque ralentie (inférieure à 60 pulsations/min).
- Les signes accompagnateurs. *Ex.* :
  - douleur thoracique brutale, pâleur, sueur ;
  - marbrure des extrémités, etc.

E. L'évaluation de la fonction de thermorégulation

a. Les critères d'observation

La température corporelle est le degré de chaleur du corps.

Les normes

Elles varient en fonction de l'individu, mais se situent aux alentours de 37 °C.

b. L'identification des anomalies

- *L'hyperthermie* : température supérieure à 38 °C.
- *L'état fébrile* : température anormalement élevée entre 37,5 °C et 38 °C.
- *L'hypothermie* : température inférieure à 35 °C.

F. L'évaluation de l'élimination urinaire

a. Les critières d'observation

L'urine est évacuée par les voies urinaires. Les critères d'observation sont :

- *la couleur* : jaune paille ;
- *l'odeur* : sans odeur caractéristique ;
- *la limpidité* : sans trouble apparent ;
- *le volume* : environ 1,5 L/jour (il s'évalue sur la *diurèse*).

Les normes

Ex. : chez l'adulte : 600 à 2 000 mL/24 h.

b. L'identification des anomalies

- Modification de la *couleur*. *Ex.* : la couleur rouge traduit la présence de sang (hématurie).
- Modification de l'*odeur*. *Ex.* : acétonique ou putride (infection urinaire).
- Modification du *volume*. *Ex.* : diminution ou absence d'urine.
- Modification de l'*excrétion*. *Ex.* : dysurie (mictions difficiles), incontinence (mictions incontrôlées).

G. L'évaluation de la fonction intestinale

a. Les critières d'observation

Une selle normale doit être spontanée, moulée et de coloration brunâtre.

- *Le péristaltisme intestinal* est variable d'un individu à l'autre.
- *La défécation* est l'action d'éliminer naturellement les matières fécales. Elle varie en fonction de l'âge et des habitudes de vie.

Les normes

Environ 1 selle par jour (ou tous les 2 jours chez l'adulte).

On observera les critères suivants :
- *fréquence* des selles : plusieurs selles par jour à une selle tous les trois jours ;
- *l'odeur* : malodorante ;
- *couleur* : l'alimentation influe sur la coloration des matières fécales ;
- *consistance* : moulée et évacuée sans effort.

b. L'identification des anomalies

On observera les anomalies au niveau de :
- *l'odeur*. *Ex.* fétide ou acide (traduisant une fermentation intestinale) ;
- la *couleur*. *Ex.* : liquide, glaireuse, sèche et dure ;
- la *fréquence*. *Ex.* :
  - la *constipation* : retard dans l'élimination des matières fécales,
  - ou la *diarrhée* : évacuation trop importante de selles avec modification de la consistance.

H. La feuille de surveillance

Toutes les données sont relevées sur une feuille de surveillance. Bien que leur mesure et leur transcription ne relèvent pas des compétences de l'AMP, il est important que ces professionnels connaissent cet outil utilisé en milieu hospitalier (*cf.* Figure 4.6).

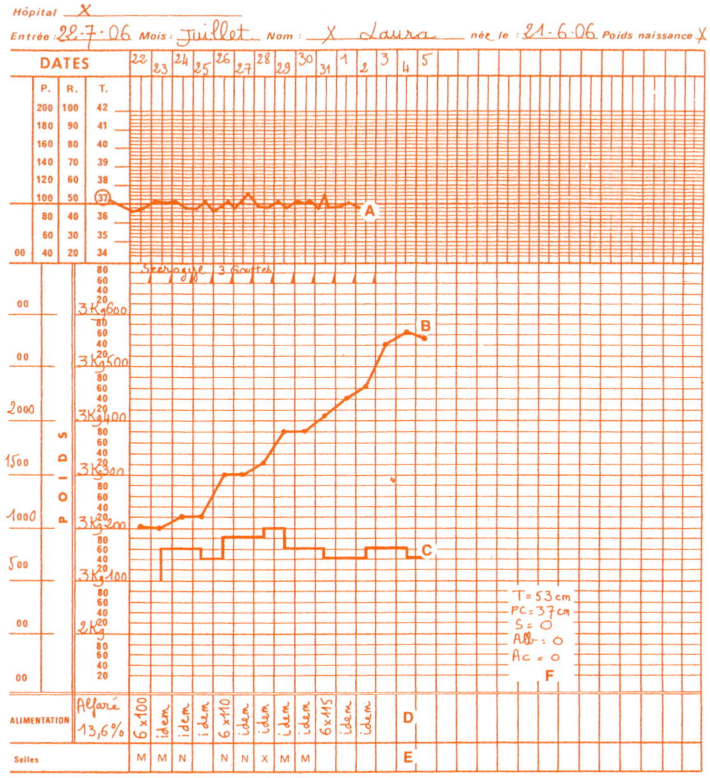

Fig. 4.6 – La feuille de surveillance.
A. courbe de température. **B.** courbe de poids. **C.** courbe alimentaire. **D.** alimentation. **E.** selles (molles ou normales). **F.** résultat d'analyse d'urines, etc. (sa présentation varie selon les hôpitaux)

Le rôle de l'AMP

L'AMP doit savoir :
– *observer* la personne ; connaître les *critères d'observation* permettant d'apprécier les différentes fonctions (respiratoire, cardiovasculaire...) ;
– évaluer les *données* concernant la personne ;
– identifier les *différentes anomalies* et les signes révélateurs d'un problème de santé ;
– évaluer ce qui relève d'une *intervention* immédiate (à court terme) ou d'une vigilance dans la durée ;
– intervenir en urgence ;
– apprécier les limites de son intervention ;
– faire les *transmissions* à la (le) responsable et à l'équipe ;
– faire appel aux *professionnels compétents* lors d'un problème de santé avéré.

2 Les facteurs de risque et les situations de dangers, de maltraitance, d'épuisement

La maltraitance n'est pas un phénomène rare et n'arrive pas qu'aux autres. Il est important d'en comprendre les mécanismes afin de la prévenir. Cette tâche complexe demande de la part des travailleurs médico-sociaux un certain nombre de qualités, telles que le sens de l'observation, la perspicacité, la rigueur dans la transmission des informations.
Il est important de détecter le plus rapidement possible les signes permettant d'identifier les mauvais traitements, tout en évitant les erreurs d'appréciation (celles-ci pouvant être préjudiciables à la personne et à sa famille).
En matière de mauvais traitements, il existe une sorte de graduation des signes pouvant :
- soit faire suspecter un sévice ;
- soit l'identifier.

A. La prévention de la maltraitance chez la personne âgée (ou handicapée)

Le docteur Huguenot, gérontologue, a dit : « Chacun de nous peut être maltraitant, parce qu'il peut nous arriver d'avoir un passage à vide, un instant de dépression, un moment où notre tolérance s'épuise, où nous ne pouvons plus nous contrôler ». Les manifestations de la maltraitance et ses causes sont de natures très diverses.

a. Les manifestations de la maltraitance

La maltraitance peut s'exprimer de différentes façons. Prenons quelques exemples, la personne maltraitante peut :
- être *brusque* dans ses gestes par négligence (ou avoir des *gestes violents*). *Ex.* : cogner la personne en la retournant pour un change ;
- utiliser le *chantage* pour obtenir la coopération de la personne. *Ex.* : « si vous ne mangez pas votre purée, vous n'aurez pas de dessert » ;
- adopter le *tutoiement* de la personne ou user de familiarités. *Ex.* : l'appeler papy au lieu de *monsieur X.* ;

- proférer une *menace* pour obtenir un effort de la personne ;
- manifester une *absence de chaleur* et de convivialité. *Ex.* : pendant les repas, forcer la personne à ouvrir la bouche, la faire manger trop rapidement ou mélanger tous les aliments pour gagner du temps ;
- utiliser les *insultes* et les *humiliations. Ex.* : « vous êtes dégoûtant, Papy, vous avez encore « pissé » dans votre pantalon !! ».

La maltraitance occasionne toujours une grande souffrance de la personne concernée.

b. Les causes de la maltraitance

La maladie, la vieillesse, le handicap, la démence mettent chacun de nous en face de réalités difficiles à supporter et nous révèlent nos propres peurs et angoisses (peur de la mort, de la dépendance). Il peut y avoir des sentiments de dégoût (notamment dans certains gestes d'hygiène et de confort).

Les conditions de travail, la charge de travail ou la fatigue conduisent parfois le professionnel à un épuisement (physique ou moral) et il ne supporte plus sa fonction.

La personne âgée ou handicapée est vulnérable et ne peut pas se défendre ; elle devient alors la cible du professionnel débordé par une situation qu'il ne peut plus gérer.

c. Les solutions proposées

La prévention de la maltraitance repose sur différents principes que l'AMP doit savoir utiliser pour lui-même :

- *accepter ses propres limites* : savoir que personne n'est infaillible (même avec un diplôme en poche ou un statut de professionnel). Être capable de le reconnaître n'est pas un aveu d'incompétence, mais au contraire un signe de responsabilité et de respect envers les personnes aidées ainsi que de professionnalisme ;
- *parler de ses difficultés* : face à une situation difficile à vivre, il est important de pouvoir en parler à une personne compétente et de chercher ensemble des solutions (*Ex.* : en parler au responsable afin de mieux anticiper et adapter son attitude) ;
- *accepter de passer la main* (dans la mesure du possible et de l'organisation) : demander à son responsable d'être remplacé par un autre professionnel si la situation devient trop difficile et demander une prise en charge plus légère.

Lorsqu'une AMP repère une situation de maltraitance, il est de son devoir de la signaler rapidement *(cf.* plus loin la « *Dérogation au secret professionnel pour les cas de maltraitance* »).

Le rôle de l'AMP dans la prévention de la maltraitance

La relation avec la personne aidée est d'autant plus difficile et pénible à assumer qu'elle requiert beaucoup d'énergie. Certains « aidants » ont l'impression d'être « vidés » par ce travail qui pourtant n'est pas inhumain. C'est cet investissement qui explique la fatigue des « aidants » et qui pourrait (en partie) être à l'origine de certains cas de maltraitance. Certaines capacités semblent être attendues chez l'AMP. Il doit pouvoir :

1. Reconnaître ses limites

Les « aidants » professionnels ou naturels (AMP, ou famille) sauront reconnaître les signes d'un débordement de travail auquel il faut remédier (*cf.* Test d'évaluation de la fatigue ci-dessous).

2. Réfléchir au sens de sa fonction
L'AMP doit :
- remplir sa fonction avec humanité et dignité : à chaque instant, il doit penser qu'il travaille avec de « l'humain » ;
- apprendre à mettre ses qualités personnelles au service de sa tâche ;
- apprendre à respecter autrui par son comportement, ses gestes, ses paroles ;
- faire des bilans quotidiens sur son « attitude humaine et professionnelle ».

d. Le test d'évaluation de la fatigue pour les professionnels

Ce test a pour but de vérifier le degré de fatigue ou de saturation des soignants ou des aidants. Nous vous en présentons ici quelques extraits[1].

1. L'évaluation de la fatigue **Il s'agit d'associer aux qualificatifs ci-dessous, le mot correspond à l'appréciation de son état.**		
a) Qualificatifs – Fatigué – Déprimé – Satisfait de votre journée – Épuisé physiquement – Épuisé moralement – Heureux – Malheureux	 – Déçu – Faible et impuissant – Désespéré – Rejeté – Optimiste – Énergique (etc.)	*b) Degré d'évaluation* – Jamais – Parfois – Rarement – Souvent – Généralement – Toujours
2. Réponses		
Selon vos réponses : – vous allez très bien (pas de problèmes pour vous !) ; – vous devez réexaminer vos méthodes de travail ou votre mode de vie, ou vos priorités pour améliorer votre état ; – vous êtes fatigué ou épuisé et il faut faire quelque chose ; – votre état mérite des soins immédiats.		

e. Le test d'évaluation de la fatigue pour les aidants naturels (famille)[2]

Les aidants naturels (famille, entourage) peuvent être également fatigués.
L'échelle du fardeau (de Zarit) permet de mesurer le degré d'épuisement de l'entourage face à une prise en charge lourde à domicile. Cette grille doit être remplie par l'aidant naturel en compagnie d'un médecin.
Zarit suggère l'interprétation suivante : score entre 61 et 88 = fardeau sévère ; entre 21 et 40 = fardeau léger à modéré ; entre 41 et 60 = fardeau modéré à sévère ; entre 0 et 20 = fardeau absent à léger.

1. Extrait du Test de *Burn out* établi pour les aides-soignants. (*In Guide AS*, par J. Gassier. Éd. Masson).
2. Échelle du fardeau de Zarit (source membre-lycos.fr/papidoc/).

Évaluation de la charge matérielle et affective	0 jamais	1 rarement	2 quelque-fois	3 assez souvent	4 presque toujours
Sentir que votre parent demande plus d'aide qu'il n'en a besoin.	0	1	2	3	4
Sentir qu'à cause du temps consacré à votre parent, vous n'avez plus assez de temps pour vous.	0	1	2	3	4
Vous sentir tiraillé(e) entre les soins à votre parent et les autres responsabilités.	0	1	2	3	4
Vous sentir embarrassé(e) par les comportements de votre parent.	0	1	2	3	4
Vous sentir en colère lorsque vous êtes en présence de votre parent.	0	1	2	3	4
Sentir que votre parent nuit à vos relations avec d'autres membres de la famille ou des amis.	0	1	2	3	4
Avoir peur de ce que l'avenir réserve à votre parent.	0	1	2	3	4
Sentir que votre parent est dépendant de vous.	0	1	2	3	4
Vous sentir tendu(e) quand vous êtes avec votre parent.	0	1	2	3	4
Sentir que votre santé s'est détériorée à cause de votre implication auprès de votre parent.	0	1	2	3	4
Sentir que vous n'avez pas autant d'intimité que vous aimeriez à cause de votre parent.	0	1	2	3	4
Sentir que votre vie sociale s'est détériorée du fait que vous prenez soin de votre parent.	0	1	2	3	4
Sentir que votre parent semble s'attendre à ce que vous preniez soin de lui comme si vous étiez la seule personne sur laquelle il pouvait compter.	0	1	2	3	4
Sentir que vous n'avez pas assez d'argent pour prendre soin de votre parent, compte tenu de vos autres dépenses.	0	1	2	3	4
Sentir que vous ne serez plus capable de prendre soin de votre parent encore bien longtemps.	0	1	2	3	4
Sentir que vous avez perdu le contrôle de votre vie depuis la maladie de votre parent.	0	1	2	3	4
Souhaiter pouvoir laisser le soin de votre parent à quelqu'un d'autre.	0	1	2	3	4
Sentir que vous ne savez pas trop quoi faire pour votre parent.	0	1	2	3	4
Sentir que vous devriez en faire plus pour votre parent.	0	1	2	3	4
Sentir que vous pourriez donner de meilleurs soins à votre parent.	0	1	2	3	4
En fin de compte, à quelle fréquence vous arrive-t-il de sentir que les soins de votre parent sont un fardeau, une charge.	0	1	2	3	4
Total général					

B. La prévention de la maltraitance chez l'enfant

Des milliers d'enfants sont maltraités chaque année en France, certaines violences infligées à l'enfant aboutissent au décès. Toutes les situations à risque ont des causes qu'il faut connaître pour pouvoir les prévenir.

a. Les manifestations de la maltraitance

Il existe différentes sortes de « violence sur enfant », citons :

- *la violence physique* (*Ex.* : sévices avec coups, brûlures, morsures) ;
- *la violence psychologique* (*Ex.* : insultes, humiliations) ;
- *la violence sexuelle* (*Ex.* : attouchements, viol) ;
- *la négligence grave* (*Ex.* : privation de soins, de nourriture).

NB *:* un exemple de violence physique : le syndrome du bébé secoué. Cet acte entraîne des lésions cérébrales graves (pouvant aboutir au décès de l'enfant) ; un adulte énervé secoue vigoureusement l'enfant qui pleure (parce qu'il ne supporte plus ses pleurs !...) et les secousses entraînent un écrasement du cerveau contre la boite crânienne.

b. Les causes de la maltraitance

Il existe différentes causes de la maltraitance :

- *les circonstances de la naissance de l'enfant* (*Ex.* : enfant non désiré, enfant prématuré ou séparé de sa mère dès la naissance, enfant adultérin...) ;
- *la pathologie d'un parent* (*Ex.* : maladie mentale, alcoolisme, toxicomanie, perversion...) ou la fragilité psychologique (*Ex.* : immaturité affective, mauvaise image de soi, personne ayant été maltraitée dans l'enfance) ;
- *les perturbations de l'environnement socioculturel* (*Ex.* : difficultés matérielles, logement insalubre).

c. Les solutions proposées

La législation (en particulier la « convention des droits de l'enfant ») prévoit une protection de l'enfant. Les mesures de prévention sont très importantes.

▶ Le signalement

Quand on se trouve face à un cas de maltraitance, il convient d'en faire le compte rendu aux personnes compétentes. C'est ce qu'on appelle le *signalement* :

- l'obligation est faite à tout citoyen de signaler les cas de maltraitance (la procédure de signalement est résumée dans la figure ci-après) ; le Code pénal prévoit des peines allant de 1 mois à 3 ans de prison pour quiconque se serait abstenu ;
- de même, une peine est prévue pour : « *quiconque s'abstient volontairement de porter, à une personne en péril, l'assistance que (sans risque), il pouvait lui porter* ».

▶ Le secret professionnel

Le secret qui lie les personnels médico-sociaux (dont les AMP) est levé quand il s'agit de sévices à mineur de moins de 15 ans. Cette mesure est prise afin de protéger la santé et la moralité des enfants *(Code pénal, loi N° 71*). La loi du 5 mars 2007 officialise en outre le secret professionnel partagé.

▶ Les aides

Elles peuvent être éducatives, psychologiques et (ou) financières ; citons plus particulièrement :

- *l'AEMO* (ou Action éducative en milieu ouvert) qui peut être préventive ou judiciaire : les équipes sont composées d'assistantes sociales, d'éducateurs spécialisés, de psychologues, qui conseillent la famille afin d'atténuer les risques auxquels l'enfant est exposé.

- *l'AEAD* (ou Action éducative à domicile) qui peut :
  - apporter une aide et des conseils à la famille,
  - envisager le retrait de l'enfant (en veillant à ne pas ajouter un traumatisme supplémentaire à ce dernier) et son placement en famille d'accueil (ou chez un tiers digne de confiance).

▶ Les mesures de la loi du 5 mars 2007

Les principales mesures de la loi du 5 mars 2007 sont :

- le *renforcement de la répression des infractions sexuelles* ou de nature à porter atteinte à la dignité de la personne humaine ;
- le *renforcement du rôle de l'ONED* (Observatoire national de l'enfance en danger) qui a pour mission de prévenir la maltraitance. Une cellule de recueil d'informations est créée dans chaque département (cellule opérationnelle) ;
- des *mesures spécifiques*. Exemples : l'audition de l'enfant par les brigades de mineurs spécialement formées à l'audition de l'enfant victime de sévices, l'organisation d'une banque de données sur les affaires en matière de pédophilie, la coopération policière internationale, des actions préventives menées auprès des agences de voyages pour lutter contre le tourisme sexuel ;
- les *bilans de santé obligatoires* à trois, six, neuf, douze et quinze ans ;
- la *formation et la sensibilisation des personnels* (tous les personnels sont concernés dont les professionnels de l'aide à domicile) ;
- les *liaisons avec les collectivités locales*, les autres services de l'État et les associations.

▶ La protection sociale et la protection judiciaire[1]

Mise en garde N° 1 :

La sensibilité de l'AMP peut être vivement éprouvée au contact d'une situation de maltraitance. Cependant, il ne doit jamais prononcer de paroles négatives sur les parents en présence de l'enfant. Cela nuirait à son développement.

Mise en garde N° 2 :

Notons que le goût du risque, ou simplement les jeux, sont, chez de nombreux enfants, la cause d'hématomes qu'il ne faut pas « interpréter » comme sévices…

Mise en garde N° 3 :

La compréhension du problème des sévices n'entre pas dans le cadre d'une pensée logique. C'est pourquoi il est préférable de s'abstenir de jugements de valeur et de considérer avant tout le mal-être de l'enfant (mais aussi des parents). En effet, on ne peut affirmer que sévices et maltraitance signifient systématiquement « non-amour » de leur part. Il faut donc être très vigilant.

Le rôle de l'AMP

L'AMP peut participer, au sein des équipes de travail, à la prévention de la maltraitance de l'enfant.

D'une façon générale, l'AMP a le devoir de signaler (par voie hiérarchique) tous les cas de maltraitance qu'il serait amené à suspecter. Il peut :

– *observer la « relation mère-enfant »* et en particulier la manière dont se tissent « les premiers liens d'attachement ». Il doit être particulièrement vigilant :

• s'il constate des comportements peu maternant de la mère (absence de paroles ou de gestes de tendresse),

1. Loi du 5 mars 2007.

• s'il entend certaines révélations concernant l'absence de « désir d'enfant » de la mère ;
– *trouver des signes révélateurs de sévices* :
• en constatant au moment des soins la présence d'ecchymoses, d'hématomes, de traces de coups…,
• en observant le comportement de l'enfant (réactions de repli, attitudes agressives, douleurs lors des manipulations : changes, bain), tristesse, isolement…

Domaine de formation 5

Participation à la mise en place, au suivi du projet individualisé

Chapitre 17

Le droit des personnes

1. Le cadre juridique de la personne[1]

« On appelle capacité juridique toute compétence d'une personne en matière de droit ». L'enfant n'a pas de capacité juridique, ce sont ses parents donc sa famille et la société qui doivent défendre ses droits. La famille désigne les personnes liées par le sang, c'est la famille biologique, que les membres soient ou non remariés (c'est le cas des familles recomposées) et qu'ils vivent ou non ensemble sous le même toit. La loi de 2002 et de 2004 a revu plus particulièrement certains aspects de la filiation et de l'autorité parentale.

1 La filiation

A. La filiation légitime

Il s'agit de la filiation de l'enfant né d'un couple marié. La filiation légitime est établie automatiquement par l'acte de naissance mentionnant le nom des parents (article 4).

B. La filiation naturelle

Il s'agit de la filiation de l'enfant dont le père et la mère ne sont pas mariés ensemble (article 12).
Pour reconnaître un enfant naturel, il suffit de s'adresser au bureau d'état civil de la mairie. L'enfant peut être reconnu par l'un de ses parents avant sa naissance, dès sa naissance ou après sa naissance.

C. La filiation inconnue ou non établie

Il s'agit de la filiation d'un enfant naturel non reconnu. Selon l'article 13 : « en l'absence de filiation maternelle ou paternelle établie, la femme du père ou le mari de la mère (selon le cas) peut conférer par substitution, son propre nom de famille à l'enfant par une déclaration conjointe. Il peut également être conféré à l'enfant les noms accolés des deux époux (mêmes conditions que celles énoncées à l'article 4) ».

1. Lois 2002/2004.

D. La filiation adoptive

Il s'agit de la filiation d'un enfant adopté par des parents adoptifs. Selon l'article 15 : l'adoption peut être plénière, ou simple : « dans le cas de l'adoption plénière, l'enfant prend le nom de l'adoptant (si l'adoptant est marié, le tribunal peut autoriser que le nom de famille du conjoint soit donné à l'enfant) ». « En cas d'adoption par deux époux, le nom de famille conféré à l'enfant est choisi par eux : soit le nom du père, soit le nom de la mère, soit leurs deux noms accolés (mêmes conditions que celles énoncées à l'article 4) ».

2 L'autorité parentale

« L'autorité parentale est un ensemble de droits et de devoirs ayant pour finalité l'intérêt de l'enfant, jusqu'à sa majorité ou son émancipation ». L'autorité parentale entraîne des droits et des devoirs, aussi bien pour les parents que pour l'enfant (article 3 de la loi).

A. Les droits et devoirs des parents

Les parents doivent contribuer à l'entretien et à l'éducation de l'enfant. Ils doivent :
- protéger l'enfant dans sa sécurité, sa santé, sa moralité ;
- assurer son éducation ;
- permettre son développement dans le respect de sa personne.

B. Les droits et devoirs de l'enfant

- L'enfant doit rester sous l'autorité parentale jusqu'à sa majorité ou son émancipation, et, de ce fait, ne peut quitter le domicile familial.
- L'enfant a le droit d'entretenir des relations personnelles avec ses ascendants (grands-parents, oncles, tantes...) et même des tiers : parents ou amis (*Ex.* : parrain, marraine...).
- L'enfant doit être associé aux décisions qui le concernent, selon son âge et son degré de maturité.

3 L'exercice de l'autorité parentale selon la filiation

L'exercice de l'autorité parentale peut prendre des formes différentes selon la filiation (article 5 de la loi).

A. Le cas de filiation légitime

Lorsque la filiation est légalement établie, les père et mère exercent en commun l'autorité parentale et assurent ensemble les droits et les devoirs qui s'y rattachent.

B. Le cas de filiation naturelle

- Lorsque la filiation n'est établie qu'à l'égard de l'un des parents, celui-ci exerce seul l'autorité parentale.

- Lorsque la filiation est établie à l'égard des deux parents, elle est exercée conjointement par le père et la mère, sous réserve que les deux parents aient reconnu l'enfant avant l'âge de 1 an.
- Lorsque la filiation est établie à l'égard de l'un des deux parents, plus d'un an après la naissance de l'enfant, dont la filiation est déjà établie à l'égard de l'autre parent, celui-ci reste seul investi de l'autorité parentale. Toutefois, l'autorité parentale pourra être exercée en commun s'ils en font la demande (déclaration conjointe devant le TGI).

C. Le cas de filiation adoptive

- L'autorité parentale peut être détenue conjointement ou unilatéralement (selon le cas).
- *En cas d'adoption plénière*, les parents adoptifs ont les mêmes droits et les mêmes devoirs envers l'enfant adopté qu'envers l'enfant dont la filiation est légalement établie (enfant légitime) et les enfants adoptés ont les mêmes droits et les mêmes devoirs que les autres enfants envers leurs parents adoptifs.
- *En cas d'adoption simple*, l'autorité parentale est exercée par la famille adoptive, mais l'enfant garde des liens avec sa famille biologique (devenu adulte, il a notamment une obligation alimentaire vis-à-vis de famille biologique).

4 L'exercice de l'autorité parentale pour les parents séparés

L'exercice et l'autorité parentale sont précisés pour les parents séparés (article 6 de la loi). Voici les points essentiels.

- « La séparation des parents n'a pas d'incidence sur les règles d'exercice de l'autorité parentale ; elle laisse subsister les droits et les devoirs des parents à l'égard de l'enfant ».
- « L'autorité parentale peut être exercée soit conjointement (par les deux parents) soit unilatéralement (par l'un des deux) ».
- « Si l'exercice de l'autorité parentale est confié à l'un des deux parents, le juge décide de la résidence principale de l'enfant mineur ».
- Le parent qui exerce l'autorité parentale a le devoir de :
  - accorder le droit de visite et d'hébergement à l'autre parent,
  - l'informer des choix importants relatifs à la vie de l'enfant,
  - l'informer d'un éventuel changement de résidence,
  - respecter les liens de l'enfant avec l'autre parent et avec ses ascendants ou tiers (parent ou ami).
- Le parent qui n'exerce pas l'autorité parentale a le devoir de :
  - contribuer à l'entretien et à l'éducation de l'enfant (cette contribution prend la forme d'une pension alimentaire) ;
  - maintenir des relations personnelles avec l'enfant (visite, hébergement) ;
  - respecter les liens de l'enfant avec l'autre parent et avec ses ascendants ou tiers (parent ou ami).
- « Si l'un des père ou mère se trouve privé de l'exercice de l'autorité parentale, ou si l'un des deux décède, l'autre exerce seul cette autorité ».
- « Le juge aux affaires familiales peut, à titre exceptionnel, et si l'intérêt de l'enfant l'exige (notamment en cas de privation d'exercice d'autorité parentale) décider de confier l'enfant à un tiers (choisi de préférence dans sa parenté) ».

2. Les droits des personnes et l'évolution de leur application dans le domaine sanitaire et social

En France, un ensemble législatif, à caractère sanitaire et social, vise à protéger les personnes. Le dispositif mis en place est très vaste. Il regroupe la PMI, l'aide sociale, la protection de la personne hospitalisée handicapée, etc. Voyons l'essentiel de ce dispositif.

1 La Protection maternelle et infantile (PMI)

La protection maternelle et infantile, ou PMI, est l'ensemble des mesures visant à protéger et à promouvoir la santé de la mère et de l'enfant de 0 à 6 ans.

A. Les moyens d'action de la PMI

Pour accomplir ses missions, la PMI doit mettre en place différents moyens d'action (*cf.* Tableau 5.1)

Tableau 5.1 – Missions et moyens d'action de la PMI (récapitulatif).

Missions du service de la PMI		
Actions de prévention et d'éducation à la santé	**Actions de prévention et de protection**	**Actions de surveillance et de contrôle**
↓ **Parents** ↓ *Ex.* : • planification familiale ; • consultations prénatales et postnatales ; • surveillance à domicile (si difficultés).	↓ **Enfants de 0 à 6 ans** ↓ *Ex.* : • consultations d'enfants ; • bilans de santé en école maternelle ; • surveillance à domicile.	↓ a) Surveillance et contrôle des **établissements d'accueil collectif de l'enfant** ↓ *Ex.* : • crèches[a] • haltes-garderies[a] b) Agrément et suivi des **assistantes maternelles**.
Actions faites par des professionnels au service de la famille : médecins, sages-femmes, puéricultrices, psychologues, assistantes sociales, conseillers conjugaux…	Actions faites par des professionnels de l'enfance : pédiatres, puéricultrices, auxiliaires de puériculture, psychologues, éducateurs de jeunes enfants, éducateurs spécialisés…	Actions faites par des professionnels de l'enfance : puéricultrices, médecins, assistantes sociales, psychologues…

a. Structures d'accueil régulier (crèches) ou occasionnel (haltes-garderies).

B. Les modes d'intervention de la PMI dans le département

Dans le département, la PMI propose plusieurs types de consultations. Elle a aussi pour mission de « contrôler » les différentes structures d'accueil. Exemple, les inspecteurs de la Ddass ne donnent des « autorisations d'ouverture » aux différentes structures d'accueil, que si elles sont en conformité avec les normes d'hygiène et de sécurité en vigueur.

Tableau 5.2 – Modes d'intervention de la PMI dans le département.

	Pour les parents et futurs parents	Pour les enfants de moins de 6 ans
Missions de la PMI	– Information et éducation sanitaire. – Prévention des problèmes liés à la naissance.	– Surveillance sanitaire et sociale. – Prévention des handicaps. – Éducation à la santé.
Mode d'intervention de la PMI	1°) **Consultations autour de la naissance** *a) Dans les centres de PMI ou les hôpitaux :* – consultations de planning familial ; – consultations prénatales ; – consultations postnatales. *b) Dans les hôpitaux :* – consultations de conseil génétique ; – consultations de lutte contre la stérilité ; – centres d'insémination artificielle. 2°) **Centres maternels** Pour les mères en difficulté. 3°) **Visites à domicile pré et postnatales :** – surveillance des grossesses à haut risque (par des sages-femmes) ; – surveillance des familles en difficulté (par des puéricultrices, assistantes sociales…).	1°) **Consultations d'enfants** – examens médicaux obligatoires ; – 3 certificats de santé. 2°) **Bilans de santé à l'école maternelle** pour les enfants de 3-4 ans[a]. 3°) **Contrôle des établissements** et services d'accueil de l'enfant[b] – crèches ; – haltes-garderies, pouponnières ; – assistantes maternelles de PMI, et de l'ASE. 4°) **Visites à domicile des puéricultrices** pour les nouveau-nés. 5°) **Protection de l'enfance en** danger moral ou physique. 6°) **Centre d'action médico-sociale** précoce (CAMSP).

a. Pour l'enfant de 5-6 ans, un nouveau bilan de santé est fait par la médecine de santé scolaire. Toutefois, jusqu'à l'âge de 6 ans, les bilans de santé peuvent se faire au service de PMI.
b. Accueil régulier ou occasionnel.

C. La protection médicale de la mère et de l'enfant

La surveillance médicale de la femme enceinte se fait essentiellement grâce aux examens médicaux dont le rythme a été fixé par des textes officiels.
Les examens médicaux de l'enfant peuvent être effectués dans un centre de PMI ou chez un médecin traitant.

2 L'Aide sociale à l'enfance (ASE)

L'aide sociale à l'enfance est un organisme financé par le département. C'est un partenaire privilégié des professionnels de terrain (PMI, service social, écoles…) pour des décisions à prendre lors de situations familiales difficiles.

A. Les objectifs et missions de l'ASE

L'objectif premier de l'ASE est de préserver l'unité familiale. Elle va donc :

- aider les familles afin de prévenir l'abandon de l'enfant (*aide matérielle et financière*) ;
- responsabiliser les familles dans l'éducation et l'entretien de l'enfant (*action éducative*) ;
- assurer l'épanouissement de l'enfant dans sa famille ou, si besoin, dans une famille d'accueil (*aide psychologique*) ;
- veiller à l'intérêt des enfants susceptibles d'être adoptés ; l'ASE instruit les dossiers en vue d'une adoption (*action administrative et juridique*).

B. Les catégories d'enfants protégés par l'ASE

Il existe différentes catégories d'enfants protégés par l'ASE (*cf.* Tableaux 5.3 et 5.4). Pour chacun, l'ASE étudie le mode de placement le plus approprié (si celui-ci s'avère nécessaire) et surveille l'enfant dans le cadre du placement choisi pour lui (famille d'accueil, internat…) et l'entretien de l'enfant.

Tableau 5.3 – Enfants maintenus au sein de la famille et protégés par l'ASE.

Catégories d'enfants	Situation familiale	Rôle de l'ASE
Enfant secouru	Enfant dont la famille a de grosses difficultés financières.	Verse une allocation mensuelle pour l'éducation et l'entretien de l'enfant (prévention de l'abandon).
Enfant surveillé	Enfant dont la famille a des carences éducatives.	Mène une action éducative auprès des parents pour améliorer les conditions de vie de l'enfant (AEAD).

Tableau 5.4 – Enfants placés hors du foyer familial et protégés par l'ASE.

Catégories d'enfants	Situation familiale	Rôle de l'ASE
Enfant accueilli provisoirement	Enfant ne pouvant plus être momentanément gardé par sa famille (hospitalisation, détention…).	Place l'enfant dans un établissement ou dans une famille d'accueil.
Enfant en garde	Enfant dont la famille est déficiente sur le plan moral et/ou éducatif et qui de ce fait perd ses droits, en tout ou en partie.	Exerce les droits d'entretien, d'éducation et choisit avec les parents le mode de placement de l'enfant.
Enfant surveillé	Enfant dont la famille a des carences éducatives, et qui sera retiré temporairement du milieu familial.	– Place l'enfant temporairement dans un établissement ou une famille d'accueil. – Mène une action éducative auprès des parents pour les préparer au retour de l'enfant.
Pupille de l'État	– Enfant orphelin. – Enfant abandonné. – Enfant de filiation inconnue. – Enfant de parents déchus de l'autorité parentale.	L'État a la tutelle de l'enfant et en assure la garde intégrale. L'ASE le confie : – à une famille d'accueil ; – à un foyer de l'enfance ; – à une famille en vue d'adoption.

C. La mission des familles d'accueil dans le cadre des placements familiaux

Les familles d'accueil qui dépendent de l'ASE ont une mission délicate. Elles doivent élever l'enfant avec toute l'affection nécessaire à son épanouissement, sans toutefois se « l'approprier ». Deux cas sont à considérer.

- *Soit l'enfant est maintenu dans sa famille* (*cf.* Tableau 3) : un soutien est apporté aux parents par une travailleuse familiale, un éducateur spécialisé ou une puéricultrice.
- *Soit l'enfant est retiré à sa famille* (*cf.* Tableau 4) : cette décision a lieu lorsqu'on ne peut envisager de meilleure solution. Il faut veiller à ce que la séparation ne représente pas un traumatisme supplémentaire pour l'enfant. Le placement doit être le mieux adapté à l'enfant : il peut être confié à l'autre parent, à un membre de la famille, à un service spécialisé ou au service de l'ASE. Il faut savoir que :
  - le juge des enfants désigne la personne responsable de l'enfant ; elle sera chargée de veiller à son éducation et à son développement ;
  - l'action doit être menée en vue du retour de l'enfant au sein de sa famille ;
  - dans la majorité des cas, cet enfant a une famille qui peut venir le voir et le reprendre.

3. La protection des personnes (enfants et majeurs protégés)

1 Les droits de l'enfant

Afin de défendre les droits de l'enfant, l'Organisation des Nations unies (Onu) a signé la convention internationale des droits de l'enfant. En adoptant ce texte, les états s'obligent mutuellement au respect des droits de l'enfant qui n'a pas atteint sa majorité.

Les dix principes de la Convention des droits de l'enfant (20 novembre 1989)[1]

1. L'enfant doit jouir de tous les droits énoncés dans la présente déclaration.
Ces droits doivent être reconnus à tous les enfants, *sans discrimination* qui serait fondée sur la race, la couleur de peau, le sexe, la langue, la religion ou toute autre discrimination.
2. L'enfant doit se voir accorder des facilités par l'effet de la loi, afin d'être en mesure de *se développer* d'une façon saine et normale.
3. L'enfant a droit, dès sa naissance, à *un nom* et à *une nationalité*.
4. L'enfant doit bénéficier de la *Sécurité sociale*, d'une *alimentation*, d'un *logement*, de *loisirs* et de *soins* médicaux adéquats.
5. L'enfant désavantagé (physiquement, mentalement ou socialement) doit recevoir le traitement, l'éducation et les *soins spéciaux* que nécessite son état ou sa situation.

1. Il s'agit des principaux extraits de cette convention. Nous avons mis en italique les points essentiels de chaque article.

6. L'enfant a besoin d'*amour* et de *compréhension*. Il doit grandir sous la sauvegarde de ses parents dans une atmosphère de sécurité morale et matérielle. Les pouvoirs publics ont le devoir de prendre soin des enfants en difficulté. Il est souhaitable que soient accordées des *allocations* de l'État pour l'entretien des enfants des familles nombreuses.
7. L'enfant a droit à une *éducation gratuite* et *obligatoire* qui contribue à sa culture et lui permet de développer ses facultés, son jugement et son sens des responsabilités.
8. L'enfant doit, en toutes circonstances, être parmi les premiers à recevoir *protection et secours*.
9. L'enfant doit *être protégé* contre toute forme de négligence, de cruauté et d'exploitation. Il ne doit pas être soumis à la traite, il ne doit pas être admis à l'emploi avant d'avoir atteint un âge minimum, ni être astreint à prendre un emploi qui nuise à sa santé.
10. L'enfant doit *être protégé* contre les pratiques qui peuvent pousser à toute forme de discrimination.

2 Les droits du mineur hospitalisé

L'enfant mineur (moins de 15 ans) hospitalisé fait l'objet d'une législation spéciale, dont nous verrons deux aspects essentiels de la loi du 4 mars 2002 : Les obligations des parents de l'enfant et celles des médecins, du personnel et de l'administration de l'hôpital.

A. L'autorisation indispensable des parents

Les parents doivent signer et dater une autorisation écrite pour tout ce qui concerne l'hospitalisation de leur enfant. À savoir l'admission de l'enfant à l'hôpital ou le séjour, c'est-à-dire les soins, les traitements, les examens.
Pour l'autorisation écrite « relative à l'hospitalisation », seuls peuvent la signer les parents, ou l'un des deux (si divorce), ou le tuteur légal.

B. L'information au mineur hospitalisé

Le mineur mérite, plus que tout autre, le respect de sa personne et de sa dignité. Le mineur doit être informé par les médecins de son traitement et des soins prodigués par le personnel de soin, dans un langage clair et compréhensible, adapté à son niveau intellectuel.

C. La protection du mineur hospitalisé

- Les *fugues* ou les *disparitions* doivent être signalées. Ce signalement se fera le plus rapidement possible au cadre de l'unité et à la famille de l'enfant et des recherches seront engagées.
- Les *tentatives de « rapt d'enfants »* doivent être prévenues. Surtout en services de maternité, les entrées et les sorties seront particulièrement surveillées.
- La *sortie de l'enfant de l'hôpital* doit être surveillée. La personne qui vient chercher l'enfant doit correspondre à l'une des personnes responsables de l'enfant. Le personnel doit être vigilant à cet égard.

3 Les droits de la personne hospitalisée

Le système de protection juridique de la personne hospitalisée a été renforcé par la loi du 4 mars 2002. Citons d'abord ses principes généraux pour toute personne puis voyons les spécificités pour les mineurs.

A. Le respect de sa vie privée

Respecter la vie privée du patient, c'est respecter en particularité les confidentialités :

- de ses *déclarations* : aucune transmission écrite ne doit être faite sans l'accord du malade ;
- de son *courrier* ;
- de sa *religion* ;
- de son *droit à l'anonymat*.

B. Le respect de ses goûts

Respecter les goûts du patient (exception faite pour les boissons alcoolisées), c'est respecter son désir de *conserver des objets personnels* (bijoux) ou son refus de certaines visites.

C. Le respect de sa dignité

Le respect de sa dignité, c'est pour le personnel de soin :

- l'attention à tous (personnes les plus démunies, personnes handicapées…) ;
- l'interdiction *d'attacher* un patient, même s'il est agité (exception : si le malade inconscient peut porter atteinte à sa sécurité, le mode de contention est prescrit) ;
- le soulagement de la douleur.

D. Le respect de sa responsabilité

Il s'agit de respecter différents droits.

a. Le droit à l'information (le livret d'accueil)

L'établissement ou un service d'aide à domicile remet aux patients, lors de leur admission, un livret d'accueil. Une circulaire du 24 mars 2004 précise la nature des renseignements figurant dans ce livret. Il comporte généralement trois types d'informations :

- l'*organisation de l'établissement* ;
- les *services proposés par l'établissement* ;
- les *informations obligatoires* (loi du 4 mars 2002) :
  - accès au dossier médical,
  - informations médicales, formalités à l'admission et à la sortie.

La charte des droits et libertés de la personne accueillie et le règlement intérieur de la structure doivent y être annexés.

b. Le consentement aux soins

Le patient doit :

- *être consulté pour consentir à certains actes* (*Ex.* : examens, acte chirurgical, traitements, soins, ou la recherche biomédicale, le don d'organes…). La loi de 2002 confirme la nécessité de recueillir le consentement (libre et éclairé) du patient pour tout acte médical et tout traitement le concernant, le patient peut les refuser ;
- *pouvoir quitter l'établissement de soins à tout moment* (selon le principe de la liberté individuelle). Son avis doit être respecté. Si le patient ne peut exprimer sa volonté (en raison de son âge, ou de ses facultés mentales), un membre de sa famille peut le faire à sa place. Jusqu'à la loi du 4 mars 2002, le patient devait prouver que le service de soins ne l'avait pas informé. Depuis la loi, la charge de la preuve incombe au service de soins.

c. Le respect de ses droits de fin de vie et le soulagement de la douleur

Les droits du patient doivent être particulièrement protégés en fin de vie. D'où les recommandations faites aux personnels de santé de :

- *recueillir ses dernières volontés* (*Ex.* : recevoir le ministre du culte qu'il désire, accueillir son souhait de don d'organes ou don du corps à la science ou recourir à la personne de confiance ; le personnel de santé doit transmettre les informations reçues) ;
- *lui éviter toute souffrance inutile* : le soulagement de la douleur est pris en compte.

4 Les droits de la personne handicapée

Mener une vie sociale au même titre que tout autre citoyen est un droit pour la personne handicapée. Cependant aujourd'hui par manque d'informations, un trop grand nombre de personnes handicapées continues d'être isolées. Les AMP peuvent les aider à connaître la législation existante et à faire valoir leurs droits. Citons quelques éléments du dispositif législatif concernant le handicap.

A. Les outils d'évaluation du taux d'incapacité ou de handicap

a. Le « guide barème »

« Le guide barème est un outil d'évaluation des déficiences et incapacités des personnes handicapées. » Il peut être utilisé par la commission des droits et de l'autonomie des personnes handicapées pour déterminer le taux d'incapacité des demandeurs s'adressant à elle. Il s'appuie sur les concepts proposés par l'OMS par le biais de la classification internationale des handicaps, il ne fixe pas de taux précis mais indique des fourchettes de taux.

b. La CNSA (Caisse nationale de solidarité pour l'autonomie)

Créée en 2006, la CNSA est chargée de :

- financer des *aides* en faveur des personnes âgées dépendantes et des personnes handicapées ;
- garantir l'*égalité de traitement* ;
- assurer une *mission d'expertise* pour suivre la qualité du service rendu aux personnes.

Cet organisme peut être sollicité par la mutuelle de la personne handicapée ou par le CCAS.

B. Les allocations

a. L'Allocation aux adultes handicapés (AAH)

Elle a pour objet de *garantir un revenu minimum* aux personnes handicapées pour qu'elles puissent faire face aux dépenses de la vie courante. Son versement est subsidiaire. Ainsi, le droit à l'allocation n'est ouvert que lorsque la personne handicapée ne peut prétendre à un avantage de vieillesse, d'invalidité ou d'une rente d'accident du travail d'un montant au moins égal à celui de l'AAH.

▶ Les conditions d'attribution

La personne doit avoir un taux d'invalidité au moins de 80 %. Elle peut en bénéficier sous conditions de résidence et de nationalité, d'âge et de ressource.
Le niveau d'incapacité est apprécié par la *commission des droits et de l'autonomie des personnes handicapées* (CDAPH) en fonction d'un guide-barème (décret 2007).

▶ Les conditions d'âge

La personne handicapée doit être âgée de plus de 20 ans ou de plus de 16 ans, si elle n'est plus considérée comme à charge pour le bénéfice des prestations familiales.
L'AAH n'est plus versée à partir de 60 ans en cas d'incapacité de 50 % à 79 %. À cet âge, les bénéficiaires basculent dans le régime de retraite pour inaptitude. En cas d'incapacité d'au moins 80 % une allocation mensuelle réduite peut être versée au-delà de 60 ans en complément d'une retraite inférieure au minimum vieillesse.

b. L'Allocation d'éducation de l'enfant handicapé (AEEH)

L'AEEH est une prestation familiale financée par la sécurité sociale. Elle remplace l'AES depuis le 1er janvier 2006.

▶ Les conditions d'attribution

L'AEEH est composée d'une allocation de base, à laquelle peut être ajouté un complément d'allocation, dont le montant est gradué en 6 catégories, selon :
- le coût du handicap de l'enfant ;
- la cessation ou la réduction d'activité professionnelle de l'un des parents de l'enfant ;
- l'embauche d'une tierce personne.

▶ Le cumul avec d'autres prestations

La personne bénéficiaire de l'AEEH peut bénéficier sous certaines conditions du versement d'autres prestations familiales. Exemples : l'allocation de présence parentale, la prestation de compensation du handicap.
L'AEEH peut être attribuée à un jeune handicapé exerçant une activité professionnelle.

c. L'Allocation personnalisée d'autonomie (APA)

▶ Les conditions d'attribution

Pour bénéficier de l'APA il faut :
- être âgé de 60 ans ou plus ;
- être en situation de perte d'autonomie, nécessitant une aide ;
- résider en France[1].

L'attribution de l'APA n'est pas liée à une condition de ressources. Toutefois, ces dernières sont prises en compte lors de l'établissement de son montant.

▶ Les démarches

La personne peut en faire la demande auprès :
- des services du conseil général de son département ;
- des organismes de sécurité sociale, ou des centres médico-sociaux ;
- des mutuelles.

---

1. Les étrangers en situation régulière peuvent en bénéficier.

5 La protection juridique du majeur[1]

En France, un ensemble législatif vise à protéger les personnes majeures handicapées. Il y a aujourd'hui 5 millions de personnes handicapées : 2 millions à mobilité réduite et 3 millions de handicapés mentaux. Mais selon une enquête de l'Insee, c'est 12 millions de Français qui se déclarent victimes d'une déficience. **Les droits des personnes handicapées ont considérablement évolué ces dernières années.** La réforme de la protection juridique des majeurs (tutelle, curatelle…) applicable pour l'essentiel au 1er janvier 2009, adapte au mieux l'accompagnement des personnes protégées.
L'autonomie de la personne protégée est favorisée. Celle-ci doit prendre seule les décisions la concernant dans la mesure où son état le permet.
Les principaux axes de cette loi sont les suivants :

- **La décision de la mise sous tutelle** (qui permet à la personne qui perd ses droits d'actes de la vie civile) **ou sous curatelle** (qui maintient les droits de la personne, mais exige qu'elle soit contrôlée par un curateur). Elle ne sera possible que si une altération des facultés est constatée par un certificat médical.
- **Le renforcement des droits de la personne handicapée.**

Cette dernière serait obligatoirement entendue lors de la procédure de mise sous tutelle.

- Les mesures prises devront être révisées tous les 5 ans.
- Les décisions en matière de santé et de logement seront prises par la personne concernée (dans la mesure de ses possibilités), le tuteur n'ayant sur ces sujets qu'un rôle d'information et d'aide.

C'est la personne protégée qui subviendra, dans la mesure de ses moyens, aux frais occasionnés par sa protection.
Si nécessaire, la rémunération des mandataires pourra être assurée par un financement public.
Des comptes rendus réguliers des actes effectués pour le compte de la personne sous tutelle seront obligatoires.

- **La création du « mandat de protection future »** qui permet à la personne déficiente de choisir à l'avance la personne chargée de veiller sur lui et de protéger ses intérêts. Cette possibilité s'ouvrira aux parents d'un enfant handicapé ; ils pourront ainsi organiser sa prise en charge s'ils devenaient eux-mêmes incapables. Ce mandat s'appliquerait aussi après leur décès.

1. Loi du 1er janvier 2009.

4. Les aspects juridiques de la maltraitance

Les actes de maltraitance se sont considérablement développés ces dernières années. La société a le devoir de protéger ceux et celles qui en sont victimes et tout particulièrement : « les mineurs ou les personnes qui ne sont pas en mesure de se protéger en raison de leur âge ou de leur incapacité physique ou psychique ». La loi du 5 mars 2007 a renforcé les dispositifs en cours.

1 Les types de maltraitance à la personne âgée

Citons plus particulièrement :

- *les abus physiques* (dont les actes de violence et les négligences physiques (manque de soins : hygiène, dénutrition) ;
- *les abus et sévices psychologiques* (langage grossier, agressif ou infantilisant, menaces) ;
- *les négligences psychologiques* liées au défaut d'assistance à une personne âgée en situation de perte d'autonomie (oubli, abandon) ;
- *les abus matériels ou l'exploitation financière* avec privation de biens ou de ressources (détournement d'argent, vol) ;
- *la violation des droits de la personne âgée* observée lorsque l'entourage familial ou soignant prend des décisions sans son consentement ou à son insu.

2 Les causes de la maltraitance

On parle de la maltraitance des personnes âgées depuis quelques années seulement, car elle est mieux identifiée et les comportements des acteurs (victimes, auteurs et témoins) sont mieux étudiés. Trois acteurs sont à considérer :

- *La victime* : deux facteurs principaux à la maltraitance : les problèmes financiers et les handicaps ;
- *Les auteurs :*
  - *La famille*, elle peut être maltraitante involontairement ou non (par exemple : les enfants devant prendre en charge un ou les deux parents dépendants ou malades). La non acceptation de la maladie ou de la dépendance.
  - *Les institutions* (ou établissements spécialisés), la personne âgée (ou handicapée est vulnérable et ne peut se défendre. Elle devient alors la cible du professionnel débordé par une situation qu'il ne peut plus gérer.
  - *Le témoin*, c'est celui qui voit, qui repère, qui reçoit les dires de la personne âgée sur sa souffrance, c'est celui qui va transmettre à un professionnel qui a la compétence pour aider cette victime. La loi nous concerne tous « sortir du silence est une obligation légale ».

3 La prévention

Il est important de détecter le plus rapidement possible les signes permettant d'identifier les mauvais traitements, tout en évitant les erreurs d'appréciations. Cela demande de la rigueur de la part des soignants. La prévention est largement développée dans le domaine de formation 4. Rappelons ici ses aspects juridiques.

A. Le rappel du Code pénal

« Le fait pour quiconque ayant eu connaissance de privations, de mauvais traitements ou d'atteintes sexuelles infligés à un mineur de moins de quinze ans ou à une personne qui n'est pas en mesure de se protéger en raison de son âge, d'une maladie, d'une infirmité, d'une déficience physique ou psychique ou d'un état de grossesse, de ne pas en informer les autorités judiciaires ou administratives est *puni d'emprisonnement et d'amende.* » (article 434-3)

B. Le comité national de lutte contre la maltraitance des personnes âgées ou handicapées[1]

Le comité national de vigilance et de lutte contre la maltraitance des personnes âgées et des adultes handicapés aide à la mise en œuvre et au suivi de la politique de prévention et de lutte contre la maltraitance. Ce comité :

- est présidé par le ministre chargé des personnes âgées et des personnes handicapées, il se réunit au moins une fois par trimestre ;
- il est composé de représentants d'associations et des principaux acteurs oeuvrant dans les domaines de l'action sanitaire et sociale et de la lutte contre la maltraitance ;
- est associé à un programme d'inspection qui garantit la visite régulière des établissements.

4 Le rôle de l'AMP

L'AMP a le devoir de signaler (par voie hiérarchique) tous les cas de maltraitance qu'il serait amené à suspecter. Seul ou en collaboration, l'AMP veillera à :

A. Recueillir l'information

L'AMP, en tant que professionnel, doit :

- écouter et rassurer la personne : « Je vous crois » ; Vous avez bien fait de m'en parler » ; « Vous n'êtes pas coupable, mais victime » ; « Je vous remercie de m'avoir fait confiance, je vais vous aider » ;
- lui expliquer la suite : qui va faire quoi, quand et pourquoi ; lui faire comprendre la nécessité d'agir vite et donc l'impossibilité de garder le secret pour soi.

1. Créé le 12 mars 2007.

B. Assurer la traçabilité de ce recueil

Il faut :

- décrire les faits en évitant les jugements de valeur (rester objectif) ;
- veiller au respect de la vie privée ;
- utiliser un style direct, exemple : « J'ai constaté que… ».

En institution, les professionnels à l'origine d'un signalement bénéficient d'une protection par rapport à leur employeur. Dans le cadre d'un service hospitalier, tout constat de sévices sur mineurs de moins de 15 ans doit être signalé au cadre de santé qui le signalera à la direction de l'établissement.

> → *Étude de cas*
>
> **Josiane (stagiaire AMP à l'hôpital X).**
>
> *Josiane* observe les agissements suspects d'un kinésithérapeute, *monsieur P.*, sur une personne âgée lors des soins du matin. Accompagnée de son cadre à qui elle a signalé les actes de violence de *monsieur P.*, Josiane accepte de se rendre chez le directeur de l'hôpital pour signer une *dénonciation de sévices* sur personnes fragilisées. Elle décrit les faits observés et les paroles entendues. Par la suite, d'autres témoignages viennent s'ajouter au sien. L'enquête est rapide et le jugement sans appel. *Monsieur P.* a été condamné à la prison et à une amende importante.

C. Être vigilant au quotidien

L'AMP veillera, dans son travail au quotidien, à :

- *reconnaître ses limites*. Le plus grave n'est pas de « craquer » dans son comportement, mais de ne pas tenir compte des limites de sa résistance à la fatigue. Citons quelques signes annonciateurs d'un excès de fatigue :
  - l'agressivité, les conflits relationnels dans l'équipe,
  - les pleurs et l'accablement en fin de journée ;
- *tester son degré de fatigue* ;
- *parler de ses difficultés* à une personne compétente, qui connaît bien la charge de travail, et chercher ensemble des solutions afin de mieux anticiper et adapter son attitude ;
- *réfléchir sur* :
  - les valeurs professionnelles comme le respect et la tolérance, par exemple,
  - l'analyse de sa pratique et celle de l'équipe,
  - la dérogation au secret professionnel liée au Code pénal.

D. Être éducatif

L'AMP doit favoriser la sensibilisation et l'information des familles par :

- *l'affichage* au sein de la structure de la Charte des droits de la personne âgée ;
- *l'information directe des familles* sur les différentes maltraitances ;
- *les outils de repérage* pour sensibiliser au risque (comme par exemple inscrire dans le dossier : plaies, dépression, prostration, troubles du comportement…) ;
- *des actions de proximité* : avec le concours des associations comme l'Association ALMA (*Allo Maltraitance des personnes âgées*) en partenariat avec les professionnels sociaux, médicaux et administratifs ;
- *le soutien des personnes âgées dépendantes* avec l'aide personnalisée à l'autonomie (APA) ;
- *le renforcement de l'aide à domicile*, le soutien à l'aidant ;

- *l'orientation vers des hospitalisations* de jour ou centre de séjour temporaire afin de soulager les familles.

En conclusion, la formation des AMP sur ce thème et l'amélioration de leurs conditions de travail permettront d'apporter des prestations de qualité aux personnes âgées et de les faire réfléchir sur la notion de « bientraitance ».

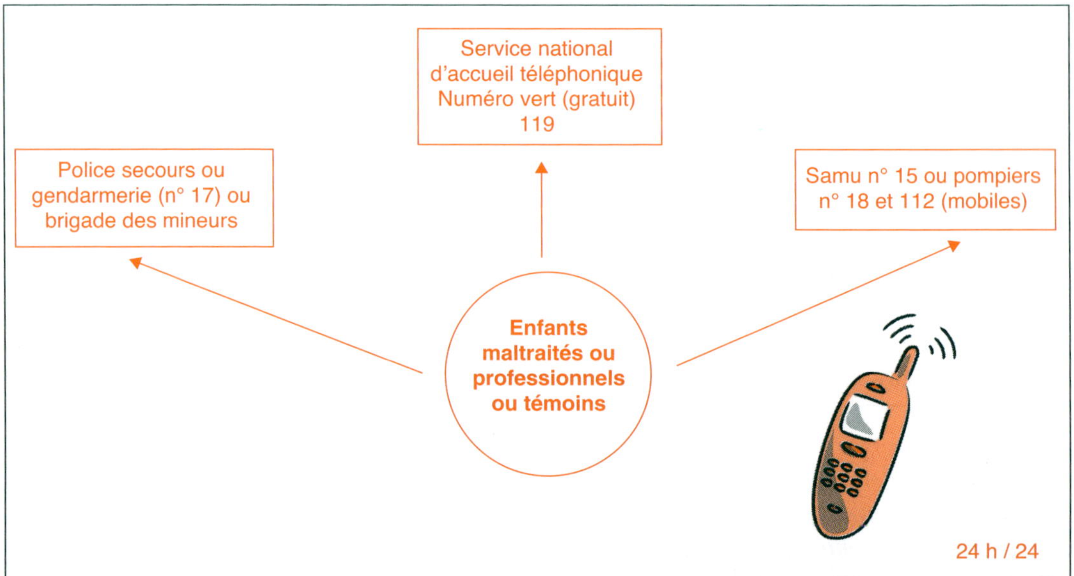

Fig. 5.1 – Lutte contre la maltraitance.

NB : La prévention de la maltraitance chez l'enfant est développée dans le domaine de formation 4. Des tests d'évaluation de la fatigue du soignant y sont également présentés.

Chapitre

18 Le contexte et le cadre juridique du projet individualisé

L'AMP est un membre de l'équipe pluridisciplinaire intervenant aux côtés de la personne aidée. À ce titre, elle se doit de concourir à la construction du projet d'accompagnement de la personne qui répond aux souhaits, envies et désirs, aux besoins et aptitudes de celle-ci et tient compte aussi des habitudes sociales et des croyances de la personne aidée.

▶ La construction du projet individualisé

Il ne s'agit pas de proposer des actions démesurées ou des projets irréalisables, mais plutôt, en concertation avec les professionnels du secteur médical et de l'aide à la personne et au regard des difficultés rencontrées par les personnes aidées, d'envisager des propositions qui favorisent et valorisent leur inscription dans la cité, en respectant leur autonomie et leurs envies.

1 Le rôle de l'AMP dans la mise en œuvre du projet individualisé

➜ *Étude de situation*

Madame D. (paraplégique en institution)

Madame D. (70 ans) vit très mal le deuil de son mari, ce qui a eu des répercussions sur son moral et sa santé. Elle *dort* très mal, ses crises *d'arthrose* se sont amplifiées, elle *mange peu*. De plus, elle souffre de *problèmes d'élimination* (fuites urinaires) qui la gênent beaucoup.

Lise (AMP), qui intervient chaque jour, constate que *Madame D. se coupe* de plus en plus du monde extérieur, qu'elle a tendance à ne pas vouloir *s'habiller* le matin. *Madame D.* bénéficie de deux séances de kinésithérapie hebdomadaires.

À la suite d'un échange entre le médecin traitant, l'AMP et la responsable et en accord avec *madame D.*, il ressort qu'il serait opportun que *madame D.* puisse se rendre à pied au cabinet de kinésithérapie. Elle sera accompagnée à l'aller et au retour par Lise. Le médecin a également demandé que l'on mette tout en œuvre pour la stimuler à manger et favoriser le sommeil.

2 L'observation de la situation, la collecte d'informations (ou de données)

Dans l'étude de cas précédente, l'AMP a longuement observé et questionné la personne. Afin de sélectionner des informations utiles, l'AMP réfléchit aux *besoins fondamentaux* de la personne : « Sont-ils perturbés ou non ? », « Pourquoi ? », « Comment les satisfaire ? », « Quelles sont les priorités ? ». L'AMP doit également définir le profil de *Madame D.*

(problèmes, ressources potentielles, passé médical et social) et cerner les facteurs favorisant les problèmes de santé de la personne.

A. La liste des besoins fondamentaux insatisfaits ou perturbés et les conséquences sur la santé

Les besoins fondamentaux perturbés ont des conséquences sur la santé. Prenons l'exemple de *madame D.* (*cf.* Tableau 5.5)

Tableau 5.5 – Les besoins fondamentaux perturbés de Madame D. et leurs conséquences sur la santé de cette personne.

Besoins fondamentaux[a] perturbés	**Conséquences sur l'état de santé**
– Manger (*mange peu*)	– Maigreur, fatigue, affaiblissement...
– Dormir (*dort mal*)	– Nervosité, fatigue, affaiblissement...
– Éliminer (*fuites*)	– Gêne, honte, repli sur soi...
– S'habiller (*démotivée*)	– Repli sur soi, isolement ;
– Se mouvoir (*arthrose*)	– Raideurs articulaires, douleur, repli sur soi...
– Communiquer et se recréer (*démotivée*)	– Repli sur soi, isolement...

a. D'après Virginia Henderson, théoricienne qui a défini les 14 besoins fondamentaux de l'être humain.

Le rôle de l'AMP

1. Les conditions requises pour la collecte d'informations (ou de données)

La qualité du recueil d'informations (ou de données) exige de la rigueur. L'AMP doit :

– *aborder la personne sans préjugés* : la meilleure attitude est celle de quelqu'un à l'esprit ouvert, qui attend tout de la personne aidée. L'AMP doit accepter les données et les inscrire sans jamais porter de jugement ou ajouter de commentaires personnels ;

– *maintenir la confidentialité des données* : les données doivent rester confidentielles, comme l'oblige le secret professionnel. Seul(e) la(le) responsable et l'équipe sont informés, dans l'intérêt de la personne aidée.

2. Les quatre objectifs du projet individualisé

Il s'agit de développer chez la personne aidée :

1. un sentiment de *dignité ;*
2. une meilleure *qualité de vie ;*
3. une promotion de la *santé ;*
4. la conquête de son *autonomie*.

B. L'analyse des informations

L'AMP sait (d'après l'étude de situation) qu'à la suite d'un échange pluridisciplinaire, le *besoin de se mouvoir* de *madame D.* a été pris en compte : il faudra accompagner deux fois par semaine *madame D.* chez son kinésithérapeute. L'AMP, à ce sujet, sollicite à nouveau *madame D.* pour savoir ce qu'elle en pense. Celle-ci lui confirme son accord.

D'autres besoins fondamentaux de *madame D.* sont à satisfaire rapidement en raison de leurs conséquences sur l'état de santé (*cf.* Tableau 5.5).

L'étude des besoins fondamentaux se fera en deux temps.

a. 1er temps

L'AMP se pose plusieurs questions par rapport aux besoins fondamentaux de la personne :
- Quelles sont ses habitudes de vie ?
- Les besoins sont-ils insatisfaits ou perturbés ?
- Quelle peut en être la cause ?

b. 2e temps

L'AMP doit, en regard de chaque besoin :
- préciser son rôle auprès de la personne, en dégageant des priorités dans les réponses à apporter aux différents besoins ;
- hiérarchiser, en les justifiant, les orientations qui guident ses actions et planifier ses actions ;
- avoir des orientations cohérentes par rapport à l'analyse.

3 L'organisation et la planification de l'intervention

C'est à partir de l'analyse des besoins insatisfaits ou perturbés de *madame D.* que l'AMP va planifier et organiser son intervention. *L'observation* et le *questionnement* de *madame D.* va l'aider. L'AMP peut utiliser la démarche méthodique du QQQOCP (*cf.* Tableau 5.6).

Tableau 5.6 – La démarche méthodique du QQQOCP[1].

Besoins fondamentaux insatisfaits ou perturbés	Pourquoi ?	Qui ? Quoi ?	Quand ? Où ? Comment ?
Manger	Restaurer la santé	L'AMP doit : – s'informer des *habitudes alimentaires* de *madame D.* • qu'aimez-vous manger ? • suivez-vous un régime ? etc. – connaître les *goûts* et *dégoûts* de *madame D.* – s'informer des *habitudes de vie* : • à quelle heure préférez-vous manger ? • où préférez-vous manger ? etc.	L'AMP doit : – établir les menus pour la semaine dès le *lundi* avec la personne aidée ; – *répertorier* les aliments et plats concernés ; – fixer *l'heure* des repas selon la demande de *madame D.* ; – choisir *l'endroit* selon les goûts de *madame D.*

1. La formule mnémotechnique se retient mieux sous cette forme, mais il est préférable de toujours placer le « Pourquoi » au début de sa réflexion.

Tableau 5.6 – La démarche méthodique du QQQOCP[1]. (suite)

Dormir	Restaurer la santé	– s'informer des *habitudes de vie* de *madame D.* : • à quelle heure vous couchez-vous ? • à quelle heure avez-vous sommeil ? • êtes-vous gênée par le bruit ? la lumière ? – favoriser le sommeil de la personne par de « *petits moyens* » (non médicamenteux) ; – favoriser le confort au lit.	– Respecter les habitudes de vie. – Proposer de faire une sieste. – Proposer tisanes, eau, couverture… – Favoriser le calme. – Retendre les draps et alèses, aérer la chambre, etc.
Éliminer	– Rétablir la confiance en soi. – Régulariser les éliminations.	– Observer le *rythme des mictions* de *madame D.* – Lui proposer d'aller aux *toilettes régulièrement* (heures fixes) – Rassurer *madame D.*, dédramatiser la situation – Proposer de « *petits moyens* »[a] pour assurer le confort	– *Ex.* : avant une sortie, avant chaque repas, etc. – Agir avec tact et respect (pudeur). – Proposer des protections[a]
S'habiller	– Jouer un rôle social. – Valoriser l'image de soi.	– S'informer des *habitudes vestimentaires* de *madame D.* – Proposer à *madame D.* de changer de *vêtements* régulièrement. – L'aider à faire des *choix* dans sa penderie. – La *valoriser* dans ses choix. – Observer ses *difficultés motrices* à l'habillage.	– Respecter les habitudes de vie. – Chaque matin ou tous les 2 jours (avec accord de *madame D.*). – Respecter ses habitudes de vie, ses goûts…
Se mouvoir	Lutter contre l'arthrose.	– *Accompagner madame D.* chez le kinésithérapeute.	– Respecter la consigne (2 fois/semaine). – Observer les réactions de *madame D.*
Communiquer et se recréer	Avoir une vie sociale enrichissante réconfortante.	– Lui proposer de *rencontrer* ses petits-enfants[a], de leur téléphoner.	– Prévoir de téléphoner une fois par semaine (*Ex.* : le mercredi après midi).

a. Après avoir demandé l'avis de la (du) responsable à ce sujet.

4 L'évaluation du projet individualisé et le compte-rendu de l'intervention

L'évaluation du projet individualisé se fait régulièrement et méthodiquement en équipe. L'AMP y participe activement.

A. L'objectif

Il s'agit de :

- faire le bilan de l'efficacité de l'intervention ;

- vérifier si l'organisation de l'intervention a été bien menée ;
- vérifier si la planification est correcte, équilibrée ? ;
- faire le point sur ce qui a entravé la réalisation des objectifs ;
- modifier éventuellement l'organisation ou la planification ;
- tenir compte de l'avis de la personne aidée ;
- tenir compte des remarques de la famille de la personne aidée et de l'équipe.

B. La méthode

Certains critères d'évaluation font l'objet d'un questionnement de la part de l'AMP : « *Les objectifs sont-ils atteints ?* »

- *Totalement ?* L'AMP liste quelques interventions permettant de juger l'efficacité de l'action selon des critères professionnels.
- *Partiellement ?* L'AMP relève les objectifs qui n'ont été atteints qu'en partie et réfléchit à ce qu'il fallait faire pour les atteindre.
- *Pas du tout ?* L'AMP ne se rend pas toujours compte de ses oublis ; dans ce cas, c'est en questionnant la personne aidée qu'elle pourra comprendre les difficultés de l'accompagnement.
- *À court terme ? À moyen terme ? à long terme ?*

L'AMP vérifiera si les actions accomplies ont eu des résultats ou non sur tel ou tel besoin perturbé.

Ex. : pour un problème de santé comme l'arthrose, le résultat ne sera pas apprécié à *court terme*, mais à *moyen ou long terme.* En revanche, l'AMP peut signaler à l'équipe que l'appétit de *madame D.* s'est normalisé à moyen terme.

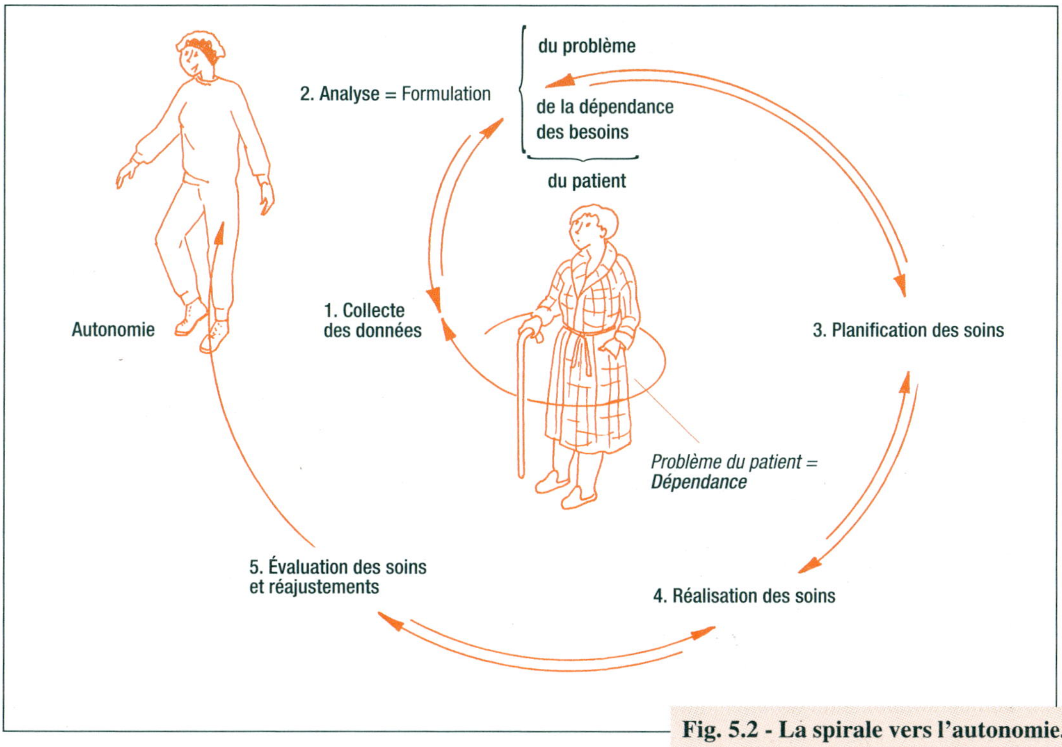

Fig. 5.2 - La spirale vers l'autonomie.

Chapitre 19

L'éthique et la déontologie professionnelle

L'exercice auprès des personnes en difficultés ou en situation de handicap nécessite le respect de valeur morale. Il est donc indispensable que l'AMP ait un positionnement déontologique et éthique.
L'AMP doit s'engager à respecter :
- les droits fondamentaux de la personne aidée ;
- ses biens et son intimité ;
- sa culture, sa religion, ses choix de vie ;
- ses choix éducatifs.

Les définitions
Éthique : c'est une invitation au questionnement. Elle va au-delà de la morale et protège les droits des êtres humains.
Déontologie : c'est l'ensemble des règles et des devoirs qui régissent une profession.
L'AMP doit solliciter en toute chose l'accord et la participation de la personne aidée et en référer à son supérieur hiérarchique.

1 La charte de la personne âgée dépendante

Elle résume les droits et libertés de la personne âgée dépendante.

Charte des droits et libertés des personnes âgées dépendantes (Fondation nationale de gérontologie)
– **Choix de vie** *:* toute personne âgée dépendante garde la liberté de choisir son mode de vie.
– **Choix du domicile et de l'environnement** *:* le lieu de vie de la personne âgée dépendante (domicile personnel ou établissement) doit être choisi par elle et adapté à ses besoins.
– **Maintien d'une vie sociale** (malgré les handicaps) : toute personne âgée dépendante doit conserver la liberté de communiquer, de se déplacer et de participer à la vie de la société.
– **Maintien des relations** *:* le maintien des relations familiales et des réseaux amicaux est indispensable aux personnes âgées dépendantes.
– **Maîtrise du patrimoine et des revenus** *:* toute personne âgée dépendante doit pouvoir garder la maîtrise de son patrimoine et de ses revenus disponibles.
– ***Valorisation de l'activité :*** toute personne âgée dépendante doit être encouragée à conserver une ou des activités.
– ***Liberté de conscience et pratique religieuse :*** toute personne âgée dépendante doit pouvoir participer aux activités religieuses spirituelles et philosophiques de son choix.
– ***Maintien de l'autonomie :*** la prévention de la dépendance est une nécessité pour l'individu qui vieillit.
– ***Droits aux soins :*** toute personne âgée dépendante doit avoir, comme toute autre, accès aux soins qui lui sont utiles.
– ***Qualification des intervenants :*** les soins que requiert une personne âgée dépendante doivent être dispensés par des intervenants formés, en nombre suffisant.

►

▶ – ***Respect de la fin de vie :*** soins et assistance doivent être procurés à la personne âgée en fin de vie et à sa famille.
– ***Exercice des droits et protection juridique de la personne :*** toute personne en situation de dépendance, devrait voir protégés, non seulement ses biens, mais aussi sa personne.
– ***L'information, meilleur moyen de lutte contre l'exclusion :*** l'ensemble de la population doit être informé des difficultés qu'éprouvent les personnes âgées dépendantes.
La recherche multidisciplinaire sur le vieillissement et la dépendance est une priorité et un devoir.

2 La charte des droits et libertés de la personne accueillie

Cette charte a valeur de norme en matière de législation et doit être affichée et respectée par tous les professionnels.[1]

Article 1er – Principe de non-discrimination
Dans le respect des conditions particulières de prise en charge et d'accompagnement, prévues par la loi, nul ne peut faire l'objet d'une discrimination en raison de son origine (notamment ethnique ou sociale), de son apparence physique, de ses caractéristiques génétiques, de son orientation sexuelle, de son handicap, de son âge, de ses opinions et convictions, notamment politiques ou religieuses, lors d'une prise en charge ou d'un accompagnement, social ou médico-social.
Article 2 – Droit à une prise en charge ou à un accompagnement adapté
La personne doit se voir proposer une prise en charge ou un accompagnement individualisé et le plus adapté possible à ses besoins, dans la continuité des interventions.
Article 3 – Droit à l'information
La personne bénéficiaire de prestations, ou de services, a droit à une information claire, compréhensible et adaptée sur la prise en charge et l'accompagnement demandés ou dont elle bénéficie, ainsi que sur ses droits et sur l'organisation et le fonctionnement de l'établissement, du service ou de la forme de prise en charge ou d'accompagnement. La personne doit également être informée sur les associations d'usagers œuvrant dans le même domaine.
La personne a accès aux informations la concernant dans les conditions prévues par la loi ou la réglementation. La communication de ces informations ou documents, par les personnes habilitées à les communiquer en vertu de la loi, s'effectue avec un accompagnement adapté de nature psychologique, médicale, thérapeutique ou socio-éducative.
Article 4 – Principe du libre-choix, du consentement éclairé et de la participation de la personne
Dans le respect des dispositions légales, des décisions de justice ou des mesures de protection judiciaire ainsi que des décisions d'orientation :
1° *la personne dispose du libre choix entre les prestations adaptées qui lui sont offertes*, soit dans le cadre d'un service à son domicile, soit dans le cadre de son admission dans un établissement ou service, soit dans le cadre de tout mode d'accompagnement ou de prise en charge ;
2° *le consentement éclairé de la personne doit être recherché*, en l'informant, par tous les moyens adaptés à sa situation, des conditions et conséquences de la prise en charge et de l'accompagnement et en veillant à sa compréhension ;
3° *le droit à la participation*, directe ou avec l'aide de son représentant légal, à la conception et à la mise en œuvre du projet d'accueil et d'accompagnement qui la concerne, lui est garanti.
– Lorsque l'expression par la personne d'un choix ou d'un consentement éclairé n'est pas possible en raison de son jeune âge, ce choix ou ce consentement est exercé par la famille ou le représentant légal auprès de l'établissement, du service ou dans le cadre des autres formes de prise en charge et d'accompagnement.
– Ce choix ou ce consentement est également effectué par le représentant légal lorsque l'état de la personne ne lui permet pas de l'exercer directement. ▶

1. Fondation nationale de gérontologie, ministère du Travail et des Affaires sociales.

– Pour ce qui concerne les prestations de soins délivrées par les établissements ou services médico-sociaux, la personne bénéficie des conditions d'expression et de représentation qui figurent au Code de la Santé publique.
La personne peut être accompagnée de la personne de son choix lors des démarches nécessitées par la prise en charge ou l'accompagnement.

Article 5 – Droit à la renonciation

La personne peut à tout moment renoncer par écrit aux prestations dont elle bénéficie ou en demander le changement dans les conditions de capacités, d'écoute et d'expression, ainsi que de communication prévues par la présente charte, *dans le respect des décisions de justice* ou des mesures de protection judiciaire, des décisions d'orientation et des procédures de révision existantes en ces domaines.

Article 6 – Droit au respect des liens familiaux

La prise en charge, ou l'accompagnement, doit *favoriser le maintien des liens familiaux et* tendre à *éviter la séparation des familles* ou des fratries prises en charge, dans le respect des souhaits de la personne, de la nature de la prestation dont elle bénéficie et des décisions de justice. En particulier, les établissements et les services assurant l'accueil et la prise en charge ou l'accompagnement des mineurs, des jeunes majeurs ou des personnes et familles en difficultés ou en situation de détresse, prennent, en relation avec les autorités publiques compétentes et les autres intervenants, toute mesure utile à cette fin.
Dans le respect du projet d'accueil et d'accompagnement individualisé et du souhait de la personne, la participation de la famille aux activités de la vie quotidienne est favorisée.

Article 7 – Droit à la protection

– Il est garanti à la personne, comme à ses représentants légaux et à sa famille, par l'ensemble des personnels ou personnes réalisant une prise en charge ou un accompagnement, le *respect de la confidentialité des informations* la concernant dans le cadre des lois existantes.
– Il lui est également garanti le droit à la protection, le droit à la sécurité (y compris sanitaire et alimentaire), le droit à la santé et aux soins, le droit à un suivi médical adapté.

Article 8 – Droit à l'autonomie

– Dans les limites définies dans le cadre de la réalisation de sa prise en charge ou de son accompagnement et sous réserve des décisions de justice, des obligations contractuelles ou liées à la prestation dont elle bénéficie et des mesures de tutelle ou de curatelle renforcée, il est garanti à la personne la *possibilité de circuler librement*. À cet égard, les relations avec la société, les visites dans l'institution, à l'extérieur de celle-ci, sont favorisées.
– Dans les mêmes limites et sous les mêmes réserves, la personne résidente peut, pendant la durée de son séjour, *conserver des biens, effets* et *objets personnels* et, lorsqu'elle est majeure, disposer de son patrimoine et de ses revenus.

Article 9 – Principe de prévention et de soutien

Les conséquences affectives et sociales qui peuvent résulter de la prise en charge ou de l'accompagnement doivent être prises en considération. Il doit en être tenu compte dans les objectifs individuels de prise en charge et d'accompagnement.
Le rôle des familles, des représentants légaux ou des proches qui entourent de leurs soins la personne accueillie, doit être facilité (avec son accord) par l'institution, dans le respect du projet d'accueil et d'accompagnement individualisé et des décisions de justice.
Les moments de fin de vie doivent faire l'objet de soins, d'assistance et de soutien adaptés, dans le respect des pratiques religieuses ou confessionnelles et convictions, tant de la personne que de ses proches ou de ses représentants.

Article 10 – Droit à l'exercice des droits civiques attribués à la personne accueillie

L'exercice effectif de la totalité des droits civiques attribués aux personnes accueillies et des libertés individuelles est facilité par l'institution, qui prend à cet effet toutes mesures utiles dans le respect, si nécessaire, des décisions de justice.

Article 11 – Droit à la pratique religieuse

Les conditions de la pratique religieuse, y compris la visite de représentants des différentes confessions, doivent être facilitées, sans que celles-ci puissent faire obstacle aux missions des établissements ou services. Les personnels et les bénéficiaires s'obligent à un respect mutuel des croyances, convictions et opinions. Ce droit à la pratique religieuse s'exerce dans le respect de la liberté d'autrui et sous réserve que son exercice ne trouble pas le fonctionnement normal des établissements et services.

Article 12 – Respect de la dignité de la personne et de son intimité

Le respect de la dignité et de l'intégrité de la personne est garanti. Hors la nécessité exclusive et objective de la réalisation de la prise en charge ou de l'accompagnement, le droit à l'intimité doit être préservé.

Domaine de formation 6

Communication professionnelle et vie institutionnelle

Chapitre 20

L'approche des politiques sociales et de leurs acteurs

1. L'organisation de l'État et des collectivités locales

1 L'État

A. Les définitions

- *L'État* : c'est une personne morale (juridiquement responsable), représentant la nation et dont l'autorité souveraine s'exerce sur l'ensemble d'une population et d'un territoire déterminés. Il est le fruit de la volonté d'un peuple.
- *L'homme d'État* : c'est un personnage qui exerce une autorité au nom de l'État.
- *La nation* : c'est une communauté humaine caractérisée par son identité historique ou culturelle et formant une entité politique.

B. Le système démocratique

Dans un système démocratique, le pouvoir est exercé par les hommes d'État, ils sont les représentants du peuple qui les a élus.
L'État a toute autorité sur le peuple et sur le territoire de la France. Son pouvoir résulte de la volonté d'une communauté d'hommes ayant un projet, un destin commun.

C. Le texte fondateur : la Constitution

Le premier des textes fondateurs de l'État est la *Constitution* (datant de *1958*). Elle prévoit la mise en place des différents éléments du pouvoir, les liens entre eux, leurs attributions, leurs limites, leurs responsabilités.
Afin d'éviter que tous les pouvoirs ne soient concentrés dans les mains d'un seul homme ou d'un seul groupe, la Constitution a institué le principe de la *séparation des pouvoirs*.

D. La séparation des pouvoirs

Il existe trois pouvoirs : le pouvoir exécutif, le pouvoir législatif et le pouvoir judiciaire.

a. Le pouvoir exécutif

L'exécutif est bicéphale (à deux têtes). Il est représenté par un *président de la République*, élu au suffrage universel direct pour 5 ans, et un *gouvernement*, dirigé par un *Premier ministre*. Le président de la République nomme le Premier ministre, puis sur proposition de celui-ci, il nomme les autres membres du gouvernement.

b. Le pouvoir législatif

Il est composé de deux assemblées :

- *l'Assemblée nationale*, élue au suffrage universel direct : les députés qui y siègent sont élus pour 5 ans ;
- *le Sénat*, élu au suffrage universel indirect : les sénateurs ont un mandat de 9 ans, et leur assemblée est renouvelée par tiers tous les 3 ans.[1]

Ces deux assemblées constituent *le Parlement* qui est chargé de voter les lois. Si le Parlement est chargé de contrôler l'action du gouvernement, seule l'Assemblée nationale a le pouvoir de le renverser.

c. Le pouvoir judiciaire

Il est constitué, notamment, du *Conseil d'État* et de la *Cour de cassation*.
Ce pouvoir est chargé de régler les conflits des particuliers entre eux ou avec l'État.
L'indépendance du pouvoir judiciaire, par rapport aux deux autres pouvoirs, est inscrite dans la Constitution.

E. Les lois, les décrets, les arrêtés

a. Les lois

Elles sont votées par le Parlement (Assemblée nationale et Sénat). *Ex.* : *Les lois des finances*, les lois sur la durée du *temps de travail*, sur le *tabagisme*, etc.
Toutefois, le Conseil constitutionnel est là pour veiller à la conformité de la loi à la Constitution : c'est le gardien vigilant de la Constitution (il peut être saisi pour avis).

b. Les décrets

Ils sont signés par le président de la République et/ou le Premier ministre, en fonction de leurs pouvoirs respectifs. *Ex.* : *les décrets d'application* des lois, *les décrets de nomination* de hauts fonctionnaires (comme les préfets, les magistrats, les officiers), etc.

c. Les arrêtés

Ils sont signés par tous les autres personnages représentant l'État, les collectivités locales ou les établissements publics. *Ex.* : un *arrêté de nomination* d'un agent de la fonction publique (telle une directrice de crèche).

d. Les délibérations

Ce sont les *actes* pris par les assemblées délibérantes des collectivités locales : les conseils municipaux, les conseils généraux et les conseils régionaux. Ils sont le reflet des choix votés à la majorité de l'Assemblée. *Ex.* : une *délibération* pour la création d'un service municipal (comme une crèche).

e. Les contrats et les marchés publics

Les contrats et les marchés publics sont aussi des *documents* qui produisent du droit. *Ex.* :

- passer un marché public pour choisir une entreprise en vue de la construction d'une route ;
- puis signer le contrat avec l'entreprise choisie.

---

1. À compter de 2010, les sénateurs seront élus pour 6 ans et le Sénat sera renouvelé par moitié tous les 3 ans.

2 Les collectivités locales[1]

A. La définition

Une collectivité locale est une structure administrative française chargée des intérêts des personnes vivant sur son territoire. Elle est distincte de l'administration de l'État.

B. Les caractéristiques

Une collectivité locale pourrait se définir par les caractéristiques suivantes :
- *un nom* : *Ex.* : la ville de « Marseille », le département de « Haute-Savoie », la région « d'Île-de-France » ;
- un *territoire géographique* ;
- *une population* : celle qui vit sur ce territoire ;
- *des compétences* : des domaines d'intervention définis par la loi et/ou par l'assemblée élue ;
- *des moyens* : humains, financiers, patrimoniaux.

Les collectivités locales sont :
- *les communes* (36 778 en France) ;
- *les départements* (100) dont les quatre départements d'outre-mer (Guadeloupe, Martinique, Guyane et Réunion) ;
- les *collectivités à statut particulier* : Paris, Lyon, Marseille ;
- *les collectivités d'outre-mer* : Mayotte, Saint-Pierre-et-Miquelon, les îles Wallis-Et-Futuna, la Polynésie française, etc.

C. Les statuts, les attributions

Les collectivités locales sont dotées de :
- *une personnalité juridique* (on dit aussi personnalité morale) qui les rend indépendantes de l'État et responsables des décisions qu'elles prennent. Elles disposent ainsi de leur propre personnel et de leur propre budget, contrairement aux ministères ou aux services de l'État (qui ne sont pas des personnes morales, mais seulement des administrations émanant de l'État) ;
- *une libre administration* (notion inscrite dans la Constitution) qui leur attribue un pouvoir de décision dans la gestion des affaires de la collectivité ;
- *des compétences propres* qu'elles ont obligation d'assurer ;
- *des ressources* sur lesquelles les collectivités vont pouvoir compter pour faire face aux dépenses qu'elles doivent désormais prendre en charge.

D. Le fonctionnement

Les collectivités locales (*cf.* Tableau 6.1) sont composées de :
- *une assemblée délibérante* élue au suffrage universel direct (*Ex.* : conseils municipal, général ou régional) ;
- *un exécutif* élu en son sein par l'assemblée (*Ex.* : le maire, le président de conseil général et celui du conseil régional) ;

1. On les appelle aussi collectivités territoriales.

En sus de ces deux organes, les régions sont dotées d'un *organe consultatif* : le conseil économique et social régional.
Toutefois, suivant les types de collectivités locales, les règles de fonctionnement ne sont pas toutes identiques, notamment pour les collectivités à statut particulier (Paris, Lyon et Marseille) et les collectivités d'outre-mer.

Tableau 6.1 – Fonctionnement des collectivités locales.

	Commune	Département	Région
1. Organe exécutif	Maire	Président du conseil général	Président du conseil régional
Fonctions	• Chef du personnel • Autorité de police municipale • Officier d'État civil et de police judiciaire	• Chef du personnel • Autorité de police administrative	Chef du personnel
Type d'élections	Municipales	Cantonales	Régionales
Principe de l'élection	Scrutin de liste à 2 tours	Scrutin uninominal majoritaire à 2 tours	Scrutin de liste mixte
Durée du mandat de l'organe exécutif	6 ans	3 ans	6 ans
Attributions	• Prend des arrêtés • Prépare et préside les réunions • Prépare le budget • Exécute le budget	• Prend des arrêtés • Prépare et préside les réunions • Prépare le budget • Exécute le budget	• Prend des arrêtés • Prépare et préside les réunions • Prépare le budget • Exécute le budget
2. Organe délibérant	Conseil municipal	Conseil général	Conseil régional
Durée du mandat	6 ans	6 ans	6 ans
Attributions	• Gère par ses délibérations les affaires de la commune • Élit l'organe exécutif • Vote le budget • Crée et supprime les emplois communaux	• Gère par ses délibérations les affaires du département • Élit l'organe exécutif • Vote le budget • Crée et supprime les emplois du conseil général	• Gère par ses délibérations les affaires de la région • Élit l'organe exécutif • Vote le budget • Crée et supprime les emplois du conseil régional
3. Organe consultatif			Le conseil économique et social[a]

a. Doit être consulté avant que les élus ne prennent leurs décisions.

E. Les actes des collectivités locales

Les délibérations et les arrêtés sont des actes administratifs des collectivités locales. Ils créent des *droits* ou imposent des *obligations*. Ils s'intègrent à la hiérarchie des normes et doivent donc respecter les règles qui leur sont supérieures. *Ex.* : *l'arrêté de nomination* d'un agent dans une collectivité locale doit respecter toutes les lois sur le recrutement des fonctionnaires.

L'établissement public est une personne morale de droit public, créé par l'État ou une collectivité locale, en vue d'assurer la gestion d'un ou plusieurs services publics. Cette structure est :

- dotée *d'élus* qui peuvent prendre des décisions, passer des contrats et des marchés ;
- dotée de *l'autonomie financière* puisqu'elle possède son propre budget (voté par son organe délibérant).

La collectivité conserve le pouvoir de contrôler le gestionnaire. Celui-ci doit assumer sa tâche conformément au contrat conclu avec lui et aux exigences de l'intérêt général.
Le préfet contrôle la légalité des actes pris par ces établissements.

F. La notion de service public

Lorsqu'une assemblée d'élus reconnaît un besoin d'intérêt général pour la population, assortie d'une carence de l'initiative privée, et qu'elle décide d'y répondre, elle met alors en place un service public.
Les activités dites de « service public » sont les activités majeures des administrations de l'État ou locales. Ces activités sont extrêmement variées. Les missions de service public peuvent être :

- *obligatoires*. Exemples :
  - organiser l'enlèvement et le traitement des ordures ménagères,
  - assurer la distribution de l'eau,
  - assurer l'éducation scolaire,
  - organiser les transports scolaires ;
- *facultatives*. Exemples :
  - organiser la restauration scolaire,
  - mettre en place un moyen de garde d'enfants,
  - proposer des activités culturelles à la population.

Il s'agit d'activités d'intérêt général. Mais il faut distinguer les notions d'intérêt général et de service public.

2. Les principales institutions sociales et médico-sociales

Il existe différentes sortes d'établissements ou d'institution à caractère sanitaire et/ou social, qui sont rattachés soit aux communes, soit aux départements.

1 L'ASE (Aide sociale à l'enfance)

L'ASE, service du département sous l'autorité du président du *conseil général*, assure un soutien matériel, éducatif et psychologique aux mineurs et à leur famille, et répond aux besoins des enfants placés dans ses services.

2 Le CCAS (Centre communal d'action sociale)

Le CCAS est un établissement public chargé de gérer la politique sociale de la *commune*. Le CCAS propose des mesures d'accompagnement des personnes âgées (portage des repas, aides ménagères) des aides en espèces et en nature, des aides au logement des personnes en difficulté, des aides aux jeunes sans ressource. Ce centre social de proximité a un rôle d'animation, de prévention et de développement social au niveau d'une commune.

3 Le SSIAD (Service de soins infirmiers à domicile)

Le SSIAD organise, sur prescription médicale un service de soins infirmiers, des soins de nursing et un suivi des personnes à domicile. L'équipe d'un SSIAD est composée d'une ou plusieurs infirmières coordinatrices et d'une équipe d'aides-soignants.

4 L'HAD (Hospitalisation à domicile)

L'HAD (ou hospitalisation à domicile) permet la continuité des soins infirmiers à domicile après une hospitalisation pour une pathologie grave. La personne bénéficie des personnels paramédicaux nécessaires à sa prise en charge.

Fig. 6.1 – L'HAD (*hospitalisation à domicile*) permet la continuité des soins infirmiers, et des services annexes, après une hospitalisation pour une pathologie grave.

5 Les EHPAD et les maisons de retraite

Pour les personnes âgées, les établissements d'hébergement pour personnes âgées dépendantes (EHPAD) et les maisons de retraite proposent des prises en charge adaptées au degré de dépendance. L'accueil se fait de plus en plus en chambres individuelles, avec la possibilité d'installer quelques meubles ou objets personnels.

6 Les Cantou (Centres d'activités naturelles tirées d'occupations utiles)

Les Cantou sont de petites structures, souvent intégrées aux EHPAD et maisons de retraites. Certains sont spécialisés (*Ex.* : Cantou pour personnes atteintes d'Alzheimer).

7 Les centres d'aide par le travail

Ils permettent une réinsertion sociale à de nombreux jeunes.

8 Les CAMSP (centres d'action médico-sociale précoce)

Ils offrent des consultations médico-sociales et une prise en charge psychologique précoce. De nombreux CAMSP sont intégrés aux centres hospitaliers.

9 Les structures d'accueil spécialisées pour personnes handicapées

Il existe de nombreuses structures d'accueil pour les personnes handicapées. Chacune a ses spécificités.
Citons :

- *les centres de rééducation*, qui offrent une rééducation adaptée au handicap de la personne ;

> **Exemples**
> – les centres de rééducation fonctionnelle ;
> – les institutions des jeunes aveugles ;
> – les centres d'éducation des sourds.

- *les maisons d'accueil spécialisées*, qui offrent un hébergement à des personnes lourdement handicapées ;

- *l'institut médico-éducatif (IME)*, qui assure une continuité d'action médico-éducative de la petite enfance à l'âge adulte ;
- *l'institut médico-pédagogique (IMP)*, qui prend en charge les enfants de 3 à 14 ans. Il leur propose des soins, une éducation spécialisée et une pédagogie adaptée (enseignement général et pratique). En externat ou internat (EME et IME) ;
- *les placements familiaux spécialisés*, qui prennent en charge des enfants qui ne peuvent être admis en internat ou qui ne peuvent rentrer chez eux le soir (du fait de l'éloignement du domicile). Les enfants sont placés en famille d'accueil (assistantes maternelles). Elles sont associées au projet pédagogique, éducatif et thérapeutique[1] ;
- *les établissements pour infirmes moteurs*, qui prennent en charge des enfants atteints d'une infirmité motrice incompatible avec des conditions de vie et de scolarité dans un établissement ordinaire. L'enfant bénéficie de techniques médicales et rééducatives hautement qualifiées.
- *les établissements pour enfants polyhandicapées*, qui prennent en charge des enfants et adolescents atteints d'au moins deux handicaps graves ;
- *les pouponnières sanitaires* (0 à 3 ans), qui accueillent des enfants en internat sous contrôle médical et social permanent.

3. Les dispositifs d'aide et de prise en charge des personnes

L'AMP doit connaître les principaux dispositifs d'aide et de prise en charge des personnes, existants dans le champ de l'action sociale et médico-sociale.

1 Les prestations pour les personnes handicapées

A. L'Allocation d'éducation de l'enfant handicapé (AEEH)

C'est une prestation familiale financée par la sécurité sociale, elle est destinée à compenser les frais d'éducation et de soins apportés à un enfant handicapé.[2]

B. L'Allocation journalière de présence parentale (AJPP)

C'est une allocation attribuée aux parents ou à toute personne qui assume la charge d'un enfant âgé de moins de 20 ans atteint d'un handicap ou victime d'un accident rendant indispensable

1. L'accueil de l'enfant dans ces structures d'accueil dépend d'une décision départementale de l'éducation spéciale. La CDES résulte de la fusion de deux consultations départementales, le ministère de la Santé et le ministère de l'Éducation nationale. Cette commission statue également sur l'attribution d'une aide financière (AEEH).
2. L'AEEH remplace l'AES depuis le 1er janvier 2006.

une présence soutenue et des soins. L'allocataire perçoit une allocation journalière. Un complément mensuel pour frais peut être attribué à l'allocataire sous condition de ressources.

C. L'Allocation aux adultes handicapés (AAH)

C'est une allocation qui garantit un revenu minimum aux personnes handicapées pour qu'elles puissent faire face aux dépenses de la vie courante. Le droit à l'allocation n'est ouvert que lorsque la personne handicapée ne peut prétendre à un avantage de vieillesse, d'invalidité ou d'une rente d'accident de travail[1]. L'AAH est attribuée à partir d'un certain taux d'incapacité reconnue par la CDAPH (Commission des droits et de l'autonomie des personnes handicapées)[2]

D. La majoration pour la vie autonome[3]

C'est une prestation qui est versée automatiquement aux personnes qui remplissent les conditions suivantes :
- percevoir l'AAH (à taux normal ou en complément) ;
- avoir un taux d'incapacité au moins égal à 80 % reconnu par la CDAPH ;
- disposer d'un logement indépendant ;
- bénéficier d'une aide au logement ;
- ne pas percevoir de revenu professionnel.

E. La prestation de compensation du handicap (PCH)[4]

C'est une aide destinée à financer les besoins liés à la perte d'autonomie des personnes handicapées. Son attribution est personnalisée. De ce fait, les besoins de compensation doivent être inscrits dans un plan personnalisé défini par l'équipe pluridisciplinaire de la Maison départementale des personnes handicapées (MDPH), sur la base du projet de vie exprimé par la personne. Il est possible de bénéficier de la prestation de compensation du handicap (PCH) à domicile, ou en établissement. Les aides couvertes par cette prestation peuvent être des aides :
- *humaines* ;
- *techniques* (*Ex.* : liées à l'aménagement du logement et du véhicule) ;
- *animalières* (*Ex.* : chien d'aveugle).

F. L'Allocation compensatrice pour frais professionnels (ACFP)

C'est une prestation d'aide sociale versée par le conseil général. Elle est destinée à permettre aux personnes handicapées (dont le taux d'incapacité reconnu est d'au moins 80 %) d'assumer les frais supplémentaires occasionnés par l'exercice d'une activité professionnelle.

G. La pension d'invalidité

C'est un revenu de remplacement qui vise à compenser une perte de salaire résultant d'une incapacité au travail à cause d'une maladie ou d'un accident non professionnel. Il y a 3 catégories de pension d'invalidité :
- la *1re catégorie* est attribuée quand l'état de santé permet de continuer à travailler ;

---

1. D'un montant égal à celui de l'AAH.
2. Ex COTOREP.
3. En 2005, cette prestation a remplacé le « complément » de l'Allocation aux adultes handicapés.
4. En 2006, cette prestation a remplacé l'ACTP (Allocation compensatrice pour tierce personne).

- la 2e *catégorie* est attribuée quand l'état de santé ne permet pas de continuer à travailler ;
- la 3e *catégorie* est attribuée quand l'état de santé ne permet pas de continuer à travailler et qu'il nécessite en plus l'aide d'une tierce personne pour accomplir les actes de la vie courante.

H. L'attribution d'une rente ou d'une indemnité en capital

Toute personne qui reste atteinte d'une incapacité permanente consécutive à un accident du travail ou à une maladie professionnelle peut percevoir en fonction de son taux d'incapacité :
- soit une *indemnité en capital* (somme forfaitaire) si son taux d'incapacité permanente est inférieur à 10 % ;
- soit une *rente d'incapacité permanente*, si son taux d'incapacité permanente est égal ou supérieur à 10 %.

I. L'allocation de cessation anticipée d'activité pour les victimes de l'amiante

Elle est attribuée aux salariés ou anciens salariés reconnus atteints d'une maladie professionnelle causée par l'amiante. Le bénéficiaire de la cessation anticipée d'activité perçoit une allocation, calculée en fonction d'un salaire de référence correspondant aux 12 derniers mois d'activité salariée.

J. L'aide à domicile des handicapés et les cotisations patronales

L'employeur d'une aide à domicile (*Ex.* : AMP) âgé au moins de 70 ans peut être exonéré des cotisations patronales. Le montant de l'exonération s'élève à 100 % des cotisations patronales de sécurité sociale sur les salaires versés pour l'aide à domicile.

K. L'Allocation personnalisée d'autonomie (APA)

Pour bénéficier de l'APA, il faut avoir plus de 60 ans et être en situation de perte d'autonomie, nécessitant une aide pour les actes essentiels de la vie.
Le montant de l'APA est déterminé en fonction des besoins relevés par le plan d'aide (exemples rémunération de l'aide à domicile, frais de transport éventuels, etc.).
L'attribution de l'APA n'est pas liée à une condition de ressources, toutefois ces dernières sont prises en compte lors de l'établissement d'un montant de l'APA. Un classement est établi selon la grille « AGGIR » (qui comprend 6 catégories, selon le degré de dépendance). Seules les catégories 1 à 4 ouvrent droit à l'APA.

2 Les prestations familiales

De nombreuses prestations existent pour les enfants et les familles. Le tableau 6.2 propose un récapitulatif de ces prestations et des conditions requises pour en bénéficier.
D'autres aides peuvent être sollicitées en fonction des situations :
- certaines mutuelles ou assurances proposent des aides ponctuelles à domicile lors d'accident ou de maladie ;

- des soutiens scolaires à domicile sont possibles pour des enfants malades. Il est donc important de bien connaître les différents services proposés par les organismes auxquels nous cotisons.

Tableau 6.2 – Les prestations familiales générales.

Rôle des prestations	Conditions d'attribution	Formalités et versements
Allocations familiales (AF) : allocations visant à diminuer les dépenses d'entretien de l'enfant.	Avoir au moins 2 enfants à charge (c'est-à-dire : tous les enfants jusqu'à 18 ans, et jusqu'à 20 ans pour les jeunes placés en apprentissage ou poursuivant leurs études, ou malades ou handicapés).	– Adresser à la CAF la fiche d'État civil ou le bulletin de naissance justifiant la naissance de l'enfant. – Versement mensuel dont le montant varie avec le nombre et l'âge des enfants.
Complément familial (CF) : il apporte une aide financière aux familles à revenus modestes.	– Ménages ou personnes seules ayant au moins 3 enfants à charge, tous âgés de plus de 3 ans. – Faibles ressources.	Montant mensuel forfaitaire identique pour toutes les familles quel que soit le nombre des enfants à charge.
Allocation de soutien familial (ASF) : elle apporte une aide financière aux parents seuls.	– Être seul(e) pour élever un enfant de moins de 20 ans (orphelin ou abandonné). – Si l'enfant a été reconnu par l'autre parent, il faut prouver que les démarches pour obtenir la pension alimentaire ont été faites.	Versement d'un montant mensuel (dont on a soustrait, s'il y a lieu, le montant de la pension alimentaire).
Allocation de rentrée scolaire (ARS) : elle allège les frais de « rentrée scolaire » de l'enfant.	– Avoir un enfant scolarisé de 6 à 18 ans. – Avoir de faibles ressources.	Envoyer à la CAF : – un certificat de scolarité ; – une déclaration de ressources un seul versement annuel (en septembre-octobre).
Allocation de logement (AL) : elle est destinée à alléger les frais de location.	Avoir de faibles ressources.	Montant mensuel fixé en fonction des ressources et de la composition du foyer.
Prestation accueil du jeune enfant (PAJE) : elle apporte une aide financière aux parents pour la naissance de l'enfant elle facilite une cessation d'activité pour le parent qui souhaite garder son enfant elle allège les frais de garde de l'enfant.	1) La prime de naissance : – avoir un 1er enfant ; – sans conditions de ressources. 2) L'allocation de base : – versée au 1er enfant ; – sous conditions de ressources. 3) Le complément libre choix d'activité – avoir un 1er enfant : – sans conditions de ressources.	Versée au 7e mois de grossesse. Versée de la naissance jusqu'aux 3 ans de l'enfant (versements mensuels)
Complément Mode de garde	Sans conditions de ressources.	Versée jusqu'aux 6 mois de l'enfant.

Information

Depuis juin 2009, le RSA (revenu de solidarité active) remplace le RMI et l'API (allocation de parent isolé). Pour en bénéficier, il faut justifier de faibles ressources.

Chapitre 21

L'organisation institutionnelle

1. Le projet institutionnel et l'organisation de la structure

L'élaboration du projet d'établissement est propre à chaque établissement et doit refléter l'identité de celui-ci. Prenons pour exemple l'EHPAD (Établissement d'hébergement pour personne âgée dépendante).
Le projet d'établissement est élaboré par l'équipe et a pour but de définir des objectifs afin de répondre au mieux aux attentes des personnes accueillies.
La législation impose à l'établissement de s'engager dans une « démarche qualité d'accompagnement et de soins ».

1 Les grands principes d'un EHPAD

La loi du 2 janvier 2002 rappelle les grands principes qui animent le fonctionnement des EHPAD. Dès son arrivée dans un EHPAD, la personne reçoit :

- un *livret d'accueil* et en annexe une « charte des droits et libertés de la personne accueillie » ;
- le *règlement intérieur* qui définit les droits et les devoirs de la personne accueillie au sein de l'établissement.

2 Le règlement intérieur

L'organisation du travail dans un EHPAD repose sur un équilibre entre les droits du personnel et ses devoirs. Le règlement intérieur précise et fixe les règles imposées à toute personne intervenant dans l'établissement. À titre d'exemple :

- le personnel doit, par sa tenue et son comportement, refléter l'image de l'établissement ;
- le personnel utilisera le vouvoiement ;
- il n'utilisera le prénom du résident qu'à sa demande ;
- il respectera les biens et les personnes ;

- il sera au service du résident dans le respect de sa dignité et son intimité.

Tout débordement sera signalé et sanctionné.

3 Les aspects du projet d'établissement

Le projet institutionnel (ou projet d'établissement) comprend divers projets. C'est avant tout un outil de travail et de référence. (*cf.* le schéma du projet d'établissement de l'EHPAD, fig. 6.2)

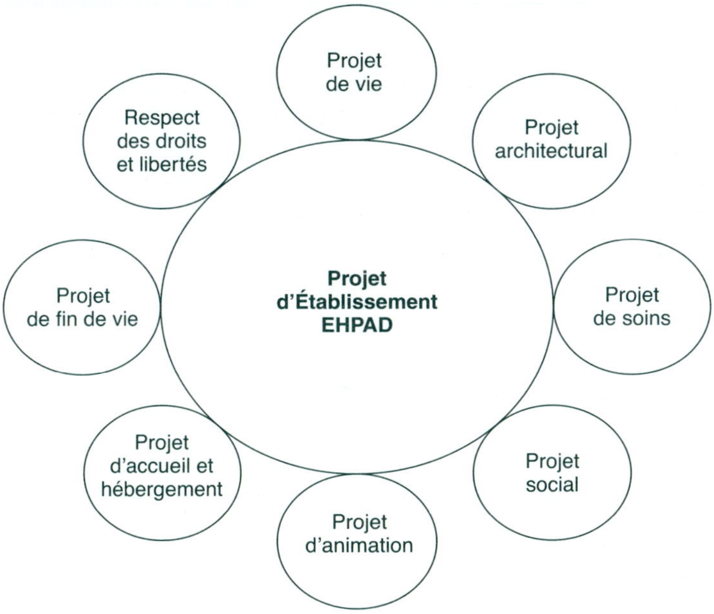

Fig. 6.2 – Projet d'établissement de l'EHPAD.

4 L'organigramme

Un comité de décision (composé de la directrice, du médecin, des infirmiers et de représentant des soignants et non soignants) se réunit régulièrement pour débattre des décisions à prendre (voir l'organigramme de l'EHPAD, *cf.* Fig. 6.3 ci-après).

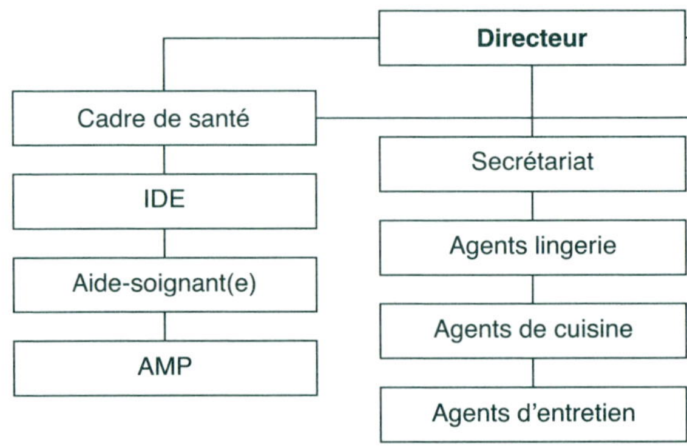

Fig. 6.3 – Organigramme de l'EHPAD.

2. La notion d'équipe pluriprofessionnelle

L'AMP intervient le plus souvent en équipe avec d'autres professionnels. De ce fait, la communication professionnelle, qui se traduit par des « transmissions », est un élément très important de la prise en charge à domicile. Elle permet la coordination des actions.

1 La composition de l'équipe pluriprofessionnelle

A. La définition

« L'équipe pluriprofessionnelle est un groupe de personnes unies dans la réalisation d'une tâche collective. »
Aucune activité d'un groupe n'est efficace sans la coordination de tous les membres du groupe.

B. Les membres principaux

Outre les AMP, il s'agit essentiellement de médecins, d'infirmières (IDE), de kinésithérapeutes, d'assistant(e)s de service social, d'aides-soignants (AS) et de puéricultrices (PDE) et d'auxiliaires de puéricultrice (AP) en service d'accueil de l'enfant ; et d'auxiliaires de vie sociale (AVS) pour les services d'aide à domicile.

C. Les objectifs de la coordination professionnelle

Le principal objectif de la coordination professionnelle est la prise en charge globale et suivie de la personne aidée. La communication en est « l'outil » principal. Elle vise à :
- l'harmonisation de la démarche d'action (DDA) ;
- la cohérence du plan d'action et de l'action.

2 Les critères de fonctionnement de l'équipe

Le bon fonctionnement de l'équipe nécessite un certain nombre d'éléments.

A. La reconnaissance d'une organisation hiérarchique

La présence d'un responsable rappelle l'objectif au groupe, définit les *règles* de fonctionnement et les moyens de réalisation.
L'organisation et le déroulement des activités seront facilités si les décisions du responsable sont prises après concertation des membres de l'équipe.

B. La reconnaissance des fonctions de chaque membre de l'équipe

Chaque activité fait appel à des niveaux de performance différents selon la catégorie professionnelle des membres de l'équipe et la réalisation des objectifs s'obtient grâce à la reconnaissance de ces fonctions et à l'association des compétences de chacun.
Il faut savoir que la manière dont les membres de l'équipe acceptent l'autorité du chef (ou responsable) est tout aussi déterminante.
- Plus les individus *se comportent en membres responsables* de leur action, moins les actions envisagées ont de raison de s'exercer « autoritairement ». Elle se limite alors à favoriser la communication entre les membres de l'équipe.
- *Une attitude de compétition* entre les membres (la notion d'un « gagnant » et de « perdant ») n'est pas favorable au fonctionnement d'une équipe.

3. L'accueil des nouveaux professionnels

L'objectif de l'accueil est de mettre à disposition du nouveau recruté et de chaque membre de l'entreprise, un support d'information (à la fois écrit et oral) lui permettant de se guider au travers de l'entreprise. Cette information se justifie d'autant plus que l'entreprise fait fréquemment appel à des salariés temporaires.

Au niveau de l'écrit, le *livret d'accueil* constitue un excellent outil de management, mais il faut associer la courtoisie de *l'accueil humain* et lui donner toute l'importance qu'il mérite. L'accueil fait appel à un certain nombre de qualités relationnelles. Il faut savoir :

1 S'adapter à son interlocuteur

Lors de l'accueil, il faut s'adapter à son interlocuteur, il convient de savoir à qui l'on parle. Le statut, la fonction, la formation, le niveau de langage, le savoir de « l'accueilli » vont déterminer la forme que prendra le « message d'accueil » qu'on lui adresse.
Ex. : un cadre de santé accueillant quelqu'un de la même spécialité peut sembler s'exprimer en langage codé pour une tierce personne. Il importe qu'il soit capable de sortir de son code s'il accueille quelqu'un ayant une autre spécialité. En effet, s'adapter à son interlocuteur, c'est l'admettre comme différent de soi et tenir compte de cette différence. Les mots ne renvoient pas à la même réalité pour tout le monde et les expériences de l'entreprise ne sont pas identiques pour tous ceux qui y travaillent.

2 Expliquer

Pour bien accueillir quelqu'un, il faut savoir expliquer et pour expliquer, il faut *partir de ce que l'autre sait*. Bien souvent, cette démarche reste sans effet parce que, lors de l'accueil, celui qui explique ne prend pas en compte l'ignorance de l'autre et oublie de lui apporter des éléments essentiels à la compréhension. Il va sans dire que l'autre (ou les autres) a (ont) droit à la parole et qu'il faut la solliciter.
Pour assurer un bon accueil, il est également utile de *s'assurer de la bonne réception de votre message*. Posez des questions, faites reformuler, suscitez les demandes de précisions.

3 Écouter

Pour bien « accueillir » un nouveau venu dans l'établissement il faut savoir l'écouter, et pour écouter l'autre, il faut pouvoir faire abstraction de son propre point de vue et essayer d'entrer dans sa logique. L'attitude d'écoute n'est ni spontanée, ni facile. L'AMP veillera à s'y exercer.

4. Les instances du travail en équipe, les réunions et les outils de transmissions

1 Le recueil et le tri des informations

Avant de sélectionner les éléments d'observation ou de trier les données pertinentes qui devront faire l'objet d'une transmission, l'AMP doit réfléchir méthodiquement.
Nous lui suggérons d'utiliser la méthode du QQQOCP (Quoi ? Qui ? Quand ? Où ? Comment ? Pourquoi ?)[1] *cf.* Tableau 6.3 ci-après.

Tableau 6.3 – Méthodologie pour sélectionner l'information.

Quoi ?	Quels sont les éléments de mon observation que je dois transmettre ?
Qui ?	À qui dois-je les transmettre ? (responsable ? équipe ? famille ?...)
Pourquoi ?	– Dans quel but dois-je transmettre cette information ? – Quel est l'objectif de cette transmission ?
Quand ?	À quel moment dois-je réaliser la transmission ?
Où ?	Dois-je transmettre l'information orale en présence de la personne ou à distance ? et pourquoi ?
Comment ?	– La transmission sera-t-elle orale ou écrite ? – Comment se présente le cahier de transmissions ou de liaison ?

2 Les transmissions des informations

A. Les deux types de transmissions

Les transmissions des informations peuvent être orales ou écrites.

a. Les transmissions orales

Les transmissions orales peuvent concerner deux situations :
- *l'urgence* : une situation urgente nécessite une intervention ou une décision immédiate (urgence médicale par exemple). Le professionnel doit alors transmettre *des informations par téléphone*, en décrivant précisément les faits ou l'observation de la personne. Il laissera par ailleurs une trace écrite de sa démarche ;

1. Cette formule mnémotechnique est très facile à retenir sous cette forme ; toutefois, l'ordre des lettres n'est pas systématiquement respecté et le « Pourquoi » doit être placé vers le début de la réflexion.

- *le relais entre deux professionnels* : le professionnel transmet ce qu'il a fait pour son collègue et (ou) à sa (son) responsable et précise les éléments nouveaux. Il peut aussi transmettre des informations à la famille de la personne.

b. Les transmissions écrites

Les transmissions écrites permettent (lorsque les professionnels ne se rencontrent pas) de conserver une trace des éléments importants et des problèmes signalés. Pour transmettre correctement les informations écrites, le professionnel doit les inscrire dans le cahier des transmissions ou de liaison.

B. La nature des transmissions

Le professionnel doit transmettre la nature exacte de son intervention et signer. Il doit faire la synthèse des informations à transmettre (pas de récit détaillé).

Le rôle de l'AMP

L'AMP doit inscrire :
1. les observations sur la personne en indiquant :
– ses réactions (fatigue, autonomie, tristesse…),
– les incidents éventuels (malaise…),
– les rejets alimentaires après le repas,
– les refus du repas, les refus des activités, des distractions,
– les insomnies… ;
2. les anomalies éventuelles constatées :
– toute éruption cutanée, diarrhée, inflammation…,
– toutes paroles de la personne exprimant une crainte, une angoisse… ;
3. les informations nouvelles apprises au sujet de la personne (par sa famille ou un membre de l'équipe) ;
4. les soins ou actions réalisés :
– toilette corporelle
– aide à la marche, aide à l'élimination, etc.
Exemple :
Cahier de transmission de *Madame ROBERT*. Marlène X. (AMP)
Mercredi 14 janvier, 10 h :
Madame Robert présente ce jour une rougeur sous les seins. Toilette corporelle au savon de Marseille sous les seins (+ talc). Surveillance régulière.
Signature : Marlène X (AMP)

NB : L'AMP peut noter beaucoup d'informations sur le cahier de transmissions, mais veillera à tenir la personne aidée au courant de ce qui a été rédigé la concernant. L'AMP expliquera à la personne l'intérêt des transmissions écrites (*cf.* ci-après).

C. Les intérêts des transmissions

Les transmissions permettent de :

- regrouper les informations sur la personne aidée, d'où une meilleure prise en charge visant sa sécurité ;

- personnaliser les soins : situer ses habitudes de vie, ses besoins fondamentaux, ses attentes… ;
- assurer le suivi de la personne par l'équipe de soins 24 h/24 h ;
- favoriser la concertation entre tous les membres de l'équipe professionnelle ;
- éviter les risques d'erreurs et d'oublis au niveau des interventions ;
- disposer d'un document légal en cas de problème juridique.

D. Les consignes d'utilisation du cahier des transmissions ou de liaison

Certaines consignes d'utilisation du cahier des transmissions doivent être respectées :
- les notes doivent être synthétiques, mais précises, claires, complètes et pertinentes ;
- il est préférable d'éviter les abréviations (du type RAS : rien à signaler), car l'AMP fait un travail humain et non technique ;
- les notes doivent être chronologiques (préciser l'horaire).

L'AMP doit dater et signer ce qu'elle a écrit sur la personne.

Les précautions particulières

Les recommandations de la circulaire ministérielle doivent être respectées : les confidences relatives à la vie privée de la personne ne peuvent faire l'objet de transmissions écrites qu'avec l'accord de celle-ci. Le respect de la vie privée est un principe indérogeable que l'AMP doit privilégier en toutes circonstances.

3 Les écrits professionnels

A. L'importance d'un « écrit professionnel »

Un écrit professionnel est un acte d'une grande importance.

a. Un acte de « réflexion »

L'écrit n'est pas seulement un moyen d'échanger des informations, c'est aussi un moyen de discipliner sa pensée, de la clarifier, de l'ordonner, de l'approfondir. L'écrit développe la réflexion. C'est aussi un acte culturel, puisqu'il exige un effort intellectuel.

b. Un acte « responsable »

Celui qui écrit s'expose aux yeux de l'équipe, il émet des observations, des remarques, des propositions, des suggestions. Il témoigne de sa responsabilité.

c. Un acte de « traçabilité »

L'acte écrit est un acte qui laisse une trace définitive, et cette trace est une preuve légale. La personne concernée (ou sa famille) peut demander à prendre connaissance de l'acte écrit (loi du 2.04.2002).

On peut ajouter un quatrième intérêt à l'écrit : il permet de gagner du temps.

Le rôle de l'AMP

L'AMP ne doit pas pour autant appréhender l'écrit professionnel ; bien au contraire, l'AMP aura à l'esprit l'importance d'une transmission pour la personne aidée et pour ses collègues. Il convient cependant d'être prudent dans la formulation de l'acte écrit et surtout de faire preuve de discrétion professionnelle. L'AMP veillera à :
– faire attention aux tournures de phrases témoignant de jugements de valeurs, d'opinions qui seraient contestables, car peu objectives et donc interprétables de façon différente selon les personnes ;
– utiliser un vocabulaire respectueux de la personne.

B. Les différents outils de transmission

Parmi les écrits professionnels figurent en première place les « *transmissions écrites* », consignées dans le *cahier de transmission*, ou de liaison, mais il existe aussi l'outil informatique. Il prend une place de plus en plus importante dans la vie professionnelle, car il mémorise beaucoup d'informations. L'outil informatique permet de :

- obtenir rapidement une information et facilite le recueil et le tri des données ;
- améliorer le travail d'équipe, car *outil commun = langage commun = rigueur = efficacité et rapidité dans le travail* ;
- améliorer la qualité de la prise en charge de la personne ;
- éviter la perte d'informations.

C. La mise en garde pour l'outil informatique

L'outil informatique, en matière d'écrits professionnels, est soumis à la loi du 6 janvier 1978 dite « *Loi informatique et libertés* » mise en place par le Cnil (Conseil national informatique et liberté). Ce dernier veille à ce que les informations relatives à la vie privée des personnes soit protégée. La loi prévoit l'accès aux informations consignées, par la personne concernée et (ou) sa famille.

4 La communication orale en réunion

La communication orale dans un groupe permet la *concertation* et la *coopération* entre les membres, elle repose sur la confiance en soi, en ses capacités et en celles des autres membres de l'équipe.

A. L'intérêt d'une réunion

Ces réunions ont pour objectif de faire le point sur les prises en charge, d'évaluer et de réajuster les actions et d'évoquer les cas difficiles. La concertation en réunion permet une prise en charge globale, adaptée et suivie de la personne. Elle permet à chaque membre de l'équipe de s'impliquer dans le projet du service.

L'information, par les connaissances qu'elle apporte, a une incidence importante sur les relations dans l'équipe. Toute perturbation dans la transmission de l'information a des conséquences regrettables.

B. La méthodologie pour « prendre la parole » en réunion

Il est important pour celui qui prend la parole de :
- être *synthétique* (c'est-à-dire parler de l'essentiel) ;
- utiliser des *mots précis* et de décrire des *faits précis* ;
- *écouter* les autres membres de l'équipe, respecter chacun (éviter de couper la parole) ;
- *respecter les limites de compétences* de chacun ;
- *soigner le ton de sa voix*, l'articulation des mots, le débit des paroles… ;
- *soigner l'expression verbale* (vocabulaire correct) ;
- être attentif à *l'expression non verbale* : il doit renforcer le contenu de ce qui est dit. Il faut savoir modifier ses attitudes (se lever, se déplacer) ;
- *regarder les auditeurs* : à la maîtrise de la parole, il est indispensable d'associer celle du regard. Le regard est le lien entre celui qui parle et celui (ou ceux) au(x)quel(s) il s'adresse. Il garantit l'efficacité de la communication ;
- utiliser un « *vocabulaire commun* », un langage professionnel adapté.

C. La difficulté à « prendre la parole » en réunion

Certains participants ont des difficultés à prendre la parole dans un groupe. Pourquoi ?
- *ils n'ont rien à dire* parce qu'ils sont d'accord, parce qu'ils ne sont pas concernés… ;
- ils *ne peuvent pas parler* parce qu'ils ne savent pas ou croient ne pas savoir, parce qu'ils n'ont pas le vocabulaire ou croient ne pas l'avoir, parce qu'ils ne sont pas écoutés ou croient ne pas l'être…

D. L'intervention positive en réunion

On peut distinguer deux catégories d'interventions (les positives et les négatives) ; avoir une attitude positive, c'est avoir la volonté d'aboutir. Citons quelques attitudes positives. Pour qu'un groupe soit productif, il faut que certaines règles soient respectées par les participants. Il faut savoir :
- manifester de la solidarité ;
- réduire les tensions ;
- être coopératif ;
- écouter ;
- ne pas couper la parole ;
- éviter la critique, la mise en cause des personnes ;
- éviter les jugements de valeur.

Le rôle de l'AMP (en position d'auditeur en réunion)

1. Se motiver (même si l'orateur n'est pas passionnant)
L'auditeur doit savoir dire : « Ce que j'écoute me permettra d'améliorer mes compétences dans tel domaine, je dois donc faire l'effort d'être attentif, de m'intéresser à ce qu'il dit, ainsi je retiendrais mieux ».

2. Se responsabiliser, se discipliner

Nous avons vu toutes les attitudes positives à adopter en groupe de travail. Il faudra donc lutter contre toutes les tendances au bavardage, à la mise en cause des personnes. Respecter celui qui parle, c'est ne pas lui couper la parole, c'est savoir parler dans un temps bref et concis afin de respecter le temps de parole des autres collègues. Il faut donc se responsabiliser, se discipliner, c'est un travail de longue haleine pour ceux qui n'y sont pas prêts du fait de leur personnalité.

E. Les différents types de réunion

Il y a quatre types de réunions. Chacune a des objectifs précis :

- *la réunion d'information* : transmettre des informations ;
- *la réunion de discussion* : échanger des informations, des opinions, des questions ;
- *la réunion de décision* : résoudre des problèmes et rechercher des solutions ;
- *la réunion de synthèse* : faire la synthèse d'informations (*Ex.* : pour mettre en place un projet individualisé).

→ *Étude de cas*

Madame A. (en fin de vie)

La prise en charge de *madame A.* (atteinte de sclérose en plaques) est analysée dans toutes ses dimensions en réunion d'équipe. Chaque professionnel parle de *madame A.* au regard de sa fonction. La synthèse des informations permet de cerner au mieux la réalité vécue par *madame A.* et le projet qui suit est individualisé.

La réunion de synthèse est centrée sur les bénéfices que tirerait *madame A.* de tel soin (ou thérapie) plutôt que de tel autre. Elle participe à la démarche éthique.

Pour être productive, la réunion ne peut exister que dans la pluridisciplinarité.

F. Les réseaux de communication

Un groupe se structure en réseaux en fonction de la position tenue par chacun de ses membres. Cette position varie en fonction de la personnalité de chaque membre (*Ex.* : timide, extravertie, introvertie…) et de son statut au sein du groupe (responsable de secteur, infirmière, kinésithérapeute, aide-soignante, AMP, auxiliaire de vie sociale…).

Lorsqu'on souhaite intervenir dans un groupe, on a tendance à se tourner vers une personne déterminée. Cette personne joue le rôle de soutien pour atténuer toute l'angoisse que l'on éprouve face au groupe. Lors des échanges, certaines personnes se trouvent plus sollicitées que d'autres. Des réseaux de communication se constituent. Ainsi, on peut avoir différents types de réseaux (*cf.* Tableau 6.4).

Tableau 6.4 – Principaux réseaux de communication.

Schémas	Réseaux	Caractéristiques
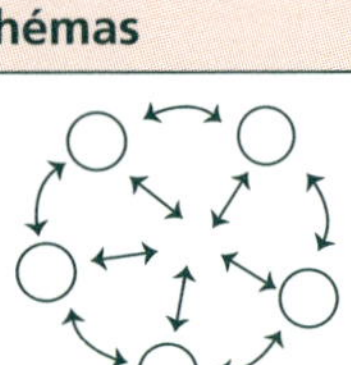	En cercle	Les échanges ont lieu avec l'ensemble du groupe, ce qui améliore la cohésion de celui-ci. C'est le groupe le plus efficace.

Tableau 6.4 – Principaux réseaux de communication. (suite)

Schémas	Réseaux	Caractéristiques
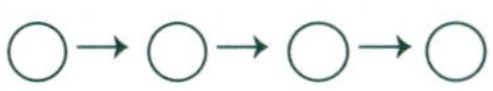	En chaîne	C'est un réseau de communication très morcelé qui comporte des risques de perte et de déformation de l'information. Il est cependant très utilisé. *Ex. : les transmissions orales* *médecin → infirmière → AMP → AS ou AP*
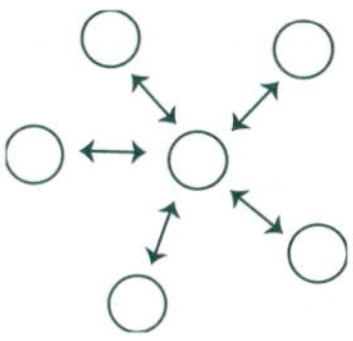	En étoile	L'information est bien transmise mais il y a peu de relations entre chaque membre du groupe d'où le désintéressement des autres et frustration. *Ex. : les transmissions orales (à titre d'exemple) :* • AMP → famille → AMP • infirmier → AMP → infirmier • médecin → infirmier → médecin

G. Le « groupe de parole »

Certains services (*Ex.* : les services de soins palliatifs) ont expérimenté les « groupes de parole » qui permettent des échanges animés par un psychologue. On peut souhaiter que de nombreuses AMP chargées d'un travail d'accompagnement, puissent bénéficier de ce soutien, car la parole permet d'apprendre à *exprimer ses émotions* et permet une *mise à distance* de ses propres sentiments. Elle permet aussi aux différents membres de l'équipe de réfléchir sur les points importants de la fonction d'accompagnement, en particulier de savoir reconnaître les attitudes à adopter en toutes circonstances.
Ces échanges favorisent un accompagnement collectif. Ainsi, on pourra noter sur le cahier de transmissions comment telle personne aidée a vécu tel ou tel moment.
Les conditions particulières de cette transmission sont à mettre au point en équipe, car il ne faut pas oublier que les familles peuvent manifester, à l'égard de cette transmission, un grand intérêt, surtout après le décès de leur proche. Rappelons que ces groupes de paroles ont été créés par les services de soins palliatifs avant d'être élargis à d'autres services et aux services d'aide à domicile.

5. La notion de qualité du service rendu

Le mot qualité fait référence à une image de satisfaction et de confiance. Cette notion est très présente avec la création de démarche qualité.
Des normes permettent aujourd'hui de valider cette démarche qualité (*norme française NF et norme internationale ISO*). L'objectif de cette démarche est de placer le patient appelé client au centre du dispositif.

- Une norme NF correspond aux services des personnes à domicile (*norme NF X 50-056*) avec trois points essentiels :
  - *le respect* de la personne ;
  - *une intervention individualisée* ;
  - *une relation visant à protéger le client et l'intervenant à domicile*. La personne aidée doit bénéficier d'un service adapté à ses besoins. Ce service respecte les principes déontologiques et la réglementation en vigueur.
- D'autres normes sont spécifiques aux maisons de retraite et autres établissements d'accueil.
  - La personne aidée doit avoir la garantie que l'organisme emploie un personnel qualifié et compétent.
  - D'autre part, toutes ses réclamations doivent être prises en compte et traitées rapidement.
  - Son avis est sollicité quant à la qualité du service reçu.

La notion de « qualité du service rendu » n'est plus seulement utilisée dans le secteur de l'industrie, mais s'applique, et occupe toute sa place, dans le secteur sanitaire et social.

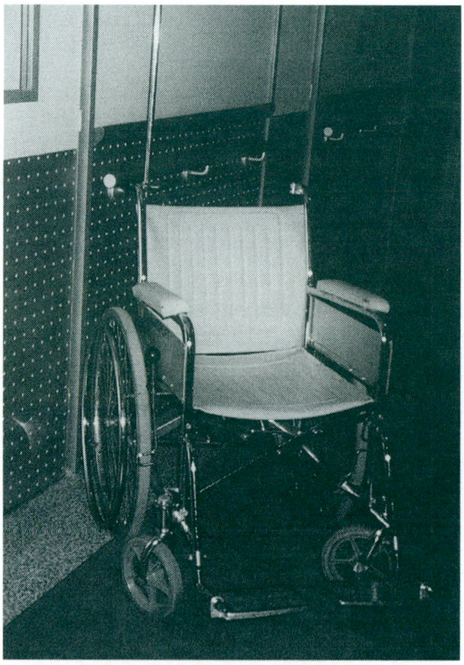

Fig. 6.4 – L'objectif de la démarche de « qualité du service rendu » est de placer les besoins du patient au centre du dispositif. Le patient a besoin de personnel qualifié et de matériels adaptés à sa pathologie.

Chapitre 22

Les notions de droit du travail

1 Le contrat de travail

Le contrat de travail énonce les obligations du salarié et de l'employeur et garantit les droits.

A. Les droits et les devoirs

Le salarié et l'employeur ont des droits et des devoirs réciproques :

- *l'employeur* doit respecter les horaires de travail établis, verser le salaire correspondant au travail et respecter les éléments du contrat (tâches à accomplir, congés payés, etc.) ;
- *le salarié* doit respecter les horaires de travail et effectuer le travail précisé, observer le règlement intérieur et respecter les obligations de discrétion et de réserve professionnelle.

B. Les formes du contrat

Il existe 2 types de contrat :

- *le contrat à durée indéterminée* (ou CDI) ne prévoit pas de date de fin de contrat. Il peut être rompu par licenciement par l'employeur ou par démission de l'employé. Le CDI est la forme normale de contrat (*cf.* Figure 6.5) ;
- *le contrat à durée déterminée* (CDD) a une durée limitée dans le temps. Le contrat doit préciser la date d'embauche et la fin du contrat, la durée de la période d'essai, la rémunération le lieu de travail, la convention collective applicable et tout autre avantage promis à titre individuel.

C. Un modèle de contrat de travail à durée indéterminée (CDI)

Entre l'employeur :
M., Mme, Mlle (Nom) : Adresse :
N° d'immatriculation Urssaf :

et le salarié :
M., Mme, Mlle (Nom) : Adresse :
N° d'immatriculation de sécurité sociale :

Il est conclu un contrat de travail régi par les dispositions de la convention collective nationale de travail des salariés du particulier employeur tenu à la disposition du salarié qui pourra la consulter sur le lieu de travail. Toute modification de ces textes lui sera notifiée dans le délai d'un mois après sa date d'effet. Les institutions compétentes en matière de retraite et prévoyance sont :

IRCEM Retraite. Prévoyance : IRCEM

1. Date d'entrée : Durée de la période d'essai : (renouvellement possible sous réserve d'information écrite avant la fin de la première période).
2. Lieu habituel de travail : Autre(s) lieu(x) : un accord entre employeur et salarié fixera les modalités particulières.
3. Nature de l'emploi :
   - Description du poste.
   - Niveau de qualification. (S'il y a lieu, caractéristiques ou exigences particulières de l'emploi)
4. Horaire de travail hebdomadaire : heures :
   - Pour les postes d'emploi à caractère familial, préciser :
     – nombre d'heures de travail effectif :... heures ;
     – nombre d'heures de présence responsable :... heures correspondant à :... heures de travail effectif (*une heure de présence responsable équivaut à 2/3 d'une heure de travail effectif*).
   - S'il y a lieu, préciser : planning, présence de nuit.
   - Périodicité de relevé de situation si horaires irréguliers.
5. Repos hebdomadaire : Préciser le jour habituel de repos hebdomadaire (s'il y a lieu, modalités particulières).
6. Jours fériés : (prévoir les jours fériés travaillés, le cas échéant).
7. Rémunération (en euros) à la date d'embauche :
   - Salaire brut horaire :... correspondant à un salaire net horaire : ... :
     – salaire brut : montant du salaire avant déduction des cotisations salariales ;
     – salaire net : montant du salaire après déduction des cotisations salariales.
   - Assiette des cotisations :
   - Les prestations en nature fournies seront déduites de la rémunération nette.
   - En cas de paiement par chèque emploi-service, le salaire horaire net ou le salaire mensuel net est majoré de 10 % au titre des congés payés.
8. Congés payés :
Délais de prévenance à préciser.
Cas particulier de l'année d'embauche (année de référence incomplète).
9. Clauses particulières :
   - Congés liés aux contraintes professionnelles de l'employeur.
   - Évolution possible des tâches, des horaires.
   - Logement de fonction, etc.

À ...., le .... Signature du salarié,

Signature de l'employeur,

Fig. 6.5 – Modèle de contrat de travail à durée indéterminée.

2 La durée du temps de travail

- *La durée du temps de travail* est de 35 h par semaine (loi Aubry de 1998). La durée des heures supplémentaires ne peut excéder 20 h par mois.
- *Un repos hebdomadaire* de 24 h consécutives est obligatoire. Ce repos est normalement fixé le dimanche, mais ce principe ne peut pas toujours être appliqué (en cas de travail le dimanche, un jour de repos en semaine est attribué).
- *La durée du repos obligatoire* entre deux journées de travail est de 12 h.
- *La durée des congés annuels* est fixée à 30 jours par an ou 2,5 jours de congé par mois de travail.
- *Des congés particuliers* sont prévus par la loi : congés maternité, congés parentaux, etc.

3 Les différends entre employés et employeurs

L'inspection du travail a un rôle de contrôle et de conseil. L'inspection peut constater des infractions au Code du travail et prendre des décisions.
Le *Conseil des Prud'hommes* est un tribunal spécialisé, chargé de régler les conflits lorsqu'ils n'ont pas trouvé de solutions à l'intérieur de l'entreprise. Deux solutions sont possibles : une tentative de conciliation ou le jugement.

ANNEXE

Ergonomie

Chapitre 1

Les techniques à effectuer seul

1 Le rehaussement au lit

La situation : un patient à mobilité réduite sollicite l'AMP pour le rehausser, car il a glissé vers le fond du lit.
L'objectif : recoucher le patient confortablement en position dorsale avec un oreiller.

Tableau 1 – Le rehaussement du lit.

Étape 1 **Information** **Observation** **Réflexion**	**Étude de cas** *Monsieur D.*, 50 ans, est un patient hémiplégique (droit) à la suite d'un AVC récent. Il est actif du côté gauche et très coopérant aux soins. – L'AMP s'informe (quelles sont les consignes reçues ?). – L'AMP observe le patient (quelles sont ses capacités ?) et l'environnement. (il enlève les oreillers car ils seront gênants). – L'AMP réfléchit à la sécurité, au confort, à la douleur de la personne, à la nécessité de l'aide technique (perroquet, draps de transfert, échelle de corde à deux). – L'AMP fera la manœuvre seul, aidé par le patient (semi-actif) à qui il proposera le perroquet (ou potence).
Étape 2 **Préparation**	***Consignes du soignant au patient*** Il lui dit : « Je compte 1, 2, 3 ; au chiffre 3, regardez votre ventre. Tirez le perroquet et poussez sur votre talon. » ***Actions du soignant*** Le soignant doit : – accompagner le mouvement en tirant le patient au niveau des cuillères (fessières + omoplate) L'effort est horizontal ; – pousser sur la jambe en aval ; – basculer la jambe en amont en la fléchissant.
Étape 3 **Actions**	***Gestes du patient*** Le soignant avertit le patient, puis lui explique la manœuvre. Il lui demande de : – soulever la tête ; – plier la jambe valide, pied à plat sur le lit ; – tenir le perroquet de sa main valide. ***Gestes du soignant*** Le soignant doit se positionner au niveau du nombril du patient et : – glisser une main en cuillère sous l'omoplate du patient et l'autre main en cuillère fessière ; – fléchir la jambe en aval ; – tendre la jambe en amont ; – garder le dos bien droit.
Étape 4 **Confirmation/ Correction**	– Installer la personne correctement au lit (voir chapitre installation). – Demander à la personne si la position est confortable.

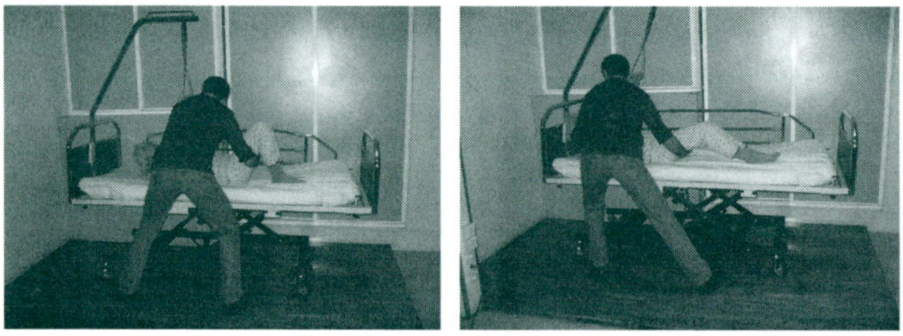

Fig. 1 – Rehaussement du lit.

2 L'aide au lever

La situation : l'AMP va aider un patient à mobilité réduite à s'asseoir au bord de son lit après sa toilette, afin de le lever et de le mettre dans un fauteuil.
L'objectif : le lever favorise la circulation sanguine et stimule le moral du patient.
Les précautions : asseoir un patient avant de le lever permet de prévenir les malaises dus au changement de position.

Tableau 2 – L'aide au lever.

Étape 1 **Information** **Observation** **Réflexion**	**Étude de cas** *Madame* C., 60 ans, a été opérée (J+2), suite à un accident. Elle est suffisamment active pour participer à la manœuvre. Son tronc est droit et indolore. – ***S'informer*** : y a-t-il une autorisation médicale ? des consignes écrites ou orales ? – ***Observer*** le patient (estimer ses capacités physiques) et observer l'environnement : écarter les obstacles, veiller à ce que les roues du lit soient bloquées, vérifier l'endroit où la personne sera installée. – ***Réfléchir*** : si nécessaire prévoir une aide technique.
Étape 2 **Préparation**	***Consignes du soignant au patient*** Il lui dit : « Je compte 1,2, 3. Tenez mon avant-bras ; au chiffre 3, tenez-vous à moi. » ***Actions du soignant*** Le soignant doit : tracter vers lui les jambes de la personne ; la faire pivoter en accompagnant le mouvement ; la stabiliser en position assise au bord du lit.
Étape 3 **Actions**	***Gestes du patient*** Le soignant explique au patient : – les prises, par le haut du dos (entre les omoplates) et le bas des jambes (près des pieds) ; – les positions, il doit croiser les bras et les pieds (pour faciliter les prises au soignant). ***Gestes du soignant*** Il doit : – avertir la personne et obtenir son consentement ; – se positionner au niveau du bassin de la patiente ; – positionner sa jambe « amont » face au lit ; – positionner sa jambe « aval » parallèlement au lit ; – écarter les pieds légèrement ; – glisser sa main sous le haut du dos de la patiente et avec l'autre main prendre ses pieds.

Tableau 2 – L'aide au lever. (suite)

Étape 4 **Confirmation/ correction**	– Corriger la position assise de la patiente, de façon à ce qu'elle puisse garder son équilibre. – Sécurité : garder un bras sur son dos pour l'aider à garder son équilibre, la personne pourrait avoir un vertige passager, la laisser un moment assise. – Confort : frottez-lui le dos pour améliorer la circulation sanguine de la peau et lui donner un bien-être. – Demander à la personne de dire si la position est confortable, sinon corriger la position.

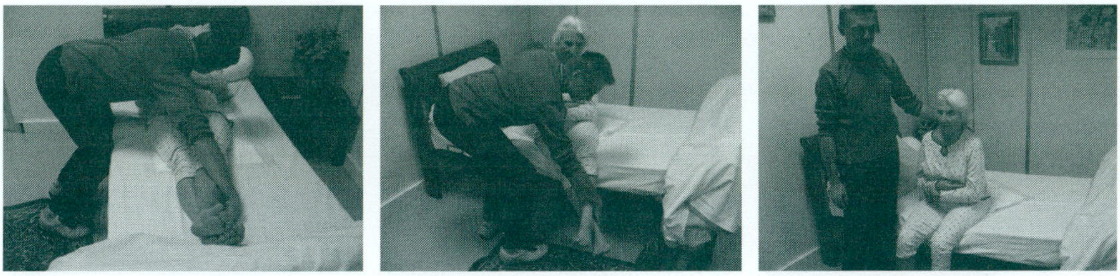

Fig. 2 – Aide au lever.

3 La mise au fauteuil

La situation : l'AMP va aider un patient à mobilité réduite à s'asseoir dans son fauteuil après la sieste de l'après-midi.
L'objectif : permettre au patient de se mobiliser, prévenir les risques d'escarres.

Tableau 3 – La mise au fauteuil.

Étape 1 **Information** **Observation** **Réflexion**	**Étude de cas** *Monsieur E.*, 80 ans, est âgé et a subi une opération. Il est à J+10 mais reste affaibli. Il est maigre et suffisamment actif pour participer à la manœuvre. – ***S'informer*** : y a-t-il une autorisation médicale ? Y a-t-il des consignes écrites ou orales ? – ***Observer*** : estimer les capacités de la personne pour obtenir un maximum de participation et observer l'environnement (s'il y a des obstacles, les éliminer). – ***Réfléchir*** : si nécessaire prévoir une aide technique.
Étape 2 **Préparation**	***Consignes du soignant au patient*** Il lui dit : « Je compte 1, 2, 3 ; au chiffre 3, tournez-vous vers moi, tirez avec vos mains et asseyez-vous lentement. » ***Actions du soignant)*** Le soignant doit : – bloquer son dos à plat et tracter le patient ; – pivoter en même temps que le patient (le mouvement est rapide : en 5 secondes) ; – basculer sur la jambe tendue en la fléchissant.

Tableau 3 – La mise au fauteuil. (suite)

Étape 3 **Actions**	***Gestes du patient)*** Le soignant explique au patient : – les prises et les points de blocage sur le corps de la personne qui sont les pieds, les genoux, les épaules ; – qu'il doit tenir avec ses mains le bas du dos du patient et se positionner perpendiculairement au fauteuil (90 °), pieds parallèles. ***Gestes du soignant*** – Se positionner face au patient (épaules contre épaules). – Bloquer ses pieds et ses genoux. – Fléchir la jambe la plus proche du fauteuil et tendre l'autre. – Poser sa main au bas du dos du patient.
Étape 4 **Confirmation/ correction**	– Confort : après la manipulation, redresser la personne si nécessaire. – Demander à la personne de confirmer si elle est confortablement installée, sinon corriger la position. – Avertissement : attention au blocage des genoux pour ne pas avoir mal et ne pas faire mal à la personne !

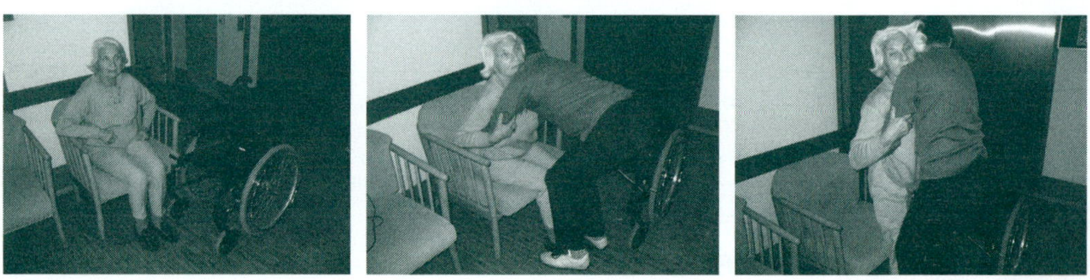

Fig. 3 – Mise au fauteuil.

4 Le rehaussement sur un fauteuil

La situation : le patient à mobilité réduite sollicite de l'aide pour être rehaussé sur son fauteuil, car il a glissé.
L'objectif : rasseoir le patient confortablement dans un fauteuil (l'aide peut être pratiquée à l'avant ou à l'arrière du patient).

Tableau 4 – Rehaussement sur un fauteuil.

Étape 1 **Information** **Observation** **Réflexion**	**Étude de cas** *Monsieur A.* est un patient âgé. Il a été opéré (J+8). Il a 70 ans, il est maigre, semi-actif : il peut prendre appui sur ses bras et ses jambes. Il participera à la manœuvre. – ***S'informer*** : y a-t-il une autorisation médicale ? Y a-t-il des consignes écrites ou orales ? – ***Observer*** : d'abord la personne puis observer l'environnement (salle de bain, WC...) dégager les obstacles. Estimer les capacités de la personne pour obtenir un maximum de participation. – ***Réfléchir*** : comment assurer sécurité, confort, bien-être du patient.

Tableau 4 – Rehaussement sur un fauteuil. (suite)

Étape 2 **Préparation**	***Consignes du soignant au patient*** Il lui dit : « Regardez votre ventre, comptez 1, 2, 3 et à 3, poussez sur vos pieds. » ***Actions du soignant*** Le soignant doit : – par-derrière, tirer le bassin du patient en arrière (mouvement horizontal) ; – par-devant, pousser avec les genoux et tirer avec les bras pour amener le bassin du patient au fond du siège (mouvement horizontal).
Étape 3 **Actions**	***Gestes du patient*** Le soignant explique au patient : – la prise par-derrière dite ***en bretelle*** où le soignant met ses mains sur celles du patient et les croise vers le bas de son ventre ; – la prise par-devant (*cf.* Fig. 4.) où il faut serrer les genoux de la personne en biais, tout en tenant ses omoplates, la personne doit se tenir au bras du soignant. ***Gestes du soignant*** – Se positionner face au patient (épaules contre épaules). – Écarter les pieds légèrement (stabilité). – Aider le patient (si nécessaire) à reculer ses pieds. – Fléchir légèrement les jambes, garder le dos bien droit. – Placer ses genoux contre ceux du patient. – Incliner le tronc du patient en avant.
Étape 4 **Confirmation/ correction**	Le soignant vérifie que le patient a : – les pieds légèrement écartés ; – les mains dans une position correcte ; – le dos droit et symétrique. Il demande à la personne si elle est confortablement installée et si nécessaire, il lui propose un petit coussin pour soutenir les lombaires parfois un appui-tête…

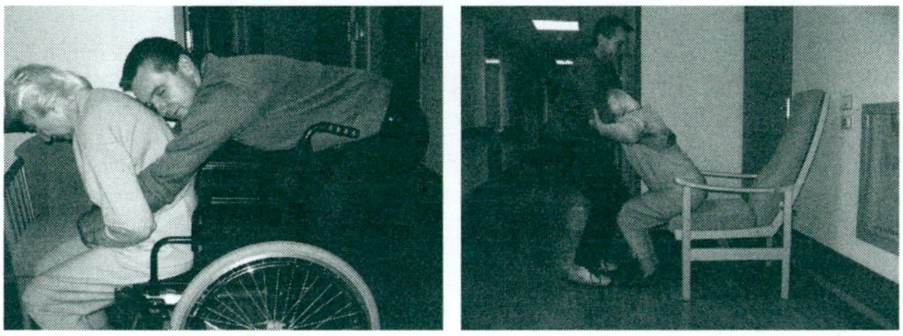

Fig. 4 – Rehaussement sur un fauteuil.

5 Le redressement d'une personne dans un fauteuil-chaise par devant

La situation : la technique peut être proposée à des personnes porteuses d'arthrodèse et d'un corset. Souvent, il s'agit de personnes atteintes de myopathie, car elles sont souvent en extension ; d'où la difficulté de les faire pencher vers l'avant ou l'arrière.

L'objectif : permettre au patient de se positionner correctement afin de pouvoir prendre son repas.
Généralement, les personnes porteuses d'une arthrodèse nécessitent des mouvements fluides et réfléchis, afin d'éviter tout positionnement douloureux.

Tableau 5 – Rehaussement d'une personne dans un fauteuil-chaise.

Étape 1 **Information** **Observation** **Réflexion**	**Étude de cas** *Madame L*, âgée de 23 ans, atteinte d'une maladie infantile, porteuse d'une arthrodèse, nécessite un redressement dans le fauteuil. – L'AMP s'informe (quelles sont les consignes reçues ?). – L'AMP observe la patiente (quelles sont ses capacités ?) et l'environnement (espace de travail). – L'AMP réfléchit à la sécurité, au confort, à la douleur de la personne, à la nécessité de l'aide technique (lève-personne, verticalisateur ou le transfert à deux). – La manœuvre s'effectuera seule, avec une aide éventuelle de la patiente.
Étape 2 **Préparation**	***Consignes du soignant au patient*** – Avertir la personne concernée et expliquer éventuellement le déroulement de l'action. – Estimer ses capacités physiques. ***Actions du soignant*** – Le soignant se positionne face au fauteuil. – Le soignant vérifie la stabilité du fauteuil et des cale-pieds.
Étape 3 **Actions**	***Gestes du soignant*** – Face à la personne, se mettre sur un genou. Expliquer à la personne le déroulement de la manipulation et éventuellement lui demander d'aider en appuyant sur les pieds et en se propulsant vers l'arrière. Les pieds de la personne peuvent être posés par terre ou ils peuvent être sur les cale-pieds. – Passer la main sous les aisselles afin de pouvoir maintenir le tronc de la personne en mettant la main entre les omoplates. – Toujours accroupi devant la personne, positionner votre coude à l'intérieur de votre cuisse, la main sur les genoux de la personne, puis pousser en douceur un genou après l'autre (ou sur les deux genoux si la taille de votre main vous le permet). – Il faut faire très attention en appuyant sur les jambes de la personne, déplacer centimètre par centimètre pour éviter les douleurs du bassin (os iliaque) ; s'il s'agit d'une personne âgée ayant subi une intervention sur le col du fémur, s'assurer que la fracture est bien cicatrisée et qu'il n'y ait plus de danger de réouverture. – La technique peut être aménagée en fonction de l'état physique et moral de la personne, et en fonction de sa pathologie.
Étape 4 **Confirmation/ Correction**	– Corriger la position assise de la patiente, de façon à ce qu'elle puisse garder son équilibre. – Demander à la personne si la position est confortable, sinon corriger la position.

Fig. 5 – Redressement d'une personne dans un fauteuil-chaise.

6 Le transfert du fauteuil au lit

La situation : le patient à mobilité réduite alerte l'AMP car il souhaite retourner dans son lit après être resté 2 h dans son fauteuil.
L'objectif : répondre au besoin de repos du patient.

Tableau 6 – Transfert du fauteuil au lit.

Étape 1 **Information** **Observation** **Réflexion**	**Étude de cas** *Monsieur X*, 56 ans, hémiplégique, est un patient actif. Il peut aider le soignant avec son côté valide (jambe et bras). – ***S'informer*** : y a-t-il une autorisation médicale ? Y a-t-il des consignes écrites ou orales ? – ***Observer*** : d'abord la personne (estimer ses capacités) puis observer l'environnement (dégager les obstacles). – ***Réfléchir*** : à la sécurité, au confort, à la douleur de la personne.
Étape 2 **Préparation**	***Consignes du soignant au patient*** Il lui dit : « Je compte 1, 2, 3 et à 3, je réalise la manœuvre. » ***Actions du soignant*** Le soignant doit : – tenir le patient par l'épaule et soulever ses jambes ; – le faire pivoter sur son bassin.
Étape 3 **Actions**	***Gestes du patient*** Le soignant explique au patient : – Le soignant avertit le patient et obtient son consentement. Il s'informe de sa position au lit. Le patient devra s'asseoir au bord du lit et le saisir avec sa main valide (sécurité). – Les prises : une fois assise dans le lit, croiser les bras de la personne (pour éviter de les blesser), croiser ses pieds (pour vous faciliter la prise). Tenir la personne par l'épaule et par le talon. ***Gestes du soignant*** – Se placer près de la tête du lit. – Glisser une jambe du patient sous l'autre jambe pour les immobiliser. – Fléchir la jambe située vers la tête du lit. – Tendre la jambe située vers le pied du lit. – Positionner la main proche du lit sur l'épaule du patient. – Placer l'autre main et avant-bras, sous les jambes du patient.
Étape 4 **Confirmation/ correction**	– Corriger la position au lit. – Demander la confirmation à la personne si elle est dans un état confortable.

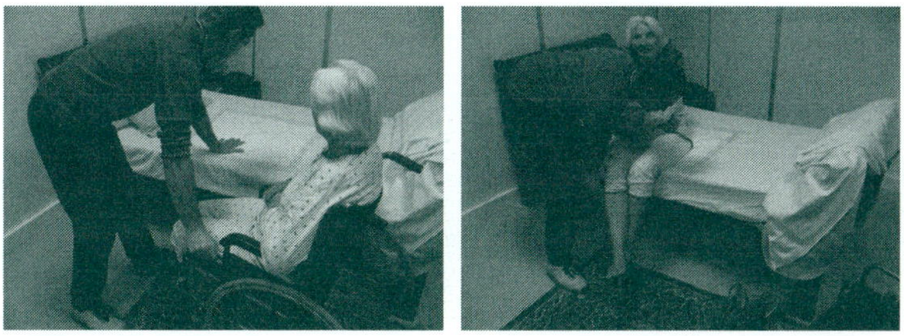

Fig.6 – Transfert du fauteuil au lit.

7 L'installation au lit

La situation : c'est la suite du paragraphe précédent. Le patient (*cf.* étude de cas ci-dessus) est installé dans son lit.
L'objectif : répondre au besoin de confort et de sécurité du patient.

Tableau 7 – Installation au lit.

Étape 1 **Information** **Observation** **Réflexion**	– ***S'informer*** : y a-t-il une autorisation médicale ? Y a-t-il des consignes écrites ou orales ? – ***Observer*** : d'abord la personne (estimer ses capacités) puis observer l'environnement (dégager les obstacles) et mettre le lit à la hauteur de son bassin. (dans la majorité des cas, on peut corriger la position seulement par des conseils) – ***Réfléchir*** : au confort, à la douleur de la personne (prévention des attitudes vicieuses, et le choix d'une position antalgique).
Étape 2 **Préparation**	***Actions du soignant*** Le soignant doit : – avertir la personne et lui expliquer la nécessité d'avoir une bonne position. ; – lui expliquer la manœuvre et la nature des prises ; – adopter la position de sécurité (PUS).
Étape 3 **Actions**	***Gestes du patient*** Le soignant explique au patient : – Le soignant avertit le patient et obtient son consentement. Il s'informe de sa position au lit. Le patient devra s'asseoir au bord du lit et le saisir avec sa main valide (sécurité). – Les prises : une fois assise dans le lit, croiser les bras de la personne (pour éviter de les blesser), croiser ses pieds (pour vous faciliter la prise). Tenir la personne par l'épaule et par le talon. ***Gestes du soignant*** – Compter : « 1, 2, 3 » pour coordonner l'effort de la personne et le sien. À « 3 », le patient doit participer au mouvement. – Faire glisser les épaules du patient vers la gauche ou la droite pour mettre le corps dans l'axe central de gravité. – Si nécessaire, faire également pivoter le bassin de la personne. – Positionner les pieds du patient dans l'axe central de gravité. – Vérifier la position des mains (mettre un coussin si nécessaire). – Positionner la tête correctement (dans l'axe et soutenir le cou). – Tirer les draps, les alèses, les vêtements (pour éviter les plis).
Étape 4 **Confirmation/ correction**	– Vérifier le résultat au niveau du confort et de l'ergonomie. – Demander à la personne si elle est confortablement installée et, dans la négative, rectifier la position.

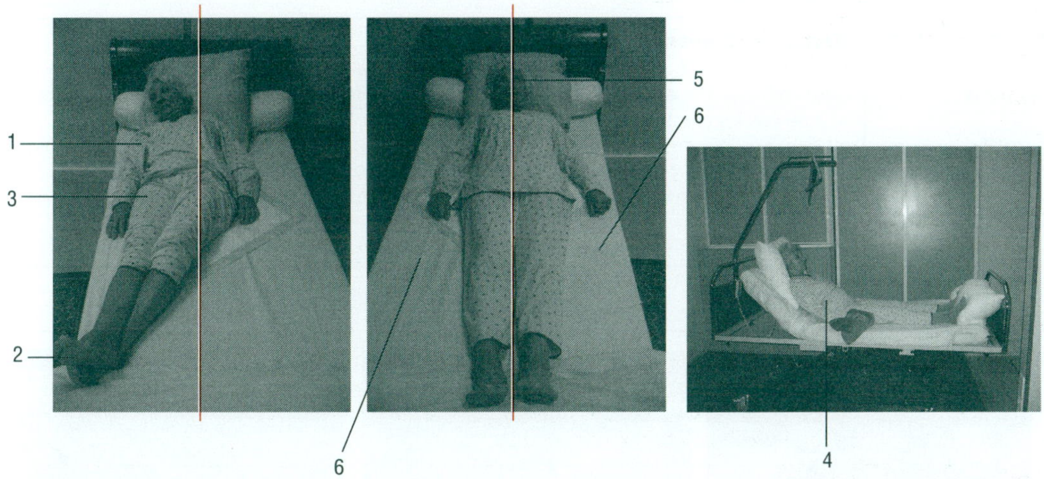

Fig. 7 – Installation au lit.

8 L'aide au patient porteur d'appareils médicaux

La situation : il s'agit d'aider le patient dans diverses situations, lorsqu'il est porteur d'appareillages médicaux : perfusion, poche urinaire…
L'objectif : favoriser le confort du patient dans diverses mobilisations.

Tableau 8 – Aide au patient porteur d'appareils médicaux.

Étape 1 **Information** **Observation** **Réflexion**	– ***Observer*** : les capacités physiques de la personne, puis observer l'environnement (vérifier les tuyaux de la perfusion ou de la poche). – ***Réfléchir*** : au confort, à la douleur de la personne (prévention des attitudes vicieuses, et le choix d'une position antalgique).
Étape 2 **Préparation**	***Actions du soignant*** Le soignant doit : – avertir et obtenir le consentement de la personne, lui expliquer pourquoi ne pas tirer ou plier les tuyaux ; – lui expliquer les prises (selon le cas) ; – lui indiquer les positions : • ***perfusion*** : se positionner du côté de la perfusion ou déplacer la poche urinaire du côté du mouvement pour lever la personne du lit. Puis se positionner du côté opposé à la perfusion pour lever la personne et marcher. • ***poche urinaire*** : vider la poche avant le déplacement puis placer la poche dans la direction du mouvement. Attacher la poche à la jambe la plus forte avec une ceinture ou la mettre dans une chaussette en filet. Pour ne pas plier le tuyau, l'enrouler autour du genou. Debout, la poche se trouvera sous le pyjama (ou le pantalon de la personne).

Tableau 8 – Aide au patient porteur d'appareils médicaux. (suite)

Étape 3 **Actions**	***Gestes du soignant*** – Compter : « 1, 2, 3 » pour coordonner l'effort de la personne et le sien. – Au chiffre « 3 », effectuer un mouvement selon le cas (veiller à ne pas tirer les tuyaux et à ne pas les plier).
Étape 4 **Confirmation/ correction**	– Demander à la personne de confirmer son confort ou l'absence de douleur. – Procéder à une correction immédiate si la réponse est négative.

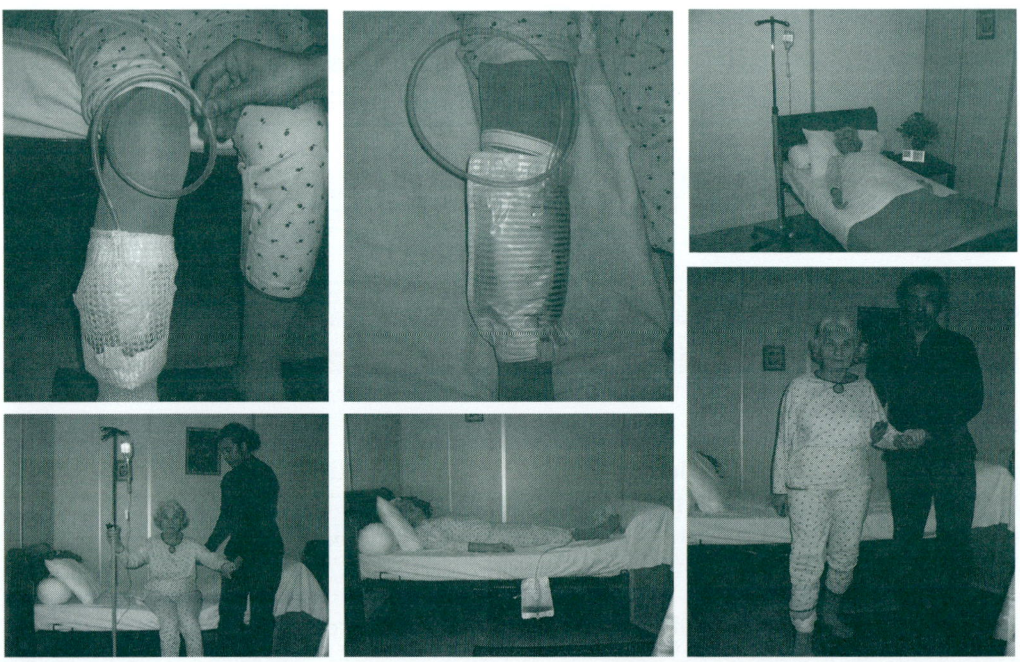

Fig. 8 – Aide au patient porteur d'appareils médicaux.

Chapitre 2

Les techniques à effectuer à deux

1 Le transfert fauteuil-fauteuil : prise avant/arrière

La situation : une personne atteinte de SEP (sclérose en plaques) sollicite l'AMP pour le transfert d'un fauteuil à un autre fauteuil.
L'objectif : permettre à la personne de faire une sortie.
Les précautions : dans les techniques à effectuer à deux, toujours se mettre d'accord sur le déroulement de la technique avant de l'appliquer. Il est important de désigner qui sera le guide de l'action.
Être parfaitement synchronisés pour que l'effort soit partagé et pour éviter les douleurs qui peuvent être provoquées chez la personne suite à un décalage.

Tableau 9 – Transfert d'un fauteuil à un autre (prise avant-arrière).

Étape 1 **Information** **Observation** **Réflexion**	**Étude de cas** *Madame D.*, 50 ans, est une patiente atteinte de SEP à un stade très avancé. Elle n'a plus d'appui sur ses jambes, mais elle a une bonne tonicité dans les bras. – L'AMP s'informe (quelles sont les consignes reçues ?). – L'AMP observe la patiente (quelles sont ses capacités ?) et l'environnement (espace de travail) – L'AMP réfléchit à la sécurité, au confort, à la douleur de la personne, à la nécessité de l'aide technique (lève-personne, verticalisateur ou le transfert à deux) – La manœuvre s'effectuera à deux soignants, avec une aide éventuelle de la patiente.
Étape 2 **Préparation**	***Consignes du soignant au patient et à son collègue*** – Le guide avertit son collègue et explique les gestes. – Puis il avertit la personne concernée et explique éventuellement le déroulement de l'action. ***Actions du soignant*** L'AMP positionne les fauteuils l'un à côté de l'autre, retire les accoudoirs et les cale-pieds pour faciliter le transfert.
Étape 3 **Actions**	***Gestes du soignant*** *Soignant 1* – Le soignant, qui est plus grand de taille, se positionne derrière la personne, entre le fauteuil et la chaise (le principe d'une grue). – Il passe la main sous les aisselles du patient. – Il attrape les avant-bras de la personne. – Il applique la posture PUS + il reste concentré sur les muscles. *Soignant 2* – Il se positionne face à la personne, entre le fauteuil et la chaise. – Il applique la posture PUS. – Il passe les mains sous les genoux du patient. – Le guide fait le décompte et, à « 3 », ils effectuent le glissement d'un fauteuil à l'autre.

Tableau 9 – Transfert d'un fauteuil à un autre (prise avant-arrière). (suite)

Étape 4 **Confirmation/ Correction**	– Installer la personne correctement sur le fauteuil (voir chapitre installation). – Demander à la personne si la position est confortable.

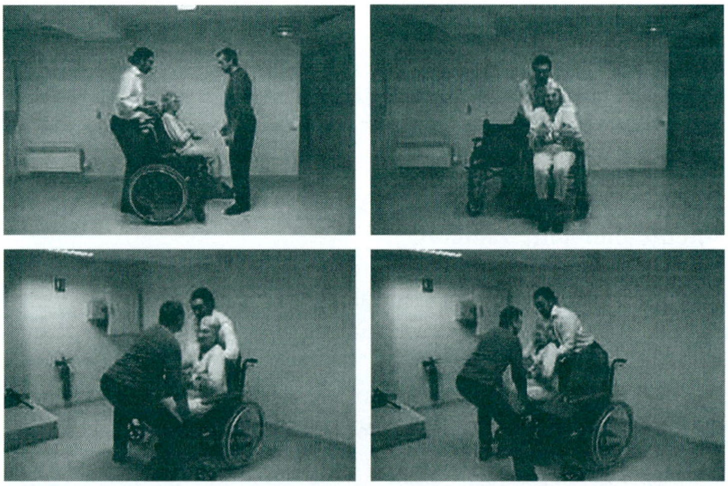

Fig. 9. Transfert fauteuil-fauteuil : prise avant/arrière.

2 Le transfert fauteuil-fauteuil : prise latérale

La situation : une personne atteinte de la myopathie sollicite l'AMP pour le transfert d'un fauteuil vers un fauteuil électrique.

L'objectif : permettre au patient de faire une sortie seul.

Les précautions : dans les techniques à effectuer à deux, toujours se mettre d'accord sur le déroulement de la technique avant de l'appliquer. Il est important de désigner qui sera le guide de l'action.

Être parfaitement synchronisés pour que l'effort soit partagé et pour éviter les douleurs qui peuvent être provoquées chez la personne suite à un décalage.

Tableau 10 – Transfert d'un fauteuil à un autre (prise latérale).

Étape 1 **Information** **Observation** **Réflexion**	**Étude de cas** *Madame C.*, 30 ans, est atteinte de myopathie. Elle n'a pas d'appui sur ses jambes et elle a un bras hypotonique. – L'AMP s'informe (quelles sont les consignes reçues ?). – L'AMP observe la patiente (quelles sont ses capacités ?) et l'environnement (espace de travail) – L'AMP réfléchit à la sécurité, au confort, à la douleur de la personne, à la nécessité de l'aide technique (lève-personne, verticalisateur ou le transfert à deux) – La manœuvre s'effectuera à deux soignants, avec une aide éventuelle de la patiente.
Étape 2 **Préparation**	***Consignes du soignant au patient et à son collègue*** – Le guide avertit son collègue et explique les gestes. – Puis il avertit la personne concernée et explique éventuellement le déroulement de l'action. ***Actions du soignant*** – Le soignant positionne les fauteuils à angle droit ou face à face, selon la possibilité. – Les fauteuils sont à une distance d'environ un mètre l'un de l'autre.
Étape 3 **Actions**	***Gestes du soignant*** – Pencher la personne légèrement vers l'avant. – Passer une main sous les aisselles de la personne. – Attraper avec une main l'avant-bras de la personne. – Passer la deuxième main sous les genoux de la personne. – Ne pas pincer l'avant-bras de la personne ni la partie sous le genou afin d'éviter toute douleur. – Contracter les muscles et coordonner les mouvements. – Faire le décompte et, à « 3 », effectuer le transfert d'un fauteuil à l'autre. ***Attention !*** – Cette technique demande beaucoup de concentration et d'effort physique, un des moyens pour alléger la technique est d'être bien synchronisé. – Utiliser la technique sur des personnes dont le poids n'excède pas 60 kg. – La technique peut être aménagée en fonction de l'état physique et moral de la personne et en fonction de sa pathologie.
Étape 4 **Confirmation/ correction**	– Corriger la position assise de la patiente, de façon à ce qu'elle puisse garder son équilibre. – Demander à la personne si la position est confortable, sinon corriger la position.

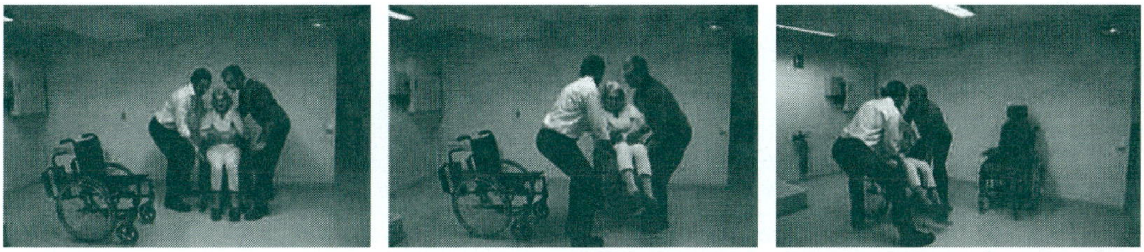

Fig. 10 – Transfert fauteuil-fauteuil : prise latérale.

Chapitre 3

Redresser une personne mal positionnée dans son lit du bas vers le haut (technique à effectuer à deux)

1 « L'arcade »

La situation : la technique peut être proposée à toute personne ayant des difficultés à se redresser dans un lit avec ses propres forces. S'il n'y a pas de perroquet (potence), la personne a la possibilité de pousser avec une ou deux jambes.
L'objectif : permettre à la personne de se positionner correctement afin d'éviter tout positionnement nuisible et inconfortable.
Les précautions : dans les techniques à effectuer à deux, toujours se mettre d'accord sur le déroulement de la technique avant de l'appliquer. Il est important de désigner qui sera le guide de l'action.
Être parfaitement synchronisés pour que l'effort soit partagé et pour éviter les douleurs qui peuvent être provoquées chez la personne suite à un décalage.

Tableau 11 – L'arcade.

Étape 1 **Information** **Observation** **Réflexion**	**Étude de cas** *Monsieur N.*, âgé de 27 ans, a des séquelles suite à un traumatisme crânien, nécessite un redressement dans son lit. – L'AMP s'informe (quelles sont les consignes reçues ?). – L'AMP observe la patiente (quelles sont ses capacités ?) et l'environnement (espace de travail) – L'AMP réfléchit à la sécurité, au confort, à la douleur de la personne, à la nécessité de l'aide technique (lève-personne, verticalisateur ou le transfert à deux) – La manœuvre s'effectuera à deux soignants, avec une aide éventuelle du patient.
Étape 2 **Préparation**	***Consignes du soignant au patient et à son collègue*** – Le guide avertit son collègue et explique les gestes. – Puis il avertit la personne concernée et explique éventuellement le déroulement de l'action. ***Actions du soignant*** – Les soignants se positionnent chacun d'un côté du lit. – Ils vérifient la stabilité et la solidité du lit.

Tableau 11 – L'arcade. (suite)

Étape 3 **Actions**	***Gestes du soignant*** – Avertir le patient. – Se mettre d'accord avec l'autre soignant. – Adapter le lit à sa propre hauteur. – Chaque soignant se positionne d'un côté du lit. – Enlever l'oreiller du patient et le poser debout à la tête du lit. – Les mains (près de la tête du patient) sont posées sur les épaules, de manière à former un pont. – Proposer au patient d'attraper le pont (vos bras) et de plier les jambes. – Mettre les bras libres sous le bassin du patient. – Demander à la personne de fixer son nombril ou ses pieds pour éviter le basculement de la tête en arrière. – Faire le décompte et, à « 3 », proposer au patient de pousser sur ses jambes (ou une seule), puis redresser la personne. – S'assurer que la position convient à la personne. La technique être adaptée en fonction de l'état physique et moral et selon la pathologie de la personne concernée.
Étape 4 **Confirmation/ Correction**	– Corriger la position de la personne (voir la position allongée). – Demander à la personne si la position est confortable, sinon corriger la position.

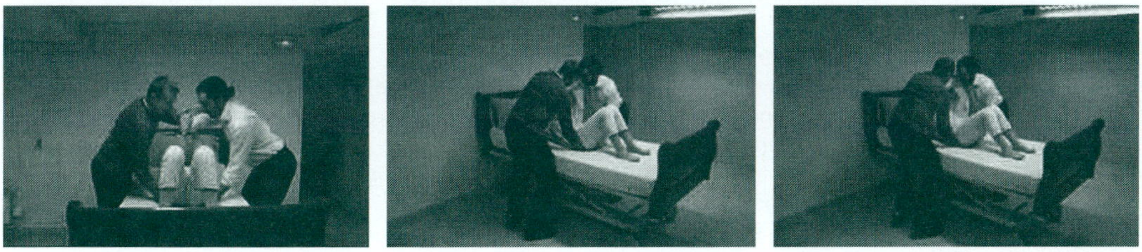

Fig. 11 – L'arcade.

2 « La cuillère »

La situation : la technique peut être proposée à toute personne ayant des difficultés à se redresser dans un lit avec ses propres forces. S'il n'y a pas de perroquet ou si la personne ne peut pas s'en servir, elle a la possibilité de pousser avec une ou deux jambes.
L'objectif : permettre à la personne de se positionner correctement afin d'éviter tout positionnement nuisible et inconfortable.
Les précautions : dans les techniques à effectuer à deux, toujours se mettre d'accord sur le déroulement de la technique avant de l'appliquer. Il est important de désigner qui sera le guide de l'action.
Être parfaitement synchronisés pour que l'effort soit partagé et pour éviter les douleurs qui peuvent être provoquées chez la personne suite à un décalage.

Tableau 12 – « La cuillère ».

Étape 1 **Information** **Observation** **Réflexion**	**Étude de cas** *Madame K.*, âgée de 46 ans, atteinte d'une IMC, peut prendre appui sur l'une des deux jambes et également s'accrocher au bras du soignant. – L'AMP s'informe (quelles sont les consignes reçues ?). – L'AMP observe la patiente (quelles sont ses capacités ?) et l'environnement (espace de travail) – L'AMP réfléchit à la sécurité, au confort, à la douleur de la personne, à la nécessité de l'aide technique (lève-personne, verticalisateur ou le transfert à deux) – La manœuvre s'effectuera à deux soignants, avec une aide éventuelle de la patiente.
Étape 2 **Préparation**	***Consignes du soignant au patient et à son collègue*** – Le guide avertit son collègue et explique les gestes. – Puis il avertit la personne concernée et explique éventuellement le déroulement de l'action. ***Actions du soignant*** – Les soignants se positionnent chacun d'un côté du lit. – Ils vérifient la stabilité et la solidité du lit.
Étape 3 **Actions**	***Gestes du soignant*** – Avertir le patient. – Se mettre d'accord avec l'autre soignant. – Adapter le lit à sa propre hauteur. – Chaque soignant se positionne d'un côté du lit. – Enlever l'oreiller du patient et le poser debout à la tête du lit. – Poser un genou sur le lit ***si c'est autorisé.*** – La main libre passe sous les aisselles de la personne, de manière à pouvoir attraper les épaules. – Proposer à la personne de vous attraper le bras. – Prendre appui avec les deux bras sur le lit du côté de la tête du lit. – Demander à la personne de fixer son nombril ou ses pieds pour éviter le basculement de la tête en arrière. – Faire le décompte et, à « 3 », proposer au patient de pousser sur ses jambes (ou une seule), puis redresser la personne. – S'assurer que la position convient à la personne. La technique être adaptée en fonction de l'état physique et moral et selon la pathologie de la personne concernée.
Étape 4 **Confirmation/ correction**	– Corriger la position de la personne (voir la position allongée). – Demander à la personne si la position est confortable, sinon corriger la position.

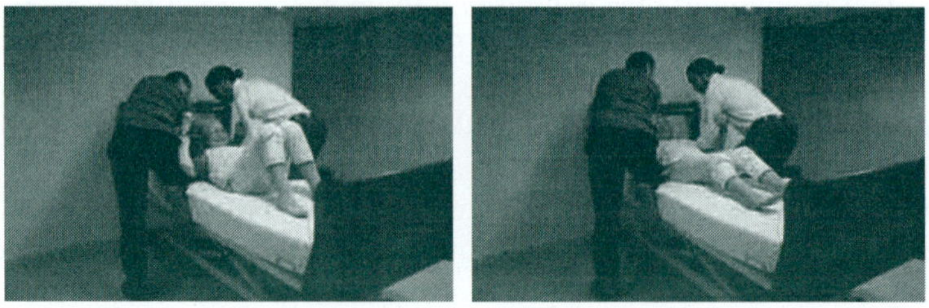

Fig. 12 – La cuillère.

3 « La clé »

La situation : cette technique peut s'appliquer sur une personne qui n'a aucune mobilité ou tonicité musculaire.
L'objectif : permettre à la personne de se positionner correctement afin d'éviter tout positionnement nuisible et inconfortable.
Les précautions : dans les techniques à effectuer à deux, toujours se mettre d'accord sur le déroulement de la technique avant de l'appliquer. Il est important de désigner qui sera le guide de l'action.
Être parfaitement synchronisés pour que l'effort soit partagé et pour éviter les douleurs qui peuvent être provoquées chez la personne suite à un décalage.

Tableau 13 – « La clé ».

Étape 1 **Information** **Observation** **Réflexion**	**Étude de cas** *Monsieur. O.*, âgé de 52 ans, tétraplégique, il n'a aucune mobilité ou tonicité musculaire. – L'AMP s'informe (quelles sont les consignes reçues ?). – L'AMP observe la patiente (quelles sont ses capacités ?) et l'environnement (espace de travail) – L'AMP réfléchit à la sécurité, au confort, à la douleur de la personne, à la nécessité de l'aide technique (lève-personne, verticalisateur ou le transfert à deux) – La manœuvre s'effectuera à deux soignants, avec une aide éventuelle du patient.
Étape 2 **Préparation**	***Consignes du soignant au patient et à son collègue*** – Le guide avertit son collègue et explique les gestes. – Puis il avertit la personne concernée et explique éventuellement le déroulement de l'action. ***Actions du soignant*** – Les soignants se positionnent chacun d'un côté du lit. – Ils vérifient la stabilité et la solidité du lit.
Étape 3 **Actions**	***Gestes du soignant*** – Avertir le patient. – Se mettre d'accord avec l'autre soignant. – Adapter le lit à sa propre hauteur. – Chaque soignant se positionne d'un côté du lit. – Enlever l'oreiller du patient et le poser debout à la tête du lit. – Passer 1 bras sous les aisselles de la personne de manière à pouvoir attraper son avant-bras et de créer un effet « clé ». Le coude est posé sur le lit, ce qui permet de glisser et ne pas porter le patient. – Poser la main libre sous le bassin de la personne. – Demander au patient de fixer son nombril ou ses pieds pour éviter le basculement de la tête en arrière. – Faire le décompte et, à « 3 », proposer au patient de pousser sur ses jambes (ou une seule), puis redresser la personne. – S'assurer que la position convient à la personne. La technique être adaptée en fonction de l'état physique et moral et selon la pathologie de la personne concernée.
Étape 4 **Confirmation/ correction**	– Corriger la position de la personne (voir la position allongée). – Demander à la personne si la position est confortable, sinon corriger la position.

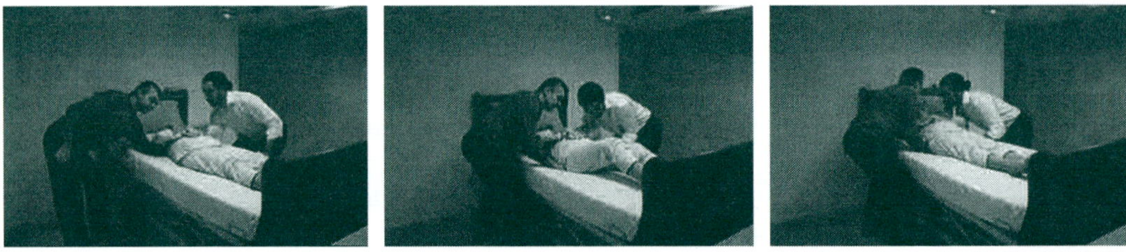

Fig 13 – La clé.

4 « La balançoire »

La situation : cette technique peut s'appliquer sur une personne qui n'a aucune mobilité ou tonicité musculaire et qui a des douleurs dans les bras.
L'objectif : permettre à la personne de se positionner correctement afin d'éviter tout positionnement nuisible et inconfortable.
Les précautions : dans les techniques à effectuer à deux, toujours se mettre d'accord sur le déroulement de la technique avant de l'appliquer. Il est important de désigner qui sera le guide de l'action.
Être parfaitement synchronisés pour que l'effort soit partagé et pour éviter les douleurs qui peuvent être provoquées chez la personne suite à un décalage.

Tableau 14 – « La balançoire ».

Étape 1 **Information** **Observation** **Réflexion**	**Étude de cas** *Madame E.*, âgée de 59 ans, atteinte de la maladie de Parkinson, avec des troubles associés comme la spasticité. – L'AMP s'informe (quelles sont les consignes reçues ?). – L'AMP observe la patiente (quelles sont ses capacités ?) et l'environnement (espace de travail) – L'AMP réfléchit à la sécurité, au confort, à la douleur de la personne, à la nécessité de l'aide technique (lève-personne, verticalisateur ou le transfert à deux) – La manœuvre s'effectuera à deux soignants, avec une aide éventuelle de la patiente.
Étape 2 **Préparation**	***Consignes du soignant au patient et à son collègue*** – Le guide avertit son collègue et explique les gestes. – Puis il avertit la personne concernée et explique éventuellement le déroulement de l'action. ***Actions du soignant*** – Les soignants se positionnent chacun d'un côté du lit. – Ils vérifient la stabilité et la solidité du lit.

Tableau 14 – « La balançoire ». (suite)

Étape 3 **Actions**	***Gestes du soignant*** – Avertir le patient. – Se mettre d'accord avec l'autre soignant. – Adapter le lit à sa propre hauteur. – Chaque soignant se positionne d'un côté du lit. – Enlever l'oreiller du patient et le poser debout à la tête du lit. – Passer les bras sous les aisselles de la personne de manière à pouvoir les croiser sous elle, entre les omoplates. Si la personne ne peut pas tenir sa tête, avancer le croisement des bras jusqu'au niveau de la tête. – Poser la main libre sous le bassin de la personne. – Demander à la personne de fixer son nombril ou ses pieds pour éviter le basculement de la tête en arrière. – Faire le décompte et, à « 3 », proposer au patient de pousser sur ses jambes (ou une seule), puis redresser la personne. – S'assurer que la position convient à la personne. La technique être adaptée en fonction de l'état physique et moral et selon la pathologie de la personne concernée.
Étape 4 **Confirmation/ correction**	– Corriger la position de la personne (voir la position allongée). – Demander à la personne si la position est confortable, sinon corriger la position.

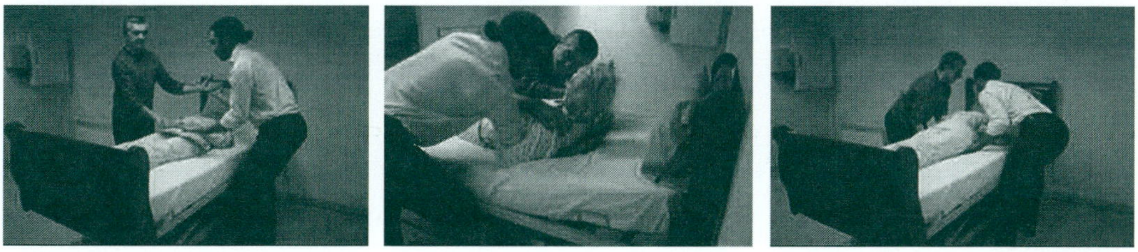

Fig. 14 – La balançoire.

470670-(I)-6-CSB M90-NOR

ELSEVIER MASSON S.A.S.
62, rue Camille-Desmoulins
92442 Issy-les-Moulineaux Cedex
dépôt légal : septembre 2009

Achevé d'imprimer sur les presses
de Normandie Roto Impression s.a.s.
61250 Lonrai
en septembre 2009 – N° d'imprimeur : 092828

Imprimé en France